The Management
of Digital Finance
in Enterprises

企业数字化财务管理

微课版

姚和平 马苗苗 徐亚文 / 主编

陆榕 邴緅纶 柯淦 / 副主编

人民邮电出版社

北 京

图书在版编目（ＣＩＰ）数据

企业数字化财务管理：微课版 / 姚和平，马苗苗，徐亚文主编. -- 北京：人民邮电出版社，2024.1
ISBN 978-7-115-62061-3

Ⅰ. ①企… Ⅱ. ①姚… ②马… ③徐… Ⅲ. ①数字技术－应用－企业管理－财务管理 Ⅳ. ①F275-39

中国国家版本馆CIP数据核字(2023)第117376号

内 容 提 要

本书依托于"金蝶云星空"数字化云管理软件，以集团公司下属两家子公司的业务数据作为案例数据，详细介绍了企业财务管理及其相关业务的数字化处理。本书分为十三章，前三章主要介绍金蝶云星空虚拟化环境的搭建和部署、系统管理以及企业基础信息设置；第四章至第十三章分别介绍总账管理、智能会计平台、应收款管理、应付款管理、出纳管理、资金管理、资产管理、费用管理、存货管理、报表管理等数字化业务应用。

本书提供操作视频、实验初始化数据以及备份数据中心等丰富的配套教学资源，内容由浅入深，层层递进，既可以作为高等院校相关专业的教材或参考书，也可以供企业财务人员和技术人员学习使用。

◆ 主　　编　姚和平　马苗苗　徐亚文
　　副 主 编　陆　榕　邴缇纶　柯　淦
　　责任编辑　刘向荣
　　责任印制　李　东　胡　南
◆ 人民邮电出版社出版发行　　北京市丰台区成寿寺路 11 号
　　邮编　100164　　电子邮件　315@ptpress.com.cn
　　网址　https://www.ptpress.com.cn
　　固安县铭成印刷有限公司印刷
◆ 开本：787×1092　1/16
　　印张：15.75　　　　　　　　2024 年 1 月第 1 版
　　字数：480 千字　　　　　　 2025 年 7 月河北第 5 次印刷

定价：59.80 元

读者服务热线：(010)81055256　印装质量热线：(010)81055316
反盗版热线：(010)81055315

前 言 Foreword

　　近年来，我国高度重视发展数字经济，实施网络强国战略和国家大数据战略，推动互联网、大数据、人工智能和实体经济深度融合，积极实现制造业、服务业、农业等产业数字化，利用互联网新技术对传统产业进行全方位、全链条的改造，提高全要素生产率。党的二十大以来，中共中央、国务院印发《数字中国建设整体布局规划》，明确提出数字中国建设目标和整体框架。2023 年 3 月国家数据局组建，主要负责协调推进数据基础制度建设，统筹数据资源整合共享和开发利用，统筹推进数字中国、数字经济、数字社会规划和建设等。为了顺应数字经济时代的发展趋势，现有的经济管理类人才培养模式也面临转型和改革，这给高校和相关机构的教育工作带来了新的挑战。我们认为，培养创新型、全面型的经济管理类人才应着力建设基于数字经济和云管理背景的课程体系和教材体系。本书依托于企业数字化管理软件——"金蝶云星空"展开介绍，意在培养学生参与企业数字化运营的综合素质和能力。

　　本书通过金蝶云星空搭建云管理虚拟仿真环境，以集团公司下属两家子公司的业务数据作为案例数据，详细介绍了企业财务管理及其相关业务的数字化处理。在学习本书相关内容后，读者可以掌握系统管理、数据初始化、总账管理、智能会计平台、应收款管理、应付款管理、出纳管理、资金管理、资产管理、费用管理、存货管理（含成本管理）、期末结账与报账、报表编制等基本知识与技能，具备企业信息化环境下的业务处理能力。

　　本书分为十三章，内容由浅入深、循序渐进，各章内容安排如下。

　　第一章介绍企业数字化管理的基本内涵以及如何搭建和部署金蝶云星空虚拟化环境。

　　第二章介绍数据中心管理、组织机构管理和用户权限管理。

　　第三章介绍如何设置企业基础信息，包括企业基础档案设置以及各业务系统期初数据设置等业务内容。

　　第四章介绍总账管理系统的运用，包括基础数据设置、启用总账管理系统，完成科目初始数据的录入、日常凭证处理等业务内容。

　　第五章介绍智能会计平台系统的运用，包括完成业务报表期初对账、调整凭证模板并生成记账凭证等业务内容。

第六章介绍应收款管理系统及发票管理系统的运用，包括标准应收业务处理、其他应收业务处理、应收转销业务处理、坏账损失处理等业务内容。

第七章介绍应付款管理系统全部内容及供应链系统的部分运用，包括标准应付业务处理、其他应付业务处理、应付转销业务处理、组织间往来业务处理等业务内容。

第八章介绍出纳管理系统的运用，包括银行业务处理、票据业务处理、现金盘点业务处理等业务内容。

第九章介绍资金管理系统的运用，包括银行信贷业务处理，以及资金收支两条线管理下资金上划、资金下拨、内部计息等业务内容。

第十章介绍固定资产管理系统的运用，包括资产购置、资产变更、资产调拨、资产盘点、资产折旧、资产处置等业务内容。

第十一章介绍费用管理和人人报销两个系统的运用，具体业务任务包括费用（出差）申请、费用（出差）借款、费用（差旅费）报销及退补款、费用（差旅费）移转等业务内容。

第十二章介绍与财务管理关联紧密的供应链、生产制造及成本管理-存货核算 3 个系统的部分运用，包括基本采购、简单生产、基本销售、入库及出库成本核算等业务内容。

第十三章介绍报表系统全部内容以及其他相关系统的期末结账的运用，包括期末（含中期末和年末）各个系统模块涉及的有关对账、过账、关账与结账、报账等业务内容。

本书由姚和平、马苗苗、徐亚文担任主编，陆榕、邝缧纶、柯淦担任副主编。具体分工为：第一章至第五章由姚和平、徐亚文、马苗苗、邝缧纶、陆榕、柯淦等合作撰写；第六章至第十章由陈国英、黄约、余四林、华琦、胡慧娟、杨海丛等合作撰写；第十一章至第十三章由刘春玲、吕慧珍、李元霞、邓小芬、段俊芳等合作撰写。最后由姚和平、马苗苗修改并统稿，总纂成书。

本书是中国高等教育学会 2022 年度"校企合作 双百计划"典型案例项目"金蝶云助力四阶累进构建数字化管理课程体系，使能新商科人才培养"（编号：GJXH-SBJHDX-2022180）以及湖北高校省级教学研究项目（编号：2021553）阶段性成果，在编写出版过程中得到了金蝶精-信息科技服务有限公司、湖北经济学院实验教学中心（创新创业学院）跨专业综合实验系列课程教学团队、湖北经济学院会计学院、湖北经济学院法商学院会计学课程组等单位及友人的大力支持和帮助，在此表示衷心感谢。

在编写本书过程中，编者查阅并借鉴了大量文献资料，包括图书和各类网络资源等，在此向这些文献和网络资源的作者一并表示感谢。由于编者水平有限，如有不当和疏漏之处，也恳请广大读者积极提出批评和指导意见，意见可发至编者邮箱：71228221@qq.com。

编者

2023 年 12 月

目 录 Contents

第一节

金蝶云星空系统简介

金蝶云星空系统是金蝶公司移动互联网时代的新型企业资源计划（Enterprise Resource Planning，ERP）系统，是基于 Web 2.0 与云技术的新时代企业管理服务平台，既能实现产业链高效协同，又能帮助企业实现自我成本管理与优化。整个系统采用 SOA 架构，完全基于 BOS 平台组建而成，业务架构上贯穿流程驱动与角色驱动思想，结合中国管理模式与中国管理实践积累，精细化支持企业财务管理、供应链管理、生产管理、s-HR 管理、供应链协同管理等核心应用。从技术架构上，该系统采用平台化构建，支持跨数据应用，支持本地部署、私有云部署与公有云部署 3 种方式，同时还在公有云上开放基于 ERP 的云协同开发平台。任何一家使用金蝶云星空产品的企业，其拥有的是包含金蝶在内的众多基于同一个平台提供服务的 IT 服务伙伴。

一、系统特性

金蝶云星空以其独特的"标准、开放、社交"三大特性为企业提供开放的 ERP 云协同开发平台，支撑企业全生命周期管理需求，是中国"智"造"引擎"。

（一）标准

金蝶云星空在总结百万家客户管理实践的基础上，提供标准的管理模式；通过标准的业务架构：多会计准则、多币别、多地点、多组织、多税制应用框架等，有效支持企业运营管理；提供了标准的业务建模：35 种标准 ERP 领域模型、1 046 种模型元素、21 243 种模型元素属性组合、288 个业务服务构件，让企业及伙伴可快速构建出行业化及个性化的应用。

（二）开放

金蝶云星空动态构建的多核算体系与业务流程设计模型，为企业提供了适应企业动态发展的开放性管理平台；其 SOA 架构，以及纯 Web 应用、跨数据库应用、多端支持、云应用等新兴特性，为企业提供了开放的信息化整合平台；金蝶云星空打造的开放 ERP 云协同开发平台，为伙伴、客户提供了完整的 ERP 服务生态圈，为企业提供真正的一站式应用。

（三）社交

金蝶云星空深度集成金蝶"云之家"，并与微信账号对接，基于社交网络技术，借助企业员工网络、客户网络、供应商网络，实现企业内、外部业务协作，突破组织边界、资源与时空限制，为企业用户构筑高效、协同的社交门户。

金蝶云星空旨在通过开放的 ERP 云协同开发平台，为企业构建以人为本的协同应用、开放的产业生态链以及个性化的协同开发云平台；从管理方法、流程控制、管理对象、应用模式等方面，引导企业从常规管理迈向深入应用，使企业在激烈的竞争环境中不断提升边际利润，实现企业的卓越价值和基业常青。

二、体系结构

实验环境采用金蝶云星空 V7.51，金蝶云星空 V7.51 共有 89 个子系统、6 个客户化工具包、1 个协同开发平台。体系结构如表 1-1 所示。

表 1-1　　　　　　　　　　　　　金蝶云星空 V7.51 体系结构

共享服务中心（2 个子系统）	任务共享中心	财务共享		
财务会计（13 个子系统）	总账	应收款管理	应付款管理	出纳管理	网上银行
	智能会计平台	报表	发票管理	费用管理	人人报销
	资金管理	阿米巴报表	合并报表		
资产管理（1 个子系统）	固定资产			
管理会计（2 个子系统）	预算管理	经营会计		
供应链（7 个子系统）	采购管理	销售管理	信用管理	库存管理	组织间结算
	供应商协同	条码管理		
电商与分销（8 个子系统）	营销网络	电商集成	B2B 电商中心	B2C 电商中心	返利管理
	全网会员	要补货管理	促销管理	
零售管理（8 个子系统）	连锁档案	价格促销	会员管理	礼券管理	门店协同
	门店收银	商品返利	报表中心	
PLM（10 个子系统）	工作中心	项目管理	文档管理	研发物料管理	超级 BOM 管理
	设计 BOM 管理	设计变更管理	研发智库	鹰眼	系统建模
成本管理（3 个子系统）	存货核算	产品成本核算	标准成本分析	
生产制造（7 个子系统）	工程数据	计划管理	生产管理	委外管理	车间管理
	生产线生产	智慧车间 MES		
质量管理（2 个子系统）	质量管理	质量追溯		
流程中心（3 个子系统）	工作流	业务流程	信息中心	
客户关系管理（5 个子系统）	客户管理	日程管理	销售过程管理	服务管理	市场营销
经营分析（3 个子系统）	财务分析	销售分析	轻分析	
基础系统（13 个子系统）	基础资料	公共设置	组织机构	业务监控	实施平台
	系统管理	门户管理	数据中心管理	许可管理	集成平台
	翻译平台	移动设置	报表秀秀	
移动应用（2 个子系统）	公共管理	星空 LIVE		
客户化工具包（6 个工具）	BOS 集成开发平台	套打设计平台	万能报表平台	移动平台	数据引入工具
	数据清理工具			
协同开发平台	协同开发网站			

三、整体业务架构图

金蝶云星空系统结合先进管理理论和数十万家国内客户应用实践，面向事业部制、多地点、多工厂等运营协同与管控型企业及集团公司，提供通用的 ERP 服务平台。金蝶云星空系统支持的协同应用主要有：集中/分散销售、集中/分散采购、B2B 电商管理、B2C 电商中心、供应商协同、多工厂计划、跨工厂领料、跨工厂加工、工厂间调拨、内部交易及结算等，满足企业的多地点、多工厂、多法人组织间协同需求，提供多组织的采购、产销协同、服务协同等多组织架构图，如图 1-1 所示。

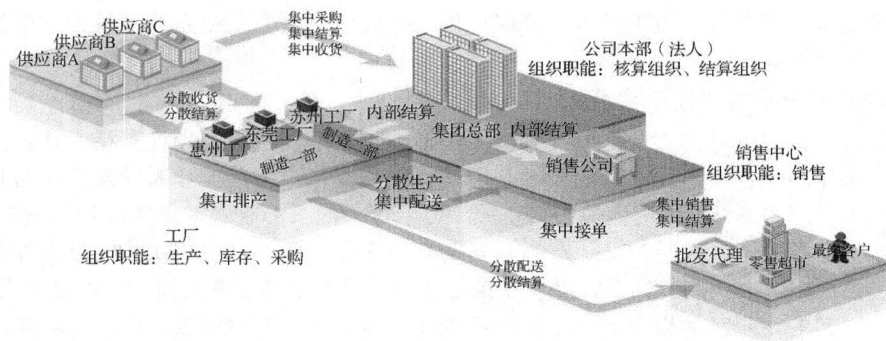

图 1-1　多组织架构图

四、三层架构

在软件体系架构设计中，分层式结构是最常见，也是最重要的一种结构。通常意义上的三层架构就是将整个业务应用划分为数据访问层、业务逻辑层、表示层（也叫界面层）。区分层次的目的是实现"高内聚低耦合"的思想。

这里所说的三层架构，不是物理上的三层，不是简单地放置三台机器，也不仅仅有 B/S 应用才是三层体系结构，而是逻辑上的三层，即把这三层放置到一台机器上。

三层架构的应用程序将业务规则、数据访问、合法性校验等工作放到了中间层进行处理。通常情况下，客户端不直接与数据库进行交互，而是通过 COM/DCOM 通信与中间层建立连接，再经由中间层与数据库进行交互。

（1）数据访问层。主要负责对数据库的访问，实现对数据库的查询、插入、更新、删除等操作。数据访问层主要为业务逻辑层或表示层提供数据服务。

（2）业务逻辑层。主要是针对具体问题的操作，也可以理解成对数据层的操作，处理数据业务逻辑。如果说数据层是积木，那么逻辑层就是对这些积木的搭建。

（3）表示层。通过 WinForm 方式或 Web 方式呈现界面，与用户进行交互，主要接收用户请求，返回用户需要的数据，为客户端提供应用程序的访问。表示层只与业务逻辑层交互，而不能与数据访问层交互，业务逻辑层将数据访问层与表示层进行了隔离，以保证数据的安全。

金蝶云星空系统属于三层架构，其安装过程是标准三层架构逻辑。安装 IIS 的目的是为业务逻辑层提供环境，安装数据库是为数据访问层提供环境，最后才能安装金蝶云星空系统。

五、教学环境建议

（一）单机应用学习模式

在教师的引导下，每个学生变换着扮演多种岗位角色，通过完成规定的操作，熟悉软件的功能和操作流程。对于日常教学，推荐采用单机应用模式。

（二）网络应用学习模式

在局域网完备的环境下，不同学生扮演不同岗位角色，真实模拟系统在企业中的实际运行过程。网络应用模式采用 C/S 模式，数据中心只能建立在服务器上，每个学生从客户端登录到服务器，按所分配的角色进行工作。

（三）虚拟机应用学习模式

学校计算机是共用计算机，通常使用硬盘保护技术，很难提供学生练习安装的条件，加之金蝶云星空系统的安装比较复杂，也不可能放开保护供学生安装金蝶云星空系统，较为理想的解决方案是安装虚拟机软件 VMware。

1. 在机房中安装虚拟机软件 VMware

通过虚拟机软件，可以在一台物理计算机上模拟出一台或多台虚拟的计算机。在虚拟机中进行软件操作时，操作系统也会出现崩溃的情况，但是，仅是虚拟机上的操作系统崩溃，对物理计算机上的操作系统不会产生影响，使用虚拟机的快照恢复功能，可以快速恢复虚拟机到崩溃之前的状态。在放开硬盘保护的条件下，安装 VMware 软件，新建一个虚拟机。在虚拟机中安装操作系统，然后建立第一个快照；完成第一个实训后，再建立第二个快照；完成第二个实训后，再建立第三个快照，依次建立所有实训的快照。如果出现以下情况：操作系统崩溃、练习错误，或者需要在不同进度环境下练习，则只需要快速还原相应快照即可。

2. 提供学生自由安装的下载服务

学校在校园网建立专用的 FTP 服务器，将安装好金蝶云星空系统的虚拟机文件上传至服务器，学生可以在校园网内自由下载。文件下载后，只需 10 分钟即可在自己的计算机上安装金蝶云星空系统。需要练习时，只需要打开虚拟机即可。

3. 学生自己搭建虚拟机环境

教师提供虚拟机安装文件、操作系统安装文件、数据库安装文件、金蝶云星空系统安装文件，学生可根据本章第二节的介绍安装虚拟机，搭建个性化虚拟机环境。

4. 搭建桌面虚拟化环境

桌面虚拟化建设已成为实验室建设的一个趋势，由学校搭建好桌面虚拟化环境，提供 PCI-e 闪存加速卡解决 IO 并发问题，在虚拟化桌面安装好金蝶云星空系统，由学生在校园网内使用远程桌面。学生也可以租用阿里云或腾讯云服务器搭建远程桌面，申请云服务器有创业优惠，腾讯云最低每月只需 1 元直到毕业。

第二节 | 金蝶云星空系统部署

一、环境要求

企业应用环境推荐按不低于表 1-2 的要求进行配置。个人练习的环境要求为 Windows 7 SP1 或以上版本，SQL Server 2014，内存 4GB 以上。安装前，应按照要求检查硬件配置和系统软件。

表 1-2 硬件和软件的配置要求

项目	硬件	软件
客户端	内存 4GB 以上， CPU 双核 2.0GHz 以上， 系统盘 200MB 以上本地剩余存储空间	浏览器： 可选用 Google Chrome 浏览器、Safari 浏览器、Opera 浏览器、IE 浏览器，任一操作系统，支持 HTML5 即可 专用客户端操作系统： 支持 Windows 7 SP1 或以上版本，并需要安装.NET Framework 4.0/4.5 以上环境
数据服务器	内存 32GB 以上 CPU8 核 2.4GHz 以上 SAS 内储，15K，RAID 10 磁盘 100GB 以上	操作系统： Windows Server 2008 + SP1 或以上版本 数据库： SQL Server2008R2 或以上版本

续表

项目	硬件	软件
应用服务器	内存 16GB 以上 CPU8 核 2.0GHz 以上 SAS 内储，15K，RAID 1/5 磁盘 100GB 以上	操作系统： Windows Server 2008 + SP1 或以上版本
网络配置	服务器之间采用千兆以太网连接 客户端有效带宽：最低 256 kbit/s，推荐 1.0 Mbit/s 或以上 服务器出口带宽：（并发客户端数/5）× 1.0 Mbit/s	

二、逐步搭建金蝶云星空虚拟化环境

（一）安装虚拟机

由于金蝶云星空系统对系统的环境要求很高，通过安装虚拟机，可以为金蝶云星空系统提供干净的系统环境。虚拟机有很多软件可以实现，推荐使用 VMware Workstation 虚拟机。

版本号为 16 的 VMware Workstation 只支持 64 位操作系统，如果计算机是 32 位操作系统，则建议安装版本号为 10 的 VMware Workstation。操作步骤扫码观看。

搭建虚拟化环境

（二）虚拟机内安装操作系统

推荐安装 Windows 7 SP1 +SQL Server 2014，也可以安装 Windows 10+SQL Server 2014，内存至少 4GB。这里主要介绍 Windows 7 64 位安装过程，Windows 10 的安装方法基本相同，操作步骤扫码观看。

（三）安装 IIS

互联网信息服务（Internet Information Services，IIS）用于向网络用户提供 Web 服务与 FTP 服务，金蝶云星空系统需要 IIS 作为应用服务器的运行环境。Windows 7 与 Windows 10 的 IIS 安装方法基本相同，操作步骤扫码观看。

（四）安装金蝶云星空系统

安装金蝶云星空系统的操作步骤扫码观看。

三、快速部署金蝶云星空虚拟化环境

金蝶云星空系统的安装可以通过前面介绍的方法一步步进行，其缺点是安装时间长，如果想在短时间内使用金蝶云星空系统，则可以通过下面的快速部署方式，其原理就是复制现成的金蝶云星空系统虚拟机。在准备快速部署之前，教师需要事先在虚拟机里安装好金蝶云星空系统，得到虚拟机文件夹，供学生快速部署。

（1）安装 VMware Workstation，安装方法见前一部分的安装虚拟机。

（2）将安装好金蝶云星空系统的虚拟机文件夹复制到计算机，由于文件较大，建议放在 D 盘或 E 盘根目录，可找教师复制，也可复制其他同学计算机上的此文件夹。

（3）通过 VMware Workstation 打开复制文件夹中的 vmx 文件，金蝶云星空系统虚拟机即可附加到虚拟环境中，并显示金蝶云星空系统虚拟机页签。

（4）修改虚拟机硬件参数，主要修改 CPU 与内存两个参数。

（5）打开虚拟机电源，测试虚拟机，如果没有问题，则创建虚拟机快照。

目前发现部分计算机在使用这种快速部署方式时无法打开虚拟机，此时，建议检查计算机的 CPU 虚拟化参数是否打开。

第三节 | 金蝶云星空系统常规操作

金蝶云星空系统是移动互联网时代的新型 ERP 软件，是基于 Web 2.0 与云技术的新时代企业管理服务平台。

一、用户登录

系统提供网页方式登录，同时提供专用客户端方式登录，在用户名与密码已知的前提下，可登录系统，开始系统的使用。

（一）登录管理中心

管理中心主要是对数据中心进行管理，管理之前需要登录，操作方法如下。

（1）打开浏览器。推荐使用谷歌浏览器，输入地址 http://127.0.0.1:8000，回车后，自动打开登录界面。

（2）输入用户名与密码。用户名固定为管理员账户 "Administrator"，初始密码为 "888888"，单击【登录】按钮，自动打开主窗口。

（二）登录客户端

客户端登录有两种方式，一种是通过浏览器登录，另一种是通过专用客户端登录。

通过浏览器登录的操作方法如下。

（1）打开浏览器。推荐使用谷歌浏览器，输入地址 http://127.0.0.1/k3cloud，回车后，自动打开登录界面。

（2）选择数据中心。数据中心需要提前在管理中心创建。

（3）输入用户名与密码。此处用户为管理员账户或由管理员创建的用户，初始密码为均为 "888888"，单击【登录】按钮，自动打开主窗口。

通过专用客户端登录的操作方法如下。

（1）打开专用客户端。专用客户端可在主窗口下载并安装。

（2）配置客户端连接参数。单击【服务器设置】选项，输入 "http://127.0.0.1/k3cloud"，单击【确定】按钮。

（3）选择数据中心。

（4）输入用户名与密码。

（三）更换操作员

登录主窗口后，如果要模拟多人操作，则需要频繁更换操作员，为简化操作，不建议关闭登录页面后再打开，而可按以下方法进行操作。

（1）注销。在主窗口的右上角单击【注销】按钮。

（2）输入更换的操作员的用户名与密码。

二、客户端主窗口

主窗口是所有业务开展的入口，提供所有功能的入口，管理所有子窗口，展现业务核心数据，管理当前用户，切换当前组织，提供专用软件下载通道。以下操作以专用客户端为例进行说明。

（一）功能入口

若要使用某一个功能，则需要打开相应功能菜单，菜单位于窗口右上角，由四级菜单构成。

（二）切换当前组织

当前组织在窗口右上方显示，可单击组织，对当前组织进行切换。

（三）下载专用客户端

在"用户名"菜单中，可通过下载中心下载"GUI 客户端""BOS 设计器""BOS 套打设计器""万能报表设计器""网络检测工具"等专用客户端。

三、数据列表常规操作方法

系统中含有大量的数据，这些数据都是通过数据列表形式展现的，数据列表有许多相同的常规操作，以实现对数据的管理。以费用项目、部门列表或采购订单列表为例，需要掌握以下操作方法。

（1）新增/复制：新增数据，可通过选择现有记录然后复制的方式进行新增。

（2）保存/暂存：保存当前修改的数据，当数据不符合保存条件时，可暂存。

（3）修改：修改当前记录。

（4）删除：删除当前记录。

（5）提交/撤销：提交当前记录或撤销提交当前记录。

（6）审核/反审核：审核当前记录或反审核当前记录，审核在提交后进行。

（7）刷新：按过滤条件重新读取数据。

（8）搜索：按指定条件查找记录。

（9）过滤：设置过滤条件。

（10）排序：对查询结果进行排序，通过单击表头字段或在过滤条件中设置不同的过滤条件实现。

（11）筛选：在海量数据中快速筛选出目标数据，通过单击表头字段筛选图标实现。

（12）分组：将数据按照不同的组别进行分类，以便于进行有序管理，一般在列表的左边可新建分组，在已审核状态下可修改记录的分组，如费用项目。

（13）显示隐藏列，调整列宽、列位置：当数据包含多列信息时，系统会隐藏部分列，操作员可根据需要显示隐藏列，也可调整列宽和改变列的位置，一般通过拖动表头、选择快捷菜单中的选项或在过滤功能中设置来实现。

（14）页管理：在列表状态下，管理每页显示的数据数量，一般在页面右下角设置每页显示记录数，也可进行翻页。

（15）禁用/反禁用：对指定记录进行禁止使用或反禁止使用，有部分数据有禁用，没有反禁用。

（16）分配/取消分配：把选择的记录分配或取消分配给其他组织机构。

（17）选项：可配置参数，参数存放在本地，仅对当前终端有效。

（18）打印/预览/套打：打印或预览记录，可按套打格式进行输出。

（19）引入/引出：按指定 XLS 格式批量引入或引出数据，一般通过单击列表工具栏中的【引入】/【引出】按钮实现。

（20）附件：可以多种格式上传文件，供其他人下载查看或在线查看，附件可随单据传递到下游（受 BOS 参数控制）。

（21）块选择/取消块选择：进入任意区域的选择模式，方便批量复制数据到剪贴板。

（22）选单/下推：可向下一单据推送数据，或从上一单据拉取数据，组合使用可实现多对多数据传递，一般通过单击列表工具栏中的【选单】/【下推】按钮实现。

（23）关联查询：支持上查、下查、业务流程图、全流程跟踪。

（24）关闭/反关闭：单据关闭后，数据无法向下传递。全部传递完成的单据自动关闭，无须人工操作。

第二章 | 系统管理

【学习目标】
- 建立企业数据中心
- 对数据中心进行管理
- 创建企业组织机构
- 设置组织机构属性
- 设定企业基础资料控制类型与控制策略
- 创建角色与用户

第一节 | 企业概况

一、企业基本情况

华商集团成立于 2016 年 1 月 1 日，注册资本 5 100 万元人民币，主营电子设备的生产与销售。华商集团下属两个法人组织：华商制造公司（持股 80%）与华商商贸公司（持股 100%）。华商制造公司（以下简称"华商制造"）于同年 1 月成立，华商商贸公司（以下简称"华商商贸"）于同年 11 月成立。管理层经营战略为扩大产能，研发新技术，扩大市场。

华商集团作为集团总公司，主要负责整个集团及下属公司的资金管理和企业基础信息管理。集团管理层非常重视企业数字化管理，管理方式采用"分级管理、充分授权"的指导思想，总公司少量参与商业经营活动，下属公司具有较大的自主经营权。

华商制造作为主体子公司，主要负责集团的生产业务，主要产品为平板Ⅰ和平板Ⅱ，并承接电池半成品的受托加工业务。公司下设生产部，并拥有两个生产车间，一车间主要负责电池半成品的生产制造，二车间主要负责平板Ⅰ和平板Ⅱ的加工和组装。公司生产线的生产周期为 30 天，原材料的采购周期为 7 天。公司产品在供应给华商商贸的同时，也针对特定客户对外销售。

华商商贸作为销售子公司，主要负责产品的全国销售，所有产品均从华商制造采购。华商商贸计划于 2022 年 1 月 1 日设立电商分部，开始从事线上销售业务。华商商贸对华商商贸电商分部（以下简称"电商分部"）进行统收统支管理并托管其资产。同时，受华商集团安排，华商商贸开始对华商制造进行收支两条线管理。

为了应对业务的快速发展，华商集团打算采用金蝶云星空系统对公司业务进行全面管理。本书主要讲述财务管理信息系统，以及供应链、生产制造系统与财务管理系统相关联部分的应用及实施。

二、企业组织架构

华商集团设有华商制造与华商商贸两个法人组织，组织架构如图 2-1 所示。

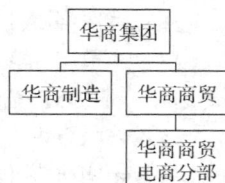

图 2-1　华商集团组织架构

各公司主要业务职责如表 2-1 所示。

表 2-1　　　　　　　　　　　　　　公司主要业务职责

组织	组织形态	业务职责
华商集团	总公司	总公司法人，主要负责整个集团及下属公司的资金管理和企业基础信息管理，少量参与下属企业的具体业务
华商制造	公司	集团控股子公司，作为独立法人参与生产、销售、采购、结算、资产等业务
华商商贸	公司	集团全资控股子公司，作为独立法人参与销售、采购、结算、资产等业务
电商分部	事业部（分公司）	华商商贸下设分公司，作为非独立法人参与销售、采购、结算、资产等业务

第二节 数据中心管理

金蝶云星空管理中心是数据中心的管理平台，主要提供创建数据中心、注册与反注册数据中心、备份数据中心、恢复数据中心、删除数据中心、升级数据中心、数据库优化、云备份、云监测、云报告、管理中心高可用、管理员看板等功能，另外，管理中心还具有许可的引入、控制以及许可使用状况查询功能。

一、创建数据中心

（一）业务场景

按以下资料创建数据中心。

（1）登录地址：http://127.0.0.1:8000。

（2）数据库服务器地址：127.0.0.1，数据库管理员与连接用户登录名：sa，密码：abcd1234。

（3）数据中心代码：100，数据中心名称：华商集团。

（4）数据库文件与数据库日志文件路径：C:\K3CloudData。

（5）不允许执行计划任务。

（6）不创建日志中心。

> 微课堂
>
> 创建数据中心

（二）操作步骤

（1）打开管理中心。打开浏览器，在地址栏中输入 http://127.0.0.1:8000，输入登录用户名"Administrator"，密码"888888"，登录。

（2）打开数据中心列表。操作路径：【数据中心】-【数据中心管理】-【数据中心列表】。

（3）打开创建数据中心窗口。单击工具栏中的【创建】-【创建 SQL Server 数据中心】按钮。

（4）输入数据库服务器的地址。在窗口中输入数据库服务器的地址。

（5）输入数据库管理员用户信息。输入数据库管理员登录名、管理员密码，单击【测试连接】按钮，显示连接成功提示。

（6）输入数据库连接用户信息。输入登录名、密码，单击【测试连接】按钮，显示连接成功。

（7）输入数据中心信息。单击【下一步】按钮，进入数据中心信息录入界面，输入数据中心代码、数据中心名称，选择数据库文件路径，自动填写数据库日志文件路径，取消勾选"执行计划任务"复选框，取消勾选"创建日志中心"复选框。

> 友情提示 2-1

（8）创建数据中心。单击【创建】按钮，耐心等待 30 分钟，直到创建完成。

（9）关闭所有页签。

二、备份数据中心

（一）业务场景

按以下资料备份数据中心。

（1）登录地址：http://127.0.0.1:8000。

（2）数据库管理员登录名：sa，密码：abcd1234。

（3）备份对象：华商集团。

（4）备份路径：C:\K3CloudData。

（5）备份文件名：华商集团_姓名。

（二）操作步骤

（1）打开管理中心。打开浏览器，在地址栏中输入 http://127.0.0.1:8000，输入登录用户名"Administrator"，密码"888888"，登录。

（2）打开数据中心列表。操作路径：【数据中心】-【数据中心管理】-【数据中心列表】。

（3）进入备份功能。单击工具栏中的【备份】-【备份】按钮，打开数据中心窗口。

（4）选择备份对象。系统默认已选中第一个数据中心，如有需要，则可以调整。

（5）输入备份信息。修改备份文件名，输入数据库管理员登录名、密码，选择备份路径。

（6）创建备份文件。单击【执行备份】按钮，自动显示备份进度条，5秒后提示备份成功。

（7）关闭所有页签。

三、恢复数据中心

（一）业务场景

按以下资料恢复数据中心。

（1）登录地址：http://127.0.0.1:8000。

（2）数据库服务器地址：127.0.0.1，数据库管理员与连接用户登录名：sa，密码：abcd1234。

（3）备份文件：C:\K3CloudData\华商集团_姓名.bak。

（4）数据中心代码：100，数据中心名称：华商集团。

（5）数据库文件路径：C:\K3CloudData。

（二）操作步骤

（1）打开管理中心。打开浏览器，在地址栏中输入 http://127.0.0.1:8000，输入登录用户名"Administrator"，密码"888888"，登录。

（2）打开数据中心列表。操作路径：【数据中心】-【数据中心管理】-【数据中心列表】。

（3）进入恢复功能。单击工具栏中的【恢复】按钮，打开恢复 SQL Server 数据中心窗口。

（4）输入备份文件信息。输入数据库服务器地址、数据库管理员登录名、管理员密码，选择备份文件，单击【测试连接】按钮，显示连接成功信息。

（5）输入数据库连接用户信息。输入连接用户登录名、密码，单击【测试连接】按钮，显示连接成功信息。

（6）输入恢复数据中心信息。输入数据中心代码、数据中心名称，修改数据库实体（可选），选择数据库文件路径。

（7）恢复数据中心。单击【执行恢复】按钮，自动显示恢复进度条，5秒后，提示恢复备份成功。

（8）关闭所有页签。

友情提示 2-3

第三节 组织机构管理

组织机构的搭建是多组织应用模式的基石。创建多组织机构，可以实施多法人、多事业部、多地点等多组织应用模式。组织机构区分核算组织和业务组织，对业务组织可以配置对应的组织职能，组织机构之间可以实现数据隔离。

基础资料控制类型统一管理所有受控的基础资料，包括共享型、分配型、私有型，通过基础资料控制策略实现基础资料的统一管理，实现数据隔离。同时可以由管理员（Administrator）创建自动分配计划，实现基础资料的自动分配，并且可以查看分配的执行情况。

一、组织机构

（一）业务场景

华商集团旗下有华商制造、华商商贸两家子公司，华商商贸下设有电商分部。其中，华商集团与华商制造具有所有业务职能，华商商贸及其电商分部具有除生产职能外的所有职能。组织机构明细如表 2-2 所示。

表 2-2　　　　　　　　　　　　　　　　　组织机构明细

编码	组织名称	形态	核算组织	所属法人	业务组织
100	华商集团	总公司	法人	华商集团	销售、采购、库存、工厂、质检、结算、资产、资金、收付、营销、服务、共享、研发
101	华商制造	公司	法人	华商制造	销售、采购、库存、工厂、质检、结算、资产、资金、收付、营销、服务、共享、研发
102	华商商贸	公司	法人	华商商贸	销售、采购、库存、质检、结算、资产、资金、收付、营销、服务、共享、研发
102.1	电商分部	分公司	利润中心	华商商贸	销售、采购、库存、质检、结算、资产、资金、收付、营销、服务、共享、研发

（二）操作步骤

微课堂

（1）以系统管理员身份登录客户端。打开客户端，选择数据中心，输入用户"Administrator"，密码"888888"，登录系统。

（2）启用多组织。执行【系统管理】-【组织机构】-【组织机构】-【启用多组织】命令，在打开的页面上，勾选"启用多组织"选项，单击工具栏中的【保存】按钮。启用后重新登录。

设置组织机构

（3）打开组织机构列表。操作路径：【系统管理】-【组织机构】-【组织机构】-【组织机构】。完成页面如图 2-2 所示。

（4）新增组织机构。在打开的组织机构-新增页面上，单击工具栏中的【新增】按钮，进入组织机构新增页面，依次录入组织机构编码、名称、形态，选择核算组织为"法人"或"利润中心"，业务组织根据业务场景进行勾选，依次单击工具栏中的【保存】-【提交】-【审核】按钮，结束操作。完成页面如图 2-3 所示。

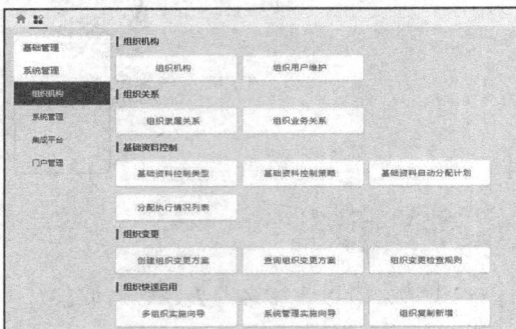

图 2-2　打开组织机构列表

编码	名称	形态	核算组织	核算组织类型	所属法人	业务组织	数据状态
100	华商集团	总公司	是	法人组织	华商集团	是	已审核
101	华商制造	公司	是	法人组织	华商制造	是	已审核
102	华商商贸	公司	是	法人组织	华商商贸	是	已审核
102.1	电商分部	分公司	是	利润中心	华商商贸	是	已审核

图 2-3　新增组织机构

二、建立组织业务关系

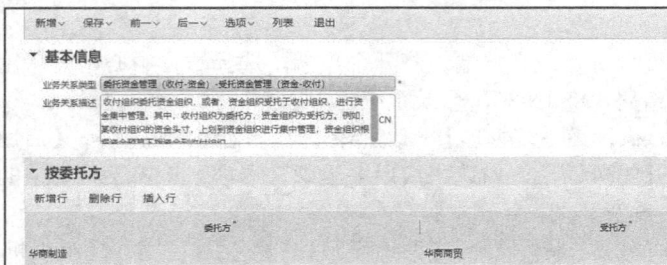

（一）业务场景

华商集团对华商商贸进行资金管理，组织业务关系信息表如表 2-3 所示。

表 2-3　　　　　　　　　　　　　　组织业务关系信息表

业务关系	委托方	受托方
委托资金管理-受托资金管理	华商制造	华商商贸
委托收付-受托收付	电商分部	华商商贸
资产托管-资产代管	电商分部	华商商贸
委托销售-受托销售	华商制造	华商商贸
委托采购-受托采购	华商制造	华商商贸

（二）操作步骤

（1）打开组织业务关系。操作路径：【系统管理】-【组织机构】-【组织关系】-【组织业务关系】。

（2）新增"委托资金管理-受托资金管理"组织业务关系。在打开的组织业务关系-新增页面上，单击工具栏中的【新增】按钮，选择业务关系类型"委托资金管理（收付-资金）-受托资金管理（资金-收付）"，选择委托方"华商制造"与受托方"华商商贸"，如图 2-4 所示，单击工具栏中的【保存】按钮。

图 2-4　新增组织业务关系

（3）新增其他形式的组织业务关系。与上述操作方法相同。完成页面如图 2-5 所示。

图 2-5　组织关系列表

三、基础资料控制类型

（一）业务场景

将名称为"部门"的基础资料控制类型中"策略类型"修改为"分配"，如表 2-4 所示，其他基础资料的控制类型保持默认值。

表 2-4　　　　　　　　　　　　　基础资料控制类型

名称	策略类型
部门	分配

（二）操作步骤

（1）打开基础资料控制类型。操作路径：【系统管理】-【组织机构】-【基础资料控制】-【基础资料控制类型】。

（2）修改部门策略类型。在打开的"基础资料控制类型"页面上，双击"部门"所在行，修改策略类型为"分配"，如图 2-6 所示，依次单击工具栏中的【保存】-【退出】按钮。

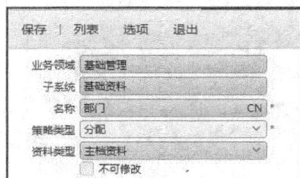

图 2-6　修改部门策略类型

四、基础资料控制策略

（一）业务场景

基础资料控制策略如表 2-5 所示，其中，部门、岗位信息等基础资料除"内部账户"外均由华商集团创建，然后分配给其他组织，没有提到的基础资料保持默认值。

表 2-5　　　　　　　　　　　　　基础资料控制策略

基础资料名称	控制类型	是否可修改	创建组织	分配目标
部门	分配	系统默认值	华商集团	全部组织机构
岗位信息	分配	系统默认值	华商集团	全部组织机构
供应商	分配	系统默认值	华商集团	全部组织机构
客户	分配	系统默认值	华商集团	全部组织机构
其他往来单位	分配	系统默认值	华商集团	全部组织机构
税务规则	分配	系统默认值	华商集团	全部组织机构
物料	分配	系统默认值	华商集团	全部组织机构
物料清单	分配	"子项明细"中的发料方式、发料组织、倒冲时机调整为可修改	华商集团	华商制造
银行账号	分配	将默认账号调整为可修改	华商集团	全部组织机构
内部账户	分配	将默认内部账号调整为可修改	华商商贸	全部组织机构

（二）操作步骤

（1）打开基础资料控制策略。操作路径：【系统管理】-【组织机构】-【基础资料控制】-【基础资料控制策略】。

（2）新增控制策略。在打开的"基础资料控制策略"页面上，单击工具栏中的【新增】按钮，选择基础资料，核对创建组织，在【分配目标组织】页签中选择对应组织，按要求调整不可修改属性，如图 2-7 所示，单击工具栏中的【保存】按钮。

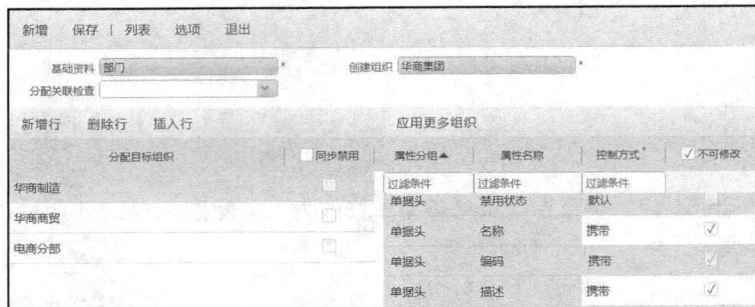

图 2-7　调整控制策略不可修改属性

（3）依次新增所有基础控制策略。

第四节 | 用户权限管理

用户及其权限通过用户对应角色实现，角色既是用户的职责体现，也是权限的载体，起到桥梁作用。用户根据被授予角色的权限，可以看到相应的主控台界面、菜单以及业务应用，方便开展业务。

一、角色

（一）业务场景

增加全功能角色，角色信息如表 2-6 所示。

表 2-6　　　　　　　　　　　　　　　角色信息

编码	角色名称	权限
100	全功能	全功能

（二）操作步骤

（1）以系统管理员身份登录客户端。打开客户端，选择数据中心，输入用户名"Administrator"，密码"888888"，登录系统。

（2）新增角色。执行【系统管理】-【系统管理】-【角色管理】-【查询角色】命令，在打开的"查询角色"页面上，单击工具栏中的【新增】按钮，输入编码、名称，类型和属性使用默认值，如图 2-8 所示，单击工具栏中的【保存】按钮，完成操作。

（3）给角色授权。执行【系统管理】-【系统管理】-【批量授权】-【全功能批量授权】命令，在打开的"全功能批量授权"页面上，授权角色选择"全功能"，授权模式选择"全功能"，授权状态选择"有权"，如图 2-9 所示，依次单击工具栏中的【授权】-【退出】按钮。

微课堂

基础资料控制策略

友情提示 2-7

微课堂

角色

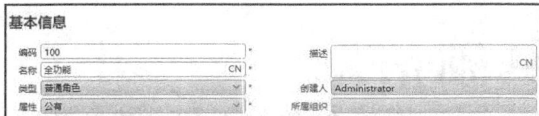

图 2-8　新增全功能角色

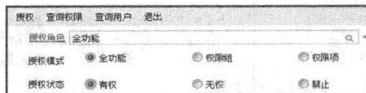

图 2-9　全功能批量授权

二、用户

（一）业务场景

增加用户，基本信息如表 2-7 所示，用户密码设置为"123456"，针对所有组织设定全功能角色，可根据需要修改用户信息、增加新的用户、修改角色。

表 2-7　　　　　　　　　　　　　　　　用户信息

账号	用户名称	角色	工作范围
manage	管理员	全功能	具有全部组织机构所有业务的全部操作权限

（二）操作步骤

（1）新增用户。执行【系统管理】-【系统管理】-【用户管理】-【查询用户】命令，在打开的"查询用户"页面上，单击工具栏中的【新增】按钮，录入用户账号、用户名称，选择组织编码、角色编码，如图 2-10 所示，依次单击工具栏中的【保存】-【退出】按钮。

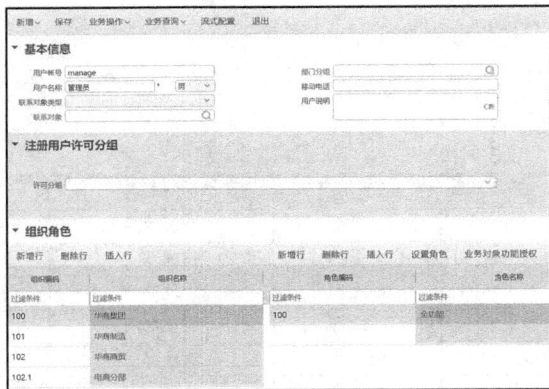

图 2-10　新增用户

（2）修改密码。执行【系统管理】-【系统管理】-【用户管理】-【查询用户】命令，在打开的"查询用户"页面上，选中用户，选择工具栏【密码策略】中的"重置密码"选项，如图 2-11 所示。进入修改密码的页面，输入两次新密码，依次单击工具栏中的【确定】-【退出】按钮。

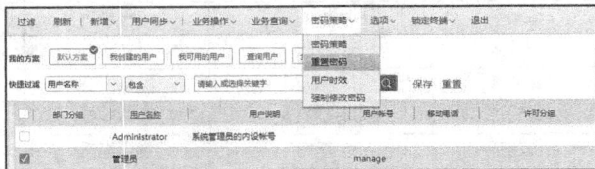

图 2-11　修改密码

完成本部分业务后，备份数据中心，备份文件命名为"华商集团-姓名-系统管理"，保存到 U盘或网盘。备份方法参照第二章第二节备份数据中心相关操作。

第三章 业务系统基础信息

【学习目标】
- 创建企业基础档案
- 启用业务模块
- 录入业务模块期初值

在开始本章学习之前，需要引入"华商集团-姓名-系统管理"备份数据中心，以保持数据的连续性，引入方法参照第二章第二节恢复数据中心相关操作。

第一节 基础档案

不同的公司，基础数据不相同，因此，在开始日常业务之前，需要完成基础数据的整理与录入工作。本节基础数据的录入工作，除内部账户由华商商贸操作外，其他均由华商集团完成。

一、部门员工

（一）业务场景

增加部门、岗位、员工、员工任岗、业务员，具体信息如表 3-1 所示。为方便起见，4 家公司相同岗位都由同一员工兼任。

表 3-1　　　　　　　　　　　　　　　　员工信息列表

使用组织	工号	姓名	所属部门	部门属性	员工任岗	业务员
华商集团	101	赵经理	行政部	管理部门	总经理	
	102	钱主管	财务部	管理部门	财务主管	财务人员
	103	李出纳	财务部	管理部门	出纳	财务人员
华商制造	101	赵经理	行政部	管理部门	总经理	
	102	钱主管	财务部	管理部门	财务主管	财务人员
	103	李出纳	财务部	管理部门	出纳	财务人员
	201	孙会计	财务部	管理部门	会计	财务人员
	301	周采购	采购部	采购部门	采购经理	采购员
	401	吴生产	生产部	生产管理部门（新增）	生产经理	
	402	郑主任	生产部/一车间	基本生产部门	生产主任	
	403	傅主任	生产部/二车间	基本生产部门	生产主任	
	501	王市场	市场部	销售部门	销售经理	销售员
华商商贸	101	赵经理	行政部	管理部门	总经理	
	102	钱主管	财务部	管理部门	财务主管	财务人员
	301	周采购	采购部	采购部门	采购经理	采购员
	501	王市场	市场部	销售部门	销售经理	销售员
电商分部	101	赵经理	行政部	管理部门	总经理	
	102	钱主管	财务部	管理部门	财务主管	财务人员
	301	周采购	采购部	采购部门	采购经理	采购员
	501	王市场	市场部	销售部门	销售经理	销售员

（二）操作步骤

1. 定义部门

（1）核对当前组织。以 manage 账号登录客户端，确保当前组织为华商集团。

（2）定义部门属性。执行【基础管理】-【基础资料】-【辅助资料】-【辅助资料列表】命令，在打开的"辅助资料列表"页面上，单击工具栏中的【新增】按钮，打开【辅助资料新增】页签，录入编码（系统不重复即可），名称录入"生产管理部门"，类别录入"部门属性"，如图 3-1 所示，依次单击工具栏中的【保存】-【提交】-【审核】按钮，结束操作。

（3）新增部门。执行【基础管理】-【基础资料】-【主数据】-【部门列表】命令，在打开的"部门列表"页面上，单击工具栏中的【新增】按钮，部门名称录入"行政部"，生效日期选择 2022/1/1 之前，选择上级部门（只有一车间和二车间需要选择上级部门"生产部"，其余部门不需要进行该操作），选择部门属性（系统默认不显示该栏目，需点开页面右侧的蓝色折叠按钮，勾选"部门属性"后，方可进行选择），如图 3-2 所示，依次单击工具栏中的【保存】-【提交】-【审核】按钮，结束操作。

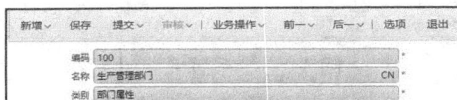

图 3-1　新增辅助资料

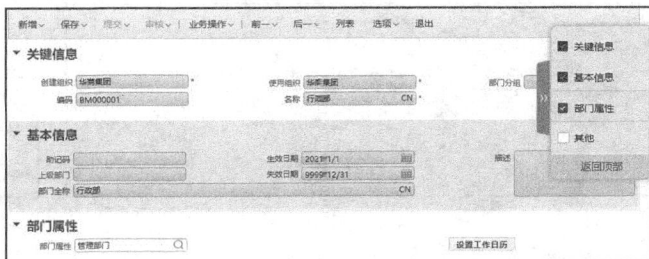

图 3-2　新增部门

参照表 3-1 的业务数据，依次增加财务部、采购部、生产部、生产部/一车间、生产部/二车间、市场部等部门。

（4）分配部门。参照表 3-1 的业务数据，首先将行政部、财务部、采购部和市场部分配给华商制造、华商商贸和电商分部使用（由于分配组织相同，可多选部门后操作，实现批量分配）。操作方法如下：在【部门列表】页面中依次勾选行政部、财务部、采购部和市场部等部门，单击工具栏中的【业务操作】-【分配】按钮，选择分配组织，并勾选"分配后自动显示分配明细"和"分配后自动审核"选项，单击【确定】按钮，如图 3-3 所示。系统将自动分配并审核记录。参照上述步骤，将生产部、一车间和二车间分配给华商制造使用。

图 3-3　分配部门

2. 定义岗位信息

（1）核对当前组织。确保当前组织为华商集团。

（2）新增岗位。执行【基础管理】-【基础资料】-【公共资料】-【岗位信息列表】命令，在打开的"岗位信息列表"页面上，单击工具栏中的【新增】按钮，名称录入"总经理"，选择所属部门，如图 3-4 所示，依次单击工具栏中的【保存】-【提交】-【审核】按钮，结束操作；反复增加，直到财务主管、会计、出纳、采购经理、生产经理、生产主任、销售经理等所有岗位录入完毕。

（3）分配岗位。将总经理、财务主管、采购经理和销售经理 4 个岗位分配给华商商贸以及电商分部；将新增的所有岗位均分配给华商制造。操作方法：在【岗位信息列表】中勾选相关岗位后，单击工具栏中的【业务操作】-【分配】按钮，选择分配组织，勾选"分配后自动审核"选项，单击【确定】按钮，系统将自动分配并审核记录。

3. 定义员工

（1）核对当前组织。确保当前组织为华商集团。

（2）新增员工。执行【基础管理】-【基础资料】-【主数据】-【员工列表】命令，在打开的"员工列表"页面上，单击工具栏中的【新增】按钮，录入员工姓名、员工编号，如图 3-5 所示，依次单击工具栏中的【保存】-【提交】-【审核】按钮，结束操作。

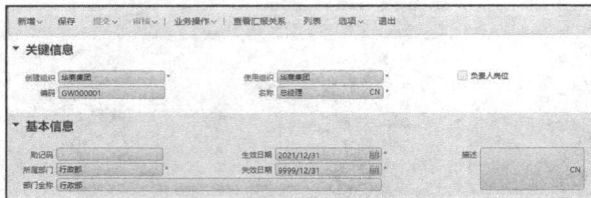

图 3-4　新增岗位

图 3-5　新增员工

4. 定义员工任岗

（1）核对当前组织。确保当前组织与使用组织相同，如果不同，则切换当前组织。

（2）新增员工任岗信息。执行【基础管理】-【基础资料】-【公共资料】-【员工任岗明细】命令，在打开的"员工任岗明细"页面上，单击工具栏中的【新增】按钮，核对使用组织，选择员工，选择就任岗位，如图 3-6 所示，依次单击工具栏中的【保存】-【提交】-【审核】按钮，结束操作。

5. 定义业务员

（1）核对当前组织。确保当前组织与使用组织相同，如果不同，则切换当前组织。

（2）新增业务员。执行【基础管理】-【基础资料】-【公共资料】-【业务员列表】命令，在打开的"业务员列表"页面上，单击工具栏中的【新增】按钮，选择业务员类型，如图 3-7 所示，在自动新增的业务员分录中核对业务组织（默认为当前组织），选择职员（可以多选），单击工具栏中的【保存】按钮。切换组织，重复上述操作，新增所有组织业务员。

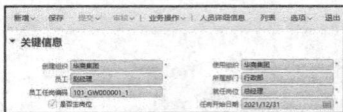

图 3-6　新增员工任岗信息

图 3-7　新增业务员

友情提示 3-1

二、币别

（一）业务场景

（1）启用美元币种。系统已经预置了多国的币别，默认已启用人民币为记账本位币。

（2）设置汇率体系，即定义不同汇率类型下两种不同币别在一定时间段内的汇率关系。系统支持直接汇率（原币对目标币的汇率）和间接汇率（目标币对原币的汇率）的设置。汇率体系资料如表 3-2 所示。

表 3-2   汇率体系

汇率类型	原币	目标币	直接汇率	生效日期	失效日期
固定汇率	美元	人民币	6.4	2021-12-31	2022-01-30

（二）操作步骤

1. 设置美元币别

（1）核对当前组织。确保当前组织为华商集团。

（2）核对并审核币别。执行【基础管理】-【基础资料】-【公共资料】-【币别】命令，在打开的"币别"页面上，选中"美元"所在行，依次单击工具栏中的【保存】-【提交】-【审核】按钮，完成页面如图 3-8 所示。

微课堂

币别

图 3-8　设置美元币别

2. 定义汇率体系

（1）核对当前组织。确保当前组织为华商集团。

（2）新增汇率。执行【基础管理】-【基础资料】-【财务会计】-【汇率体系】命令，在打开的"汇率体系"页面上，选中"固定汇率"分组，单击工具栏中的【新增】按钮，选择原币、目标币，录入直接汇率，系统自动计算间接汇率，修改生效日期，如图 3-9 所示。依次单击工具栏中的【保存】-【提交】-【审核】按钮，结束操作。

图 3-9　新增汇率

友情提示 3-2

三、往来单位

（一）业务场景

（1）增加客户，创建组织为华商集团，分配给对应组织，具体信息如表 3-3 所示。

表 3-3 客户信息

编码	客户名称	币别	客户类别	对应组织	分配对象
CUST0001	东方电子	美元	普通销售客户		全部组织机构
CUST0002	西门电子	人民币	普通销售客户		全部组织机构
CUST0003	南宫电子	人民币	普通销售客户		全部组织机构
CUST0004	电商平台消费者	人民币	普通销售客户		华商商贸、电商分部
CUST0005	华商集团	人民币	内部结算客户	华商集团	全部组织机构
CUST0006	华商制造	人民币	内部结算客户	华商制造	华商商贸、电商分部
CUST0007	华商商贸	人民币	内部结算客户	华商商贸	华商制造、电商分部
CUST0008	电商分部	人民币	内部结算客户	电商分部	全部组织机构

（2）增加供应商，创建组织为华商集团，分配给对应组织，具体信息如表 3-4 所示。

表 3-4 供应商信息

编码	供应商名称	币别	对应组织	分配对象
VEN00001	明天材料	人民币		全部组织机构
VEN00002	月圆材料	人民币		全部组织机构
VEN00003	华商集团	人民币	华商集团	全部组织机构
VEN00004	华商制造	人民币	华商制造	全部组织机构
VEN00005	华商商贸	人民币	华商商贸	全部组织机构
VEN00006	电商分部	人民币	电商分部	全部组织机构

（3）增加其他往来单位，创建组织为华商集团，分配给对应组织，具体信息如表 3-5 所示。

表 3-5 其他往来单位信息

编码	其他往来单位名称	分配对象
QTWL0001	税务局	全部组织机构
QTWL0002	红十字会	全部组织机构
QTWL0003	证券公司	全部组织机构
QTWL0004	电商平台	全部组织机构
QTWL0399	第三方平台	全部组织机构

（二）操作步骤

1. 定义客户

（1）核对当前组织。确保当前组织为华商集团。

（2）新增客户。执行【基础管理】-【基础资料】-【主数据】-【客户列表】命令，在打开的"客户列表"页面上，单击工具栏中的【新增】按钮，录入客户名称，选择币别、客户类别、对应组织，如图 3-10 所示，依次单击工具栏中的【保存】-【提交】-【审核】按钮；反复增加，直到所有客户录入完毕。

（3）分配客户。在【客户列表】中选择相关客户后，单击工具栏中的【业务操作】-【分配】按钮，参照"表 3-3"中的客户信息，选择分配对象，并勾选"分配后自动显示分配明细"和"分配后自动审核"选项，单击【确定】按钮，系统自动分配并审核记录。

微课堂

往来单位

2. 定义供应商

（1）核对当前组织。确保当前组织为华商集团。

（2）新增供应商。执行【基础管理】-【基础资料】-【主数据】-【供应商列表】命令，在打开的"供应商列表"页面上，单击工具栏中的【新增】按钮，录入名称，核对供应类别，如图 3-11 所示，依次单击工具栏中的【保存】-【提交】-【审核】按钮；反复增加，直到所有供应商录入完毕。

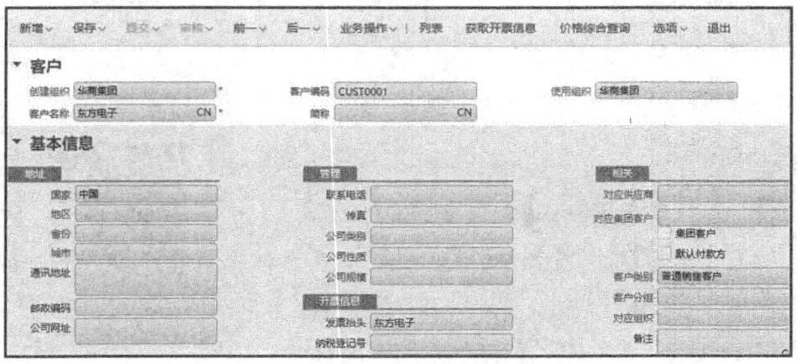

图 3-10　新增客户

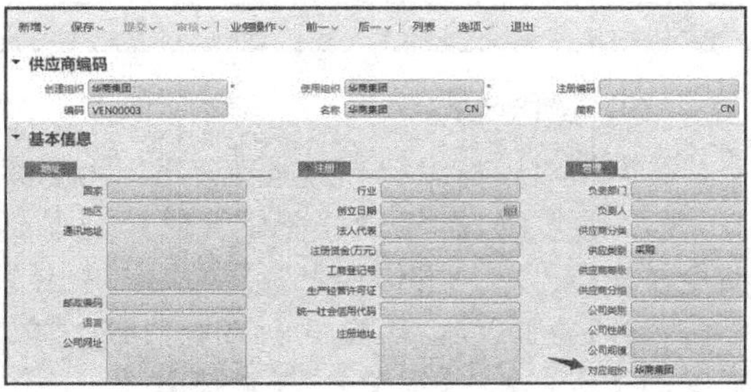

图 3-11　新增供应商

（3）分配供应商。在【供应商列表】中全选所有供应商，单击工具栏中的【业务操作】-【分配】按钮，选择所有组织，勾选"分配后自动显示分配明细"和"分配后自动审核"选项，单击【确定】按钮，系统自动分配并审核记录。

3. 定义其他往来单位

（1）核对当前组织。确保当前组织为华商集团。

（2）新增其他往来单位。执行【基础管理】-【基础资料】-【财务会计】-【其他往来单位】命令，在打开的"其他往来单位"页面上，单击工具栏中的【新增】按钮，录入名称，依次单击工具栏中的【保存】-【提交】-【审核】按钮；反复增加，直到其他往来单位全部录入完毕。完成页面如图 3-12 所示。

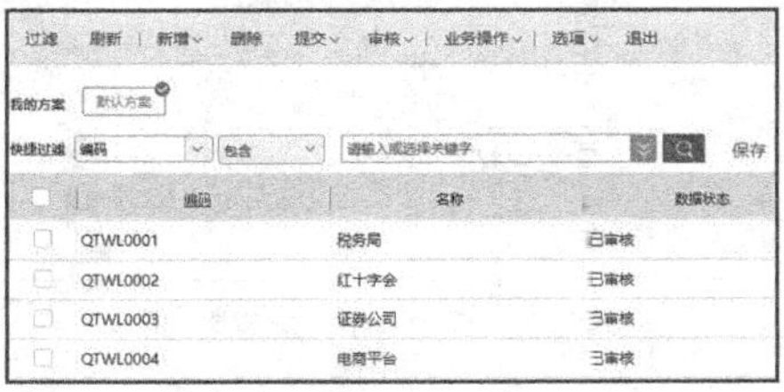

（3）分配其他往来单位。在【其他往来单位】列表中全选新增的其他往来单位，单击工具栏中的【业务操作】-【分配】按钮，选择所有组织，勾选"分配后

图 3-12　其他往来单位

自动显示分配明细"和"分配后自动审核"选项，单击【确定】按钮，系统自动分配并审核记录。

四、物料

（一）业务场景

增加物料，要求由华商集团定义，分配给对应组织，信息如表 3-6 所示。

表 3-6　　　　　　　　　　　　　　　物料明细-基本信息

物料属性	存货类别	物料名称	默认税率	采购	销售	生产	库存	资产	分配组织
外购	原材料	机板 A	13%	√	√		√		全部组织机构
	原材料	机板 B	13%	√	√		√		全部组织机构
	原材料	屏幕	13%	√	√		√		华商制造
	原材料	电芯	13%	√	√		√		华商制造
	原材料	保护板	13%	√	√		√		华商制造
	原材料	外壳	13%	√	√		√		华商制造
	产成品	触控笔	13%	√	√		√		华商商贸、电商分部

续表

物料属性	存货类别	物料名称	默认税率	采购	销售	生产	库存	资产	分配组织
自制	自制半成品	电池	13%	√	√	√	√		华商制造
	产成品	平板Ⅰ	13%		√	√	√	√	全部组织机构
	产成品	平板Ⅱ	13%		√	√	√	√	全部组织机构
	产成品	平板Ⅰ套装	13%		√	√	√		全部组织机构
资产	资产	笔记本电脑	13%	√			√	√	全部组织机构

（二）操作步骤

（1）核对当前组织。确保当前组织为华商集团。

（2）新增物料。执行【基础管理】-【基础资料】-【主数据】-【物料列表】命令，在打开的"物料列表"页面上，单击工具栏中的【新增】按钮，录入名称，选择物料属性，核对 6 项控制内容、默认税率、存货类别，依次单击工具栏中的【保存】-【提交】-【审核】按钮，如图 3-13 所示；反复增加，直到所有物料录入完毕。

（3）分配物料。在【物料列表】中勾选相应物料，单击工具栏中的【业务操作】-【分配】按钮，选择分配组织，勾选"分配后自动显示分配明细"和"分配后自动审核"选项，单击【确定】按钮，系统自动分配并审核记录。重复上述操作，直到所有物料分配完毕。

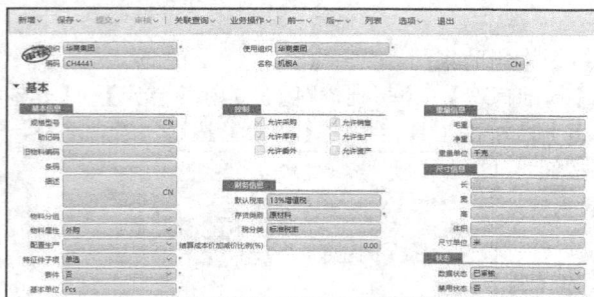

图 3-13　定义物料

五、仓库

（一）业务场景

定义仓库，明细信息如表 3-7 所示。

表 3-7　　　　　　　　　　　　　　仓库明细信息

创建组织	仓库名称	仓库属性
华商集团、华商制造、华商商贸、电商分部	组织机构+成品仓	普通仓库
	组织机构+原料仓	普通仓库

（二）操作步骤

（1）核对当前组织。确保当前组织与创建组织相同，如果不同，则切换当前组织。

（2）新增仓库。执行【基础管理】-【基础资料】-【供应链】-【仓库列表】命令，在打开的"仓库列表"页面上，单击工具栏中的【新增】按钮，核对组织机构，录入仓库名称，核对仓库属性，如图 3-14 所示，依次单击工具栏中的

【保存】-【提交】-【审核】按钮。反复增加，直到录入完毕。

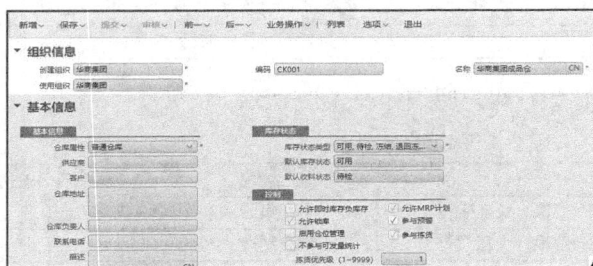

图 3-14 新增仓库

六、税务规则

（一）业务场景

核对税务规则，具体要求如表 3-8 所示，将税务规则分配给所有组织机构。

表 3-8　　　　　　　　　　　　　　　　税务规则

结果来源	名称	税收制度	单据范围
物料的税率	销售业务税率-物料	中国税制	应收单、销售合同、B2C 订单、销售增值税专用发票、销售普通发票、寄售结算单、发货通知单、期初销售出库单、销售出库单、销售报价单、退货通知单、销售退货单、销售订单、销售订单新变更单
供应商的税率	采购业务税率-供应商	中国税制	应付单、要货申请单、采购增值税专用发票、采购普通发票、采购退料单、采购价目表、采购订单、收料通知单、期初采购入库单、采购入库单

（二）操作步骤

（1）核对当前组织。确保当前组织为华商集团。

（2）核对税务规则。执行【基础管理】-【基础资料】-【税务管理】-【税务规则列表】命令，在打开的"税务规则列表"页面上，核对系统默认并已审核的"物料的税率"与"供应商的税率"。

（3）分配税务规则。在【税务规则列表】中选择"物料的税率"与"供应商的税率"，单击工具栏中的【业务操作】-【分配】按钮，选择所有组织，勾选"分配后自动显示分配明细"和"分配后自动审核"选项，单击【确定】按钮，系统自动分配并审核记录。

微课堂

税务规则

友情提示 3-6

七、银行账户

（一）业务场景

全部组织都需单独开设人民币账户，华商商贸由于涉及美元业务，还需开设美元账户。

华商商贸对华商制造资金实行收支两条线管理，即华商商贸为资金组织，华商制造为收付组织，需设置"在资金组织开设"的内部账户，并分配给结算组织使用。同时，华商制造还需设置收支两条线的银行账号。

华商商贸对电商分部进行统收统支，即华商商贸为收付组织，电商分部为结算组织，需设置"在收付组织开设"的内部账户，并分配给结算组织使用。

（1）由华商集团新增银行。银行明细如表 3-9 所示。

表 3-9   银行明细

编码	名称
001	荆楚银行长江支行

（2）由华商集团新增银行账户，银行账户明细如表 3-10 所示。

表 3-10   银行账户

创建组织	银行账号	开户银行	账户名称	收支属性	分配组织
华商集团	622288880	荆楚银行长江支行	华商集团	收支	
华商集团	622288881	荆楚银行长江支行	华商制造	收支	华商制造
华商集团	622288882	荆楚银行长江支行	华商商贸人民币账户	收支	华商商贸
华商集团	622288883	荆楚银行长江支行	华商商贸美元账户	收支	华商商贸
华商集团	622288884	荆楚银行长江支行	电商分部	收支	电商分部
华商集团	ZFB666666	荆楚银行长江支行	支付宝账户	收支	华商商贸、电商分部
华商集团	WX9999999	荆楚银行长江支行	微信账户	收支	华商商贸、电商分部

（3）由华商商贸新增内部账户，具体要求如表 3-11 所示。

表 3-11   内部账号

组织开设	内部账号	账户名称	对应组织	使用分配
在资金组织开设	NB01	华商制造内部账户	华商制造	华商集团、华商制造
在收付组织开设	NB02	电商分部内部账户	电商分部	电商分部

（4）由华商集团新增收支两条线的银行账户，具体要求如表 3-12 所示。

表 3-12   收支两条线银行账户

银行账号	账户名称	开户银行	收支属性	内部账户	资金上划	上划方式	使用分配
622288885	华商制造收款账户	荆楚银行长江支行	收入	华商制造内部账户	√	全额上划	华商制造
622288886	华商制造付款账户	荆楚银行长江支行	支出	华商制造内部账户			华商制造

（5）由华商集团新增收付款用途，具体要求如表 3-13 所示。

表 3-13   收付款用途

编码	名称	收付款类型	业务类型
SFKYT001	投资支出	付款	其他业务
SFKYT002	投资收回	收款	其他业务

（6）由华商集团定义结算方式，具体要求如表 3-14 所示。

表 3-14   结算方式

编码	名称	结算方式类别	业务分类
JSFS31_SYS	微信	电子支付	银行业务
JSFS32_SYS	支付宝	电子支付	银行业务

（二）操作步骤

1. 新增银行

（1）核对当前组织。确保当前组织为华商集团。

（2）新增银行。执行【基础管理】–【基础资料】–【财务会计】–【银行】命令，在打开的"银行"页面上，单击工具栏中的【新增】按钮，录入名称，如图 3-15 所示，依次单击工具栏中的【保存】–【提交】–【审核】按钮，结束操作。

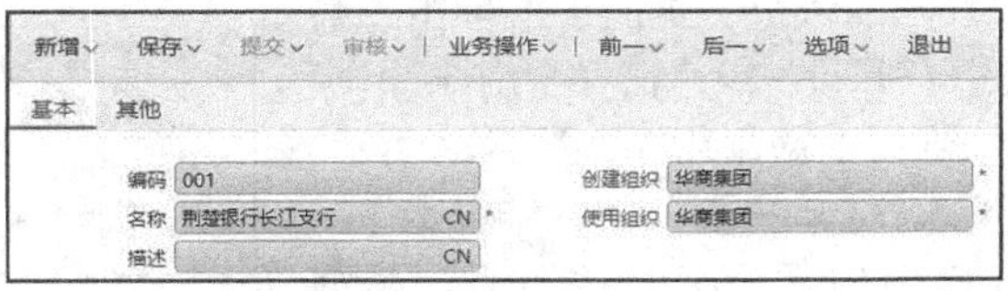

图 3-15　新增银行

2. 新增银行账号

（1）核对当前组织。确保当前组织为华商集团。

（2）增加银行账号。执行【基础管理】–【基础资料】–【财务会计】–【银行账号】命令，在打开的"银行账号"页面上，单击工具栏中的【新增】按钮，录入银行账号，选择开户银行、录入账户名称，账户收支属性选择"收支"，如图 3-16 所示，依次单击工具栏中的【保存】–【提交】–【审核】按钮。

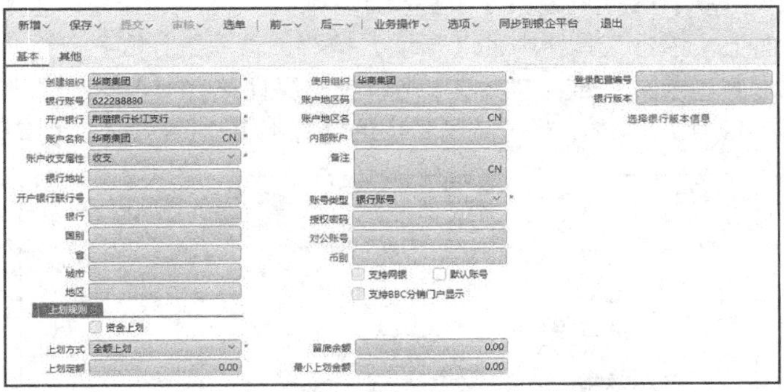

图 3-16　增加银行账号

（3）分配银行账号。单击工具栏中的【分配】按钮后，根据表 3-10 选择待分配组织，勾选"分配后自动显示分配明细"，不勾选"分配后自动审核"，单击【确定】按钮，系统自动分配。

（4）设置默认银行账号。在分配的页签中双击记录，选中"默认账号"复选框（华商商贸美元账户、微信账户和支付宝账户除外），如图 3-17 所示，依次单击工具栏中的【保存】–【提交】–【审核】按钮，结束操作。

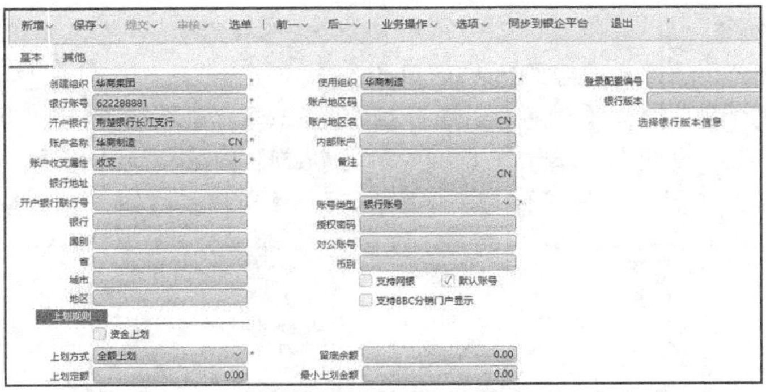

图 3-17　设置默认银行账号

（5）重复以上操作，直到所有账号增加完毕。

3. 新增内部账户

（1）核对当前组织。确保当前组织为华商商贸。

（2）增加内部账户。执行【基础管理】-【基础资料】-【财务会计】-【内部账户】命令，在打开的"内部账户"页面上，单击工具栏中的【新增】按钮，勾选"在收付组织开设"或"在资金组织开设"单选按钮，录入内部账号和账户名称，选择对应组织，如图3-18所示，依次单击工具栏中的【保存】-【提交】-【审核】按钮，结束操作。

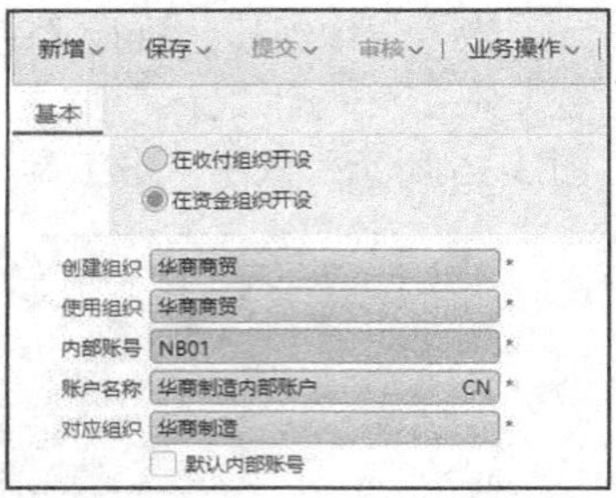

图3-18 增加内部账户

（3）分配内部账户。单击工具栏中的【分配】按钮后，根据表3-11选择使用分配组织，勾选"分配后自动显示分配明细"复选框，不勾选"分配后自动审核"复选框，单击【确定】按钮，系统自动分配。

（4）设置默认内部账号。在分配的页签中双击记录，选中"默认内部账号"复选框，依次单击工具栏中的【保存】-【提交】-【审核】按钮，结束操作。

（5）重复以上操作，直到所有内部账号增加并分配完毕。

4. 新增收支两条线的银行账户

（1）核对当前组织。确保当前组织为华商集团。

（2）增加银行账号。执行【基础管理】-【基础资料】-【财务会计】-【银行账号】命令，在打开的"银行账号"页面上，单击工具栏中的【新增】按钮，录入银行账号，选择开户银行、录入账户名称，账户收支属性选择"收入"或"支出"，账户收支属性选择"收入"的账户一定要勾选"资金上划"复选框，如图3-19所示。依次单击工具栏中的【保存】-【提交】-【审核】按钮，结束操作。

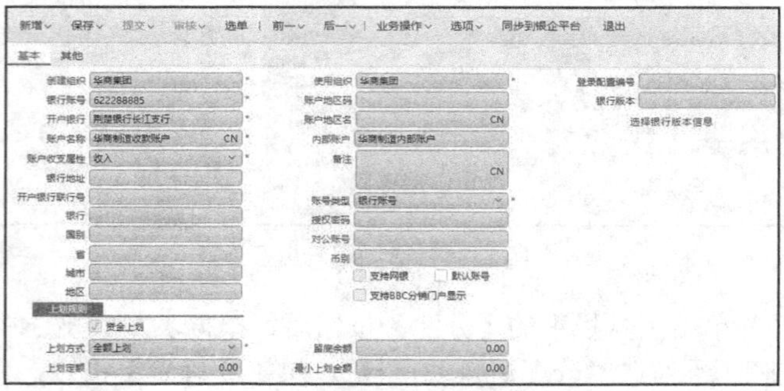

图3-19 增加银行账号

（3）分配银行账号。单击工具栏中的【分配】按钮后，根据表3-12选择待分配组织，勾选"分配后自动显示分配明细"和"分配后自动审核"复选框，单击【确定】按钮，系统自动分配并审核记录。

5. 新增收付款用途

（1）核对当前组织。确保当前组织为华商集团。

（2）增加收付款用途。执行【财务会计】-【出纳管理】-【基础资料】-【收付款用途】命令，在打开的"收付款用途"页面上，单击工具栏中的【新增】按钮，录入名称，选择收付款类型，如图3-20所示。依次单击工具栏中的【保存】-【提交】-【审核】按钮，结束操作。

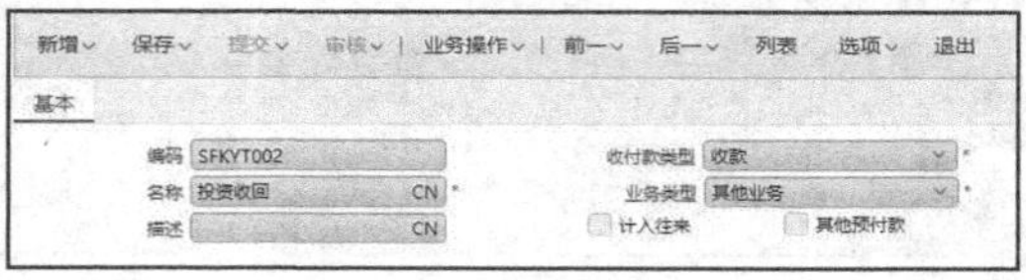

图3-20 增加收付款用途

（3）重复以上操作，直到所有收付款用途增加完毕。

6. 定义结算方式

（1）核对当前组织。确保当前组织为华商集团。

（2）修改结算方式类别。执行【财务会计】-【出纳管理】-【基础资料】-【结算方式】命令，在打开的"结算方式"页面上，单击打开"微信"结算方式，将结算方式类别修改为"电子支付"，将业务分类修改为"银行业务"，如图 3-21 所示。依次单击工具栏中的【保存】-【提交】-【审核】按钮，结束操作。

图 3-21　修改结算方式类别

友情提示 3-7

（3）重复以上操作，直到所有结算方式修改完毕。

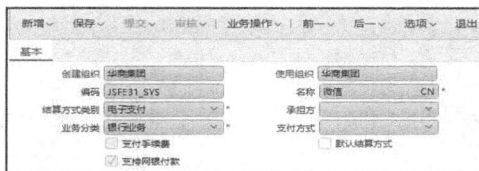

八、会计核算体系

（一）业务场景

（1）对默认会计政策进行修改，修改要求如表 3-15 所示。

表 3-15　　　　　　　　　　　　会计政策修改要求

适用会计政策名称	修改要求
主币别	人民币
会计日历	系统预设会计日历
会计要素表	会计要素表
默认汇率类型	固定汇率
成本政策	启用即时成本；启用核算体系为财务会计核算体系

（2）对默认会计核算体系进行修改，修改要求如表 3-16 所示。

表 3-16　　　　　　　　　　　　会计核算体系修改要求

编码	会计核算体系名称	核算组织	适用会计政策	下级组织
KJHSTX01	财务会计核算体系 （默认核算体系：法人核算体系）	华商集团	中国准则会计政策	华商集团
		华商制造	中国准则会计政策	华商制造
		华商商贸	中国准则会计政策	华商商贸和电商分部
KJHSTX02	利润中心核算体系	电商分部	中国准则会计政策	电商分部

（二）操作步骤

微课堂

定义会计政策

1. 定义会计政策

（1）核对当前组织。确保当前组织为华商集团。

（2）修改会计政策。执行【基础管理】-【基础资料】-【财务会计】-【会计政策】命令，在打开的"会计政策"页面上，双击系统自带的"中国准则会计政策"所在行，进入修改状态，在成本政策处选中"即时成本"复选框，在启用核算体系中选择"财务会计核算体系"，如图 3-22 所示，单击工具栏中的【保存】按钮。

2. 定义会计核算体系

（1）核对当前组织。确保当前组织为华商集团。

（2）修改核算体系。执行【基础管理】-【基础资料】-【财务会计】-【会计核算体系】命令，在打开的"会计核算体系"页面上，双击系统自带的"财务会计核算体系"所在行，进入修改状态，在核算组织中批量增加核算组织，在"适用会计政策"栏批量填充中国准则会计政策，使各下级组织与各自对应的核算组织相同，如图 3-23 所示。单击【保存】按钮，结束操作。

图 3-22　修改会计政策

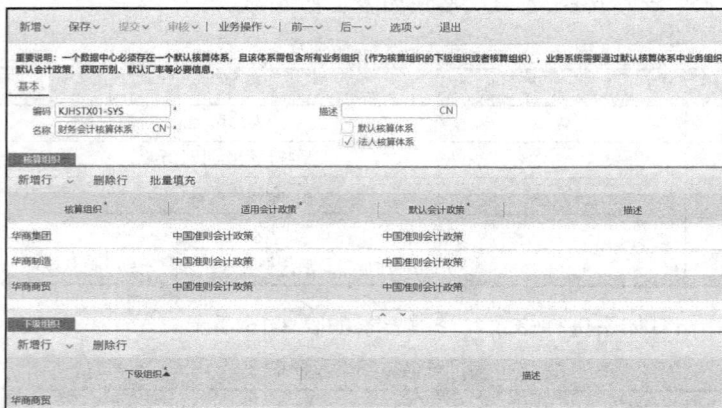

图 3-23　修改核算体系

（3）增加利润中心核算体系。执行【基础管理】-【基础资料】-【财务会计】-【会计核算体系】命令，在打开的"会计核算体系"页面上，单击工具栏上的【新增】按钮，根据业务数据新增"利润中心核算体系"，在核算组织中增加"电商分部"组织，选择适用会计政策，下级组织与对应的核算组织相同，如图 3-24 所示。依次单击工具栏中的【保存】-【提交】-【审核】按钮，结束操作。

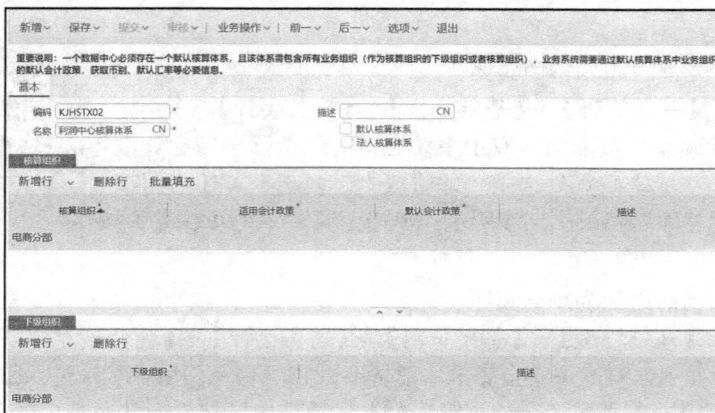

友情提示 3-8

图 3-24　增加利润中心核算体系

九、存货核算范围

（一）业务场景

完成核算范围的定义，具体要求如表 3-17 所示。

表 3-17　核算范围

核算范围名称	计价方法	核算组织	核算体系	划分依据	货主
华商集团核算范围	先进先出法	华商集团	财务会计核算体系	货主+库存组织	华商集团
华商制造核算范围	先进先出法	华商制造	财务会计核算体系	货主	华商制造
华商商贸核算范围	先进先出法	华商商贸	财务会计核算体系	货主	华商商贸、电商分部
电商分部核算范围	先进先出法	电商分部	利润中心核算体系	货主/库存组织	电商分部

（二）操作步骤

微课堂

存货核算范围

（1）核对当前组织。确保当前组织为华商集团。

（2）打开核算范围列表。操作路径：【成本管理】-【存货核算】-【基础资料】-【核算范围】。

（3）修改华商集团核算范围。在打开的“核算范围”页面上，双击默认记录，修改核算范围名称，选择计价方法，核对核算组织编码，核对货主编码与库存组织编码，依次单击工具栏中的【保存】-【提交】-【审核】按钮，结束操作。

（4）新增华商制造核算范围。单击工具栏中的【新增】按钮，录入核算范围名称，选择计价方法，修改核算组织编码，选择货主编码与库存组织编码，依次单击工具栏中的【保存】-【提交】-【审核】按钮，结束操作。

（5）新增华商商贸核算范围。单击工具栏中的【新增】按钮，录入核算范围名称，选择计价方法，修改核算组织编码，选择货主编码与库存组织编码，依次单击工具栏中的【保存】-【提交】-【审核】按钮，结束操作。

（6）新增电商分部核算范围。单击工具栏中的【新增】按钮，录入核算范围名称，选择计价方法，修改核算体系编码，修改核算组织编码，选择货主编码与库存组织编码，依次单击工具栏中的【保存】-【提交】-【审核】按钮，结束操作。完成页面如图 3-25 所示。

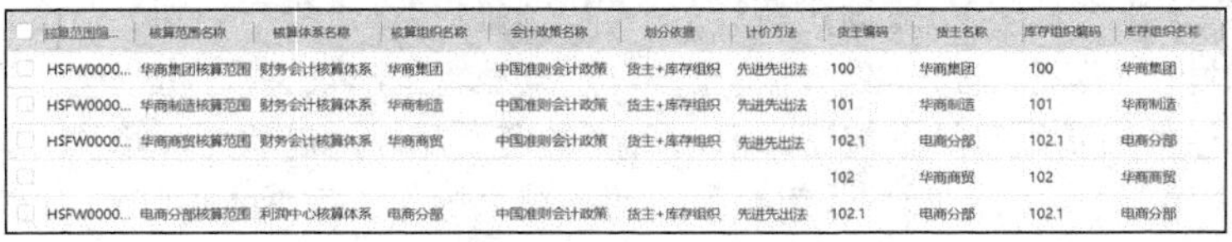

核算范围编...	核算范围名称	核算体系名称	核算组织名称	会计政策名称	划分依据	计价方法	货主编码	货主名称	库存组织编码	库存组织名称
HSFW0000...	华商集团核算范围	财务会计核算体系	华商集团	中国准则会计政策	货主+库存组织	先进先出法	100	华商集团	100	华商集团
HSFW0000...	华商制造核算范围	财务会计核算体系	华商制造	中国准则会计政策	货主+库存组织	先进先出法	101	华商制造	101	华商制造
HSFW0000...	华商商贸核算范围	财务会计核算体系	华商商贸	中国准则会计政策	货主+库存组织	先进先出法	102.1	电商分部	102.1	电商分部
							102	华商商贸	102	华商商贸
HSFW0000...	电商分部核算范围	利润中心核算体系	电商分部	中国准则会计政策	货主+库存组织	先进先出法	102.1	电商分部	102.1	电商分部

图 3-25　定义核算范围

友情提示 3-9

十、固定资产管理

（一）业务场景

（1）新增资产位置，信息如表 3-18 所示。可根据需要定义个性化的地址。

表 3-18　资产位置信息

创建组织	资产位置
华商集团	华商集团指定场所
华商制造	华商制造指定场所
华商商贸	华商商贸指定场所
电商分部	电商分部指定场所

（2）修改资产类别，信息如表3-19所示。

表3-19 资产类别信息

编码	类别名称	原值是否包含进项税
ZCLB01_SYS	房屋及建筑物	否
ZCLB02_SYS	生产设备	否
ZCLB03_SYS	办公设备	否
ZCLB04_SYS	运输设备	否
ZCLB05_SYS	其他设备	否

（3）修改资产政策，信息如表3-20所示。

表3-20 资产政策信息

资产类别	企业/法定折旧年限/年	残值类型	企业/法定残值率	折旧方法	折旧政策
房屋及建筑物	40年/40年	百分比	0/0	平均年限法	常用折旧政策
生产设备	10年/10年	百分比	5%/5%	平均年限法	常用折旧政策
办公设备	3年/3年	百分比	5%/5%	平均年限法	常用折旧政策
运输设备	4年/4年	百分比	5%/5%	平均年限法	常用折旧政策
其他设备	5年/5年	百分比	5%/5%	平均年限法	常用折旧政策

（二）操作步骤

1. 定义资产位置

（1）核对当前组织。确保当前组织为华商集团。

（2）新增资产位置。执行【资产管理】-【固定资产】-【基础资料】-【资产位置】命令，在打开的"资产位置"页面上，单击工具栏中的【新增】按钮，录入地址，如图3-26所示。依次单击工具栏中的【保存】-【提交】-【审核】按钮，结束操作。

（3）依次切换组织到华商制造、华商商贸和电商分部，新增其他资产位置。

2. 修改资产类别

（1）核对当前组织。确保当前组织为华商集团。

（2）修改资产类别。执行【资产管理】-【固定资产】-【基础资料】-【资产类别】命令，在打开的"资产类别"页面上，核对资产类别名称，将"机器设备"修改为"生产设备"，将"电子设备"修改为"办公设备"。单击工具栏中的【反审核】按钮，双击资产类别所在行，自动打开修改页签，修改名称，依次单击工具栏中的【保存】-【提交】-【审核】按钮，结束操作，完成页面如图3-27所示。

微课堂

固定资产管理

图3-26 新增资产位置

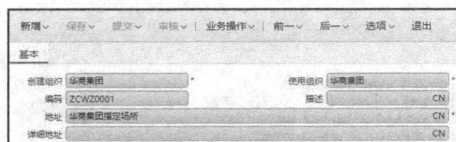

图3-27 资产类别

3. 修改资产政策

（1）核对当前组织。确保当前组织为华商集团。

（2）核对资产政策。执行【基础管理】-【基础资料】-【财务会计】-【会计政策】命令，在打开的"会计政策"页面上，双击系统自带的"中国准则会计政策"，打开修改页签，核对并修改企业折旧年限、法定折旧年限、企业残值率、法定残值率、折旧方法、折旧政策，单击工具栏中的【保存】按钮。完成页面如图 3-28 所示。

序号	资产类别	企业折旧年限	法定折旧年限	工企法	残值类型	企业残值率(%)	法定残值率(%)	残	折旧方法	折旧政策
1	房屋及建筑物	40.00	40.00		百分比				平均年限法	常用折旧政策
2	生产设备	10.00	10.00		百分比	5.00	5.00		平均年限法	常用折旧政策
3	运输设备	4.00	4.00		百分比	5.00	5.00		平均年限法	常用折旧政策
4	办公设备	3.00	3.00		百分比	5.00	5.00		平均年限法	常用折旧政策
5	其他设备	5.00	5.00		百分比	5.00	5.00		平均年限法	常用折旧政策

图 3-28　资产政策

友情提示 3-10

完成本部分业务后，备份数据中心，备份文件命名为"华商集团-姓名-基础档案"，保存到 U 盘或网盘。

第二节
业务系统期初数据

日常业务开始之前，需要进行初始化设置，具体内容包括启用业务模块、录入业务系统期初数据、结束初始化等。其中，业务系统期初数据的录入是重点工作，其特点是数据量大，对准确性有要求，录入方式除传统手工录入外，还可以通过引入的方式批量处理。

一、启用业务模块

（一）业务场景

启用相关业务模块，具体模块启用时间如表 3-21 所示。

表 3-21　　　　　　　　　　　模块启用时间

序号	模块	启用时间	要求
1	库存管理	2022.1.1	启用所有组织
2	存货核算	2022.1	启用所有组织
3	应收款管理	2022.1.1	启用所有组织
4	应付款管理	2022.1.1	启用所有组织
5	出纳管理	2022.1.1	启用所有组织
6	费用管理	2022.1.1	启用所有组织
7	资产管理	2022.1	启用所有组织

（二）操作步骤

微课堂

（1）启用库存管理。执行【供应链】-【库存管理】-【初始化】-【启用库存管理】命令，在打开的"启用库存管理"页面上，选择所有组织机构，修改启用日期（2022/1/1），单击工具栏中的【保存】按钮。

启用业务模块

（2）启用存货核算。执行【成本管理】-【存货核算】-【初始化】-【启用存货核算系统】命令，在打开的"启用存货核算系统"页面上，选择所有核算体系，修改启用年度（2022）与启用会计期间（1），启用。

（3）启用应收款管理。执行【财务会计】-【应收款管理】-【初始化】-【启用日期设置】命令，

在打开的"应收款启用日期设置"页面上，选择所有结算组织，修改启用日期（2022/1/1），启用。

（4）启用应付款管理。执行【财务会计】-【应付款管理】-【初始化】-【启用日期设置】命令，在打开的"应付款启用日期设置"页面上，选择所有结算组织，修改启用日期（2022/1/1），启用。

（5）启用出纳管理。执行【财务会计】-【出纳管理】-【初始化】-【启用日期设置】命令，在打开的"启用日期设置"页面上，选择所有组织，修改启用日期（2022/1/1），启用。

（6）启用费用管理。执行【财务会计】-【费用管理】-【初始化】-【启用日期设置】命令，在打开的"启用日期设置"页面上，选择所有组织，修改启用日期（2022/1/1），启用。

友情提示 3-11

（7）启用资产管理。执行【资产管理】-【固定资产】-【启用期间设置】-【启用固定资产系统】命令，在打开的"启用固定资产系统"页面上，选择所有组织，修改启用年度（2022）与启用会计期间（1），启用。

二、物料期初

（一）业务场景

（1）华商制造期初物料明细如表 3-22 所示。

表 3-22　　　　　　　　　　　　华商制造期初物料明细

货主	仓库	物料	期初数量	单价/元	金额/元
华商制造	华商制造原料仓	机板 A	1 350	620.00	837 000.00
		机板 B	1 330	750.00	997 500.00
		电芯	4 100	60.00	246 000.00
		保护板	4 200	20.00	84 000.00
		外壳	2 250	120.00	270 000.00
		屏幕	2 230	350.00	780 500.00
	华商制造成品仓	电池	2 220	150.00	333 000.00
		平板 I	1 310	1 530.00	2 004 300.00
		平板 II	1 320	1 680.00	2 217 600.00

（2）华商商贸期初物料明细如表 3-23 所示。

表 3-23　　　　　　　　　　　　华商商贸期初物料明细

货主	仓库	物料	期初数量	单价/元	金额/元
华商商贸	华商商贸成品仓	触控笔	1 100	75.00	82 500.00
		平板 I	1 650	3 060.00	5 049 000.00
		平板 II	1 750	3 360.00	5 880 000.00

（二）操作步骤

1. 库存期初录入

（1）核对当前组织。确保当前组织与货主相同，如果不同，则切换当前组织。

（2）录入期初库存。执行【供应链】-【库存管理】-【初始化】-【初始库存列表】命令，在打开的"初始库存列表"页面上，单击工具栏中的【新增】按钮，选择仓库，在明细信息中选择物料编码，输入期初数量，依次单击工具栏中的【保存】-【提交】-【审核】按钮，依次增加其他仓库库存，完成页面如图 3-29 所示。

微课堂

物料期初

2. 存货期初单价录入

（1）核对当前组织。确保当前组织与使用组织相同，如果不同，则切换当前组织。

（2）录入期初存货。执行【成本管理】-【存货核算】-【初始化】-【初始核算数据录入】命令，在打开的"初始核算数据录入"页面上，单击工具栏中的【新增】按钮，选择核算组织，单击工具栏中的"获取库存期初数据"，在物料数据中输入期初单价，如图 3-30 所示，单击工具栏中的【保存】按钮。

图 3-29 期初库存数据录入

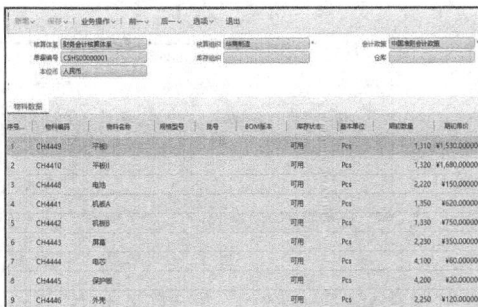

图 3-30 期初存货数据录入

友情提示 3-12

三、资金期初

（一）业务场景

（1）银行存款期初明细如表 3-24 所示，无企业未达金额与银行未达金额。

表 3-24 银行存款期初明细

机构名称	账号	币别	企业方期初余额	银行方期初余额
华商集团	622288880	人民币	¥5 533 000.00	¥5 533 000.00
华商制造	622288881	人民币	¥5 132 000.00	¥5 132 000.00
华商商贸	622288882	人民币	¥9 355 000.00	¥9 355 000.00
	622288883	美元	$100 000.00	$100 000.00

（2）库存现金期初明细如表 3-25 所示。

表 3-25 库存现金期初明细

机构名称	币别	现金期初余额
华商制造	人民币	¥5 000.00
华商商贸	人民币	¥4 300.00

（3）华商商贸应收票据期初明细如表 3-26 所示。

表 3-26 华商商贸应收票据期初明细

项目	内容	项目	名称
收款组织	华商商贸	付款单位	西门电子
票据类型	银行承兑汇票	票据号	11111111
签发日	2021/12/1	到期日	2022/3/1
票面金额	¥378 200.00	票面利率	0
承兑日期	2022/3/1	收票日	2021/12/1
出票人	西门电子	承兑人	荆楚银行黄河支行

（二）操作步骤

1. 录入银行存款期初

（1）切换当前组织，以确保所录入数据与对应组织保持一致。

（2）新增录入银行存款期初。执行【财务会计】-【出纳管理】-【初始化】-【银行存款期初】命令，在打开的"银行存款期初"页面上，单击工具栏中的【新增】按钮，选择银行、银行账号，录入企业方期初余额与银行方期初余额，如图 3-31 所示。依次单击工具栏中的【保存】-【提交】-【审核】按钮，结束银行存款期初录入操作。

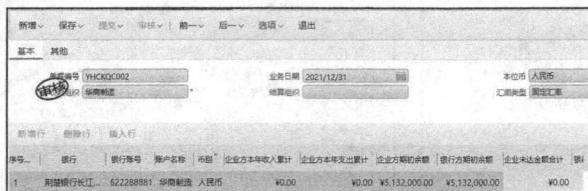

图 3-31　录入银行存款期初

（3）切换其他组织重复以上操作，直到所有组织银行存款期初录入完毕。

2. 录入现金期初

（1）切换当前组织，以确保所录入数据与对应组织保持一致。

（2）新增录入现金期初余额。执行【财务会计】-【出纳管理】-【初始化】-【现金期初】命令，在打开的"现金期初"页面上，单击工具栏中的【新增】按钮，依照业务数据录入期初余额，如图 3-32 所示。依次单击工具栏中的【保存】-【提交】-【审核】按钮，结束现金期初录入操作。

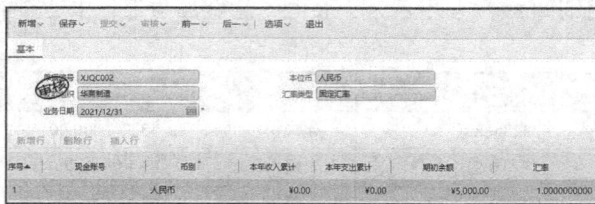

图 3-32　录入现金期初余额

（3）切换其他组织重复以上操作，直到所有组织现金期初录入完毕。

3. 录入应收票据期初

（1）切换当前组织，确保当前组织为华商商贸。

（2）新增录入应收票据信息。执行【财务会计】-【出纳管理】-【日常处理】-【应收票据】命令，在打开的"应收票据"页面上，单击工具栏中的【新增】按钮，首先勾选"期初"复选框，然后根据业务数据进行录入，如图 3-33 所示。依次单击工具栏中的【保存】-【提交】-【审核】按钮，结束应收票据期初录入操作。

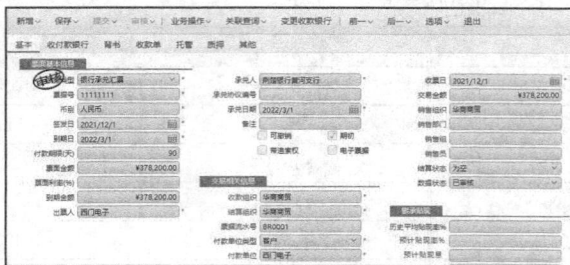

图 3-33　录入应收票据期初

四、往来期初

（一）业务场景

（1）华商集团、华商制造与华商商贸期初应收明细如表 3-27 所示。

表 3-27　　　　　　　　　　　　　　期初应收明细

结算组织	业务日期	客户	到期日	应收价税合计
华商集团	2019-12-31	南宫电子	2022-01-01	¥100 000.00
	2021-12-10	西门电子	2022-03-01	¥150 000.00
华商制造	2021-11-30	西门电子	2022-01-01	¥1 003 100.00
华商商贸	2021-11-30	南宫电子	2022-03-01	¥390 000.00

（2）华商商贸期初其他应收明细如表 3-28 所示。

表 3-28　　　　　　　　　　　　　　期初其他应收明细

结算组织	业务日期	员工	借款用途	到期日	金额
华商商贸	2021-12-15	王市场	参展活动费用	2022-1-1	¥5 000.00

（3）华商制造期初应付明细如表 3-29 所示。

表 3-29　　　　　　　　　　　　　　期初应付明细

结算组织	业务日期	供应商	到期日	应付价税合计
华商制造	2021-11-30	月圆材料	2022-1-1	¥400 000.00

（二）业务解析

属于员工借款形成的期初其他应收款项，一般不直接录入期初其他应收单，而是通过费用报销系统中的【历史借款余额录入】功能实现。历史借款余额录入完成后，会自动生成一张"费用报销期初付款单"，该单据相当于一张红字期初应付单，等同于一张期初应收单。

（三）操作步骤

1. 录入期初应收单

（1）切换当前组织，以确保所录入数据与对应组织保持一致。

（2）录入期初应收单。执行【财务会计】-【应收款管理】-【初始化】-【期初应收单】命令，在打开的"期初应收单"页面上，单击工具栏中的【新增】按钮，依据表 3-27 中的信息，依次选择客户，修改到期日，在明细中填写不含税金额，如图 3-34 所示。依次单击工具栏中的【保存】-【提交】-【审核】按钮，结束操作。重复操作，直至所有组织机构期初应收单录入完毕。

图 3-34　期初应收单

（3）查看所有组织机构期初应收单录入结果。单击工具栏中的【过滤】按钮，勾选"所有组织"

微课堂

往来期初

复选框，单击【确定】按钮。

2．录入期初其他应收单

（1）切换当前组织，确保当前组织机构为华商商贸。

（2）历史借款余额录入。执行【财务会计】-【人人报销】-【历史借款余额】-【历史借款余额录入】命令，在打开的"历史借款余额录入"页面上，单击工具栏中的【新增】按钮，事由填写"参展活动费用"，费用项目选择"市场活动费"，依据表 3-28 录入其他明细信息，依次单击工具栏中的【保存】-【提交】-【审核】按钮，完成页面如图 3-35 所示。

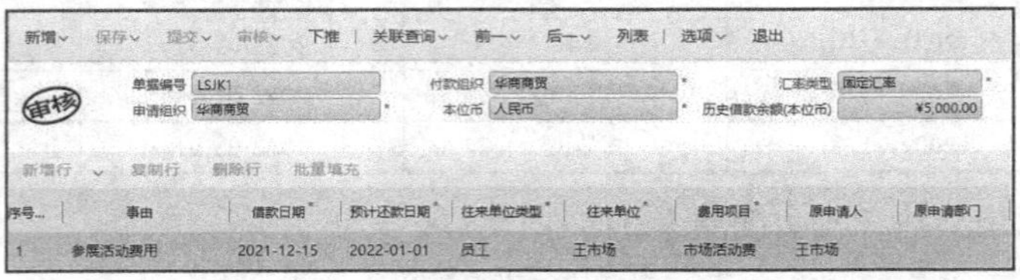

图 3-35 历史借款余额录入

（3）查看期初付款单。选择工具栏中的【关联查询】中的"下查"选项，在弹出的窗口中双击【付款单】按钮，查看系统自动生成的期初"费用报销付款单"。期初付款单也可以通过【财务会计】-【应付款管理】-【初始化】-【期初付款单】查看。

3．录入期初应付单

（1）切换当前组织，确保当前组织机构为华商制造。

（2）录入期初应付单。执行【财务会计】-【应付款管理】-【初始化】-【期初应付单】命令，在打开的"期初应付单"页面上，单击工具栏中的【新增】按钮，依据表 3-29 中的信息，选择供应商，修改到期日，在明细中填写不含税金额，如图 3-36 所示。依次单击工具栏中的【保存】-【提交】-【审核】按钮，结束操作。

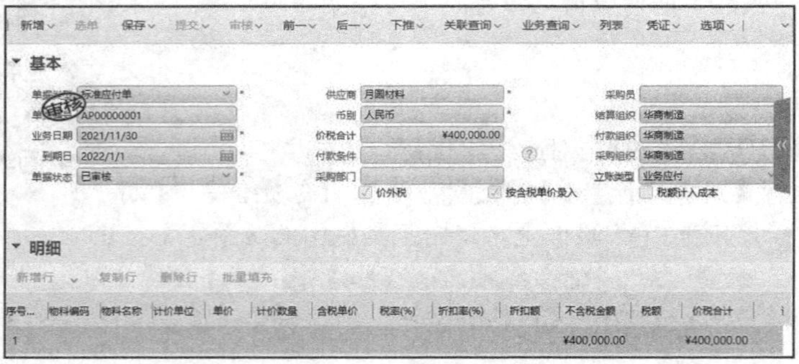

图 3-36 期初应付单

友情提示 3-14

五、资产期初

（一）业务场景

华商制造固定资产卡片期初信息如表 3-30 所示。

表 3-30　　　　　　　　　　　　　固定资产卡片期初信息

项目	期初信息			
资产名称	综合大楼	生产线 I	生产线 II	打印机
资产类别	房屋及建筑物	生产设备	生产设备	办公设备

续表

项目	期初信息			
使用部门	行政部	一车间	二车间	财务部
数量	1栋	4套	4套	4台
原值/元	20 000 000.00	2 000 000.00	2 000 000.00	10 000.00
预计使用年限/年	40	10	10	3
已使用年限/年	10	5	5	0
残值率/%	0	5	5	5
开始日期	2011-12-31	2016-12-31	2016-12-31	2021-12-31
入账日期	2022-01-01	2022-01-01	2022-01-01	2022-01-01
累计折旧/元	5 000 000.00	950 000.00	550 000.00	0

（二）操作步骤

（1）将当前组织切换到华商制造。

（2）录入固定资产初始化卡片。执行【资产管理】-【固定资产】-【日常管理】-【初始化卡片】命令，在打开的"初始化卡片"页面上，单击工具栏中的【新增】按钮，依据表3-30中的信息，选择资产类别，输入资产名称，选择计量单位，输入资产数量，选择资产状态、变动方式，修改开始使用日期。在【财务信息】中修改入账日期，输入未税成本、累计折旧、预计残值、折旧方法、预计使用期间、累计使用期间数。在【实物信息】中选择资产位置，在【使用分配】中选择资产编码、使用部门、费用项目，如图3-37所示。依次单击工具栏中的【保存】-【提交】-【审核】按钮，结束操作。

微课堂

资产期初

图3-37　初始化卡片录入（综合大楼）

友情提示3-15

六、结束初始化

（一）业务场景

各组织机构需完成相关模块的结束初始化工作，各模块启用、期初录入、结束初始化关系如

表 3-31 所示。

表 3-31 各模块启用、期初录入、结束初始化关系表

序号	模块名称	启用	期初录入	结束初始化
1	库存管理	√	√	√
2	存货核算	√	√	√
3	应收款管理	√	√	√
4	应付款管理	√	√	√
5	出纳管理	√	√	√
6	费用管理	√		√
7	资产管理	√	√	

（二）操作步骤

（1）库存管理结束初始化。执行【供应链】-【库存管理】-【初始化】-【库存管理结束初始化】命令，在打开的"库存管理结束初始化"页面上，选择所有库存组织，单击工具栏中的【结束初始化】按钮。

（2）存货核算结束初始化。执行【成本管理】-【存货核算】-【初始化】-【存货核算初始化】命令，在打开的"存货核算初始化"页面上，选择所有核算体系，单击工具栏中的【结束初始化】按钮。

（3）应收款管理结束初始化。执行【财务会计】-【应收款管理】-【初始化】-【应收款结束初始化】命令，在打开的"应收款结束初始化"页面上，选择所有结算组织，单击工具栏中的【结束初始化】按钮。

（4）应付款管理结束初始化。执行【财务会计】-【应付款管理】-【初始化】-【应付款结束初始化】命令，在打开的"应付款结束初始化"页面上，选择所有结算组织，单击工具栏中的【结束初始化】按钮。

（5）出纳管理结束初始化。执行【财务会计】-【出纳管理】-【初始化】-【出纳管理结束初始化】命令，在打开的"出纳管理结束初始化"页面上，选择所有组织，单击工具栏中的【结束初始化】按钮。

（6）费用管理结束初始化。执行【财务会计】-【费用管理】-【初始化】-【费用管理结束初始化】命令，在打开的"结束初始化"页面上，选择所有组织，单击工具栏中的【结束初始化】按钮。

完成本节业务后，备份数据中心，备份文件命名为"华商集图-姓名-业务系统基础信息"，保存到 U 盘或网盘。

微课堂

结束初始化

友情提示 3-16

【学习目标】
- 设置总账管理系统基础资料
- 启用总账管理系统
- 录入科目初始数据
- 日常凭证处理

在开始本章学习之前，需要引入"华商集图-姓名-业务系统期初数据"备份数据中心，以保持数据的连续性。

第一节 | 概述

一、总体介绍

总账管理系统是财务会计系统最核心的系统，它以凭证处理为中心进行账簿管理，可与各个业务系统无缝衔接，实现数据共享，企业的所有核算最终都要在总账中体现。金蝶云星空系统的总账管理系统不仅可以独立实现单个企业的会计信息化，还解决了一个数据中心下多账簿和多核算体系的应用，适用于所有企业与行业。

二、功能结构

（一）主要功能

总账管理系统主要是进行凭证与账簿管理的系统。金蝶云星空总账管理系统主要包含以下功能和应用：（1）提供法人账簿和利润中心账簿管理；（2）支持企业组织机构多维度管理；（3）实现与各业务系统的一体化、协同应用；（4）消除了账簿合并后内部交易抵消的复杂处理过程；（5）支持财务共享中心模式；（6）支持用户自定义会计期间；（7）科目的多重辅助核算，提供科目进行单一的或多个币别核算；（8）账簿可以按照不同的会计政策设置不同的币别，也可以对同一个会计政策进行多币别核算；（9）提供跨账簿的凭证复制功能；（10）强大的账簿报表查询；（11）现金流量处理；（12）期末调汇处理；（13）期末损益结转；（14）期末科目结转自动处理；（15）凭证摊销及预提；（16）多账簿期末批量结账；（17）多账簿账表查询；（18）调整期间业务处理。

（二）业务流程

总账管理系统的业务流程如图 4-1 所示。

三、与其他系统的关系

总账管理系统与其他系统的关系如图 4-2 所示。

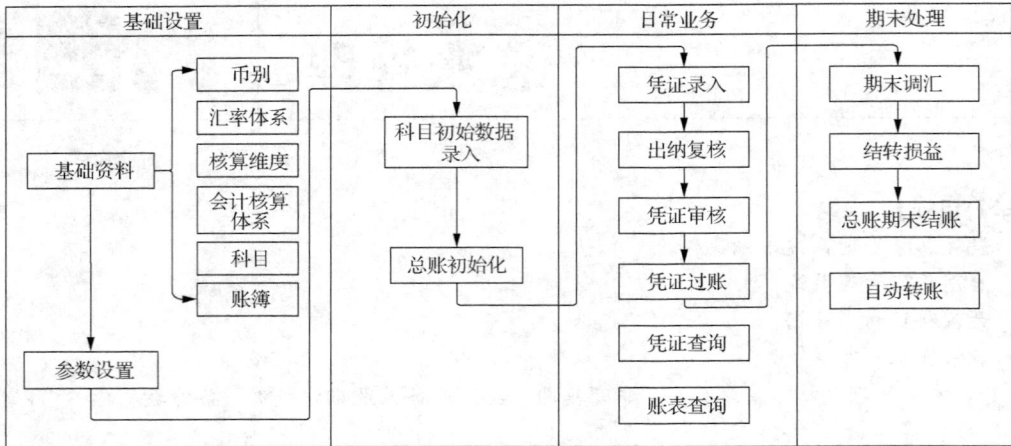

图 4-1　总账管理系统业务流程

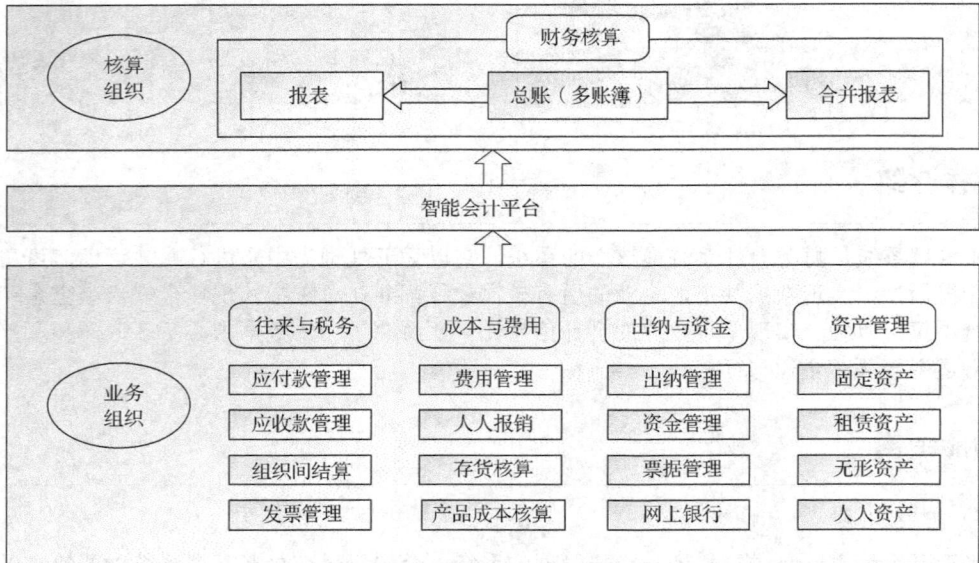

图 4-2　总账管理系统与其他系统的关系

四、基本概念

（一）会计政策

会计政策是企业依据不同国家或地区的会计准则等相关法规设置的一套企业财务核算制度。系统支持用户根据核算组织设置其适用的会计政策（允许定义多个适用会计政策），以及核算组织常用的默认会计政策。会计政策的设置主要对以下系统应用产生影响。

1. 总账管理系统

定义会计核算体系时，需设置会计核算体系中核算组织适用的会计政策和默认会计政策。建立核算组织的账簿时，主账簿的会计日历、科目表和默认汇率类型等关键信息需和对应会计政策保持一致。

2. 资产管理系统

资产管理系统包含固定资产、租赁资产、无形资产和人人资产管理等 4 个模块，支持固定资产的多会计政策计量、计价，同一张卡片支持多价值管理。

3. 存货核算系统

存货核算系统根据核算体系、核算组织以及对应会计政策中的成本核算方法进行成本核算，用户在此定义产品成本核算的控制策略。

（二）核算体系

根据不同的视角，账务处理的业务范围划分有所不同，不同的划分标准即形成不同的会计主体体系——核算体系。通过核算体系，用户可以清晰看到企业管理的层级关系，以及对应的核算组织的基本信息。

核算体系的主要应用：一是可以根据不同管理要求，定义多套会计核算体系（如财务会计核算、责任中心考核等）；二是在同一会计核算体系下，可以为每个会计主体（核算组织）定义多个账簿。

（三）核算组织

核算组织即会计主体，是会计记账、财务报告的主体。系统通过业务组织——核算组织的关系来确定业务的财务归属，用户可以从不同的管理维度，将业务组织划分为不同的核算组织。在同一核算体系下，业务组织只属于一个核算组织，保证业务记账的唯一性。业务组织可同时属于多个核算体系下的核算组织。

（四）核算维度

核算维度在总账管理系统中十分独特和灵活，它可以作为明细科目进行管理，也可以在多个科目中存在。为加强管理，提高对核算维度的利用程度，系统提供了按核算维度进行查询分析的账表，如按供应商查询的明细分类账等。

用户可以自定义任何业务资料（如组织机构、客户、供应商、物料等）为核算维度，可以设置任意多个核算维度作为科目的辅助核算范围，并随时调整。

第二节 | 基础数据设置

总账管理系统基础数据除了需要完成币别、汇率体系、会计政策、会计核算体系等公共基础资料的设置工作外，还需要完成账簿、科目、辅助资料以及核算维度等基础资料的设置，总账管理参数的设置，科目初始数据的录入，结束总账管理系统初始化等工作。

一、业务场景

（一）定义辅助资料

保持系统原有辅助资料不动，新增辅助资料如表 4-1 所示。

表 4-1　　　　　　　　　　　　　　　辅助资料

业务领域	类别编码	类别名称	编码	名称
基础管理	TZPZ	投资品种	01	债券
			02	股票
			03	基金
基础管理	QTHB	资金种类	01	支付宝余额
			02	微信零钱

（二）定义核算维度

定义科目需要辅助核算的维度，可选择任何系统内的基础资料、辅助资料等作为核算维度，如客户、供应商等基础资料可以作为核算维度，或者交货方式等辅助资料可以作为科目的辅助核算。保持原有核算维度不动，新增核算维度如表4-2所示。

表4-2　　　　　　　　　　　　　　　　新增核算维度

维度类型	维度名称	维度来源
基础资料	银行	银行
辅助资料	投资品种	投资品种
辅助资料	资金种类	资金种类

（三）定义科目

科目是对会计要素的具体内容进行分类核算的项目。本系统会计科目的结构层次依次是：会计科目表、会计要素表、会计要素、科目类别和科目。科目的使用前提是已定义科目表、会计要素和科目类别。保持原有会计科目不动，需要新增或修改的科目相关要求如表4-3所示。

表4-3　　　　　　　　　　　　　　会计科目信息变动明细表

编码	科目名称	科目类别	方向	核算维度	数量金额核算	核算所有币别	期末调汇
1001	库存现金	流动资产	借方			√	√
1002	银行存款	流动资产	借方	银行（必录）		√	√
1012	其他货币资金	流动资产	借方	资金种类（可选）		√	√
1101.01	成本（新增科目）	流动资产	借方	投资品种（可选）			
1101.02	公允价值变动（新增科目）	流动资产	借方	投资品种（可选）			
1122	应收账款	流动资产	借方	客户（必录）		√	√
1403	原材料	流动资产	借方	物料（必录）	√		
1405	库存商品	流动资产	借方	物料（必录）	√		
1511	长期股权投资	非流动资产	借方	组织机构（必录）			
2202	应付账款	流动负债	贷方			√	√
2202.01	暂估应付款	流动负债	贷方			√	√
2202.02	明细应付款	流动负债	贷方	供应商（必录）		√	√
2241.05	其他单位往来（新增科目）	流动负债	贷方			√	√
5001	生产成本	成本	借方	无			
5001.01	直接材料（新增科目）	成本	借方	部门（可选）物料（可选）			
5001.02	直接人工（新增科目）	成本	借方	部门（可选）物料（可选）			
5001.03	制造费用（新增科目）	成本	借方	部门（可选）物料（可选）			
6602	管理费用	期间费用	借方	无	√		
6602.01	人工费（新增科目）	期间费用	借方	部门（必录）费用项目（可选）		√	
6602.02	办公费（新增科目）	期间费用	借方	部门（必录）		√	
6602.03	差旅费（新增科目）	期间费用	借方	部门（必录）员工（可选）		√	
6702	信用减值损失（新增科目）	其他损失	借方				

（四）定义账簿

账簿是一套财务数据的归集。根据会计核算体系中核算组织账务处理的实际情况，设置对应的账簿，并且定义账簿的类型、科目表以及记账本位币等信息。总账管理系统的凭证管理、期末处理以及账表查询等都是以账簿为基础的。

账簿由各核算组织自行创建，各核算组织的账簿信息如表 4-4 所示。

表 4-4 账簿信息

编码	账簿名称	核算体系	核算组织	账簿类型	启用期间
001	华商集团账簿	财务会计核算体系	华商集团	主账簿	2022.01
002	华商制造账簿	财务会计核算体系	华商制造	主账簿	2022.01
003	华商商贸账簿	财务会计核算体系	华商商贸	主账簿	2022.01
004	电商分部账簿	利润中心核算体系	电商分部	主账簿	2022.01

（五）设置总账管理系统参数

总账管理系统参数是总账管理系统的基础，它的设置关系到账簿中所有财务业务和流程的处理。系统参数如表 4-5 所示。除表 4-5 所示的两个参数外，其余参数采用系统默认值，适用于全部组织的账簿设置要求。

表 4-5 系统参数

参数名称	参数值
"本年利润"科目	4 103
"利润分配"科目	4 104

（六）科目初始数据录入

科目初始数据的录入分两种情况进行处理。第一种是账簿的启用时间是会计日历所在会计年度的第一个期间，只需录入各个会计科目的初始余额；另外一种是账簿的启用时间非会计年度的第一个期间时，需录入截止到账簿启用期间的各个会计科目的本年累计借、贷方发生额和各科目的初始余额。另外，由于损益类科目处理的一些特点，对于在账簿启用之前所发生的损益类科目的实际发生额，系统无法取到。因此还需要用户将损益类科目的本年累计实际发生额在初始化时录入系统，这样系统才能对损益类科目的实际发生额进行处理，从而才能保证有关业务资料数据的准确。

华商集团账簿科目期初如表 4-6 所示，华商制造账簿科目期初如表 4-7 所示，华商商贸账簿科目期初如表 4-8 所示。（注：电商分部系华商商贸新设分公司，其账簿科目期初无数据）

表 4-6 华商集团账簿科目期初

科目编码	科目名称	余额方向	期初余额
1002	银行存款（荆楚银行长江支行）	借	¥5 533 000.00
1122	应收账款	借	¥250 000.00
	——南宫电子	借	¥100 000.00
	——西门电子	借	¥150 000.00
1231	坏账准备	贷	¥63 000.00
1511	长期股权投资	借	¥45 280 000.00
	——华商制造	借	¥24 496 000.00
	——华商商贸	借	¥20 784 000.00
4001	实收资本	贷	¥51 000 000.00

表 4-7　　　　　　　　　　　　　　华商制造账簿科目期初

科目编码	科目名称	量度信息	余额方向	期初余额
1001	库存现金		借	￥5 000.00
1002	银行存款		借	￥5 132 000.00
	——人民币户（荆楚银行长江支行）		借	￥5 132 000.00
1122	应收账款		借	￥1 003 100.00
	——西门电子		借	￥1 003 100.00
	原材料		借	￥3 215 000.00
	——机板 A	数量:1 350；单价：620	借	￥837 000.00
	——机板 B	数量:1 330；单价：750	借	￥997 500.00
1403	——电芯	数量:4 100；单价：60	借	￥246 000.00
	——保护板	数量:4 200；单价：20	借	￥84 000.00
	——外壳	数量:2 250；单价：120	借	￥270 000.00
	——屏幕	数量:2 230；单价：350	借	￥780 500.00
	库存商品		借	￥4 554 900.00
1405	——电池	数量:2 220；单价：150	借	￥333 000.00
	——平板Ⅰ	数量:1 310；单价：1 530	借	￥2 004 300.00
	——平板Ⅱ	数量:1 320；单价：1 680	借	￥2 217 600.00
	固定资产		借	￥24 010 000.00
1601	——房屋及建筑物		借	￥20 000 000.00
	——生产设备		借	￥4 000 000.00
	——办公设备		借	￥10 000.00
	累计折旧		贷	￥6 900 000.00
1602	——房屋及建筑物		贷	￥5 000 000.00
	——生产设备		贷	￥1 900 000.00
2202.02	明细应付款		贷	￥400 00 0.00
	——月圆材料		贷	￥400 000.00
4001	实收资本		贷	￥30 620 000.00

表 4-8　　　　　　　　　　　　　　华商商贸账簿科目期初

科目编码	科目名称	量度信息	余额方向	期初余额
1001	库存现金		借	￥4 300.00
	银行存款		借	￥9 995 000.00
1002	——人民币户（荆楚银行长江支行）		借	￥9 355 000.00
	——美元户（荆楚银行长江支行）	汇率：6.40	借	$100 000.00（￥640 000.00）
1121	应收票据		借	￥378 200.00
	——西门电子		借	￥378 200.00
1122	应收账款		借	￥390 000.00
	——南宫电子		借	￥390 000.00
1221.03	员工往来		借	￥5 000.00
	——王市场		借	￥5 000.00
	库存商品		借	￥11 011 500.00
1405	——触控笔	数量:1 100；单价：75	借	￥82 500.00
	——平板Ⅰ	数量:1 650；单价：3 060	借	￥5 049 000.00
	——平板Ⅱ	数量:1 750；单价：3 340	借	￥5 880 000.00
2001	短期借款	利率：4.80%	贷	￥1 000 000.00
4001	实收资本		贷	￥20 784 000.00

二、业务解析

本业务主要是设置总账管理系统的基础资料并结束总账初始化。总账管理系统基础资料中的币别、汇率体系、会计政策、会计核算体系、账号等公共资料已经设置，本业务还需定义辅助资料、核算维度、科目、账簿，设置总账管理系统参数，完成科目初始数据录入，结束总账初始化。

三、操作步骤

微课堂

基础数据设置

（一）定义辅助资料

（1）核对当前组织。确保当前组织为华商集团。

（2）新增辅助资料类别。执行【基础管理】–【基础资料】–【辅助资料】–【辅助资料列表】命令，在打开的"辅助资料列表"页面上，选中"基础管理"选项，单击工具栏中的【新增分组】按钮，录入编码、名称，单击工具栏中的【保存】按钮。

（3）新增辅助名称。参照执行第（2）步命令，在打开的"辅助资料列表"页面上，找到对应类别名称，单击工具栏中的【新增】按钮，依据表 4-1 中的信息，录入编码、名称，依次单击工具栏中的【保存】–【提交】–【审核】按钮，结束操作；反复增加，直到所有辅助名称录入完毕，完成页面如图 4-3 所示。

	类别	编码	名称	数据状态	系统预置
	投资品种	01	债券	已审核	否
	投资品种	02	股票	已审核	否
	投资品种	03	基金	已审核	否
	资金种类	01	支付宝余额	已审核	否
	资金种类	02	微信零钱	已审核	否

图 4-3　新增辅助资料

（二）定义核算维度

（1）核对当前组织。确保当前组织为华商集团。

（2）新增核算维度。执行【财务会计】–【总账】–【基础资料】–【核算维度】命令，在打开的"核算维度"页面上，单击工具栏中的【新增】按钮，依据表 4-2 中的信息，选择维度类型，选择维度来源，输入名称，如图 4-4 所示。依次单击工具栏中的【保存】–【提交】–【审核】按钮，结束操作；反复增加，直到录入所有核算维度。

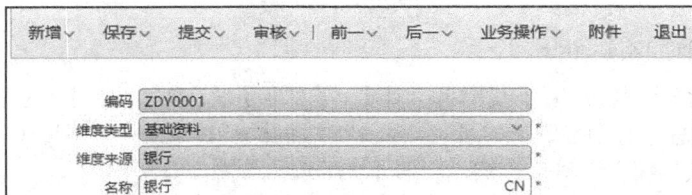

编码　ZDY0001
维度类型　基础资料
维度来源　银行
名称　银行　CN

图 4-4　新增核算维度

（三）定义会计科目

（1）核对当前组织。确保当前组织为华商集团。

（2）修改会计科目。执行【财务会计】-【总账】-【基础资料】-【科目】命令，在打开的"科目"页面上，双击科目所在行，打开修改界面，取消审核，核对核算维度、外币核算、数量金额核算、期末调汇以及其他属性，如图 4-5 所示，单击工具栏中的【保存】按钮，结束操作。

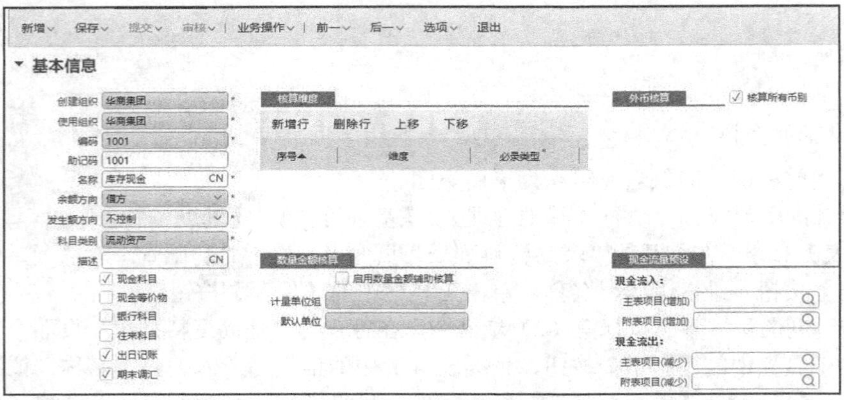

图 4-5　修改会计科目

（3）新增会计科目。参照执行第（2）步命令，在打开的"科目"页面上，单击工具栏中的【新增】按钮，录入编码、名称，选择余额和发生额方案，核对科目类别，选择核算维度、外币核算、数量金额核算、期末调汇以及其他属性，依次单击工具栏中的【保存】-【提交】-【审核】按钮，结束操作。

（四）创建账簿

（1）打开功能窗口。操作路径：【财务会计】-【总账】-【基础资料】-【账簿】。

（2）创建账簿。在打开的"账簿"页面上，单击工具栏中的【新增】按钮，在【名称】中分别录入核算组织名称，选择启用期间为 2022.01，依次单击工具栏中的【保存】-【提交】-【审核】按钮，结束操作；反复增加，直到所有账簿创建完毕。完成页面如图 4-6 所示。

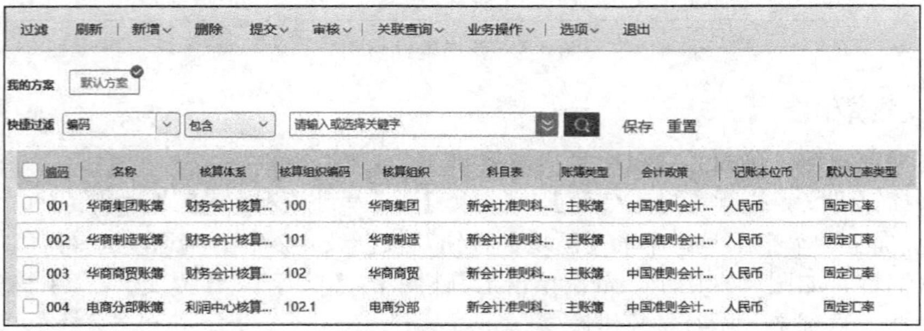

图 4-6　创建账簿

（五）设置总账管理系统参数

（1）打开功能窗口。操作路径：【财务会计】-【总账】-【参数设置】-【总账管理参数】。

（2）在打开的"总账管理参数"页面上，选择组织机构及其账簿，按照提供的业务数据设置"利润分配"科目和"本年利润"科目参数，如图 4-7 所示。单击工具栏中的【保存】按钮，结束操作。反复切换组织机构和账簿，直到所有总账参数设置完毕。

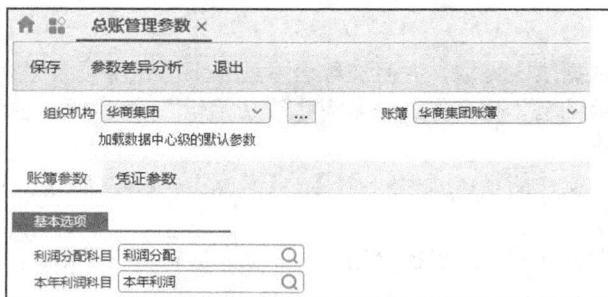

图 4-7　设置总账管理系统参数

（六）录入科目初始数据

（1）切换至当前组织。

（2）打开科目初始数据录入窗口。操作路径：【财务会计】–【总账】–【初始化】–【科目初始数据录入】。

（3）选择币别。在打开的"科目初始数据录入"页面上，根据期初值货币选择币别类型。

（4）录入科目余额。在打开的"科目初始数据录入"页面上，未定义核算维度的科目，可直接录入余额，单击工具栏中的【保存】按钮，结束操作。

（5）录入核算维度和期初余额。定义有核算维度的科目，单击核算维度单元格右边的 ... 按钮，弹出核算维度初始数据录入窗口，分别录入核算维度和期初余额，如图 4-8 所示。单击工具栏中的【保存】按钮，结束操作。

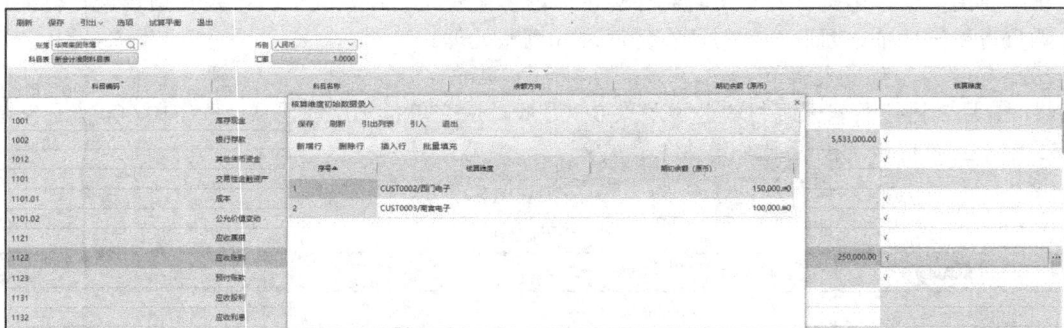

图 4-8　录入核算维度和期初

（6）试算平衡。选择币别"综合本位币"，单击工具栏中的【试算平衡】按钮，显示试算结果平衡，如图 4-9 所示。切换账簿，重复以上操作，直到所有账簿科目初始数据全部录入完毕。

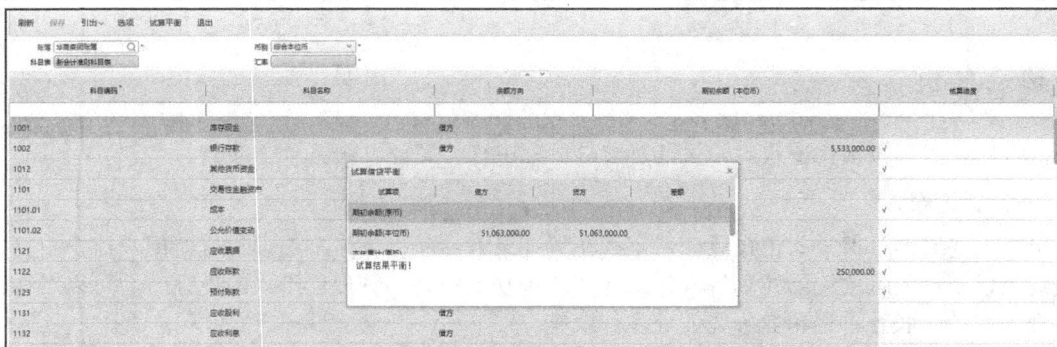

图 4-9　试算平衡

（七）结束初始化

当账簿的科目初始数据录入完成，并且在综合本位币下的试算结果平衡之后，用户就可以结束账簿的初始化工作。在结束账簿初始化之后，才能进行凭证过账和期末处理等操作。

（1）打开功能窗口。操作路径：【财务会计】-【总账】-【初始化】-【总账初始化】。

友情提示 4-1

（2）结束初始化。在打开的"总账初始化"页面上，选择所有账簿，单击工具栏中的【结束初始化】按钮。

第三节 | 日常凭证处理

按照《中华人民共和国会计法》的要求，根据业务单据制作会计凭证，并登记到相应的会计账簿，是财务人员最日常的财务处理。月末由会计对所有会计凭证进行科目汇总，并试算平衡后登记总账，编制会计报表。在总账管理系统中，最主要的工作就是填制记账凭证，而登记会计账簿、科目汇总等可由系统自动完成。本节业务操作主要在华商集团完成。

一、业务场景

在华商集团中，由会计负责每月制作凭证，财务主管负责审核凭证，涉及货币资金收付的业务由出纳负责复核凭证，月底会计对所有凭证进行过账处理。

2022 年 1 月发生的业务有：

（1）1 月 2 日，买入天赐材料公司股票 5 000 股，成交单价 102 元，成交价 510 000 元；交易费用 153 元。公司将该项投资记入交易性金融资产。

（2）1 月 15 日，计提分配职工薪酬，职工薪酬情况如表 4-9 所示。

表 4-9　　　　　　　　　　　　　　　职工薪酬信息表

职工所属部门	薪酬总额/元	计入会计科目
行政部	40 000.00	管理费用—人工费
财务部	30 000.00	管理费用—人工费
采购部	32 000.00	管理费用—人工费
市场部	34 000.00	销售费用
合计	136 000.00	——

二、业务解析

日常凭证处理包括凭证录入、凭证复核、凭证审核、凭证过账等 4 个部分。

（一）凭证录入

用户根据原始单据录入记账凭证，系统在凭证录入界面提供多个选项设置，用户需自定义数据校验规则以及录入时的编辑控制等。使用凭证查询功能查询和管理已录入的凭证时，可以对凭证进行整理、冲销、联查单据和业务凭证等多种操作。

华商集团直接在总账管理系统中手工录入记账凭证。需录入的会计分录如下。

1. 买入股票

借：交易性金融资产——成本（股票）　　　　510 000.00

　　投资收益　　　　　　　　　　　　　　　　153.00

　　贷：银行存款（荆楚银行长江支行）　　　510 153.00

2. 计提薪酬

借：管理费用——人工费（行政部）　　　　　40 000.00

　　管理费用——人工费（财务部）　　　　　30 000.00

　　管理费用——人工费（采购部）　　　　　32 000.00

　　销售费用（市场部）　　　　　　　　　　34 000.00

　　贷：应付职工薪酬　　　　　　　　　　　136 000.00

（二）凭证复核

对于涉及现金或银行存款类科目的记账凭证，如果总账管理系统参数勾选了"凭证过账前必须出纳复核"，则在凭证过账前，出纳要复核待过账凭证。系统支持批量复核凭证，即用户在出纳复核的凭证列表界面可以选中多张凭证进行操作。

（三）凭证审核

编制完凭证后，如果对凭证信息确认无误，用户则可对凭证进行审核。如果总账管理系统参数勾选了"凭证过账前必须审核"，则需要审核所有待过账凭证。

打开凭证管理的凭证审核功能，系统默认显示已提交审核的凭证，用户选中需要审核的凭证，单击工具栏中的【审核】按钮，待审核凭证通过系统检查审核后，系统会自动在凭证的"审核"处签上当前操作用户的名称。

（四）凭证过账

凭证过账是系统将已录入的记账凭证根据其会计科目登记到相关明细账簿的过程。经过记账的凭证不再允许修改，而只能采取补充凭证或红字冲销的方式更正。在过账前应对记账凭证内容仔细审核，因为系统只能检验记账凭证中的数据关系错误，而无法检查业务逻辑关系。

三、操作步骤

微课堂

日常凭证处理

（一）凭证录入

（1）核对当前组织。确保当前组织为华商集团。

（2）在功能菜单中执行【财务会计】-【总账】-【凭证管理】-【凭证录入】

命令，在打开的"凭证录入-新增"页面上，修改日期，选择凭证字，依次填写摘要、借贷方科目、核算维度和金额，单击工具栏中的【保存】按钮，依次录入两张凭证。其中，买入股票的凭证如图 4-10 所示。

记账凭证

账簿 华商集团账簿 Q *　　　日期 2022/1/2　2022年第1期

核算组织 华商集团

凭证字 付 Q *

凭证号 1 *

附件数 0

新增行　删除行　插入行　复制行　上移　下移

序号	摘要	科目编码	科目全名	核算维度	币别	汇率类型	汇率	原币金额	借方金额	贷方金额
1	买入股票	1101.01	交易性金融...	02/股票	人民币	固定汇率	1.0000	¥510,000.00	¥510,000.00	
2		6111	投资收益		人民币	固定汇率	1.0000	¥153.00	¥153.00	
3		1002	银行存款	001/荆楚银...	人民币	固定汇率	1.0000	¥510,153.00		¥510,153.00

图 4-10　凭证录入（买入股票）

（二）凭证复核

（1）核对当前组织。确保当前组织为华商集团。

（2）在功能菜单中执行【财务会计】-【总账】-【凭证管理】-【出纳复核】命令，在打开的页面上单击工具栏中的【出纳复核】按钮，进入凭证修改页面，复核无误后，单击工具栏中的【出纳复核】按钮，如图 4-11 所示，完成凭证复核操作。

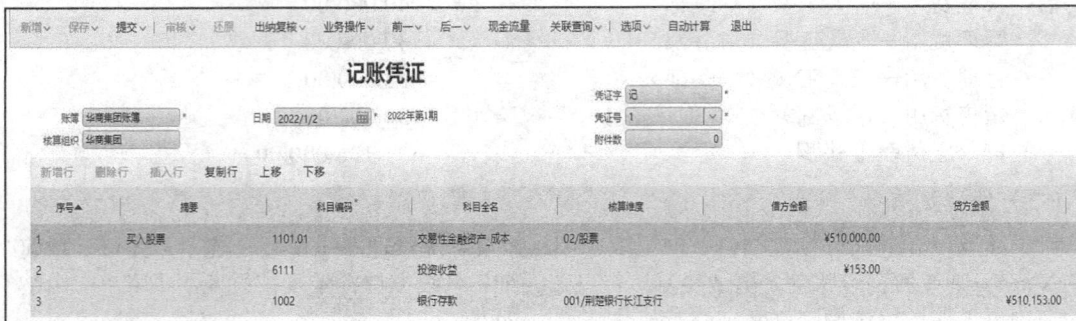

图 4-11　凭证复核

（三）凭证审核

（1）核对当前组织。确保当前组织为华商集团。

（2）在功能菜单中执行【财务会计】-【总账】-【凭证管理】-【凭证审核】命令，在打开的"凭证审核"页面上，勾选之前录入的两张凭证，依次单击【提交】-【审核】按钮，完成凭证审核工作。

（四）凭证过账

（1）核对当前组织。确保当前组织为华商集团。

（2）在功能菜单中执行【财务会计】-【总账】-【凭证管理】-【凭证过账】命令，在打开的"凭证过账"页面上，勾选华商集团账簿，设置过账范围后单击【过账】按钮，完成账簿凭证的过账操作。（凭证过账日常可以不操作，在月末结账前进行）

友情提示 4-2

完成本节业务后，备份数据中心，备份文件命名为"华商集图-姓名-总账管理"，保存到 U 盘或网盘。

【学习目标】
- 业务报表期初对账
- 调整凭证模板并生成凭证

在开始本章学习之前，需要引入"华商集图-姓名-总账管理"备份数据中心，以保持数据的连续性。

第一节 | 概述

一、总体介绍

智能会计平台是金蝶云星空系统提供的自动生成凭证的工具，能根据定义好的凭证模板，对业务系统的单据生成业务凭证和总账凭证。它与各业务模块紧密集成，可以更加准确、便捷地采集企业的经济活动信息；并由系统自动生成凭证，有效提高账务处理工作的质量和效率。此外，智能会计平台还提供对账管理功能，以确保账簿记录的真实性和正确性。

二、功能结构

（一）主要功能

智能会计平台的主要功能包括：（1）凭证模板设置灵活，可以满足企业的个性化需求；（2）系统自动匹配凭证模板，自动获取单据生成凭证；（3）凭证生成支持批量操作，能同时对多个账簿、多种单据生成凭证；（4）通过凭证自动生成方案可实现"单据审核自动生成凭证"或者"定时生成凭证"；（5）支持凭证与业务单据的联查，做到财务分析可追溯；（6）提供凭证生成情况查询功能，清晰展现单据生成凭证的情况；（7）支持对账功能。

（二）业务流程

智能会计平台业务流程如图5-1所示。

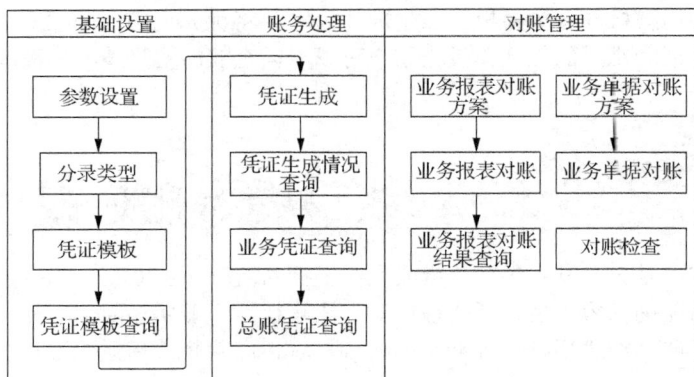

图 5-1　智能会计平台业务流程

三、与其他系统的关系

智能会计平台与其他系统的关系如图 5-2 所示。

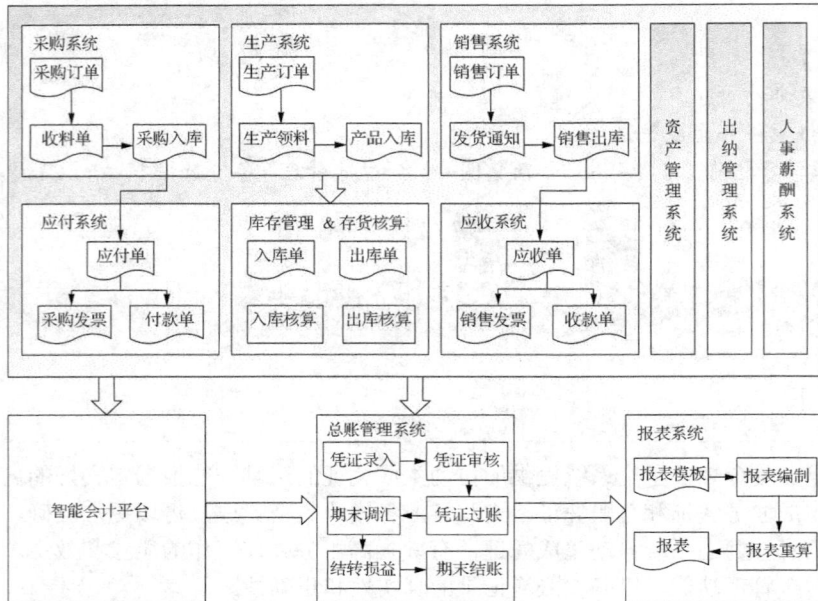

图 5-2　智能会计平台与其他系统的关系

四、基本概念

（一）分录类型

分录类型是按业务对会计科目的抽象和提炼，通过一定的规则映射到会计科目。它可以被多个凭证模板引用。凡是在由业务单据生成凭证时需用到的会计科目均应该归类，并在此进行定义。系统预置了日常经营活动常用的分录类型，用户可根据企业实际情况增加或细化。

（二）凭证模板

凭证模板用于设置凭证各要素的取值规则，如凭证日期、凭证字、摘要、科目、借贷方向及金额等。凭证模板建立起单据与凭证间的关联关系。

凭证模板包括通用模板与账簿模板。在生成凭证时，将优先调用账簿模板，再调用通用模板。系统预置了日常经营活动常用的凭证模板，用户可以根据企业的实际情况修改或细化。

第二节　业务报表对账处理

在日常会计工作中难免会发生各种差错或账实不符的情况，因此，为了保证会计记录的正确性，有必要进行对账。对账的内容主要包括账证核对、账账核对、账实核对。对账可以在期初、日常和期末进行。此处的对账功能主要是进行期初的账账核对，即总账管理系统数据与各相关业务系统数据之间的核对。

一、业务场景

建立对账方案，并完成所有组织的期初对账工作。其中对账方案名称为"对账方案"，适用全部账簿，科目表为新会计准则科目表，具体要求如表 5-1 所示。

表 5-1　　　　　　　　　　　　　对账方案明细

对账项目	方向	科目	核算维度	业务报表	往来单位类型	核算维度对应报表字段
资金	借	库存现金		现金日记账		
资金	借	银行存款	银行	银行存款日记账		银行账号 开户银行
资金	借	应收票据	客户	应收票据余额表	客户	往来单位
资金	贷	应付票据	供应商	应付票据余额明细表	供应商	往来单位
应收款	借	应收账款	客户	应收款明细表	客户	往来单位
应付款	贷	应付账款——明细应付款	供应商	应付款明细表	供应商	往来单位
存货	借	原材料，库存商品	物料	存货收发存汇总表		物料
资产原值	借	固定资产	资产类别	资产价值变动表		资产卡片 资产类别
累计折旧	贷	累计折旧	资产类别	资产价值变动表		资产卡片 资产类别

二、业务解析

对账方案用于设置总账科目和业务报表之间的对账关系。对账项目支持货币资金、存货、应付款（含暂估应付）、应收款、固定资产等。

三、操作步骤

（一）定义对账方案

（1）打开业务报表对账方案列表。操作路径：【财务会计】-【智能会计平台】-【对账管理】-【业务报表对账方案】。

（2）录入对账方案明细。在打开的"业务报表对账方案"页面上，单击工具栏中的【新增】按钮，输入对账方案名称，选择科目表和适用账簿，在对账方案中设置对账方案明细参数，如图 5-3 所示，单击工具栏中的【保存】按钮。

微课堂

业务报表对账处理

图 5-3　对账方案

（二）业务报表对账

（1）打开业务报表对账。操作路径：【财务会计】-【智能会计平台】-【对账管理】-【业务报表对账】。

（2）开始对账。在打开的"业务报表对账"页面上，选择账簿、对账方案、币别，单击工具栏中的【对账】按钮，出现与总账的对账结果。切换不同组织机构，重复以上操作，直至所有机构业务报表期初对账平衡为止。期初对账结果如图5-4所示。

图 5-4　期初对账结果

第三节　调整凭证模板并生成记账凭证

财务人员日常最主要的财务处理即根据原始单据，按照会计准则和制度的要求制作记账凭证，并登记到相应的会计账簿中。随着科学技术以及信息系统的进步，这些凭证编制工作都可以由系统自动生成。财务人员根据财务核算与财务管理的需要调整凭证生成模板，就可由系统快速生成记账凭证。

一、业务场景

2022年1月10日，华商集团追加投资买入天赐材料公司股票2 000股，成交单价90元，成交价180 000元，交易费用54元。华商集团将该项投资记入交易性金融资产。

（一）定义分录类型

增加或修改分录类型，科目表选择"新会计准则科目表"，其他具体要求如表5-2所示。

表 5-2　　　　　　　　　　　　　　　新增或修改分录类型

名称	科目影响因素设置	科目取值	优先级
其他货币资金（新增）	结算方式 等于 '支付宝' Or 结算方式等于 '微信'	其他货币资金（1012）	1
交易性金融资产——成本（新增）		交易性金融资产——成本（1101.01）	1
应付利息（新增）		应付利息（2231）	1
其他应付款（修改）		其他应付款——其他单位往来（2241.05）	5

续表

名称	科目影响因素设置	科目取值	优先级
投资收益（新增）		投资收益（6111）	1
信用减值损失（新增）		信用减值损失（6702）	1
费用（修改）	部门属性(辅助资料) 等于 '管理部门' Or 部门属性(辅助资料) 等于 '采购部门'	人工费（6602.01）	1
	部门属性(辅助资料) 等于 '管理部门' Or 部门属性(辅助资料) 等于 '采购部门'	办公费（6602.02）	2
	部门属性(辅助资料) 等于 '管理部门' Or 部门属性(辅助资料) 等于 '采购部门'	差旅费（6602.03）	3
	部门属性(辅助资料) 等于 '销售部门'	销售费用（6601）	4
	部门属性(辅助资料) 等于 '生产管理部门'	制造费用（5101）	5
	部门属性(辅助资料) 等于 '基本生产部门' Or 部门属性(辅助资料) 等于 '辅助生产部门'	直接人工（5001.02）	6
	部门属性(辅助资料) 等于 '研发部门'	研发支出（5301）	7

（二）定义凭证模板并生成凭证

复制新增"付款单"凭证模板，将上述投资支出业务录入"付款单"，然后利用凭证模板自动生成记账凭证。付款单凭证模板修改具体要求如表 5-3 至表 5-6 所示。

表 5-3　　　　　　　　　　　　　　资金科目设置

科目全名	核算维度	取单据上的字段
银行存款（修改）	银行	付款单明细.我方银行账号.开户银行

表 5-4　　　　　　　　　　　　　　资金科目设置

科目全名	核算维度	科目影响因素设置
其他货币资金（新增）	资金种类	结算方式 等于 '微信' Or 结算方式 等于 '支付宝'

表 5-5　　　　　　　　　　　　　财务费用科目设置

科目全名	分录行生成条件
财务费用——手续费	"付款单明细-付款用途" 不等于 "投资支出"

表 5-6　　　　　　　　　　　　凭证模板分录其他科目设置

分录类型	交易性金融资产——成本	投资收益
科目	交易性金融资产——成本	投资收益
借贷方向	借方	借方
结算方式	付款单明细.结算方式	付款单明细.结算方式
结算号	付款单明细.结算号	付款单明细.结算号
币别	单据头.币别	单据头.币别
汇率	系统自动计算	系统自动计算
原币金额	付款单明细.表体-应付金额	付款单明细.手续费
本位币金额	付款单明细.表体-应付金额本位币	付款单明细.手续费本位币
摘要	固定摘要：投资支出	组合摘要：单据头.单据编号
分录行生成条件	"付款单明细-付款用途" 等于 "投资支出"	"付款单明细-付款用途" 等于 "投资支出"

二、业务解析

分录类型是按业务对会计科目的抽象和提炼，通过一定的规则映射到会计科目。它可以被多个凭证模板引用。凡是在由业务单据生成凭证时需要用到的会计科目均应该归类，并在此定义。系统预置了日常经营活动常用的分录类型，用户可以根据企业实际情况增加或细化。

凭证模板用于设置凭证各要素的取值规则，如凭证日期、凭证字、摘要、科目、借贷方向及金额等。系统预置了常用的凭证模板，用户可以根据企业的实际情况修改或细化。

华商集团需用凭证模板生成的股票买入的会计分录为：

借：交易性金融资产——成本（股票）		180 000.00
投资收益		54.00
贷：银行存款		180 054.00

三、操作步骤

（一）定义分录类型

（1）打开分录类型列表。操作路径：【财务会计】-【智能会计平台】-【基础资料】-【分录类型】。

（2）新增分录类型。在打开的"分录类型"页面上，单击工具栏中的【新增】按钮，录入名称，选择科目表，选择科目取值，如图 5-5 所示，依次单击工具栏中的【保存】-【退出】按钮。

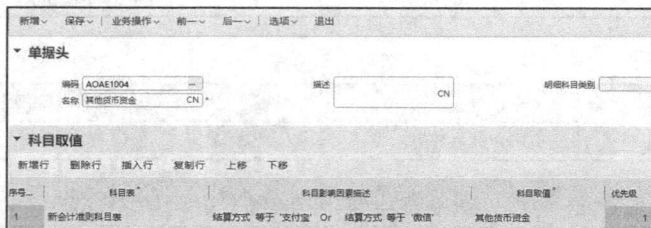

微课堂

调整凭证模板并生成记账凭证

图 5-5　新增分录类型

（3）修改分录类型。在打开的"分录类型"页面上，双击分录类型所在行，打开修改界面，保持系统原有设置不变，核对科目影响因素设置，通过单击【新增行】选项补充科目取值，然后单击工具栏中的【保存】按钮。依次修改所有分录类型。"费用"分录类型的修改页面如图 5-6 所示。

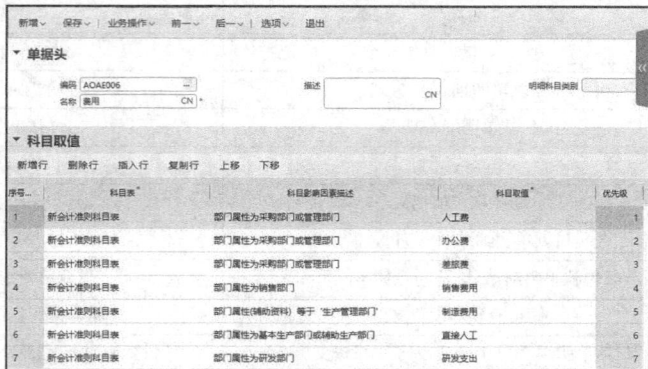

图 5-6　修改分录类型

（二）定义凭证模板并生成凭证

（1）核对当前组织。调整当前组织为华商集团。

（2）打开凭证模板。操作路径：【财务会计】-【智能会计平台】-【基础资料】-【凭证模板】。

（3）复制新增付款单模板。在打开的"凭证模板"页面上，选中系统预置的付款单（编码030）模板，选择工具栏中【新增】按钮中的"复制"选项，新增一个付款单凭证模板，适用账簿选择全部组织。

（4）在凭证模板中定义银行存款科目的核算维度来源。单击选中"业务分类"中"结算组织与付款组织相同且非资金单据"所在行，在下面对应的"模板分录"中单击选中"分录类型"为"资金"的所在行，单击打开"科目"对应的"库存现金 / 银行存款 / 应付票据 / 应收票据"栏目，进入科目设置修改页面。单击选中"科目取值"为"银行存款"所在行，在下面对应的"科目核算维度来源"中单击展开"取单据上的字段"栏目，将核算维度设置为"付款单明细.我方银行账号.开户银行"，如图5-7所示。

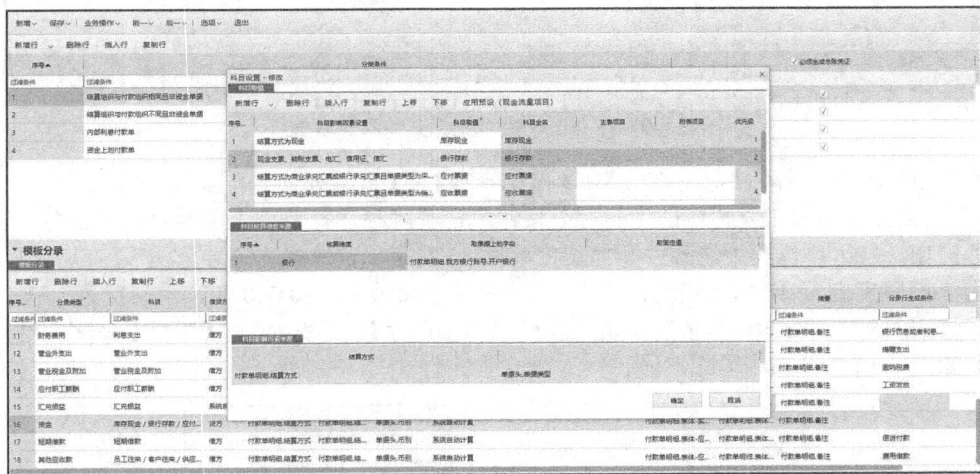

图5-7　修改凭证模板

单击【新增行】选项，设置科目取值为"其他货币资金"，科目影响因素设置为：结算方式 等于'支付宝' Or 结算方式等于'微信'。单击【确定】按钮。重复以上操作，对所有业务分类中的资金科目进行相同定义，如图5-8所示。

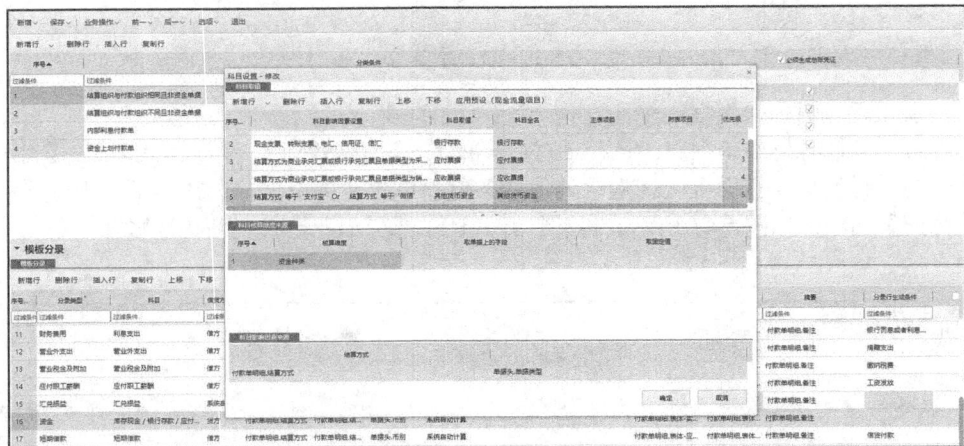

图5-8　修改凭证模板

（5）在凭证模板中定义其他科目取值明细。在模板分录中新增两行，依照表 5-5、表 5-6 录入相关明细信息。单击【确定】按钮退出，再单击工具栏中的【保存】按钮。完成页面如图 5-9 所示。

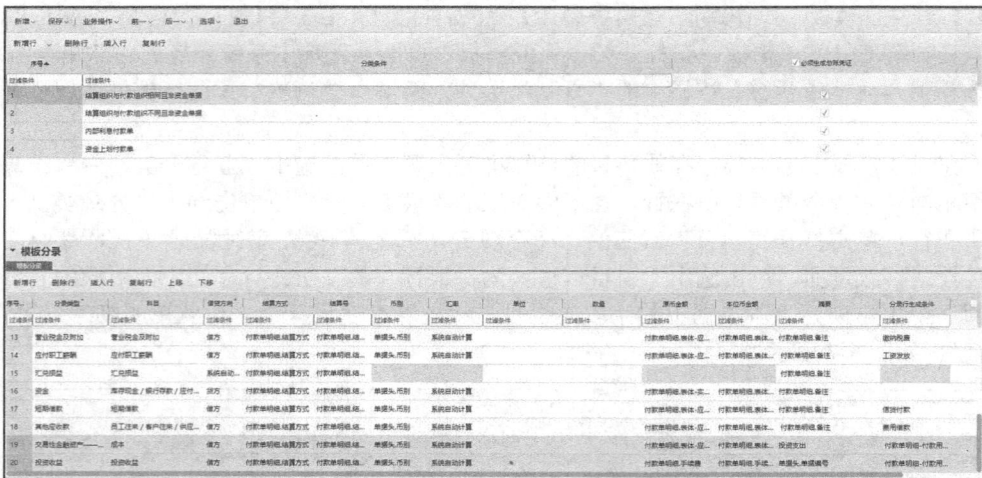

图 5-9　在凭证模板中定义其他科目取值

（6）新增付款单。执行【财务会计】-【出纳管理】-【日常处理】-【付款单】命令，在打开的"付款单"页面上，单击工具栏中的【新增】按钮，在基本栏选择单据类型为"其他业务付款单"，修改业务日期，往来单位类型选择"其他往来单位"，往来单位选择"证券公司"。在明细栏选择付款用途为"投资支出"，结算方式选择"电汇"，应付金额录入¥180 000.00，手续费录入¥54.00，我方银行账号录入 622288880，再依次单击工具栏中的【保存】-【提交】-【审核】按钮，结束操作。完成页面如图 5-10 所示。

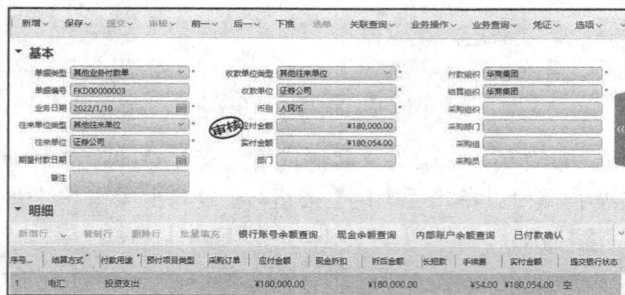

图 5-10　新增付款单

（7）生成凭证（两种操作方式，任选其一）。

操作方式一：打开付款单列表。执行【财务会计】-【出纳管理】-【日常处理】-【付款单】命令，在打开的"付款单"页面上，勾选"其他业务付款单"业务单据，选择工具栏中的【凭证】中的【生成凭证】选项，如图 5-11 所示，自动打开凭证生成界面，选择华商集团账簿，单击【凭证生成】按钮。

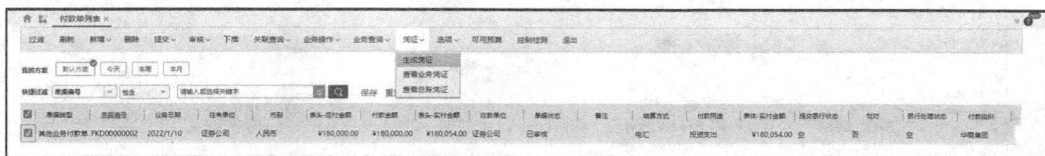

图 5-11　生成凭证

操作方式二：打开智能会计平台。执行【财务会计】-【智能会计平台】-【账务处理】-【凭证生成】命令，在打开的"凭证生成"页面上，选择华商集团账簿，选择付款单单据，单击【凭证生成】按钮，显示凭证生成报告列表，操作页面如图 5-12 所示。

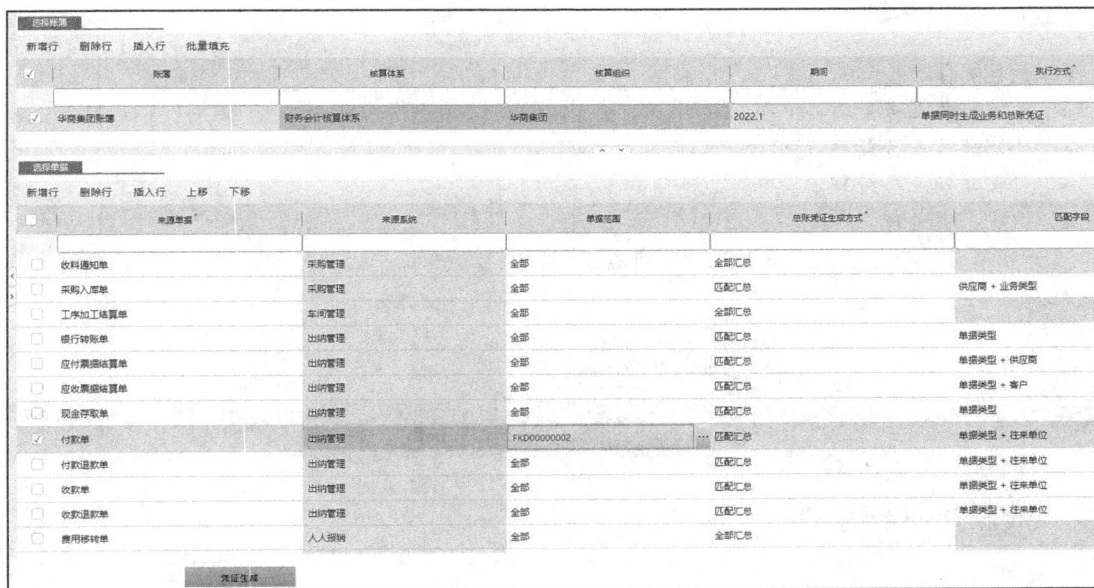

图 5-12　生成凭证

（8）查询并修改凭证。选择单据，单击工具栏中的【查看总账凭证】按钮，自动打开凭证列表，双击凭证某一行，进入凭证修改状态，可根据需要修改摘要、修改科目（需在总账管理参数中勾选"业务系统生成的总账凭证允许修改"）等，但总金额必须保持一致，如图 5-13 所示。修改完成后，单击工具栏中的【保存】按钮。

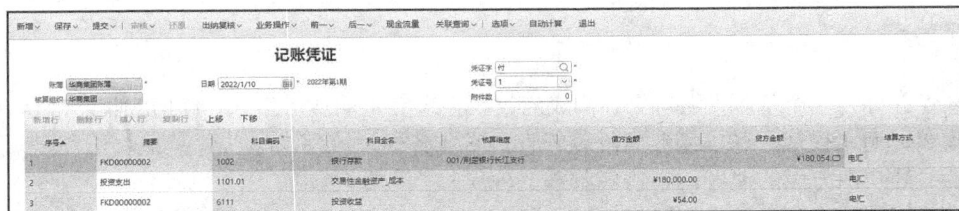

图 5-13　查询并修改凭证

友情提示 5-2

完成本节业务后，备份数据中心，备份文件命名为"华商集团-姓名-智能会计平台"，保存到 U盘或网盘。

第六章 应收款管理

【学习目标】
- 标准应收业务处理
- 其他应收业务处理
- 应收转销业务处理
- 坏账损失处理

在开始本章学习之前，需要引入"华商集团-姓名-智能会计平台"备份数据中心，以保持数据的连续性。

第一节 概述

一、应收款管理系统

（一）总体介绍

应收款管理系统通过销售应收、其他应收、收款单等单据的录入，对企业与客户的往来账款进行综合管理，能及时、准确地提供客户的往来账款资料及各种分析报表，如账龄分析表、周转分析、欠款分析、坏账分析、回款分析、合同收款情况分析等。

应收款管理系统在帮助用户合理进行资金调配，提高资金利用效率的同时，提供各种预警、控制功能，如到期债权预警、信用控制，还可帮助用户及时催收到期账款，防止坏账。

（二）功能结构

1. 主要功能

系统将应收款管理分为 4 个基本业务环节，构成应收款管理完整的业务循环，包括应收款确认、到期收款、收款核销、期末处理，基本涵盖应收款管理日常业务处理流程。

应收款管理主要处理两方面的业务：销售应收和其他应收。主要功能如下。

（1）通过应收单管理销售业务应收。

（2）通过其他应收单管理其他业务应收。

（3）应收单与销售发票彻底分离，应收账款通过应收单确认，应收单是债权成立的标志。

（4）支持"暂估应收"和"业务应收"两种立账模式。

（5）应收单的快速新增功能。

（6）出库单审核时自动生成应收单功能。

（7）支持客户的多方交易。

（8）按角色区分的应收单、其他应收单新增功能。

（9）支持一张应收单的多到期日管理。

（10）应收单支持按照含税单价或者不含税单价不同的录入方式。

（11）应收单支持价内税和价外税两种税额计算逻辑。

（12）应收单下推收款单时，支持按收款计划收款。

（13）收款单支持现金折扣和手续费的应用场景。

（14）收款退款单支持手续费的应用场景。

（15）可以针对客户、订单预收。

（16）有关联关系的应收单/其他应收单与收款单自动核销。

（17）有关联关系的应收单与发票自动核销。

（18）支持无关联关系的应收单/其他应收单与收款单匹配条件核销。

（19）支持无关联关系的应收单与发票匹配条件核销。

（20）支持应收单/其他应收单与应付单/其他应付单核销。

（21）特殊业务核销支持任意单据的核销，包括：单据尾数的冲销、不同往来单位的应收单/其他应收单与收款单的冲销等。

（22）支持内部应收清理功能。

（23）所有业务单据都可以通过智能会计平台生成业务凭证、总账凭证。

（24）提供各种报表查询功能，具体包括：应收款汇总表、应收款明细表、账龄分析表、到期债权表、往来对账明细表、应收单跟踪表、客户对账单、应收未开票明细表、应收单开票核销明细表。

2. 业务流程

应收款管理系统业务流程如图 6-1 所示。

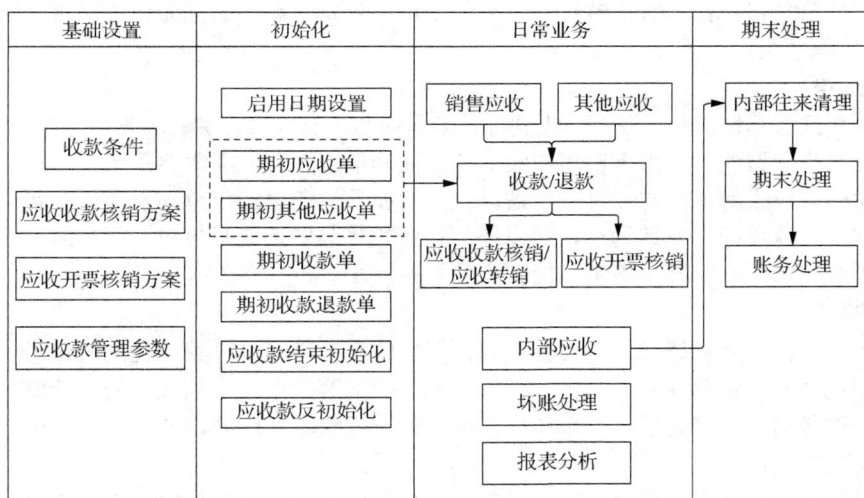

图 6-1　应收款管理系统业务流程

（三）与其他系统的关系

应收款管理系统与其他系统的关系如图 6-2 所示。

（四）基本概念

1. 销售应收

销售应收主要处理与企业销售有关业务产生的应收款项。各企业确定销售应收款项的环节不同，有的在发货后确认，有的根据订单确认。为满足不同企业需求，本系统通

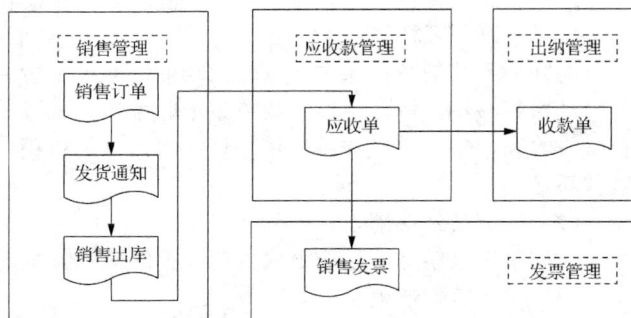

图 6-2　应收款管理系统与其他系统的关系

过应收单确认销售产生的应收款项。销售业务是否开票、收款以及账龄分析等都是以应收单为依据的。

销售应收根据企业销售的不同场景分为以下 4 种。

（1）标准应收。主要用于企业常规产品销售业务。其特点为：应收单的表体必须录入物料、数量及单价。其操作路径为：【销售订单】-【销售出库单】-【标准应收单】-【收款单】。

（2）费用应收。主要用于销售过程发生的费用，如销售返利、设计费等，通过费用应收单形成应收账款，并同时冲减销售费用。

（3）资产应收。主要用于资产处置产生的应收款项，也用于内部组织间的资产调拨，由组织间结算清单下推产生。

（4）转销应收。主要用于由于某种原因（如公司更名、三方债务等），需要将 A 往来单位的应收转为 B 往来单位的应收。也可以使用应收转销功能来实行，操作路径为：【财务会计】-【应收款管理】-【应收收款】-【应收转销】。

2．其他应收

其他应收主要处理企业除销售业务外产生的应收款项，如对客户、供应商的罚款等。

3．预收款

预收款是客户预先支付货款的业务行为，预收款主要有如下两种场景。

（1）针对客户预收：与客户商定先预先支付一定的货款，之后客户发出的订单不允许超过该预收金额的一定比例。

（2）针对订单预收：在与客户签订的订单的条款中规定，客户必须先预先支付一定比例的款项才会执行该订单。

4．应收开票

企业可以根据实际情况在发货后、收到订单后等时点确认应收，确认应收后还需开具销售发票，即应收开票。应收开票业务仅用于销售应收业务，而其他应收业务不需要开票。

由于企业确认应收的时点与开具发票的时点会有差异，所以应收单与发票的金额可能会存在差异，但最后的应收款项应以发票为准，所以还需将应收单与发票进行核对，根据发票金额调整应收金额，系统因此提供了应收开票核销功能。

5．到期收款

及时收款是保证企业良好运作的关键因素，而应收款在确认时，就已经同时确定了收款计划，即明细到到期日，一般销售业务人员在款项快到期时会向客户催款，以保证资金能够按期收回，而具体的收款一般是由出纳负责的。在系统中收款是通过收款单实现的。

6．应收收款核销

应收款的账龄分析是很重要的业务资料。为了提供准确的账龄分析表，需要准确知道每一笔应收款项的回收情况，即将应收单与收款单相对应，因此需要进行应收收款核销。

应收收款核销包括关联关系核销、匹配条件核销和手工特殊核销。

（1）关联关系核销

关联关系核销是指通过单据转换功能，通过上游单据生成下游单据，在下游单据审核时，系统会自动执行核销。例如通过应收单生成收款单，在收款单审核时，系统会自动对应应收单和收款单进行应收收款核销。关联关系核销是优先级最高的核销，如果单据间有关联关系，则系统一定执行关联关系核销。

（2）匹配条件核销

匹配条件核销是指系统根据用户选择的核销方案，对系统单据进行批量核销。

（3）手工特殊核销

手工特殊核销可以对任何单据核销，但是建议用户仅在需要对单据尾数冲销或者不同往来单位的应收单与收款单、收款退款单核销时才使用。

7．组织间交易

除了企业外部的交易，集团型企业内部不同法人、利润中心甚至部门之间也经常会存在交易，即组织间交易。当发生组织间交易的两个组织需要各自考核时，就会涉及内部结算。

8. 内部往来清理

对于组织间交易形成的内部往来，有时需要实际的现金收付或者开具发票，而有时不需要。针对不需要实际的现金收付或者开具发票的情况，很多企业都是在年末或者年中进行清理，即内部往来清理。在系统中分为内部应付清理和内部应收清理。

9. 坏账

企业应当定期或者至少每年年度终了，对应收款项进行全面检查，预计各项应收款项可能发生的坏账，对于没有把握收回的应收款项，应当计提坏账准备。

10. 立账模式

支持"暂估应收"与"业务应收"两种不同的立账模式。"暂估应收"立账模式是根据发票确认应收账款的原则，若未开票，则确认为暂估应收；若开票了，则确认为财务应收，同时红冲暂估应收。"业务应收"立账模式是根据货物转移来确认应收账款，若货已发出，则确认应收账款，不记暂估应收，后续开票；若确认的应收账款与发票有差异，则进行调差处理，生成差异应收单。

二、发票管理系统

（一）总体介绍

发票是指购销商品、提供或接受劳务和其他经营活动中开具、收取的收付款凭证。发票管理系统记录企业开具和收取的发票，一方面作为会计核算的原始凭证，准确反映经济活动；另一方面作为缴纳税款的依据，同时为配合审计和税务机关执法检查提供全面综合的信息。

（二）功能结构

1. 主要功能

发票管理的主要功能包括：采购发票管理；销售发票管理；电子发票开票和收票；销售发票的金税导出接口；销售发票的金税纸制开票；增值税发票收票和验证；增值税可抵扣和认证管理；发票相关报表；增值税及附加税、财务报表一键报税。

2. 业务流程

发票管理业务流程如图 6-3 所示。

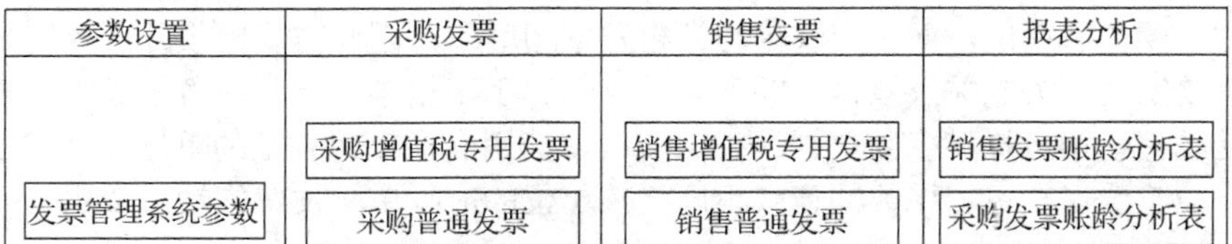

参数设置	采购发票	销售发票	报表分析
发票管理系统参数	采购增值税专用发票	销售增值税专用发票	销售发票账龄分析表
	采购普通发票	销售普通发票	采购发票账龄分析表
金税连接设置	进项费用增值税发票	销项费用增值税发票	进项发票明细表
	进项费用普通发票	销项费用普通发票	销项发票明细表

图 6-3　发票管理业务流程

（三）与其他系统的关系

发票管理系统与其他系统的关系如图 6-4 所示。

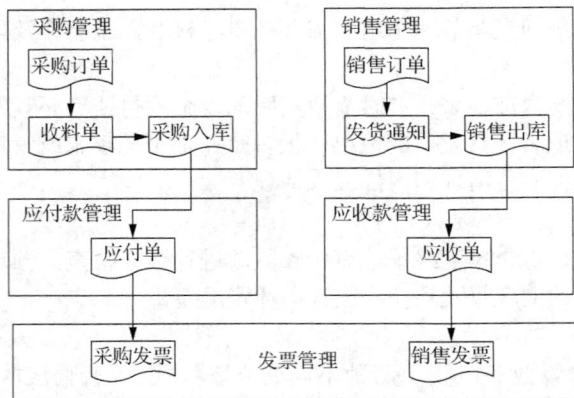

图 6-4　发票管理系统与其他系统的关系

（四）基本概念

企业从供应市场购买产品或服务并收取供应商开具的发票；同时销售产品或劳务并开具发票给客户。采购发票分为采购增值税专用发票、采购普通发票和费用发票；销售发票分为销售增值税专用发票、销售普通发票。

1. 销售发票

销售发票包括销售增值税专用发票和销售普通发票两种。客户若为一般纳税人，则一般开具销售增值税专用发票；若为小规模纳税人，则开具销售普通发票。用户无论开具哪种销售发票，都需按照相同的方法缴纳增值税。

2. 采购发票

采购增值税专用发票、采购普通发票、费用发票都是从供应商处取得的发票。供应商若是增值税一般纳税人，则可提供增值税专用发票；若是小规模纳税人，则只能提供采购普通发票。只有收到采购增值税专用发票时，相应税额才可作为进项税额抵扣，而收到的采购普通发票一般情况下不可以抵扣税额，但根据我国税法，购买农产品等收到的普通发票允许抵扣。

费用发票适用于采购或者销售过程中发生的一些费用，如采购过程发生的运费等。根据我国税法规定，此类费用可按一定比例作为进项税抵扣。

3. 应收开票核销

销售发票是证明销售应收产生以及销售收入实现最重要的凭据，需要准确知道每一笔销售应收款项与销售收入的关联情况，即将应收单与销售发票相对应，因此需要应收开票核销。

应收开票核销包括关联关系核销、匹配条件核销、手工核销、特殊业务核销。一般通过关联关系核销、匹配条件核销可核销多数数据。手工核销可核销满足核销方案的单据；特殊业务核销可核销任何单据，但建议仅在单据尾数冲销或不同往来单位的应收单与发票核销时使用。

4. 应付开票核销

采购发票是证明物资采购应付产生以及采购实现最重要的凭据，需要准确知道每一笔采购应付款项与物资采购的关联情况，即将应付单与采购发票相对应，因此需进行应付开票核销。

第二节　应收款日常业务处理

应收款日常业务包括应收单录入（需凭证生成）、收款单录入（需凭证生成）、应收收款核销、应收开票核销、应收转销（需凭证生成）等。本节业务操作主要在华商商贸完成。

一、标准应收业务处理

（一）标准应收单录入（需凭证生成）

1. 业务数据

2022 年 1 月 1 日，华商商贸向西门电子发货 1 000 台平板 I，含税单价 3 390.00 元，形成一笔应收单。销售出库单与应收单明细信息如表 6-1 所示。

表 6-1　　　　　　　　　　　　销售出库单与应收单明细信息

业务日期	到期日	客户	结算组织	产品	含税单价/元	数量/件	税率
2022.1.1	2022.1.3	西门电子	华商商贸	平板 I	3 390.00	1 000	13%

复制新增销售出库单凭证模板时，需在分类条件为业务类型<>"寄售"OR 业务类型="VMI 业务"下修改具体信息如表 6-2 所示。

表 6-2　　　　　　　　　　　　原材料/库存商品科目设置

修改项目	字段赋值
科目核算维度来源	"明细信息.物料编码"
单位	"明细信息.库存单位"
数量	"明细信息.实发数量"

2. 业务解析

该项产品销售业务需要通过录入标准应收单来确认应收款项。

标准应收单录入有两种方式：一是企业未启用供应链管理系统，则在应收款管理系统中通过"新增"方式录入；二是企业启用了供应链管理系统，则可以通过该系统中录入的"销售订单"进行下推快速产生。本业务采用"新增"方式完成操作。

标准应收单凭证可以手工录入，也可以定义凭证模板后由系统自动生成。系统预置的"应收单"凭证模板可以满足本业务生成凭证，采用智能会计平台方式完成凭证生成业务操作。

销售应收会计分录为：

借：应收账款——西门电子　　　　　　　　　　　　3 390 000.00

　　贷：主营业务收入　　　　　　　　　　　　3 000 000.00

　　　　应交税费——应交增值税（销项税额）　　　　390 000.00

标准应收单录入后，需录入销售出库单，先进行向导式出库成本核算，再复制新增销售出库单自用凭证模板，采用智能会计平台方式生成销售出库凭证。

销售出库的会计分录为：

借：主营业务成本　　　　　　　　　　　　3 060 000.00

　　贷：库存商品——平板 I　　　　　　　　　　3 060 000.00

3. 操作步骤

（1）核对当前组织。确保当前组织为华商商贸。

（2）应收单录入。执行【财务会计】-【应收款管理】-【销售应收】-【应收单列表】命令，在打开的"应收单列表"页面上，单击工具栏中的【新增】按钮。参照表 6-1 录入业务数据，如图 6-5 所示。依次单击工具栏中的【保存】-【提交】-【审核】按钮，完成应收单录入操作。

微课堂

标准应收单录入
（需凭证生成）

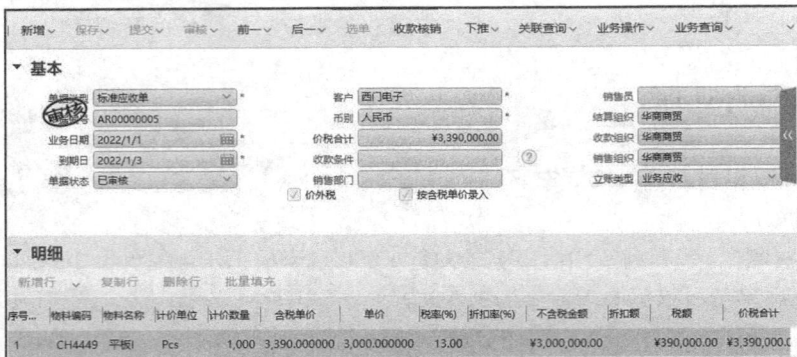

图 6-5　应收单录入

（3）销售出库单录入。执行【供应链】-【库存管理】-【销售出入库】-【销售出库单列表】命令，在打开的"销售出库单列表"页面上，单击工具栏中的【新增】按钮。参照表 6-1 录入业务数据，仓库选择"华商商贸成品仓"，如图 6-6 所示。依次单击工具栏中的【保存】-【提交】-【审核】按钮，完成销售出库单录入操作。

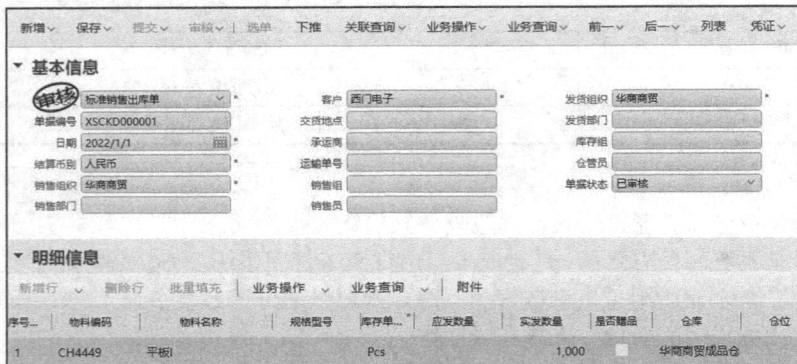

图 6-6　销售出库单录入

（4）向导式出库成本核算。执行【成本管理】-【存货核算】-【存货核算】-【出库成本核算】命令，在打开的"出库成本核算"页面上，勾选"进行合法性检查"复选框，连续单击【下一步】按钮直至成本核算完成。单击【核算单据查询】按钮，可见销售出库单中的"单价"栏目已经自动计算赋值，如图 6-7 所示。

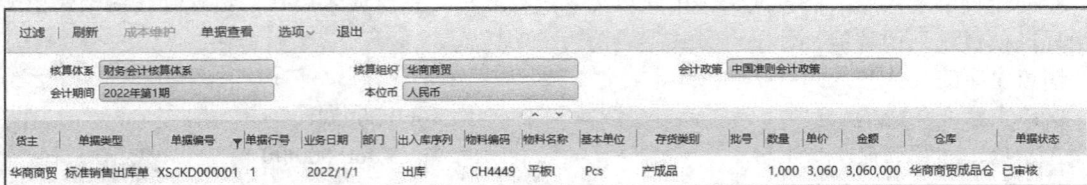

图 6-7　向导式出库成本核算

（5）复制新增销售出库单凭证模板。选中系统预置的销售出库单（编码 018）模板，选择工具栏上【新增】按钮中的"复制"选项，新增一个销售出库单凭证模板，适用账簿选择全部组织。单击选中"业务分类"中"业务类型<>"寄售" OR 业务类型="VMI 业务""所在行，在下面对应的"模板分录"中单击选中"分录类型"为"物料估价"所在行，单击打开"科目"对应的"原材料""库存商品"栏目，进入科目设置修改页面。先后单击选中"科目取值"为"原材料""库存商品"所在行，分别在下面对应的"科目核算维度来源"中单击展开"取单据上的字段"栏目，将核算维度设置为"明细信息.物料编码"，单击【确定】按钮退出。再在模板分录下"物料估价"所在行，参照表6-2完成单位、数量的取值，如图6-8所示。单击工具栏中的【保存】按钮完成凭证模板修改设置。

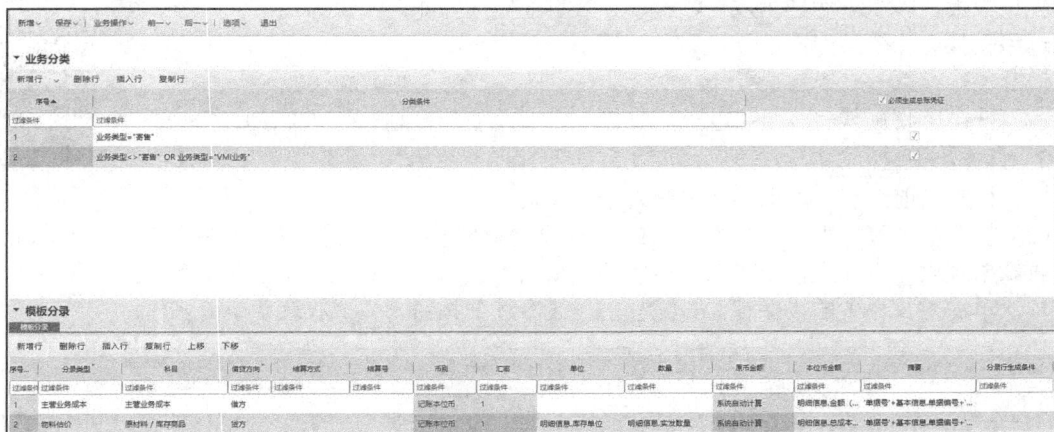

图6-8 销售出库单凭证模板

（6）凭证生成。执行【财务会计】-【智能会计平台】-【账务处理】-【凭证生成】命令，在打开的"凭证生成"页面上，分别勾选"华商商贸账簿""应收单""销售出库单"复选框，单击下方的【凭证生成】按钮，自动进入"凭证生成报告列表"，可以查看凭证成功生成情况。

友情提示6-1

（二）销售收款单录入（需凭证生成）

1. 业务数据

2022年1月3日，华商商贸收到西门电子一张金额为3 390 000.00元的转账支票，形成一笔收款单记录。具体数据如表6-3所示。

表6-3   收款单

业务日期	往来单位 付款单位	收款组织 结算组织	结算方式	我方银行账号	实收金额/元	币别
2022.1.3	西门电子	华商商贸	转账支票	62228882	3 390 000.00	人民币

收款单凭证模板修改具体要求分别如表6-4、表6-5所示。

表6-4   资金分录类型下的科目设置

科目全名	核算维度	取单据上的字段
银行存款	银行	收款单明细.我方银行账号.开户银行

表6-5   其他应收款分录类型下的科目设置

科目影响因素设置	科目全名	科目影响因素来源
往来单位类型(多类别基础资料) 等于 '员工'	其他应收款——员工往来	往来单位类型(多类型基础资料)=单据头.往来单位类型
往来单位类型(多类别基础资料) 等于 '客户'	其他应收款——客户往来	
往来单位类型(多类别基础资料) 等于 '供应商'	其他应收款——供应商往来	

2. 业务解析

该项收取销售货款的业务需要通过录入销售收款单来进行确认。

收款单录入有两种方式：一是在应收款管理系统中收款单列表页面采用"新增"方式录入，二是通过应收单"下推"方式录入。本业务采用"新增"方式完成操作。

系统预置的"收款单"凭证模板不能满足本业务生成凭证，而需复制新增自用的凭证模板。收款单凭证生成在收款单列表页面完成操作。

销售收款会计分录为：

借：银行存款——荆楚银行长江支行　　　　　　　　3 390 000.00

　　贷：应收账款——西门电子　　　　　　　　　　　　3 390 000.00

微课堂

销售收款单录入
（需凭证生成）

3. 操作步骤

（1）核对当前组织。确保当前组织为华商商贸。

（2）收款单录入。执行【财务会计】-【应收款管理】-【收款】-【收款单列表】命令，在打开的"收款单列表"页面上，单击工具栏中的【新增】按钮。参照表 6-3 录入业务数据，如图 6-9 所示。依次单击工具栏中的【保存】-【提交】-【审核】按钮，完成收款单录入操作。

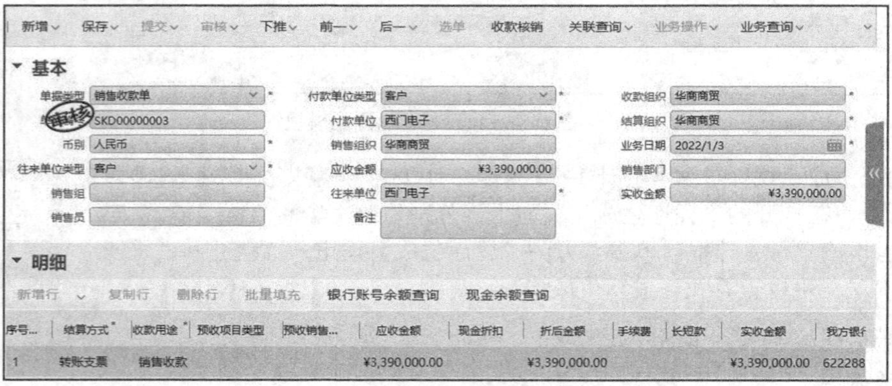

图 6-9　收款单录入

（3）凭证生成。执行【财务会计】-【应收款管理】-【收款】-【收款单列表】命令，在打开的"收款单列表"页面上，勾选"销售收款单"业务单据，选择工具栏中的【凭证】按钮下拉项中的"生成凭证"选项，在"凭证生成"窗口勾选"华商商贸账簿"复选框，单击下方的【凭证生成】按钮，自动进入"凭证生成报告列表"，可以看到凭证未能成功生成。

（4）复制新增收款单凭证模板并重新生成凭证。执行【财务会计】-【智能会计平台】-【基础资料】-【凭证模板】命令，在打开的"凭证模板"页面上，勾选"收款单"凭证模板（编码 028），单击工具栏中的【新增】按钮中的"复制"选项，适用账簿选择所有组织。在凭证模板中所有业务分类项中补充定义银行存款科目的核算维度，以及设置"其他应收款"分录类型下的相关科目影响因素。定义凭证模板的具体操作过程参见第四章的相关内容。利用修订完善的凭证模板重复上一步骤操作，成功生成凭证，如图 6-10 所示。

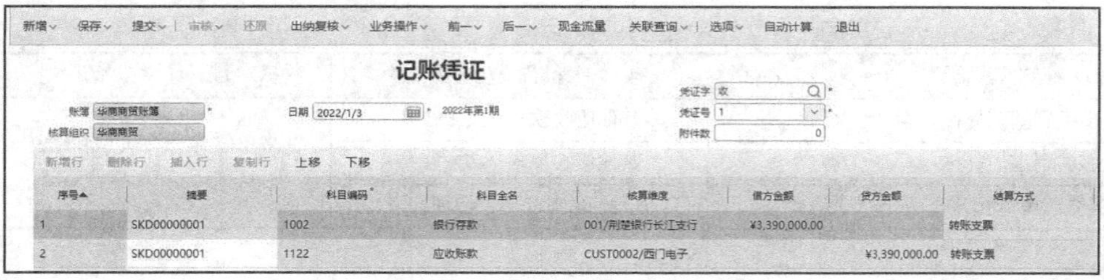

图 6-10　生成凭证

友情提示 6-2

（三）应收收款核销

1．业务场景

手工匹配核销应收单和收款单。

2．业务解析

在系统中，应收收款的匹配核销通过菜单【应收收款核销】进行。该功能为向导式功能，用户首先需要在向导界面中选择核销方案，可以同时选择多个核销方案，系统会按照核销方案的优先级自动执行多次匹配条件的核销。在向导界面中还可以设置参与核销的单据范围和核销过程中产生的应收核销单的业务日期。在单据间没有关联关系的情况下，匹配条件核销为用户最主要的核销方式。通过匹配条件核销应该可以将用户大多数的单据核销完毕。

3．操作步骤

（1）核对当前组织。确保当前组织为华商商贸。

（2）在功能菜单中执行【财务会计】-【应收款管理】-【应收收款】-【应收收款核销】命令，在打开的"应收收款核销"页面上，根据系统向导提示单击【下一步】按钮直至核销完成，"核销设置"中的相关信息如图6-11所示。

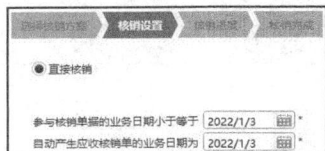

图6-11　设置核销范围

微课堂

应收收款核销

（3）执行【财务会计】-【应收款管理】-【应收收款】-【应收收款核销记录】命令，在打开的"应收收款核销记录"页面上，查询相关单据的核销记录，完成页面如图6-12所示。

图6-12　核销记录

微课堂

友情提示6-3

（四）应收开票核销

1．业务数据

根据标准应收单生成销售发票，并进行应收开票核销。销售发票信息如表6-1所示。

2．业务解析

销售发票可以新增录入，也可由标准应收单下推生成。前者可采用"应收开票核销"功能向导式核销，也可手工匹配核销；后者则直接由系统自动匹配核销。本业务采用前者。

微课堂

3．操作步骤

（1）核对当前组织。确保当前组织为华商商贸。

（2）录入销售发票。执行【财务会计】-【发票管理】-【销售发票】-【销售增值税专用发票列表】命令，在打开的"销售增值税专用发票列表"页面上，单击工具栏中的【新增】按钮。参照表6-1录入业务数据，如图6-13所示。依次单击工具栏中的【保存】-【提交】-【审核】按钮，完成销售发票录入操作。

应收开票核销

（3）应收开票核销。在功能菜单中执行【财务会计】-【应收款管理】-【应收开票】-【应收开票核销】命令，在打开的"应收开票核销"页面上，根据系统向导提示单击【下一步】按钮直至核销完成。

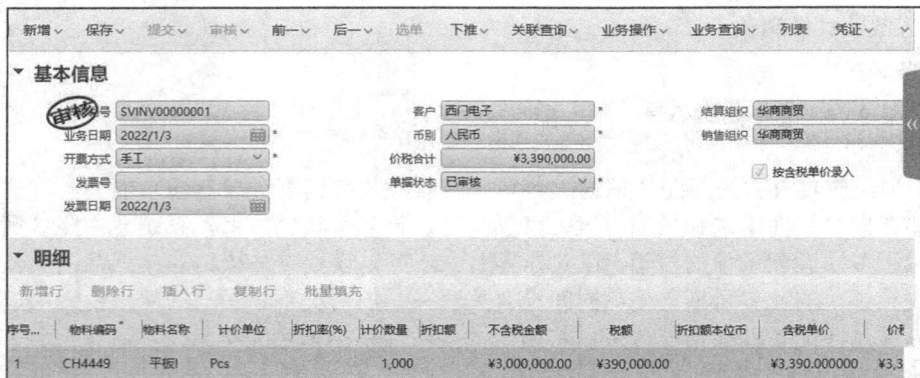

图6-13　录入销售发票

（4）执行【财务会计】-【应收款管理】-【应收开票】-【应收开票核销记录】命令，在打开的"应收开票核销记录"页面上，查询相关单据的核销记录，完成页面如图6-14所示。

图6-14　核销记录

友情提示6-4

二、其他应收业务处理

（一）其他应收单录入（需凭证生成）

1. 业务数据

2022年1月1日，华商商贸员工王市场因违反公司规章被罚款500元作为团队活动费用，形成一笔其他应收单，具体数据如表6-6所示。

表6-6　　　　　　　　　　　　　　　　　　　其他应收单

业务日期	往来单位	结算组织	费用项目	费用承担部门	金额/元
2022.01.01	王市场	华商商贸	团队活动费	市场部	500

2. 业务解析

应收款管理系统通过其他应收单来确认除销售业务外产生的应收款项。该部分应收款项确认是通过其他应收单实现的。此处不能将费用应收单与其他应收单混淆使用。

系统预置的"其他收款单"凭证模板可以满足本业务生成凭证。

其他应收业务会计分录为：

借：其他应收款——员工往来　　　　　　　　　　　　　　500

　　贷：销售费用——团队活动费用　　　　　　　　　　　　500

微课堂

其他应收单录入
（需凭证生成）

3. 操作步骤

（1）核对当前组织。确保当前组织为华商商贸。

（2）其他应收单录入。执行【财务会计】-【应收款管理】-【其他应收】-【其他应收单列表】命令，在打开的"其他应收单列表"页面上，单击工具栏中的【新增】按钮。参照表6-6录入业务数据，如图6-15所示。依次单击工具栏中的【保存】-【提交】-【审核】按钮，完成其他应收单录入操作。

图 6-15　其他应收单录入

（3）凭证生成。执行【财务会计】-【智能会计平台】-【账务处理】-【凭证生成】命令，在打开的"凭证生成"页面上，分别勾选"华商商贸账簿"与"其他应收单"选项，单击下方的【凭证生成】按钮，自动进入"凭证生成报告列表"，可以查看凭证生成情况，完成页面如图 6-16 所示。

图 6-16　凭证生成

友情提示 6-5

（二）其他业务收款单录入（需凭证生成）

1. 业务数据

2022 年 1 月 5 日，华商商贸员工王市场向公司财务部上交 500 元现金罚款，形成一笔其他业务收款单记录，具体数据如表 6-7 所示。

表 6-7　　　　　　　　　　　　　　其他业务收款单

业务日期	往来单位类型	往来单位付款单位	收款组织结算组织	结算方式	实收金额/元	币别
2022.1.5	员工	王市场	华商商贸	现金	500.00	人民币

2. 业务解析

该项业务需录入其他业务收款单进行确认。收款单可由应收单下推生成。之前业务已经设置自用的"收款单"凭证模板，其他业务收款单凭证生成在收款单列表页面完成操作。

其他业务收款会计分录为：

借：库存现金　　　　　　　　　　　　　　　　500.00

　　贷：其他应收款——员工往来　　　　　　　　　　500.00

微课堂

3. 操作步骤

（1）核对当前组织。确保当前组织为华商商贸。

（2）下推生成其他业务收款单。执行【财务会计】-【应收款管理】-【其他应收】-【其他应收单列表】命令，在打开的"其他应收单列表"页面上，勾选"其他应收单"业务单据，单击【下推】-【生成收款单】按钮，参照表 6-7 录入数据，如图 6-17 所示。依次单击工具栏中的【保存】-【提交】-【审核】按钮，完成操作。

其他业务收款单录入（需凭证生成）

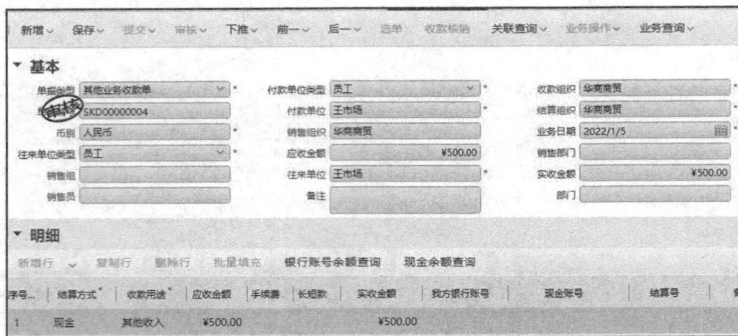

图 6-17　其他业务收款单

（3）凭证生成。执行【财务会计】-【应收款管理】-【收款】-【收款单列表】命令，在打开的"收款单列表"页面上，勾选"其他业务收款单"，选择工具栏上的【凭证】按钮下拉项中的"生成凭证"选项，在"凭证生成"窗口勾选"华商商贸账簿"复选框，单击下方的【凭证生成】按钮，自动进入"凭证生成报告列表"，可以查看凭证成功生成。完成页面如图 6-18 所示。

图 6-18　凭证生成

（4）查询其他应收收款核销记录。执行【财务会计】-【应收款管理】-【应收收款】-【应收收款核销记录】命令，打开"应收收款核销记录"页面，本业务中的"其他业务收款单"由"其他应收单"直接下推生成，查询可见系统已经将两张单据自动关联核销。完成页面如图 6-19 所示。

图 6-19　核销记录

三、应收转销业务处理

（一）转销应收单录入（需凭证生成）

1. 业务数据

2022 年 1 月 1 日，经华商商贸、南宫电子、东方电子三方协商达成协议，南宫电子所欠 390 000.00 元货款中的 190 000.00 元转给东方电子承担，剩余款项由南宫电子在 3 日内完成承付。

应收单转销明细信息如表 6-8 所示。

表 6-8　　　　　　　　　　　应收单转销明细信息

业务日期	结算组织	单据	转出单位	转入单位	币别	本次转销金额/元	转入业务日期
2022.01.01	华商商贸	应收单	南宫电子	东方电子	人民币	190 000.00	2022.01.01

"应收单"凭证模板的分类条件需新增两行:"单据头-单据类型"等于"转销应收单"且"单据头-价税合计"大于"0"(转入方凭证模板分录设置明细如表 6-9 所示)与"单据头-单据类型"等于"转销应收单"且"单据头-价税合计"小于"0"(转出方凭证模板分录明细如表 6-10 所示)。

表 6-9 转入方凭证模板分录明细

项目	分录明细	
分录类型	应收账款	财务费用
科目名称	应收账款	财务费用——其他
科目核算维度	单据头.客户	——
借贷方向	借方	贷方
币别	单据头.币别	单据头.币别
汇率	系统自动计算	系统自动计算
原币金额	明细.价税合计	明细.价税合计
本位币金额	明细.价税合计本位币	明细.价税合计本位币
摘要	固定摘要:应收转销	组合摘要:单据头.单据编号

表 6-10 转出方凭证模板分录明细

项目	分录明细	
分录类型	财务费用	应收账款
科目名称	财务费用——其他	应收账款
科目核算维度	—	单据头.客户
借贷方向	借方	贷方
币别	单据头.币别	单据头.币别
汇率	系统自动计算	系统自动计算
原币金额	0-明细.价税合计	0-明细.价税合计
本位币金额	0-明细.价税合计本位币	0-明细.价税合计本位币
摘要	固定摘要:应收转销	组合摘要:单据头.单据编号

2. 业务解析

应收转销实质上是公司债务方之间关于偿还义务上的一种转移,应收债权方只需要增减相关债务方的债务金额即可。该业务操作通过"应收转销"功能来实现。

本业务需要录入应收转销总账凭证,可以手工录入[①],也可以自制凭证模板来生成。

东方电子转入应收款项的会计分录为:

借:应收账款——东方电子 190 000.00
　　贷:财务费用——其他 190 000.00

同时,南宫电子转出应收款项的会计分录为:

借:财务费用——其他 190 000.00
　　贷:应收账款——南宫电子 190 000.00

3. 操作步骤

(1)核对当前组织。确保当前组织为华商商贸。

(2)执行应收转销。执行【财务会计】-【应收款管理】-【应收收款】-【应收转销】命令,在打开的"应收转销"页面上,参照表 6-8 录入相关业务数据,

微课堂

转销应收单录入
(需凭证生成)

---

① 手工录入应收转销凭证可以不需要"财务费用——其他"科目进行过渡,此处可以直接手工录入凭证:

借:应收账款——东方电子 190 000.00
　　贷:应收账款——南宫电子 190 000.00

如图 6-20 所示。单击【下一步】按钮直至转销完成，完成页面如图 6-21 所示。

本次转销金额合计 190,000

批量填充

序号	✓	结算组织	往来单位类型	往来单位	单据编码	业务日期	币别	到期日	价税合计	未核销金额	本次转销金额	转入往来单位	转入业务日期	转入到期日	备注
1	✓	华商商贸	客户	南宫电子	AR00000004	2021/11/30	人民币	2022/3/1	390,000.00	390,000.00	190,000.00	东方电子	2022/1/1	2022/3/1	

图 6-20　应收转销

过滤　刷新　单据　反转销　引出　退出

	转销序号	转销人	转销日期	单据类型	单据编号	往来单位类型	往来单位	结算币别	结算方式	结算组织	业务日期	本位币	到期日	核销方式	应收金额	本次转销金额	收付组织
	100003	管理员	2022/7/13	标准应收单	AR00000004	客户	南宫电子	人民币		华商商贸	2021/11/30	人民币	2022/3/1	转销	¥390,000.00	¥190,000.00	华商商贸
	100003	管理员	2022/7/13	转销应收单	AR00000007	客户	南宫电子	人民币		华商商贸	2022/1/1	人民币	2022/3/1	转销	¥-190,000.00	¥-190,000.00	华商商贸
	100003	管理员	2022/7/13	转销应收单	AR00000008	客户	东方电子	人民币		华商商贸	2022/1/1	人民币	2022/3/1	转销	¥190,000.00		华商商贸

图 6-21　应收转销记录

（3）复制新增“应收单”凭证模板。执行【财务会计】-【智能会计平台】-【基础资料】-【凭证模板】命令，在打开的“凭证模板”页面上，勾选“应收单”凭证模板（编码 041），选择工具栏上【新增】按钮中的“复制”选项，适用账簿选择全部组织，先在凭证模板中所有业务分类项中补充定义“单据头-单据类型”等于“转销应收单”且“单据头-价税合计”大于“0”内容，参照表 6-9 设置模板分录明细内容。再在凭证模板中所有业务分类项中补充定义“单据头-单据类型”等于“转销应收单”且“单据头-价税合计”小于“0”内容，参照表 6-10 设置模板分录明细内容。单击工具栏中的【保存】按钮完成模板设置。

（4）凭证生成。执行【财务会计】-【应收款管理】-【销售应收】-【应收单列表】命令，在打开的“应收单列表”页面上，勾选“应收单”，选择工具栏中的【凭证】按钮下拉项中的“生成凭证”选项，在“凭证生成”窗口中勾选“华商商贸账簿”选项，单击下方的【凭证生成】按钮，自动进入“凭证生成报告列表”，可以查看凭证成功生成。完成页面如图 6-22 所示。

	日期	会计年度	期间	凭证字	凭证号	摘要	科目编码	科目全名	核算维度	币别	原币金额	借方金额	贷方金额	制单
	2022/1/1	2022	1	记	4	应收转销	6603.06	财务费用_其他		人民币	¥190,000.00	¥190,000.00		管理员
						AR00000007	1122	应收账款	CUST0003/南宫电子	人民币	¥190,000.00		¥190,000.00	
	2022/1/1	2022	1	记	5	应收转销	1122	应收账款	CUST0001/东方电子	人民币	¥190,000.00	¥190,000.00		管理员
						AR00000008	6603.06	财务费用_其他		人民币	¥190,000.00		¥190,000.00	

图 6-22　凭证生成

友情提示 6-6

（二）转销应收收款单录入（需凭证生成）

1. 业务数据

2022 年 1 月 3 日，华商商贸收到一张转账支票，系南宫电子支付的应收转销后剩余货款 200 000.00 元。

2. 业务解析

此业务操作与之前所做的标准应收收款、其他应收收款方法相似，可采用“下推”方式进行。之前业务已经设置了自用的“收款单”凭证模板，转销应收收款单凭证在收款单列表页面生成。转销应收收款的会计分录：

借：银行存款——荆楚银行长江支行　　　　200 000.00

　　贷：应收账款——南宫电子　　　　200 000.00

3. 操作步骤

（1）核对当前组织。确保当前组织为华商商贸。

（2）打开功能窗口。执行【财务会计】-【应收款管理】-【销售应收】-【应收单列表】命令，在打开的"应收单列表"页面上，单击工具栏中的【选项】按钮，打开"选项设置"页面，在"业务参数"中勾选"显示期初单据"复选框，如图6-23所示。依次单击工具栏中的【保存】-【退出】按钮。

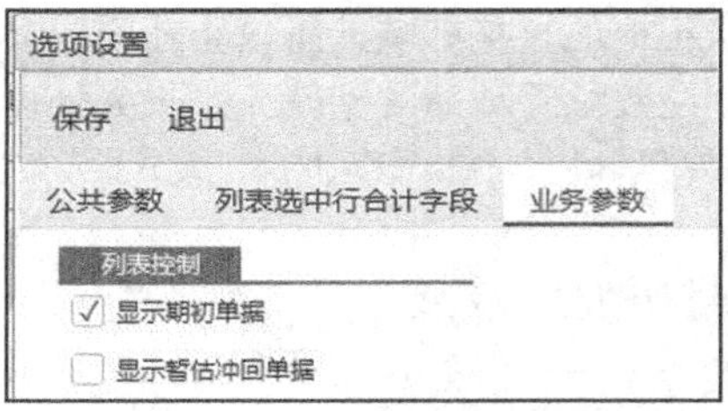

（3）生成收款单。在打开的"应收单列表"页面，同时勾选客户为南宫电子的"标准应收单"和"转销应收单"，选择工具栏中的【下推】中的"生成收款单"选项，修改业务日期，录入结算方式和我方银行账号，如图6-24所示。依次单击工具栏中的【保存】-【提交】-【审核】按钮，完成操作。

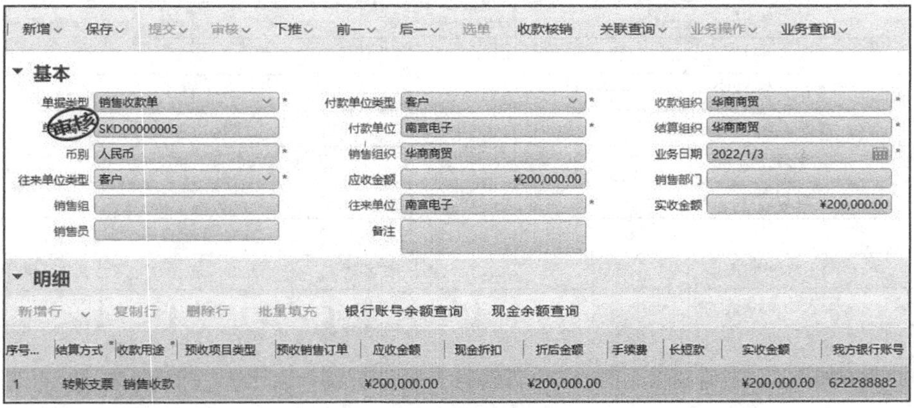

图6-23 设置业务参数

微课堂

转销应收款单录入（需凭证生成）

图6-24 收款单

（4）凭证生成。执行【财务会计】-【应收款管理】-【收款】-【收款单列表】命令，在打开的"收款单列表"页面上，勾选客户为南宫电子的"销售收款单"，选择工具栏中的【凭证】按钮下拉项中的"生成凭证"选项，在"凭证生成"窗口中勾选"华商商贸账簿"选项，单击下方的【凭证生成】按钮，自动进入"凭证生成报告列表"，可以看到凭证成功生成。完成页面如图6-25所示。

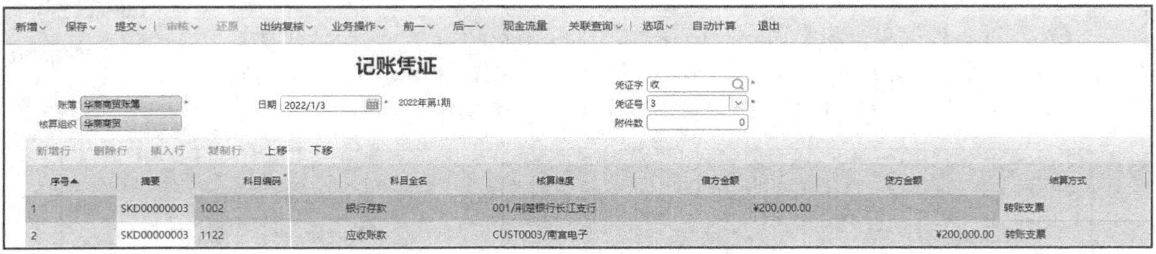

图6-25 凭证生成

第三节 坏账业务处理

企业需根据企业会计准则和财政部发布的《应用指南——会计科目和主要账务处理附录》规定，对有客观证据表明应收款项发生减值的，应确认信用减值损失，计提坏账准备。由于应收款项净值的准确程度受坏账损失的直接影响，所以企业应视自身情况，合理选择坏账准备的计提与核算方式并进行账务处理。应收款管理系统支持坏账损失处理、计提坏账准备，从而生成总账凭证等业务处理。本节业务主要在华商集团操作完成。

一、坏账准备期初数据录入

（一）业务数据

录入华商集团坏账准备期初数据。华商集团坏账准备期初数据明细如表 6-11 所示。

表 6-11   华商集团坏账准备期初数据明细

项目	期初数据明细
结算组织	华商集团
是否期初	√
上次计提日期	2021.11.30
本次计提日期	2021.12.31
往来单位名称	南宫电子、西门电子
计提方法	账龄分析法
币别	人民币
本期末坏账准备金额	南宫电子：60 000.00 元；西门电子：3 000.00 元
上期末坏账准备金额	0.00

（二）业务解析

坏账准备期初数据录入是通过新增"坏账准备计提单"实现的。应收款管理系统支持日常录入坏账准备期初数据，在录入时一定要勾选"是否期初"。计提日期是指计提坏账准备数据的截止日期，一般是每个月的最后一天。因为企业一般是在月初结上个月的账，所以日期选择上个月的最后一天，这样过滤出来的就是截止到上个月的最后一天的账龄数据。

（三）操作步骤

（1）核对当前组织。确保当前组织为华商集团。

（2）坏账准备期初数据录入。执行【财务会计】-【应收款管理】-【坏账处理】-【坏账准备计提单列表】命令，在打开的"坏账准备计提单列表"页面上，单击工具栏中的【新增】按钮。参照表 6-11 录入业务数据，如图 6-26 所示。依次单击工具栏中的【保存】-【提交】-【审核】按钮，结束操作。

微课堂

坏账准备期初数据录入

图 6-26　坏账准备期初数据录入

二、确认坏账损失（需凭证生成）

（一）业务数据

华商集团确认坏账损失的相关信息如下。

2022 年 1 月 14 日，华商集团发现南宫电子无力偿还所欠货款 100 000.00 元，经管理层审批，全额确认为无法收回的坏账。

"坏账损失单"凭证模板设置相关要求如表 6-12 所示。

表 6-12　　　　　　　　　　　"坏账损失单"凭证模板设置要求

项目	设置要求	
分录类型	坏账准备	应收账款
科目	坏账准备	应收账款
科目核算维度来源	无	明细.往来单位
借贷方向	借方	贷方
币别	明细.结算币别	明细.结算币别
汇率	系统自动计算	系统自动计算
原币金额	明细.核销金额	明细.核销金额
本位币金额	明细.核销本位币金额	明细.核销本位币金额
摘要	固定摘要：确认坏账	固定摘要：确认坏账

确认华商集团坏账损失，并新增"坏账损失单"凭证模板，生成坏账确认的总账凭证。

（二）业务解析

确认坏账损失是通过"坏账损失处理"功能来实现的。本期如有坏账损失发生或者收回前期坏账，先进行坏账损失和坏账收回业务单据处理，处理完后再计提坏账准备。如果先计提坏账准备，再处理坏账收回和坏账损失，就会导致计提数据不准确。

由于系统没有预置"坏账损失单"凭证模板，所以需新增设置。

确认坏账的会计分录为：

借：坏账准备　　　　　　　　　　　　　　　　100 000.00

　　贷：应收账款——南宫电子　　　　　　　　　100 000.00

微课堂

确认坏账损失
（需凭证生成）

（三）操作步骤

（1）核对当前组织。确保当前组织为华商集团。

（2）定义应收坏账处理过滤方案。执行【财务会计】-【应收款管理】-【坏账处理】-【坏账损失处理】命令，在打开的"坏账损失处理"页面上，单击【应收过滤】按钮，结算组织选择华商集团，将"业务日期"设置为 2019-12-31 至 2022-01-31，单击【确定】按钮，进入坏账损失页面。

（3）进行坏账损失处理。将"生成坏账损失单的业务日期"设置为 2022-01-14，勾选"往来单位"为南宫电子的应收单，如图 6-27 所示，单击【坏账核销】按钮，显示核销成功。

图 6-27　坏账损失处理

（4）新增"坏账损失单"凭证模板。执行【财务会计】-【智能会计平台】-【基础资料】-【凭证模板】命令，在打开的"凭证模板"页面上，单击工具栏中的【新增】按钮。在"来源单据"栏选择"坏账损失单"，描述输入"确认坏账"，科目表选择"新会计准则科目表"，在"核算组织来源"栏选择"单据头.结算组织"，凭证字选择"记"，凭证日期选择"单据头.业务日期"，在模板分录中录入表 6-12 中的相关信息。单击工具栏中的【保存】按钮，完成模板设置。完成页面如图 6-28 所示。

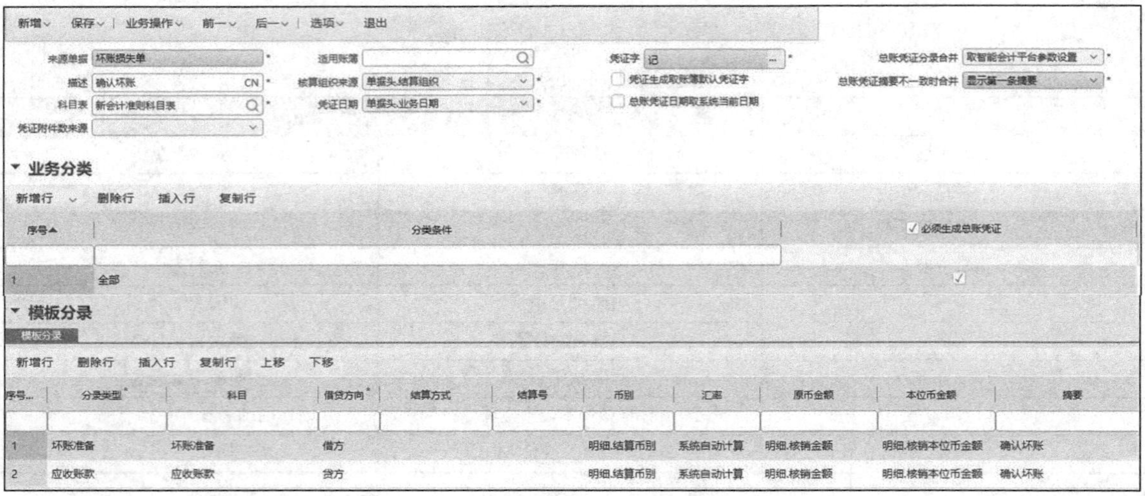

图 6-28 "坏账损失单"凭证模板

（5）生成确认坏账损失的总账凭证。执行【财务会计】-【应收款管理】-【坏账处理】-【坏账损失单】命令，在打开的"坏账损失单"页面上，勾选"坏账损失单"业务单据，选择工具栏【凭证】按钮下拉项中的"生成凭证"选项，在"凭证生成"窗口中勾选"华商集团账簿"选项，单击下方的【凭证生成】按钮，自动进入"凭证生成报告列表"，可以看到凭证成功生成。完成页面如图 6-29 所示。

友情提示 6-7

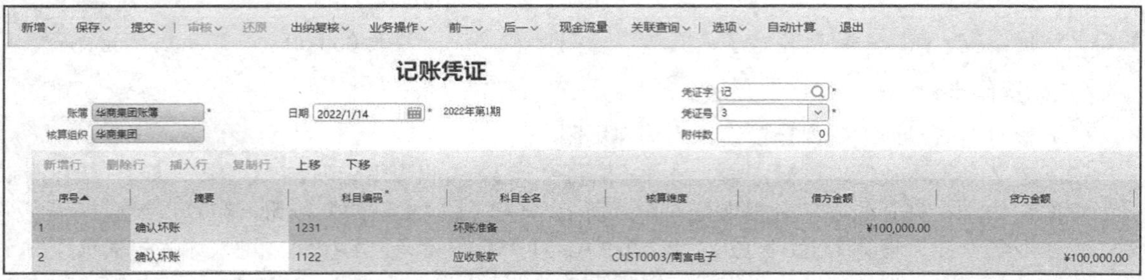

图 6-29 生成凭证

三、计提本期坏账准备（需凭证生成）

（一）业务数据

在 2022 年 1 月末计提华商集团坏账准备，并新增"坏账准备计提单"凭证模板，从而生成计提坏账准备的总账凭证。

华商集团采用账龄分析法计算提取坏账准备，账龄分组设置的相关信息如表 6-13 所示。

表 6-13 　　　　　　　　　　　　华商集团账龄分组设置信息

账龄分组设置	天数	计提比例
0-30 天	30	2%
31-60 天	60	10%
61-180 天	180	20%
181-360 天	360	60%
361-720 天	720	100%

"坏账准备计提单"凭证模板的分类条件须设置为："单据头–是否期初"等于"False"，即录入坏账准备的期初数据不需要生成凭证。

"坏账准备计提单"凭证模板设置的相关要求如表 6-14 所示。

表 6-14 　　　　　　　　　　"坏账准备计提单"凭证模板设置要求

项目	设置要求	
分录类型	信用减值损失	坏账准备
科目	信用减值损失	坏账准备
借贷方向	借方	贷方
币别	记账本位币	记账本位币
汇率	1	1
原币金额	系统自动计算	系统自动计算
本位币金额	计提信息.本期应计提金额本位币	计提信息.本期应计提金额本位币
摘要	固定摘要：计提坏账准备	组合摘要：单据头.单据编号

（二）业务解析

计提本期坏账准备一般在月末进行。计提坏账准备前，应收业务需处理完毕，包括应收和收款核销、坏账损失处理，只有在计提坏账准备前把应收、收款该核销的核销完，计提坏账时取到的应收账龄数据才是准确的，从而计提才能准确。

坏账准备计提方法有 4 种：账龄分析法、余额百分比法、个别认定法和销货百分比法。系统支持账龄分析法和个别认定法。设置计提方案时，只需录入账龄分析法的相关信息即可。

由于系统没有预置"坏账准备计提单"凭证模板，所以需新增设置。本业务在坏账准备计提单列表页面完成凭证生成操作。

计提坏账准备的会计分录为：

借：信用减值损失　　　　　　　　　　　　　　52 000.00
　　贷：坏账准备　　　　　　　　　　　　　　　　52 000.00

微课堂

计提本期坏账准备
（需凭证生成）

（三）操作步骤

（1）核对当前组织。确保当前组织为华商集团。

（2）打开功能窗口。执行【财务会计】–【应收款管理】–【坏账处理】–【计提坏账准备】命令，打开"计提坏账准备过滤条件"页面。

（3）定义坏账准备计提方案。在打开的"计提坏账准备过滤条件"页面上，结算组织选择华商集团，将"业务日期"设置为 2022-01-31，按照表 6-13 录入相关信息，如图 6-30 所示，单击【确定】按钮，进入"计提坏账准备"页面。

（4）计提本期坏账准备。确认日期为 2022-01-31，核对应收款项期末余额无误后，单击【确定计提】按钮，自动生成"坏账准备计提单"。单击【联查坏账准备计提单】按钮，进入"坏账准备计提单列表"页面，勾选本期计提单据，依次单击工具栏中的【保存】-【提交】-【审核】按钮。完成页面如图 6-31 所示。

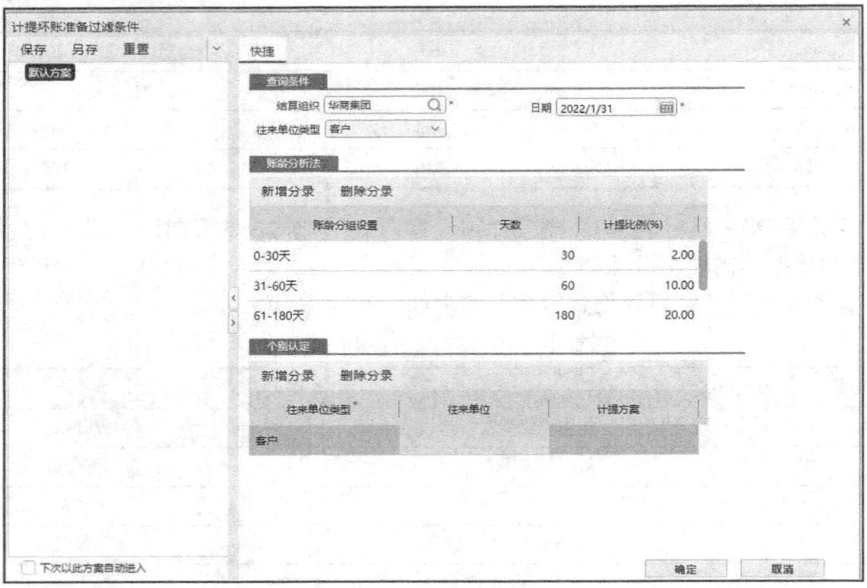

图 6-30　定义坏账准备计提方案

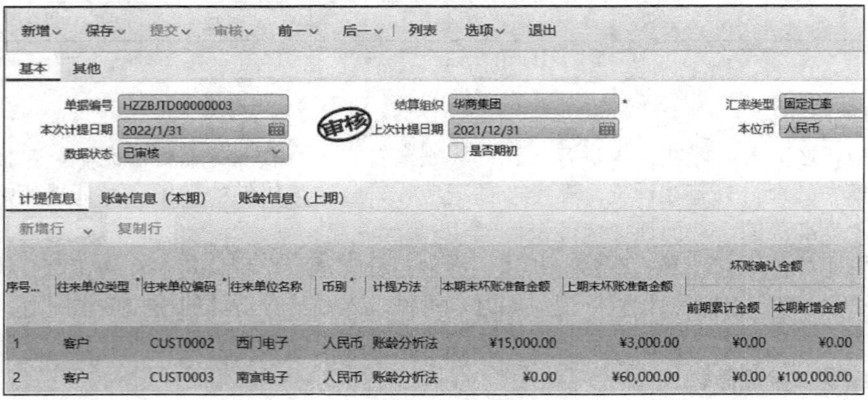

图 6-31　计提本期坏账准备

（5）新增"坏账准备计提单"凭证模板。执行【财务会计】-【智能会计平台】-【基础资料】-【凭证模板】命令，在打开的"凭证模板"页面上，单击工具栏中的【新增】按钮。在"来源单据"栏选择"坏账准备计提单"，在"描述"栏填写"计提坏账准备"，在"科目表"栏选择"新会计准则科目表"，在"核算组织来源"栏选择"单据头.结算组织"，在"凭证日期"栏选择"单据头.本次计提日期"，凭证字选择"记"，业务分类设置为："单据头-是否期初"等于"False"，在模板分录中录入表 6-14 中的相关信息，如图 6-32 所示。单击工具栏中的【保存】按钮后完成模板设置。

（6）生成确认坏账损失的总账凭证。执行【财务会计】-【应收款管理】-【坏账处理】-【坏账准备计提单列表】命令，在打开的"坏账准备计提单列表"页面上，勾选"坏账准备计提单"，选择工具栏中【凭证】按钮下拉项中的"生成凭证"选项，在"凭证生成"窗口中勾选"华商集团账簿"选项，单击下方的【凭证生成】按钮，自动进入"凭证生成报告列表"，可以看到凭证成功生成。完成页面如图 6-33 所示。

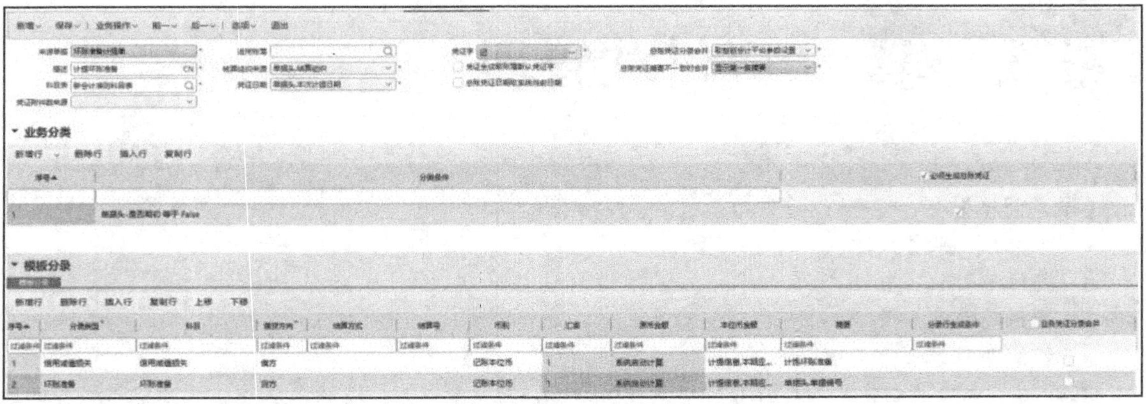

图 6-32 "坏账准备计提单"凭证模板

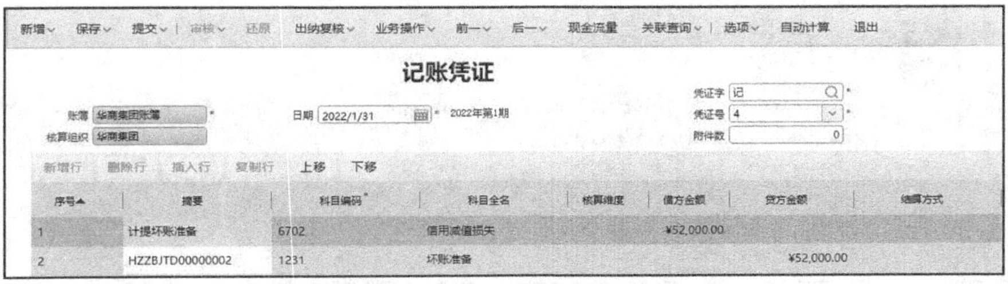

图 6-33 生成确认坏账损失的总账凭证

友情提示 6-8

完成本章业务后，备份数据中心，备份文件命名为"华商集团-姓名-应收款管理"，保存到 U
盘或网盘。

第七章 应付款管理

【学习目标】
- 标准应付业务处理
- 其他应付业务处理
- 应付转销业务处理
- 组织间往来业务处理

在开始本章学习之前，需要引入"华商集团-姓名-应收款管理"备份数据中心，以保持数据的连续性。

第一节 概述

一、总体介绍

应付款管理系统的任务是通过应付单、其他应付单、付款单等单据的录入，对企业的往来账款进行综合管理，及时、准确地提供供应商的往来账款余额资料，及时反映本企业的流动负债数额及偿还流动负债所需资金，并提醒经营者及时完整地偿还各项应付款项，保证良好的供货关系，确保企业的赊购地位，并尽可能地享受各种折扣优惠。

另外，应付账款核算系统也可以提供各种分析报表，如应付款账龄分析表、到期债权表、往来对账明细表、应付单跟踪表、应付款汇总表、应付款明细表等。

二、功能结构

（一）主要功能

系统将应付款管理分为 4 个基本业务环节，构成应付款管理完整的业务循环，包括：应付款确认、到期付款、付款核销、期末处理，基本涵盖应付款管理日常业务处理流程。

应付款管理主要处理两方面的业务：采购应付和其他应付，主要功能如下。

（1）通过应付单管理采购业务应付。

（2）通过其他应付单管理其他业务应付。

（3）应付单与采购发票彻底分离，应付账款通过应付单确认，应付单是债务成立的标志。

（4）支持"暂估应付"和"业务应付"两种立账模式。

（5）应付单快速新增。

（6）入库单审核时自动生成应付单。

（7）支持供应商的多方交易。

（8）按角色区分的应付单、其他应付单新增、付款。

（9）支持一张应付单的多到期日管理。

（10）应付单支持按照含税单价或者不含税单价不同的录入方式。

（11）应付单支持价内税和价外税。

（12）应付单到付款单，支持按付款计划付款。

（13）费用应付单支持指定入库出库单。

（14）付款单支持现金折扣和手续费的应用场景。

（15）付款退款单支持手续费的应用场景。

（16）可以针对供应商、订单预付。

（17）有关联关系的应付单/其他应付单与付款单自动核销。

（18）有关联关系的应付单与发票自动核销。

（19）支持无关联关系的应付单/其他应付单与付款单匹配条件核销。

（20）支持无关联关系的应付单与发票匹配条件核销。

（21）支持应收单/其他应收单与应付单/其他应付单核销。

（22）特殊业务核销支持任意单据核销，包括：单据尾数的冲销、不同往来单位的应付单/其他应付单与付款单的冲销等。

（23）支持内部应付清理。

（24）所有业务单据都可以通过智能会计平台生成业务凭证、总账凭证。

（25）各种报表查询功能，具体包括：应付款汇总表、应付款明细表、账龄分析表、到期债务表、往来对账明细表、应付单跟踪表、应付未开票明细表。

（二）业务流程

应付款管理系统业务流程如图 7-1 所示。

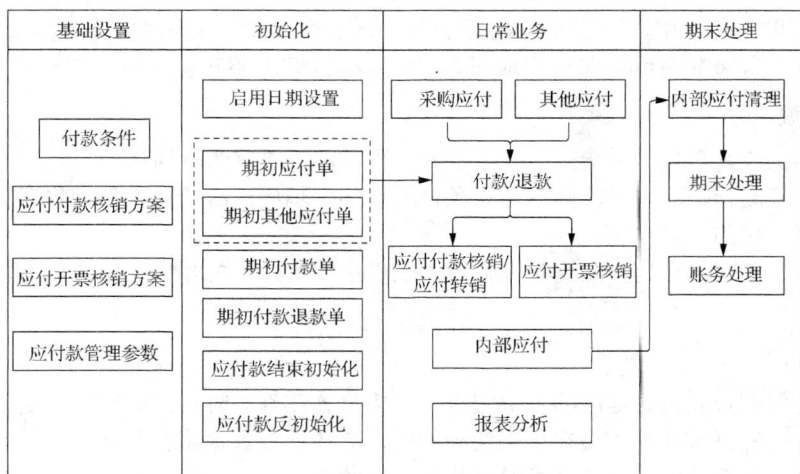

图 7-1　应付款管理系统业务流程

三、与其他系统的关系

应付款管理系统与其他系统的关系如图 7-2 所示。

四、基本概念

（一）采购应付

采购应付主要处理企业采购业务产生的各种应付款项。各个企业确定应付款项的环节不同，有的在企业

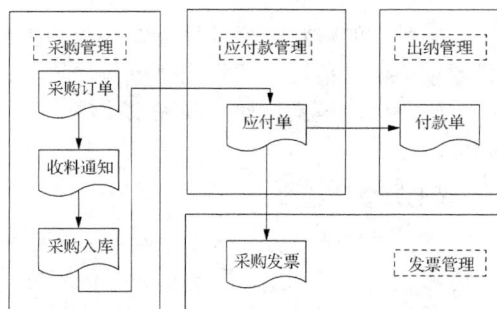

图 7-2　应付款管理系统与其他系统的关系

入库后确认，有的在发出订单时确认。为了满足不同企业的不同应用方式，系统通过应付单来确认应付款项。在系统中，应付单是企业对采购应付进行管理的唯一单据，采购业务是否收到发票、是否付款以及账龄分析等都以应付单为依据。

采购应付根据企业采购的不同场景分为以下4种。

（1）标准应付。应用于企业常规物料采购业务，特点为：应付单的表体必须录入物料、数量及单价，业务链条为：【采购订单】-【采购入库单】-【标准应付单】-【付款单】。

（2）费用应付。在企业物料采购过程中，除了支付购买价款外，还会发生一些相关的税费、运输费、装卸费等。费用应付单主要来解决企业这部分应付款项的结算。

（3）资产应付。主要用于购置资产产生的应付款项，也用于内部组织间的资产调拨，由组织间结算清单下推产生。

（4）转销应付。主要用于由于某种原因（如公司更名、三方债务等），需要将 A 往来单位的应付转为 B 往来单位的应付的情况。也可以使用应付转销功能来实现，操作路径为：【财务会计】-【应付款管理】-【应付付款】-【应付转销】。

（二）其他应付

其他应付主要处理的是企业除了物料采购外产生的应付款项。除了物料采购外，企业还会有很多其他原因产生的应付款项，如员工报销费用、要支付的一些行政费用等。该部分应付款项确认是通过其他应付单来实现的。在系统中，其他应付单是企业除采购业务外应付账款管理的依据。

（三）费用应付单

在企业材料采购过程中，除了支付购买价款外，还会发生一些相关的税费、运输费、装卸费等。故将应付单分为标准应付单和费用应付单。费用应付单主要解决企业这部分应付款项的结算。

（四）预付款

预付款是向供应商预先支付货款的业务行为，预付款主要有两种场景。

（1）针对供应商预付：与供应商商定先预付一定的款项给供应商，之后向供应商发出的订单不允许超过该预付金额的一定比例。

（2）针对订单预付：在与供应商签订订单的条件中规定必须先预付一定比例的款项，供应商才会执行该订单。

（五）到期付款

及时付款是保证企业良好信用的关键因素，而应付款在确认时就已经同时确定了付款计划，即明确的到期日。一般采购业务人员在款项快到期时，会向财务部提出付款申请，而具体的付款一般是由出纳负责的。在系统中，付款是通过付款单实现的。

（六）应付付款核销

应付款的账龄分析是很重要的业务资料。为了提供准确的账龄分析表，需要准确知道每一笔应付款项的付款情况，即将应付单与付款单相对应，因此需要进行应付付款核销。

应付付款核销包括关联关系核销、匹配条件核销和手工核销。具体功能及操作与应收收款核销相似。

（七）立账模式

支持"暂估应付"与"业务应付"两种不同的立账模式。"暂估应付"立账模式是根据发票确认应付账款，若未到票，则确认为暂估应付，若已到票，则确认为财务应付，同时红冲暂估应付。"业务应付"立账模式是根据货物转移来确认应付账款，若货已入库，则确认应付账款，后续已到票，如果应付账款与发票存在差异，则进行调差处理生成差异应付单。

第二节 应付款日常业务处理

应付款日常业务主要包括应付单录入（需凭证生成）、付款单录入（需凭证生成）、应付付款核销、应付开票核销、应付转销（需凭证生成）等。本节操作主要在华商商贸完成。

一、标准应付业务处理

（一）标准应付单录入（需凭证生成）

1. 业务数据

2022 年 1 月发生了以下业务：华商商贸采购部向明天材料采购 400 件机板 A，不含税单价 600.00 元，形成一笔应付单。具体数据如表 7-1 所示。

表 7-1　　　　　　　　　　采购入库单与应付单明细信息

业务日期	到期日	供应商	物料名称	不含税单价/元	数量/件	税率
2022.01.01	2022.01.06	明天材料	机板 A	600.00	400	13%

复制新增采购入库单凭证模板时，需在全部分类条件下修改，修改项目具体信息如表 7-2 所示。

表 7-2　　　　　　　　　　原材料/库存商品科目设置

修改项目	字段赋值
科目核算维度来源	"明细信息.物料编码"
单位	"明细信息.库存单位"
数量	"明细信息.实收数量"

2. 业务解析

该项材料采购业务需要通过录入标准应付单来确认应付款项。

标准应付单录入有两种方式：一种是企业没有启用供应链管理系统，则在应付款管理系统中通过"新增"方式录入；另一种是企业启用了供应链管理系统，则可以通过该系统中录入的"采购入库单"自动下推快速产生。本业务采用后一种方式完成操作。

标准应付单凭证可以手工录入，也可以在定义凭证模板后由系统自动生成。系统预置的"应付单"凭证模板可以满足本业务生成凭证，采用智能会计平台方式完成凭证生成业务操作。

采购业务应付会计分录为：

借：应付账款——暂估应付款　　　　　　　　　　240 000.00
　　应交税费——应交增值税（进项税额）　　　　　31 200.00
　　　贷：应付账款——明细应付款（明天材料）　　　　271 200.00

采购入库单进行入库成本核算后，再复制新增采购入库单自用凭证模板，采用智能会计平台方式生成采购入库凭证。

采购入库的会计分录为：

借：原材料——机板 A　　　　　　　　　　　240 000.00
　　　贷：应付账款——暂估应付款　　　　　　　　240 000.00

3. 操作步骤

（1）核对当前组织。确保当前组织为华商商贸。

微课堂

标准应付单录入（需凭证生成）

（2）采购入库单录入。执行【供应链】-【库存管理】-【采购出入库】-【采购入库单列表】命令，在打开的"采购入库单列表"页面上，单击工具栏中的【新增】按钮。参照表 7-1 录入业务数据，仓库选择"华商商贸原料仓"，如图 7-3 所示。依次单击工具栏中的【保存】-【提交】-【审核】按钮，完成采购入库单录入操作。

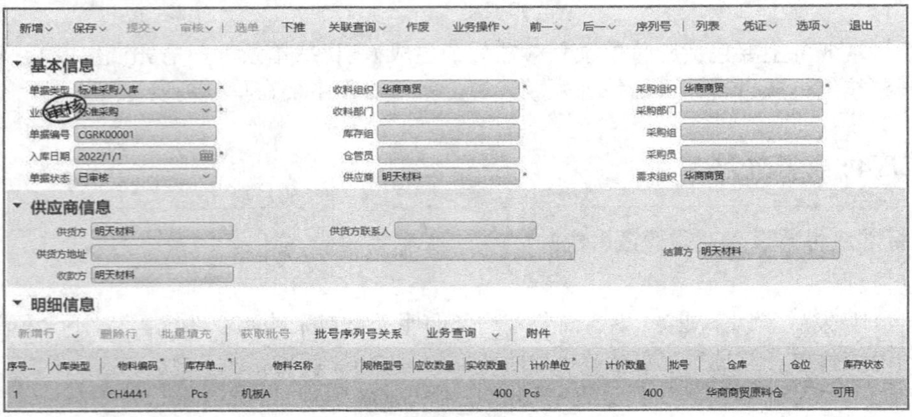

图 7-3　采购入库单

（3）应付单录入。执行【财务会计】-【应付款管理】-【采购应付】-【应付单列表】命令，在打开的"应付单列表"页面上，可见系统自动创建的应付单。双击应付单打开"应付单-修改"页面，参照表 7-1 录入业务数据（注意：此处需将不含税单价 600 换算成含税单价 678 进行录入），如图 7-4 所示。依次单击工具栏中的【保存】-【提交】-【审核】按钮，完成应付单录入操作。

（4）采购入库核算。执行【成本管理】-【存货核算】-【存货核算】-【采购入库核算】命令，在打开的"采购入库核算"页面上，录入核算体系，单击【下一步】按钮，直至完成。单击【核算列表查询】按钮，查询入库单单价已经被系统自动计算录入，如图 7-5 所示。单击【退出】按钮，关闭页面。

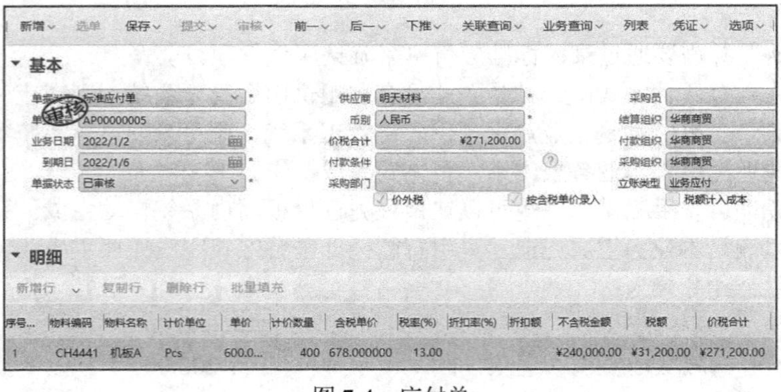

图 7-4　应付单

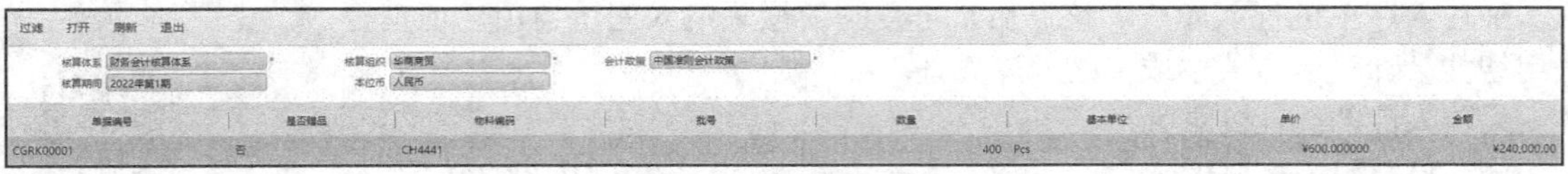

图 7-5　采购入库核算

（5）复制新增采购入库单凭证模板。执行【财务会计】-【智能会计平台】-【基础资料】-【凭证模板】命令，在打开的"凭证模板"页面上，选中系统预置的采购入库单（编码 003）模板，选择工具栏上【新增】按钮中的"复制"选项，新增一个采购入库单凭证模板，适用账簿选择全部组织。先后单击选中"业务分类"下分类条件为"业务类型为采购"的行，在下面对应的"模板分录"中单击选中"分录类型"为"物料估价"所在行，单击打开"科目"对应的"原材料""库存商品"栏目，进入科目设置修改页面。先后单击选中"科目取值"为"原材料""库存商品"所在行，在下面对应的"科目核算维度来源"中单击展开"取单据上的字段"栏目，将核算维度取数设置为"明细信息.物料编码"，单击【确定】按钮退出。在模板分录下的"物料估价"所在行，参照表 7-2 完成单位、数量的取值。单击工具栏中的【保存】按钮完成凭证模板修改设置，如图 7-6 所示。

图 7-6　采购入库单凭证模板

（6）凭证生成。执行【财务会计】–【智能会计平台】–【账务处理】–【凭证生成】命令，在打开的"凭证生成"页面上，分别勾选"华商商贸账簿"与"应付单""采购入库单"，单击下方的【凭证生成】按钮，自动进入"凭证生成报告列表"，即可查看凭证成功生成情况。完成页面如图 7-7 所示。

	系统	单据	单据编号	单据类型	账簿	业务凭证编码	总账凭证字	总账凭证号
	应付款管理	应付单	AP00000004	标准应付单	华商商贸账簿	BizVch100027	记	6
	采购管理	采购入库单	CGRK00001	标准采购入库	华商商贸账簿	BizVch100028	记	7

图 7-7　凭证生成

友情提示 7-1

（二）采购业务付款单录入（需凭证生成）

1. 业务数据

2022 年 1 月 6 日，华商商贸开给明天材料一张金额为 271 200.00 元的转账支票，形成一笔付款单记录，具体数据如表 7-3 所示。

表 7-3　　　　　　　　　　　　　　付款单明细信息

业务日期	往来单位收款单位	付款组织结算组织	结算方式	我方银行账号	实付金额/元	币别
2022.1.6	明天材料	华商商贸	转账支票	622288882	271 200.00	人民币

2. 业务解析

该项支付采购货款的业务需要通过录入采购业务付款单来进行确认。

付款单录入有两种方式：一种是在应付款管理系统中付款单列表页面采用"新增"方式录入，

另一种是通过应付单"下推"方式录入。本业务采用"新增"方式完成操作。

之前业务已设置自用的"付款单"凭证模板，可在付款单列表页面完成凭证生成操作。

采购业务付款会计分录为：

借：应付账款——明细应付款（明天材料）　　　271 200.00
　　贷：银行存款——荆楚银行长江支行　　　　271 200.00

3．操作步骤

（1）核对当前组织。确保当前组织为华商商贸。

（2）录入付款单。执行【财务会计】-【应付款管理】-【付款】-【付款单列表】命令，在打开的"付款单列表"页面上，单击工具栏中的【新增】按钮。参照表 7-3 录入业务数据，如图 7-8 所示。依次单击工具栏中的【保存】-【提交】-【审核】按钮，完成操作。

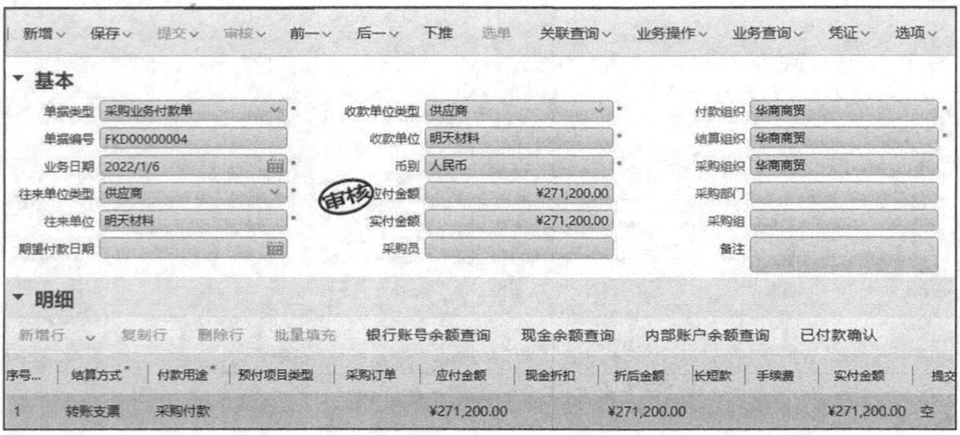

微课堂

采购业务付款单录入
（需凭证生成）

图 7-8　付款单

（3）凭证生成。执行【财务会计】-【应付款管理】-【付款】-【付款单列表】命令，在打开的"付款单列表"页面上，勾选"采购业务付款单"，选择工具栏上【凭证】按钮下拉项中的"生成凭证"选项，在"凭证生成"窗口中勾选"华商商贸账簿"选项，单击下方的【凭证生成】按钮，自动进入"凭证生成报告列表"，可以看到凭证成功生成。完成页面如图 7-9 所示。

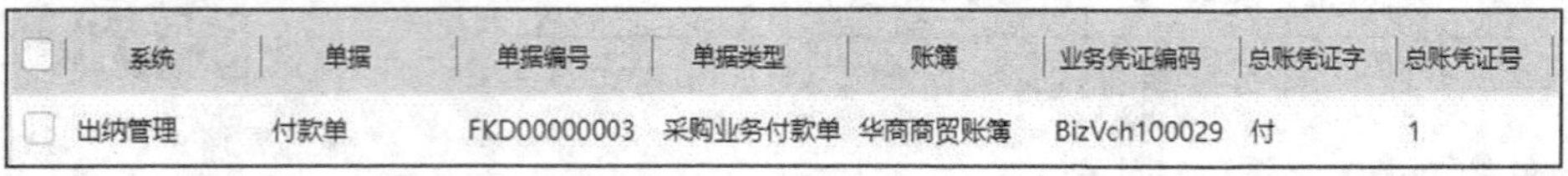

系统	单据	单据编号	单据类型	账簿	业务凭证编码	总账凭证字	总账凭证号
出纳管理	付款单	FKD00000003	采购业务付款单	华商商贸账簿	BizVch100029	付	1

图 7-9　凭证生成

友情提示 7-2

（三）应付付款核销

1．业务场景

手工匹配核销应付单和付款单。

2．业务解析

在系统中，应付付款的匹配条件核销通过菜单中的【应付付款核销】功能进行。该功能为向导式功能，用户需要在向导界面中选择核销方案，可以同时选择多个核销方案，系统会按照核销方案的优先级自动执行多次匹配条件的核销。在向导界面中还可以设置参与核销的单据范围和核销过程中产生的应付核销单的业务日期。在单据间没有关联关系的情况下，匹配条件核销为用户最主要的核销方式。通过匹配条件核销，应该可以将用户大多数的单据核销完毕。

3. 操作步骤

（1）核对当前组织。确保当前组织为华商商贸。

（2）进行应付付款核销。执行【财务会计】-【应付款管理】-【应付付款】-【应付付款核销】命令，在打开的"应付付款核销"页面上，单击【下一步】按钮直至核销完成。其中，在"核销设置"页面需将"参与核销单据的日期小于等于"和"自动生成应付核销单的业务日期为"均设置为"2022-01-06"。

（3）查看应付付款核销记录。执行【财务会计】-【应付款管理】-【应付付款】-【应付付款核销记录】命令，在打开的"应付付款核销记录"页面上，查询相关单据的核销记录，完成页面如图 7-10 所示。

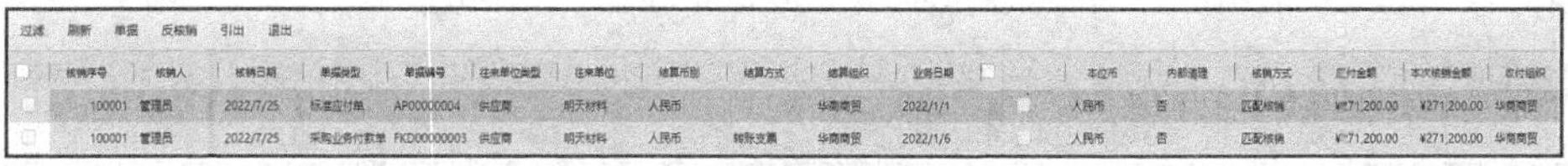

图 7-10 核销记录

（四）采购发票处理

1. 业务数据

根据标准应付单生成采购发票，并进行应付开票核销。采购发票信息参见表 7-1。

2. 业务解析

采购发票可以通过新增录入生成，也可由标准应付单下推生成。前者可采用"应付开票核销"功能向导式核销，也可通过手工匹配核销；后者则由系统自动匹配核销。本业务采用后一种方式。

3. 操作步骤

（1）核对当前组织。确保当前组织为华商商贸。

（2）生成采购发票。执行【财务会计】-【应付款管理】-【采购应付】-【应付单列表】命令，在打开的"应付单列表"页面上，勾选标准应付单。单击【下推】按钮，选择"生成增值税专用发票"选项，进入发票录入页面，修改业务日期和发票日期为"2022/1/6"，如图 7-11 所示。依次单击工具栏中的【保存】-【提交】-【审核】按钮，完成生成采购发票操作。

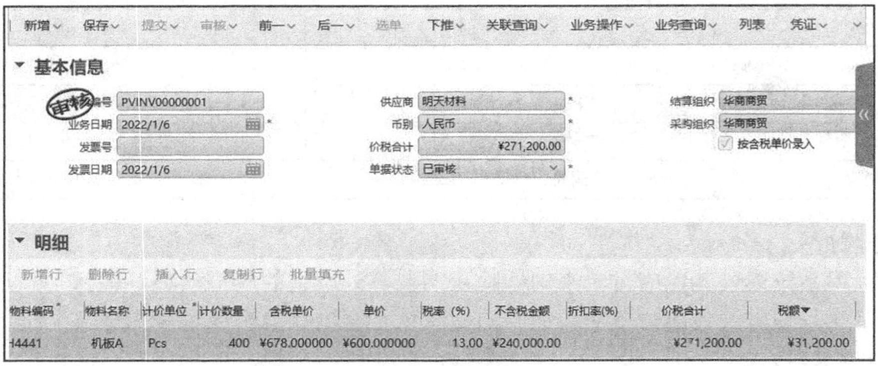

图 7-11 采购发票

（3）查询应付开票核销记录。执行【财务会计】-【应付款管理】-【应付开票】-【应付开票核销记录】命令，打开"应付开票核销记录"页面，在本业务中，采购发票由"标准应付单"直接下推生成，因此，查询可见系统已经将两张单据自动关联核销。完成页面如图 7-12 所示。

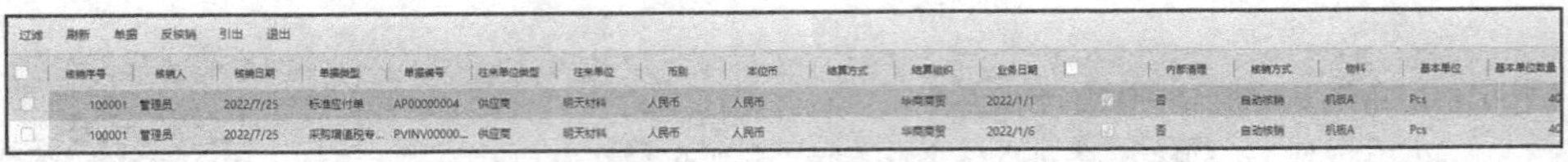

图 7-12　应付开票核销记录

二、其他应付业务处理

（一）其他应付单录入（需凭证生成）

1. 业务数据

2022 年 1 月 7 日，华商商贸联系红十字会慈善捐款 500 000.00 元，形成一笔其他应付单，具体数据如表 7-4 所示。

表 7-4　　　　　　　　　　　　　　　其他应付单明细信息

业务日期	往来单位类型	往来单位	费用项目	费用承担部门	金额/元
2022.01.07	其他往来单位	红十字会	捐赠支出（需新增）	行政部	500 000.00

"其他应付单"凭证模板的业务分类明细如表 7-5 所示；"往来单位类型"等于"其他往来单位"条件下凭证模板分录设置的相关要求如表 7-6 所示。

表 7-5　　　　　　　　　　　　　"其他应付单"业务分类明细

类型	方式	条件设置
往来单位类型=员工	不变	
往来单位类型=其他往来单位	新增	单据头.往来单位类型=其他往来单位
往来单位类型<>员工、其他往来单位	修改	单据头.往来单位类型<>员工（并且）单据头.往来单位类型<>其他往来单位

表 7-6　　　　　　"往来单位类型"等于"其他往来单位"条件下凭证模板分录明细

项目	分录明细	
分录类型	营业外支出	其他应付
科目	营业外支出	其他应付款——其他单位往来
借贷方向	借方	贷方
币别	单据头.币别	单据头.币别
汇率	系统自动计算	系统自动计算
原币金额	单据体.不含税金额	单据体.不含税金额
本位币金额	单据体.不含税金额本位币	单据体.不含税金额本位币
摘要	组合摘要：单据头.单据编号	组合摘要：单据头.单据编号

2. 业务解析

应付款管理系统通过其他应付单来确认除采购业务外产生的应付款项。该部分应付款项确认是通过其他应付单实现的。由于系统没有内置费用项目"捐赠支出"，故需新增录入。

系统预置的"其他应付单"凭证模板不能满足本业务生成凭证，需复制新增自用的凭证模板。本业务采用智能会计平台完成其他应付单凭证生成业务操作。

其他业务应付会计分录为：

借：营业外支出——捐赠支出　　　　　　　　　　500 000.00

　　贷：其他应付款——其他单位往来　　　　　　　　　　500 000.00

友情提示 7-4

微课堂

其他应付单录入（需凭证生成）

3. 操作步骤

（1）核对当前组织。确保当前组织为华商商贸。

（2）录入其他应付单。执行【财务会计】-【应付款管理】-【其他应付】-【其他应付单列表】命令，单击工具栏中的【新增】按钮。在"往来单位"栏选择"红十字会"，在"费用项目编码"选择页面的工具栏上，单击工具栏中的【新增】按钮，增加"捐赠支出"这一费用项目，并选择该费用项目进行录入，"税率"栏录入 0，参照表 7-4 录入其他业务数据，如图 7-13 所示。依次单击工具栏中的【保存】-【提交】-【审核】按钮，完成其他应付单录入操作。

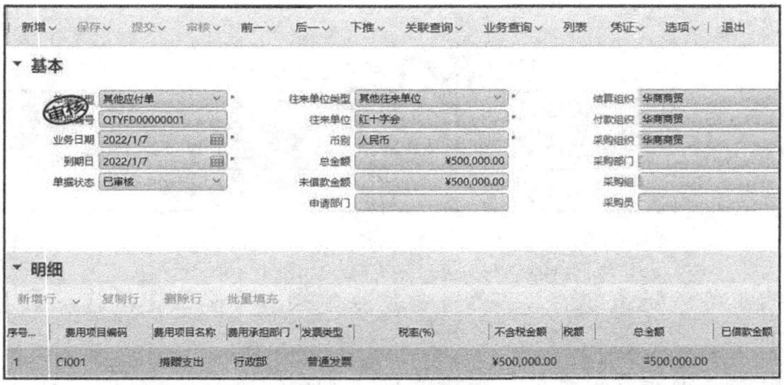

图 7-13　其他应付单

（3）复制新增"其他应付单"凭证模板。执行【财务会计】-【智能会计平台】-【基础资料】-【凭证模板】命令，在打开的"凭证模板"页面上，勾选"其他应付单"凭证模板（编码 039），选择工具栏上【新增】按钮中的"复制"选项，适用账簿选择全部组织。在凭证模板中所有业务分类项中补充定义"往来单位类型等于其他往来单位"内容以及修改"往来单位类型不等于员工、其他往来单位"内容，设置模板分录明细内容。单击工具栏中的【保存】按钮后完成模板设置。完成页面如图 7-14 所示。

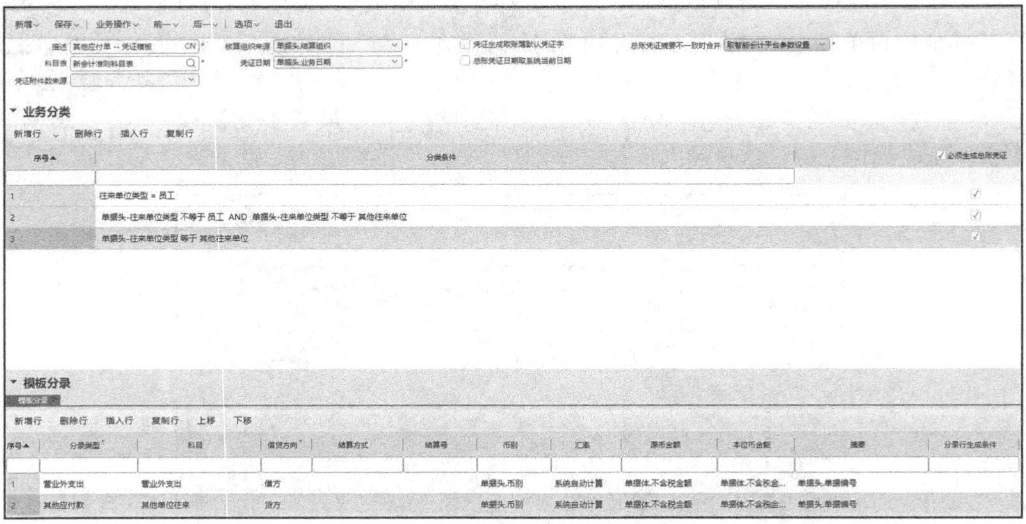

图 7-14　"其他应付单"凭证模板

（4）凭证生成。执行【财务会计】-【智能会计平台】-【账务处理】-【凭证生成】命令，在打开的"凭证生成"页面上，分别勾选"华商商贸账簿"与"其他应付单"，单击下方的【凭证生成】按钮，自动进入"凭证生成报告列表"，可以查看凭证成功生成情况。完成页面如图 7-15 所示。

	日期	会计年度	期间	凭证字	凭证号	摘要	科目编码	科目全名	币别	原币金额	借方金额	贷方金额	制单
	2022/1/7	2022	1	记	8	QTYFD00000001	6711	营业外支出	人民币	¥500,000.00	¥500,000.00		管理员
						QTYFD00000001	2241.05	其他应付款_其他单位往来	人民币	¥500,000.00		¥500,000.00	

图 7-15　凭证生成

（二）其他业务付款单录入（需凭证生成）

1. 业务数据

2022 年 1 月 8 日，华商商贸给红十字会开出转账支票 500 000.00 元，形成一笔其他业务付款单记录，具体数据如表 7-7 所示。

表 7-7　　　　　　　　　　　　其他业务付款单明细信息

业务日期	往来单位类型	往来单位 收款单位	付款组织 结算组织	结算方式	实付金额/元	币别
2022.1.8	其他往来单位	红十字会	华商商贸	转账支票	500 000.00	人民币

2. 业务解析

该项支付捐款的业务需要通过录入其他业务付款单来进行确认。付款单录入可以通过其他业务应付单下推方式实现。

之前业务已经设置自用的"付款单"凭证模板，则在付款单列表页面即可完成付款单凭证生成操作。在自动生成的总账凭证中，"其他应付款"科目的明细是"客户往来"，可手工修改为"其他单位往来"。（也可练习修改自用付款单凭证模板后，通过智能会计平台生成凭证）

其他业务付款会计分录为：

借：其他应付款——其他单位往来　　　　　　　500 000.00

　　贷：银行存款——荆楚银行长江支行　　　　　　　500 000.00

3. 操作步骤

（1）核对当前组织。确保当前组织为华商商贸。

（2）下推生成其他业务付款单。执行【财务会计】-【应付款管理】-【其他应付】-【其他应付单列表】命令，在打开的"其他应付单列表"页面上，勾选"其他应付单"，选择工具栏中的【下推】按钮下拉项中"生成付款单"选项，参照表 7-7 录入业务数据，如图 7-16 所示。依次单击工具栏中的【保存】-【提交】-【审核】按钮，完成其他业务付款单录入操作。

微课堂

其他业务付款单录入
（需凭证生成）

图 7-16　其他业务付款单

（3）凭证生成。执行【财务会计】-【应付款管理】-【付款】-【付款单列表】命令，在打开的"付款单列表"页面上，勾选"其他业务付款单"，选择工具栏上【凭证】按钮下拉项中的"生成凭证"选项，在"凭证生成"窗口勾选"华商商贸账簿"选项，单击下方的【凭证生成】按钮，自动进入"凭证生成报告列表"，可以查看凭证成功生成。勾选凭证生成记录，单击【查看总账凭证】按钮，核对分录可见其他应付款科目明细错误。完成页面如图 7-17 所示。

	日期	会计年度	期间	凭证字	凭证号	摘要	科目编码	科目全名	币别	原币金额	借方金额	贷方金额	制单
□	2022/1/8	2022	1	付	2	FKD00000004	2241.01	其他应付款_客户往来	人民币	¥500,000.00	¥500,000.00		管理员
□						FKD00000004	1002	银行存款	人民币	¥500,000.00		¥500,000.00	

图 7-17 凭证生成

（4）修改总账参数。执行【财务会计】-【总账】-【参数设置】-【总账管理参数】-【凭证参数】-【其他选项】命令，在打开的页面上，勾选"业务系统生成的总账凭证允许修改"，单击工具栏中的【保存】按钮退出。

（5）修改完善总账凭证。双击其他业务付款单总账凭证的任意地方，进入凭证修改页面，在"其他应付款"科目所在行"科目编码"中选择"其他应付款——其他单位往来（2241.05）"，单击工具栏中的【保存】按钮。完成页面如图 7-18 所示。

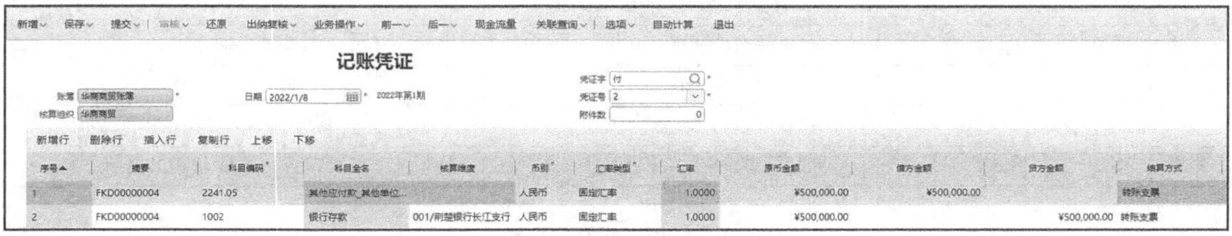

图 7-18 修改完善总账凭证

（6）查询其他应付付款核销记录。执行【财务会计】-【应付款管理】-【应付付款】-【应付付款核销记录】命令，打开"应付付款核销记录"页面，本业务中的"其他业务付款单"由"其他应付单"直接下推生成，查询可见系统已经将两张单据自动匹配核销。完成页面如图 7-19 所示。

图 7-19 应付付款核销记录

友情提示 7-5

三、应付转销业务处理

（一）应付单录入（需凭证生成）

1. 业务数据

2022 年 1 月 1 日发生了以下业务：华商商贸采购部向明天材料采购 500 件机板 B，不含税单价 700.00 元，形成一笔应付单。采购入库与应付单明细信息如表 7-8 所示。

表 7-8 　　　　　　　　　　　采购入库与应付单明细信息

业务日期	到期日	供应商	物料名称	不含税单价/元	数量/件	税率
2022.01.01	2022.01.06	明天材料	机板 B	700.00	500	13%

2022 年 1 月 4 日，经华商商贸、月圆材料、明天材料三方协商达成补充协议，华商商贸同意所购该批材料由月圆材料供货，同时货款转由华商商贸与月圆材料进行结算。应付单转销明细信息如表 7-9 所示。

表 7-9   应付单转销明细信息

业务日期	结算组织	单据	转出单位	转入单位	币别	本次转销金额/元	转入业务日期
2022.01.01	华商商贸	应付单	明天材料	月圆材料	人民币	395 500.00	2022.01.04

"应付单"凭证模板的分类条件须新增行："单据头-单据类型"等于"转销应付单"且"单据头-价税合计"大于"0"（转入方凭证模板分录设置的相关要求如表 7-10 所示）与"单据头-单据类型"等于"转销应付单"且"单据头-价税合计"小于"0"（转出方凭证模板分录明细如表 7-11 所示）。

表 7-10   转入方凭证模板分录明细

项目	分录明细	
分录类型	财务费用	应付账款
科目	财务费用——其他	应付账款——明细应付款
科目核算维度	——	单据头.供应商
借贷方向	借方	贷方
币别	单据头.币别	单据头.币别
汇率	系统自动计算	系统自动计算
原币金额	明细.价税合计	明细.价税合计
本位币金额	明细.价税合计本位币	明细.价税合计本位币
摘要	固定摘要：应付转销	组合摘要：单据头.单据编号

表 7-11   转出方凭证模板分录明细

项目	分录明细	
分录类型	应付账款	财务费用
科目	应付账款——明细应付款	财务费用——其他
科目核算维度	单据头.供应商	——
借贷方向	借方	贷方
币别	单据头.币别	单据头.币别
汇率	系统自动计算	系统自动计算
原币金额	0-明细.价税合计	0-明细.价税合计
本位币金额	0-明细.价税合计本位币	0-明细.价税合计本位币
摘要	固定摘要：应付转销	组合摘要：单据头.单据编号

2. 业务解析

华商商贸首先要录入标准采购应付单，再执行应付转销操作。

应付转销实质上是公司债权方之间关于收款权利上的一种转移，华商商贸作为债务方只需要增减相关债权方的相应金额即可。该业务操作通过"应付转销"功能来实现。

本业务需要生成标准采购应付凭证、采购入库凭证和应付转销凭证，采购应付与入库凭证均可以通过现有凭证模板生成，应付转销凭证需通过复制新增自用的应付单凭证模板来生成。

标准采购应付会计分录为：

借：应付账款——暂估应付款   350 000.00

       应交税费——应交增值税（进项税额）   45 500.00

       贷：应付账款——明细应付款（明天材料）   395 500.00

采购入库的会计分录为：

借：原材料——机板 B   350 000.00

       贷：应付账款——暂估应付款   350 000.00

应付转销会计分录为：

借：应付账款——明天材料   395 500.00

    贷：应付账款——月圆材料   395 500.00

> 微课堂
>
> 应付单录入（需凭证生成）

3. 操作步骤

（1）核对当前组织。确保当前组织为华商商贸。

（2）采购入库单录入。执行【供应链】-【库存管理】-【采购出入库】-【采购入库单列表】命令，在打开的"采购入库单列表"页面上，单击工具栏中的【新增】按钮。参照表 7-8 录入业务数据，仓库选择"华商商贸原料仓"，如图 7-20 所示。依次单击工具栏中的【保存】-【提交】-【审核】按钮，完成操作。

（3）采购应付单录入。执行【财务会计】-【应付款管理】-【采购应付】-【应付单列表】命令，在打开的"应付单列表"页面上，可见系统自动创建的应付单，双击应付单打开"应付单-修改"页面，参照表 7-8 录入业务数据，如图 7-21 所示。依次单击工具栏中的【保存】-【提交】-【审核】按钮，完成应付单录入操作。

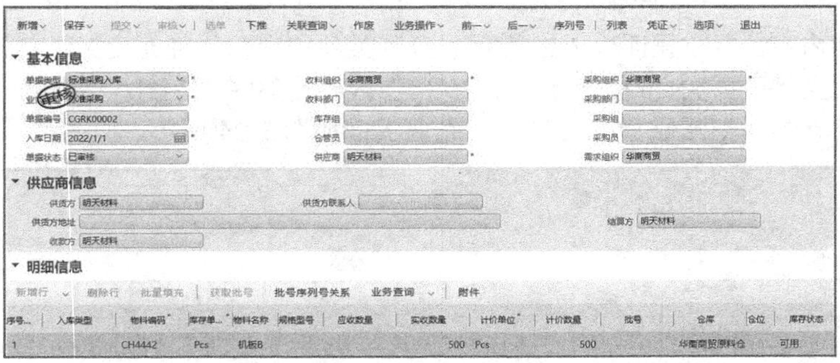

图 7-20 采购入库单

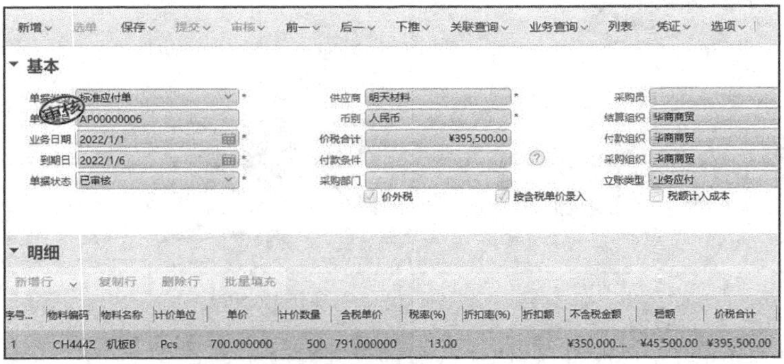

图 7-21 采购应付单

（4）采购入库核算。执行【成本管理】-【存货核算】-【存货核算】-【采购入库核算】命令，在打开的"采购入库核算"页面上，录入核算体系，单击【下一步】按钮。核算完成后，单击【核算列表查询】按钮，查询入库单单价已经被系统自动计算录入，单击【退出】按钮。完成页面如图 7-22 所示。

图 7-22 采购入库核算

（5）执行应付转销。执行【财务会计】-【应付款管理】-【应付付款】-【应付转销】命令，打开"应付转销"页面，系统进入应付转销向导式操作页面。选择转销单据，修改"转入业务日期"，参照表 7-9 录入相关业务数据，单击"下一步"按钮直至转销完成。打开应付单列表，可见生成两张转销应付单。完成页面如图 7-23 所示。

图 7-23　应付转销

（6）复制新增"应付单"凭证模板。执行【财务会计】-【智能会计平台】-【基础资料】-【凭证模板】命令，在打开的"凭证模板"页面上，勾选"应付单"凭证模板（编码 038），选择工具栏上【新增】按钮下拉项中的"复制"选项，进入"凭证模板-新增"页面，适用账簿选择全部组织，单击"业务分类"下工具栏【新增行】按钮两次，先在凭证模板中所有业务分类项中空白行补充定义"单据头-单据类型"等于"转销应付单"且"单据头-价税合计"大于"0"内容，参照表 7-10 设置模板分录明细内容。再在凭证模板中所有业务分类项中空白行补充定义"单据头-单据类型"等于"转销应付单"且"单据头-价税合计"小于"0"内容，参照表 7-11 设置模板分录明细内容。单击工具栏中的【保存】按钮后完成模板设置。完成页面如图 7-24 所示。

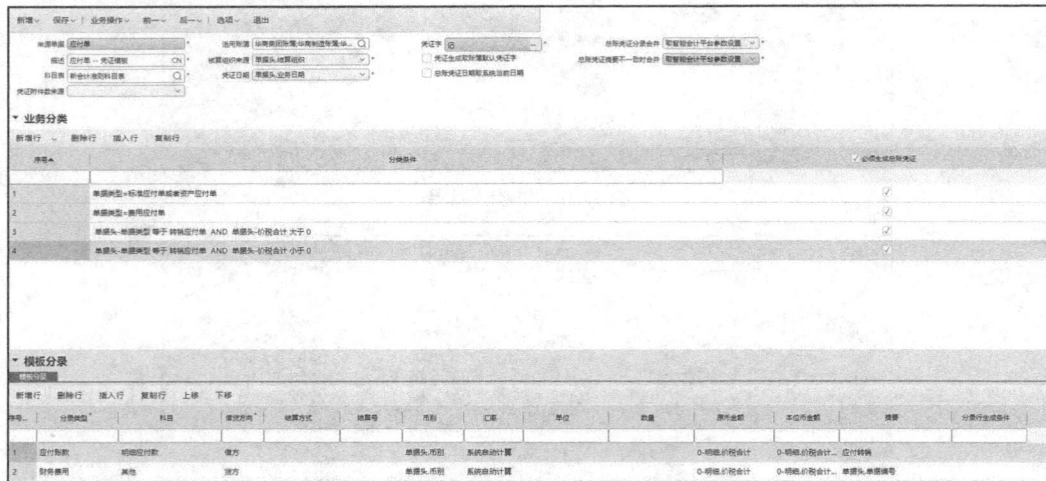

图 7-24　"应付单"凭证模板

（7）采购应付、采购入库及应付转销凭证生成。执行【财务会计】-【智能会计平台】-【账务处理】-【凭证生成情况查询】命令，在打开的"凭证生成情况查询过滤条件"页面上，单击【确定】按钮，勾选"采购入库单""应付单"，单击工具栏上【生成凭证】按钮，在"凭证生成"窗口将"总账凭证生成方式"修改为"一对一"，单击下方的【凭证生成】按钮，自动进入"凭证生成报告列表"，可以查看凭证成功生成。完成页面如图 7-25 所示。

图 7-25　生成凭证

友情提示 7-6

（二）转销应付付款单录入（需凭证生成）

1. 业务数据

2022 年 1 月 6 日，华商商贸开出一张转账支票，向月圆材料支付材料采购货款 395 500.00 元。

2. 业务解析

此业务操作与之前所做的标准应付付款、其他应付付款方法相似，可采用"下推"方式进行。

之前业务已经设置了自用的"付款单"凭证模板，转销应付付款单凭证生成在付款单列表页面完成操作。

转销应付付款会计分录：

借：应付账款——明细应付款（月圆材料）　　　　395 500.00

　　贷：银行存款——荆楚银行长江支行　　　　　　　395 500.00

3. 操作步骤

（1）核对当前组织。确保当前组织为华商商贸。

（2）生成付款单。执行【财务会计】-【应付款管理】-【采购应付】-【应付单列表】命令，在打开的"应付单列表"页面上，勾选供应商为月圆材料的"转销应付单"，选择工具栏中的【下推】中的"生成付款单"选项，修改业务日期，录入结算方式和我方银行账号，如图 7-26 所示。依次单击工具栏中的【保存】-【提交】-【审核】按钮，完成付款单录入操作。

微课堂

转销应付付款单录入
（需凭证生成）

图 7-26　付款单

（3）凭证生成。执行【财务会计】-【应付款管理】-【付款】-【付款单列表】命令，在打开的"付款单列表"页面上，勾选供应商为月圆材料的"采购业务付款单"，选择工具栏上【凭证】按钮下拉项中的"生成凭证"选项，在"凭证生成"窗口勾选"华商商贸账簿"选项，单击下方的【凭证生成】按钮，自动进入"凭证生成报告列表"，可以查看凭证成功生成。完成页面如图 7-27所示。

日期	会计年度	期间	凭证字	凭证号	摘要	科目编码	科目全名	币别	原币金额	借方金额	贷方金额	制单
2022/1/6	2022	1	付	3	FKD00000005	2202.02	应付账款_明细应付款	人民币	¥395,500.00	¥395,500.00		管理员
					FKD00000005	1002	银行存款	人民币	¥395,500.00		¥395,500.00	

图 7-27　凭证生成

第三节　组织间交易与结算业务处理

组织间交易与结算业务主要包括直接调拨单录入、设置组织间结算关系、创建结算清单并生成应收及应付结算清单、生成分步式调入调出单（需凭证生成）、内部应收及应付单录入（需凭证生成）、内部应收及应付清理（需凭证生成）等。组织间交易的对象包括物料、资产、费用等，组织间结算是对于组织间交易与协作涉及的组织间应收应付计算。本节主要以在华商商贸、华商集团之间进行物料调拨为例来完成业务操作。

一、组织间交易处理

（一）直接调拨单录入

1. 业务数据

华商商贸准备推出平板 I 套装销售业务，为验证套装产品的性能，于 2022-01-01 按成本价拨付触控笔及平板 I 各 3 件给华商集团免费使用测试，华商商贸需开具发票（增值税率 13%）。调拨物料明细信息如表 7-12 所示。

表 7-12　　　　　　　　　　　　　调拨物料明细信息

日期	调拨类型	物料名称	调拨数量	调拨单价（不含税）/元	调入		调出	
					库存组织货主	仓库	库存组织货主	仓库
2022-01-01	跨组织调拨	触控笔	3	75.00	华商集团	华商集团成品仓	华商商贸	华商商贸成品仓
		平板 I	3	3 060.00				

2. 业务解析

华商集团与华商商贸均为独立核算法人，按照税务及会计相关法规规定，不同会计主体之间物料调拨需视同销售处理。本业务有两种处理方式：一是做跨组织销售处理；二是做跨组织直接调拨处理。本业务采用后者方式处理，由调出方华商商贸录入"标准直接调拨单"。

3. 操作步骤

（1）核对当前组织。确保当前组织为华商商贸。

（2）录入"标准直接调拨单"。执行【供应链】-【库存管理】-【库存调拨】-【直接调拨单列表】命令，在打开的"直接调拨单列表"页面上，单击工具栏中的【新增】按钮。依据表 7-12 录入相关明细信息，如图 7-28 所示。依次单击工具栏中的【保存】-【提交】-【审核】按钮，完成录入操作。

微课堂

直接调拨单录入

友情提示 7-7

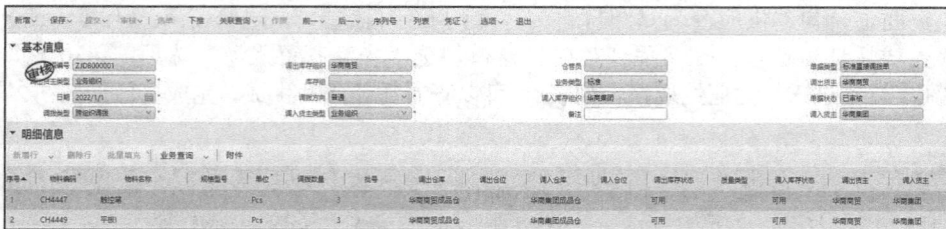

图 7-28　标准直接调拨单

（二）定义组织间结算关系

1. 业务场景

设置组织间结算关系，具体要求如表 7-13 所示。

表 7-13　　　　　　　　　　　组织间结算关系明细信息

会计核算体系	供货方、默认应收组织	接收方、默认应付组织
财务会计核算体系	华商商贸	华商集团

2. 操作步骤

（1）核对当前组织。确保当前组织为华商集团或华商商贸。

（2）设置组织间结算关系。执行【供应链】-【组织间结算关系】-【组织间结算关系列表】命令，在打开的"组织间结算关系列表"页面上，单击工具栏中的【新增】按钮。依照表 7-13 录入相关信息，如图 7-29 所示。依次单击工具栏中的【保存】-【提交】-【审核】按钮，完成业务操作。

微课堂

定义组织间结算关系

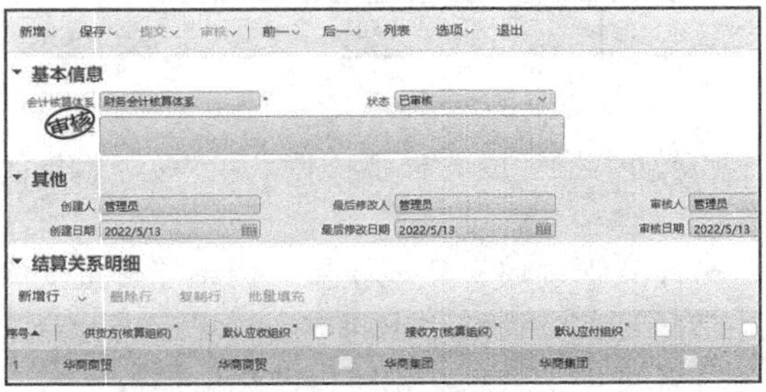

友情提示 7-8

图 7-29　组织间结算关系

（三）创建组织间结算清单

1. 业务场景

创建结算清单，结算价格参照表 7-12。

2. 业务解析

本业务采用向导式"创建结算清单"功能来完成。

3. 操作步骤

（1）核对当前组织。确保当前组织为华商商贸。

（2）生成华商商贸结算清单。执行【供应链】-【组织间结算】-【结算清单】-【创建结算清单】命令，在打开的"创建结算清单"向导式操作页面上，设置起始日期为 2022-01-01 至 2022-01-31，在执行第 4 步"结算中间结果"中依据表 7-12 录入结算价格和税率，单击【下一步】按钮直至完成业务操作。完成页面如图 7-30 所示。

微课堂

创建组织间结算清单

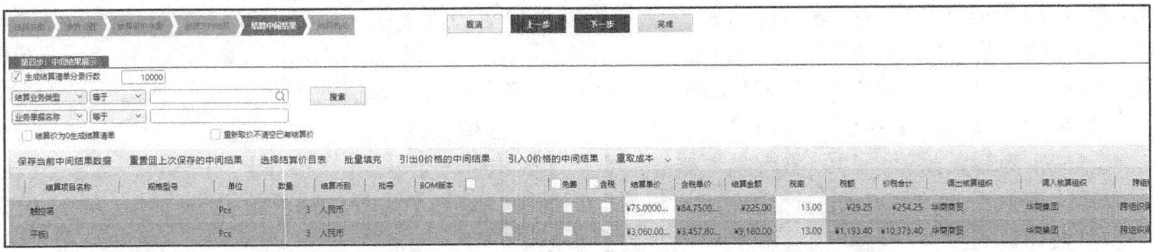

图 7-30　生成华商商贸结算清单

（3）审核华商商贸结算清单。执行【供应链】-【组织间结算】-【结算清单】-【应收结算清单_物料】命令，在打开的"应收结算清单_物料"页面上，勾选已自动生成的结算清单，依次单击工具栏中的【提交】-【审核】按钮，完成操作。完成页面如图 7-31 所示。

图 7-31　审核华商商贸结算清单

友情提示 7-9

（四）物料调拨凭证生成

1. 业务场景

华商商贸生成物料调出总账凭证；华商集团生成物料调入总账凭证。物料调入调出凭证模板分录明细如表 7-14 所示。

表 7-14　　　　　　　　　　　　物料调入调出凭证模板分录明细

分录类型	科目核算维度	单位	数量
物料估价	明细信息.物料编码	明细信息.单位	明细信息.调入（调出）数量

2. 业务解析

创建结算清单后，"直接调拨单"会自动下推生成"分步式调入单"（华商集团）与"分步式调出单"（华商商贸），需要生成总账凭证。

系统预置了"分步式调入单"与"分步式调出单"凭证模板，但不能直接生成凭证，需要做以下处理：一是修改凭证模板；二是在生成凭证前，通过"出库成本核算"进行合法性检查，系统自动计算物料调入与调出的单价。本业务凭证可手工录入，也可修改凭证模板。

华商集团物料调入的会计分录：

借：库存商品——触控笔　　　　　　　　　　　　225.00
　　　　　　——平板 I　　　　　　　　　　　9 180.00
　　贷：应付账款——明细应付款（华商商贸）　　　9 405.00

华商商贸物料调出的会计分录：

借：主营业务成本　　　　　　　　　　　　　　9 405.00
　　贷：库存商品——触控笔　　　　　　　　　　225.00
　　　　　　　　——平板 I　　　　　　　　　9 180.00

3. 操作步骤

（1）核对当前组织。确保当前组织为华商商贸。

（2）复制新增"分步式调出单"凭证模板。执行【财务会计】-【智能会计平台】-【基础资料】-【凭证模板】命令，在打开的"凭证模板"页面上，勾选"分步式调出单"凭证模板（编码 016），选择工具栏中的【新增】按钮中的"复制"选项，适用账簿选择全部组织，参照表 7-14 设置模板分录明细内容，将模板分录中"物料估价"中的"原材料""库存商品"科目核算维度分别设置为"明细信息.物料编码"，并将"单位"取值为"明细信息.单位"，将"数量"取值为"明细信息.调出数量"，单击工具栏中的【保存】按钮后完成"分步式调出单"凭证模板设置。

（3）华商商贸进行向导式出库成本核算。执行【成本管理】-【存货核算】-【存货核算】-【出库成本核算】命令，在打开的"出库成本核算"页面上，勾选"进行合法性检查"选项，单击【下一步】按钮，直至完成。单击【核算单据查询】按钮，可见"标准分步式调出单"上的"单价"已自动取值。完成页面如图 7-32 所示。

图 7-32　核算单据查询

（4）生成"分步式调出单"凭证。执行【成本管理】-【存货核算】-【账务处理】-【凭证生成】

命令，在打开的"凭证生成"页面上，勾选"华商商贸账簿"和"分步式调出单"选项，单击下方的【凭证生成】按钮，自动进入"凭证生成报告列表"，可以查看凭证成功生成。完成页面如图 7-33 所示。

	日期	会计年度	期间	凭证字	凭证号	摘要	科目编码	科目全名	币别	原币金额	借方金额	贷方金额	制单
	2022/1/1	2022	1	记	13	单据号FBDC000001的分步式…	6401	主营业务成本	人民币	¥9,405.00	¥9,405.00		管理员
						单据号FBDC000001的分步式…	1405	库存商品	人民币	¥225.00		¥225.00	
						单据号FBDC000001的分步式…	1405	库存商品	人民币	¥9,180.00		¥9,180.00	

图 7-33　生成凭证

（5）切换当前组织至华商集团。

（6）执行【供应链】-【组织间结算】-【结算清单】-【应付结算清单_物料】命令，在打开的"应付结算清单_物料"页面上，勾选已自动生成的结算清单，依次单击工具栏中的【提交】【审核】按钮，完成操作。

（7）复制新增"分步式调入单"凭证模板。执行【财务会计】-【智能会计平台】-【基础资料】-【凭证模板】命令，在打开的"凭证模板"页面上，勾选"分步式调入单"凭证模板（编码 017），选择工具栏中的【新增】按钮中的"复制"选项，适用账簿选择全部组织，参照表 7-14 设置模板分录明细内容，将模板分录中"物料估价"中的科目核算维度设置为"明细信息.物料编码"，并将"单位"取值为"明细信息.单位"，将"数量"取值为"明细信息.调入数量"，单击工具栏中的【保存】按钮后完成设置。

（8）华商集团进行向导式出库成本核算。执行【成本管理】-【存货核算】-【存货核算】-【出库成本核算】命令，在打开的"出库成本核算"页面上，勾选"进行合法性检查"选项，单击【下一步】按钮，直至完成。单击【核算单据查询】按钮，可见"标准分步式调入单"上的"单价"已自动取值。完成页面如图 7-34 所示。

过滤	刷新	成本维护	单据查看	选项∨	退出

| 核算体系 | 财务会计核算体系 | | 核算组织 | 华商集团 | | 会计政策 | 中国准则型会计政策 | |
| 会计期间 | 2022年第1期 | | 本位币 | 人民币 | | | | |

货主	单据类型	单据编号	单据行号	业务日期	部门	出入库序列	物料编码	物料名称	基本单位	存货类别	批号	数量	单价	金额	仓库	单据状态	是否核算
华商集团	标准分步式调入单	FBDR000001	1	2022/1/1		入库	CH4447	触控笔	Pcs	产成品		3	75	225	华商集团成品仓	已审核	否
华商集团	标准分步式调入单	FBDR000001	2	2022/1/1		入库	CH4449	平板	Pcs	产成品		3	3,060	9,180	华商集团成品仓	已审核	否

图 7-34　核算单据查询

（9）生成"分步式调入单"凭证。执行【成本管理】-【存货核算】-【账务处理】-【凭证生成】命令，在打开的"凭证生成"页面上，勾选"华商集团账簿"和"分步式调入单"，单击下方的【凭证生成】按钮，自动进入"凭证生成报告列表"，可以查看凭证成功生成。完成页面如图 7-35 所示。

	日期	会计年度	期间	凭证字	凭证号	摘要	科目编码	科目全名	币别	原币金额	借方金额	贷方金额	制单
	2022/1/1	2022	1	记	5	单据号FBDR000001的分步式…	1405	库存商品	人民币	¥225.00	¥225.00		管理员
						单据号FBDR000001的分步式…	1405	库存商品	人民币	¥9,180.00	¥9,180.00		
						单据号FBDR000001的分步式…	2202.01	应付账款_暂估应付款	人民币	¥9,405.00		¥9,405.00	

图 7-35　生成凭证

友情提示 7-10

二、组织间结算处理

（一）组织间结算应收、应付单录入（需凭证生成）

1. 业务场景

2022 年 1 月 31 日，华商商贸按成本价开给华商集团增值税专用发票。

2. 业务解析

组织间结算应收单与应付单由组织间结算清单下推生成。华商商贸录入组织间结算应收单并生成凭证；华商集团录入组织间结算应付单并生成凭证。

之前业务已经设置了自用的"应收单""应付单"凭证模板，可以直接调用生成凭证。

华商商贸组织间结算应收单会计分录：

借：应收账款——华商集团   10 627.65

    贷：主营业务收入   9 405.00

        应交税费——应交增值税（销项税额）   1 222.65

华商集团组织间结算应付单会计分录：

借：应付账款——暂估应付款   9 405.00

    应交税费——应交增值税（进项税额）   1 222.65

    贷：应付账款——明细应付款（华商商贸）   10 627.65

微课堂

组织间结算应收、应付单录入（需凭证生成）

3. 操作步骤

（1）核对当前组织。确保当前组织为华商商贸。

（2）打开功能窗口。执行【供应链】-【组织间结算】-【结算清单】-【应收结算清单_物料】命令。

（3）生成组织间结算应收单。在打开的"应收结算清单_物料"页面，勾选应收结算清单，选择工具栏中的【下推】下拉项中的"应收单"选项，修改业务日期，依次单击工具栏中的【保存】-【提交】-【审核】按钮，完成应收单录入操作。完成页面如图7-36所示。

图7-36 组织间结算应收单

（4）生成销售发票并进行应收开票核销。执行【财务会计】-【应收款管理】-【销售应收】-【应收单列表】命令，在打开的"应收单列表"页面上，勾选客户为华商集团的"标准应收单"。选择工具栏中【下推】下拉项中的"生成增值税专用发票"选项，进入发票录入页面，修改业务日期和发票日期。依次单击工具栏中的【保存】-【提交】-【审核】按钮，完成生成销售发票操作。通过查询"应收开票核销记录"可见系统已自动完成应收开票核销。

（5）生成内部应收单凭证。执行【财务会计】-【应收款管理】-【销售应收】-【应收单列表】命令，在打开的"应收单列表"页面上，勾选客户为华商集团的"标准应收单"，选择工具栏中的【凭证】按钮中的"生成凭证"选项，在"凭证生成"窗口勾选"华商商贸账簿"选项，单击下方的【凭证生成】按钮，自动进入"凭证生成报告列表"，可以查看凭证成功生成。完成页面如图7-37所示。

	日期	会计年度	期间	凭证字	凭证号	摘要	科目编码	科目全名	币别	原币金额	借方金额	贷方金额	制单
☐	2022/1/31	2022	1	记	14	单据AR00000011 的应收单	1122	应收账款	人民币	¥10,627.65	¥10,627.65		管理员
☐						单据AR00000011的应收单	6001	主营业务收入	人民币	¥9,405.00		¥9,405.00	
☐						单据AR00000011的应收单	2221.01.02	应交税费_应交增值税_销项税额	人民币	¥1,222.65		¥1,222.65	

图 7-37　生成凭证

（6）切换组织至华商集团，打开功能窗口。执行【供应链】-【组织间结算】-【结算清单】-【应付结算清单_物料】命令。

（7）生成组织间结算应付单。在打开的"应付结算清单_物料"页面上，勾选应付结算清单，选择工具栏中的【下推】下拉项中的"应付单"选项，进入"应付单-新增"页签，修改业务日期，依次单击工具栏中的【保存】-【提交】-【审核】按钮，完成应付单录入操作。

（8）生成采购发票并进行应付开票核销。执行【财务会计】-【应付款管理】-【采购应付】-【应付单列表】命令，在打开的"应付单列表"页面上，勾选供应商为华商商贸的"标准应付单"。单击【下推】按钮，选择"生成增值税专用发票"选项，进入发票录入页面，修改业务日期和发票日期。依次单击工具栏中的【保存】-【提交】-【审核】按钮，完成生成采购发票操作。通过查询"应付开票核销记录"可见系统已自动完成应付开票核销。完成页面如图 7-38 所示。

	核销序号	核销人	核销日期	单据类型	单据编号	往来单位类型	往来单位	币别	本位币	结算方式	结算组织	业务日期	内部清理	核销方式	物料	基本单位
☐	100002	管理员	2022/7/27	标准应付单	AP00000008	供应商	华商商贸	人民币	人民币		华商集团	2022/1/31	☑	否	自动核销	平板I	Pcs
☐	100002	管理员	2022/7/27	采购增值税专用发票	PVINV00000...	供应商	华商商贸	人民币	人民币		华商集团	2022/1/31		否	自动核销	平板I	Pcs
☐	100003	管理员	2022/7/27	标准应付单	AP00000008	供应商	华商商贸	人民币	人民币		华商集团	2022/1/31		否	自动核销	触控笔	Pcs
☐	100003	管理员	2022/7/27	采购增值税专用发票	PVINV00000...	供应商	华商商贸	人民币	人民币		华商集团	2022/1/31		否	自动核销	触控笔	Pcs

图 7-38　应付开票核销记录

（9）生成内部应付单凭证。执行【财务会计】-【应付款管理】-【采购应付】-【应付单列表】命令，在打开的"应付单列表"页面上，勾选供应商为华商商贸的"标准应付单"，单击工具栏中的【凭证】按钮中的"生成凭证"选项，在"凭证生成"窗口勾选"华商集团账簿"选项，单击【凭证生成】按钮，自动进入"凭证生成报告列表"，可以查看凭证成功生成。完成页面如图 7-39 所示。

	日期	会计年度	期间	凭证字	凭证号	摘要	科目编码	科目全名	币别	原币金额	借方金额	贷方金额	制单
☐	2022/1/...	2022	1	记	6	单据AP00000008的应付单	2202.01	应付账款_暂估应付款	人民币	¥9,405.00	¥9,405.00		管理员
☐						单据AP00000008的应付单	2221.01.01	应交税费_应交增值税_进项税额	人民币	¥1,222.65	¥1,222.65		
☐						单据AP00000008的应付单	2202.02	应付账款_明细应付款	人民币	¥10,627.65		¥10,627.65	

图 7-39　生成凭证

（二）内部往来清理（需凭证生成）

1．业务场景

2022 年 1 月 31 日，华商集团经专业使用测试触控笔与平板 I 一个月，反馈二者搭配使用效果令人满意。华商商贸决定尽快推出平板 I 套装产品，同时为表感谢，不向华商集团收取该批测试产品的转让费用，双方同意将内部往来款项进行清理。

"内部清理应收单"凭证模板分录明细如表 7-15 所示；"内部清理应付单"凭证模板分录明细如表 7-16 所示。

表 7-15　　　　　　　　　　　"内部清理应收单"凭证模板分录明细

项目	分录明细	
分录类型	投资收益	应收账款
科目	投资收益	应收账款
科目核算维度	—	明细.往来单位

续表

项目	分录明细	
借贷方向	借方	贷方
币别	明细.结算币别	明细.结算币别
汇率	系统自动计算	系统自动计算
原币金额	明细.清理金额	明细.清理金额
本位币金额	明细.清理金额本位币	明细.清理金额本位币
摘要	固定摘要：内部应收清理	组合摘要：单据头.单据编号

表7-16　　　　　　　　　"内部清理应付单"凭证模板分录明细

项目	分录明细	
分录类型	应付账款	营业外收入
科目	应付账款——明细应付款	营业外收入
科目核算维度	明细.往来单位	—
借贷方向	借方	贷方
币别	明细.结算币别	明细.结算币别
汇率	系统自动计算	系统自动计算
原币金额	明细.本次清理金额	明细.本次清理金额
本位币金额	明细.本次清理金额本位币	明细.本次清理金额本位币
摘要	固定摘要：内部应付清理	组合摘要：单据头.单据编号

2. 业务解析

本业务华商商贸需进行内部应收清理；华商集团需进行内部应付清理。内部往来清理包括无须收款、付款清理和无须开票清理。通过"内部应收清理""内部应付清理"可以进入"无须收款清理""无须付款清理"界面，在该界面上通过单击工具栏中的【无须开票清理】按钮，可以跳转到"无须开票清理应收""无须开票清理应付"界面。

内部往来清理后自动生成"内部应收清理单"（华商商贸）与"内部应付清理单"（华商集团），且均需要生成凭证。系统没有预置相应的凭证模板，所以可通过手工录入凭证，亦可制作凭证模板生成凭证。

华商商贸内部应收清理的会计分录：

借：投资收益　　　　　　　　　　　　　　　　　10 627.65
　　贷：应收账款——华商集团　　　　　　　　　　　　　10 627.65

华商集团内部应付清理的会计分录：

借：应付账款——明细应付款（华商商贸）　　　　10 627.65
　　贷：营业外收入　　　　　　　　　　　　　　　　　10 627.65

3. 操作步骤

（1）核对当前组织。确保当前组织为华商商贸。

（2）内部应收无需收款清理。执行【财务会计】-【应收款管理】-【内部应收】-【内部应收清理】命令，在打开的"内部应收清理"页面上，修改业务日期为2022-01-31。单击【过滤】按钮，在弹出的页面中单击【确定】按钮后进入"无需收款清理"窗口，勾选应收单，单击【清理】按钮，显示清理成功。完成页面如图7-40所示。

> 微课堂
>
> 内部往来清理
> （需凭证生成）

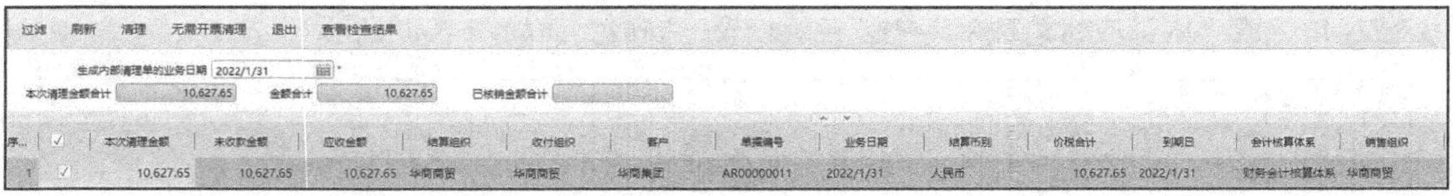

图 7-40　无需收款清理

（3）新增内部应收清理单凭证模板。执行【财务会计】-【智能会计平台】-【基础资料】-【凭证模板】命令，在打开的"凭证模板"页面上，单击工具栏中的【新增】按钮。来源单据选择"内部应收清理单"，适用账簿选择全部组织，参照表 7-15 设置模板分录内容。单击工具栏中的【保存】按钮，结束操作。完成页面如图 7-41 所示。

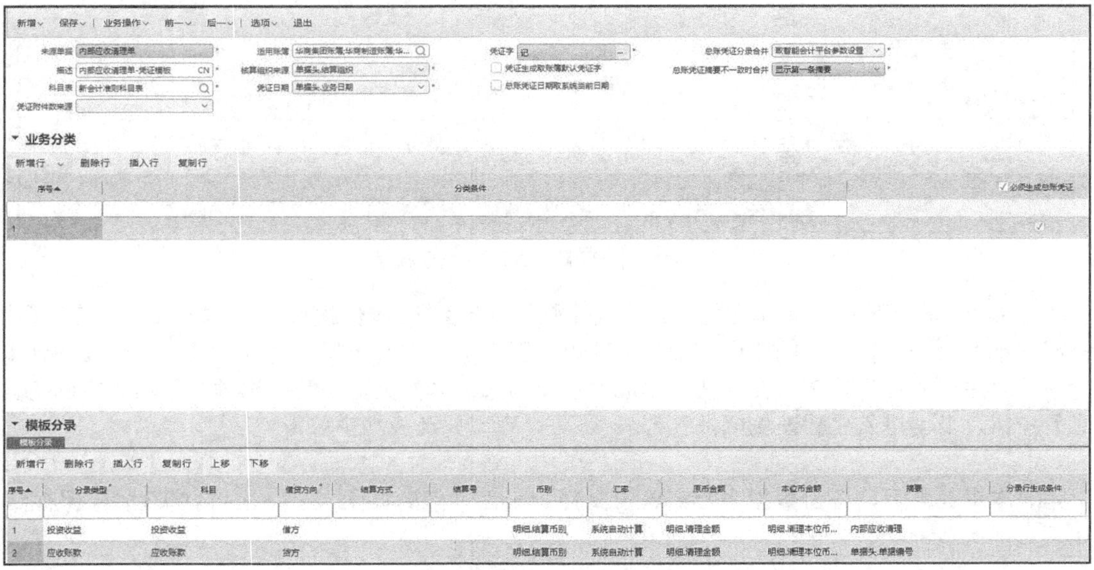

图 7-41　内部应收清理单凭证模板

（4）生成"内部应收清理单"凭证。执行【财务会计】-【应收款管理】-【内部应收】-【内部应收清理单】命令，在打开的"内部应收清理单"页面上，勾选单据，选择工具栏中的【凭证】下拉项中的"生成凭证"选项，在"凭证生成"窗口勾选"华商商贸账簿"选项，单击下方的【凭证生成】按钮，自动进入"凭证生成报告列表"，可以查看凭证成功生成。完成页面如图 7-42 所示。

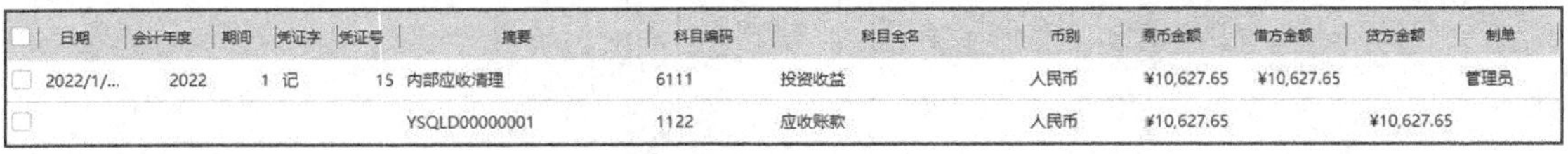

图 7-42　生成凭证

（5）切换组织至华商集团，打开功能窗口。执行【财务会计】-【应付款管理】-【内部应付】-【内部应付清理】命令，在打开的"内部应付清理"页面上，修改业务日期为 2022-01-31。

（6）内部应付进行无需付款清理。单击【过滤】按钮，在弹出的页面中，直接单击【确定】按钮后进入"无需付款清理"窗口，勾选应付单，单击【清理】按钮，显示清理成功。

（7）新增内部应付清理单凭证模板。执行【财务会计】-【智能会计平台】-【基础资料】-【凭证模板】命令，在打开的"凭证模板"页面上，单击工具栏中的【新增】按钮。来源单据选择"内部应付清理单"，适用账簿选择全部组织，参照表 7-16 设置模板分录明细内容。单击工具栏中的【保存】按钮后完成"内部应付清理单"凭证模板设置。完成页面如图7-43所示。

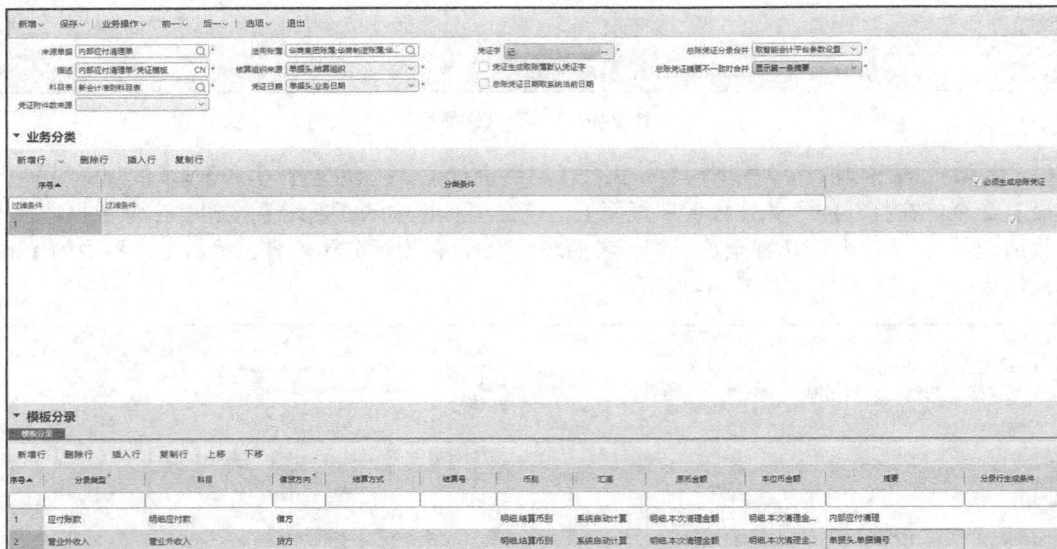

图7-43　内部应付清理单凭证模板

（8）生成"内部应付清理单"凭证。执行【财务会计】-【应付款管理】-【内部应付】-【内部应付清理单】命令，在打开的"内部应付清理单"页面上，勾选单据，选择工具栏中的【凭证】下拉项中的"生成凭证"选项，在"凭证生成"窗口勾选"华商集团账簿"选项，单击下方的【凭证生成】按钮，自动进入"凭证生成报告列表"，可以查看凭证成功生成。

完成本章业务后，备份数据中心，备份文件命名为"华商集团-姓名-应付款管理"，保存到 U盘或网盘。

出纳管理 | 第八章

【学习目标】

- 银行业务处理
- 对外收付款业务处理
- 票据业务处理
- 统收统支模式下的出纳业务处理
- 现金盘点业务处理

在开始本章学习之前，需要引入"华商集团-姓名-应付款管理"备份数据中心，以保持数据的连续性。

第一节 | 概述

一、总体介绍

出纳管理系统是出纳人员的工作平台，支持企业出纳人员在系统户完成所有相关的货币资金、票据以及有价证券的收付、保管、核算等日常工作，并提供出纳管理报表查询。

二、功能结构

（一）主要功能

出纳管理主要功能包括：

（1）支持多个收付组织共同使用同一个银行账号；

（2）存现、取现、现金转账；

（3）企业内部银行账号之间的转账；

（4）购汇；

（5）销售业务及其他业务收款；

（6）与收款业务相对应的退款业务；

（7）采购业务及其他业务付款；

（8）付款申请；

（9）与付款业务相对应的退款业务；

（10）资金调拨；

（11）凭证引入生成日记账；

（12）现金盘点；

（13）Excel 或者 CSV 格式的银行对账单文件直接导入；

（14）系统自动对账和手工对账两种银行存款对账方式；

（15）系统自动出具银行存款余额调节表；

（16）任意日期结账，满足企业现金、银行存款日清月结的管理要求；

（17）现金及银行存款日记账查询；

（18）现金及银行存款日报表、流水账查询；

（19）资金头寸表查询。

（二）业务流程

出纳管理业务流程如图 8-1 所示。

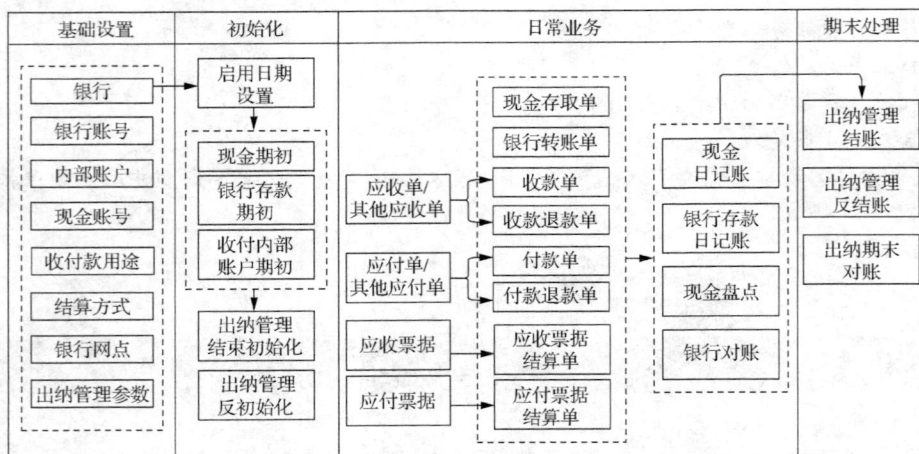

图 8-1　出纳管理业务流程

三、与其他系统的关系

出纳管理系统与其他系统的关系如图 8-2 所示。

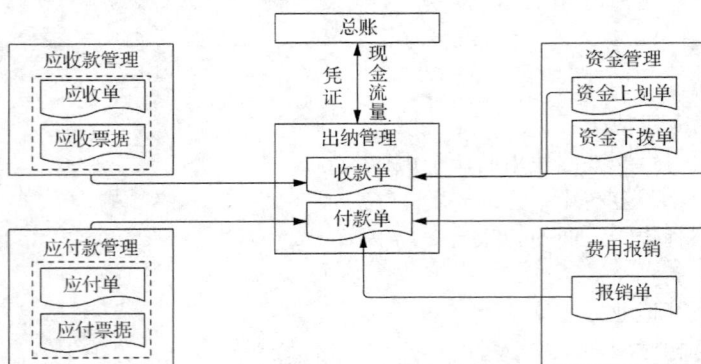

图 8-2　出纳管理系统与其他系统的关系

四、基本概念

（一）销售业务收款

销售业务收款对应日常销售业务的收款处理，包括预收款与销售收款。

销售业务收款通过销售业务类型的收款单进行处理。用户可通过关联对应的应收单进行收款，也支持手工新增收款单进行收款处理。销售业务收款单的收款用途可以为预收款或者销售收款。如果企业同时启用应收款管理系统，则销售业务收款将影响应收账款余额，并参与应收收款核销。

（二）其他业务收款

其他业务收款是指除了企业日常销售业务收款之外的其他所有对外收款业务。

其他业务收款的对象类型包括客户、供应商、部门、员工以及其他往来单位等。其他业务类型的收款用途包括罚款收入、利息收入、捐赠收入、其他，等等，同时支持用户根据企业实际情况自定义其他收款用途。其他业务收款通过其他业务类型的收款单进行处理。用户可以通过关联对应的其他应收单进行收款处理，也支持手工新增相应的收款单进行收款处理。

（三）采购业务付款

采购业务付款对应日常采购业务的付款处理，包括预付款与采购付款。

采购业务付款通过采购业务类型的付款单进行处理。用户可以通过关联对应的应付单进行付款处理，也支持手工新增相应的付款单进行付款处理。采购业务付款的付款单的付款用途可以为预付款或者采购付款。如果企业同时启用了应付款管理系统，则采购业务付款将影响应付账款的余额，并参与应付款管理系统的应付付款核销。

（四）其他业务付款

其他业务付款是指除了企业日常采购业务付款之外的其他所有对外付款业务。

其他业务付款的对象类型包括客户、供应商、部门、员工以及其他往来单位等。其他业务类型的付款用途包括工资发放、费用报销、个人借款、购买发票、银行手续费、罚款支出以及其他等，支持用户自定义其他付款用途。其他业务付款通过其他业务类型的付款单进行处理。用户可通过关联对应的其他应付单进行付款处理，也可通过手工新增付款单进行付款处理。

（五）现金存取

现金存取是指通过现金存取单，处理企业日常的存现、取现业务。企业资金在库存现金和银行存款两种形式之间发生互转。

（六）现金转账

现金转账是指通过现金转账单，处理同一个组织多个出纳的现金转账业务。

（七）银行转账

银行转账是指通过标准转账类型的银行转账单，处理企业内部银行账号之间的转账业务。企业银行存款在企业内部不同银行账号之间进行互转。

（八）购汇

当企业发生外币交易，需使用外币支付时，就要购汇。系统通过购汇类型的银行转账单，处理企业购入外汇业务。购汇时，企业银行存款需由本位币转为外币存款，因此，购汇是一种特殊的银行转账。

（九）资金调拨

资金调拨是指通过资金调拨单，处理不同组织间的资金借贷业务。企业子公司之间在有资金盈余和短缺情况下，可以通过资金调拨单进行资金拆借、计息、还款等操作。

第二节

银行业务处理

出纳在日常业务的处理过程中，经常会使用到银行业务，包括现金存取、现金转账、银行转账和购汇业务等。本节业务操作主要在华商集团、华商商贸完成。

一、现金存取业务处理

（一）现金取款业务处理（需凭证生成）

1. 业务数据

2022 年 1 月 2 日，华商集团出纳到银行从 622288880 账户中提取现金 3 000.00 元人民币。

2. 业务解析

现金存取业务主要通过新增现金存取单来完成。提取现金的会计分录为：

借：库存现金   3 000.00
  贷：银行存款——荆楚银行长江支行   3 000.00

需复制新增现金存取单凭证模板，定义"银行存款"科目核算维度来源后（具体业务操作参见第五章），可通过智能会计平台利用调整后自用的现金存取单凭证模板生成凭证。

3. 操作步骤

（1）核对当前组织。确保当前组织为华商集团。

（2）现金存取单录入。执行【财务会计】-【出纳管理】-【日常处理】-【现金存取单】命令，在打开的"现金存取单"页面上，单击工具栏中的【新增】按钮。单据类型选择"取款"，修改业务日期，分别选择录入开户银行、银行账号、金额，如图 8-3 所示。依次单击工具栏中的【保存】-【提交】-【审核】按钮，结束现金存取单录入操作。

微课堂

现金取款业务处理
（需凭证生成）

图 8-3　现金存取单

（3）定义现金存取单自用凭证模板。执行【财务会计】-【智能会计平台】-【基础资料】-【凭证模板】命令，在打开的"凭证模板"页面上，选中系统预置的现金存取单（编码 001）模板，选择工具栏中的【新增】按钮中的"复制"选项，新增一个现金存取单凭证模板，适用账簿选择全部组织。单击选中"业务分类"中"（单据头.业务类型=取现）"所在行，在下面对应的"模板分录"中单击选中"分录类型"为"资金"的所在行，单击打开"科目"对应的"银行存款"栏目，进入科目设置修改页面。单击选中"科目取值"为"银行存款"的所在行，在下面对应的"科目核算维度来源"中单击展开"取单据上的字段"栏目，将核算维度设置为"现金存取明细.我方银行账号.开户银行"，单击【确定】按钮。单击选中"业务分类"中"（单据头.业务类型=存现）"所在行，重复以上操作。单击工具栏中的【保存】按钮完成凭证模板的修改设置。完成页面如图 8-4 所示。

（4）凭证生成。执行【财务会计】-【智能会计平台】-【账务处理】-【凭证生成】命令，在打开的"凭证生成"页面上，分别勾选"华商集团账簿"与"现金存取单"选项，单击下方的【凭证生成】按钮，自动进入"凭证生成报告列表"，可查看凭证成功生成情况。完成页面如图 8-5 所示。

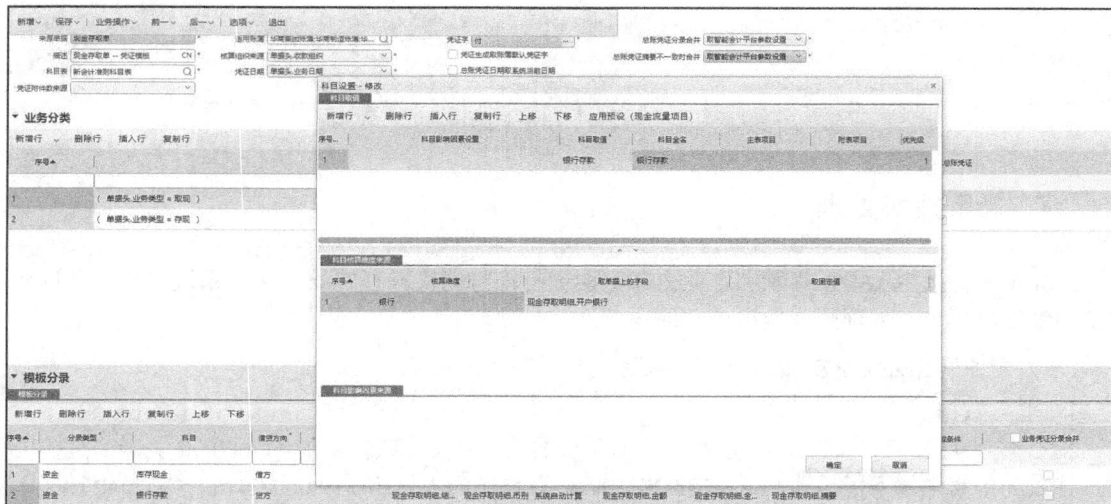

图 8-4　现金存取单自用凭证模板

图 8-5　凭证生成

（二）现金存款业务处理（需凭证生成）

1. 业务数据

2022 年 1 月 3 日，华商商贸出纳到银行将 1 300.00 元现金存入 622288882 账户中。

2. 业务解析

现金存取业务主要通过新增现金存取单来完成。将现金存入银行的会计分录为：

借：银行存款——荆楚银行长江支行　　　　　　　　　　1 300.00
　　贷：库存现金　　　　　　　　　　　　　　　　　　　　　1 300.00

可在现金存取单列表页面利用自用现金存取单凭证模板生成凭证。

3. 操作步骤

（1）核对当前组织。确保当前组织为华商商贸。

（2）现金存取单录入。执行【财务会计】-【出纳管理】-【日常处理】-【现金存取单】命令，在打开的"现金存取单"页面上，单击工具栏中的【新增】按钮。单据类型选择"存款"，修改业务日期，分别录入开户银行、银行账号、金额，如图 8-6 所示，依次单击工具栏中的【保存】-【提交】-【审核】按钮，完成现金存取单录入操作。

（3）凭证生成。执行【财务会计】-【出纳管理】-【日常处理】-【现金存取单】命令，在打开的"现金存取单"页面上，勾选"存款"单据，选择工具栏中的【凭证】下拉项中的"生成凭证"选项，在"凭证生成"窗口勾选"华商商贸账簿"选项，单击下方的【凭证生成】按钮，自动进入"凭证生成报告列表"，可以看到凭证成功生成。完成页面如图 8-7 所示。

微课堂

现金存款业务处理
（需凭证生成）

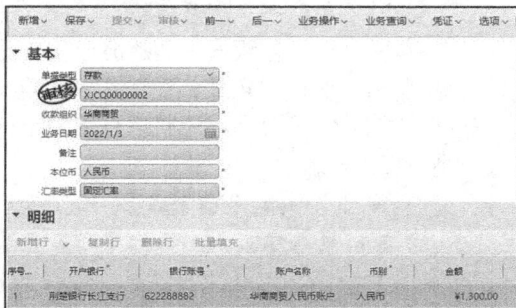

图 8-6　现金存取单

	日期	会计年度	期间	凭证字	凭证号	摘要	科目编码	科目全名	币别	原币金额	借方金额	贷方金额	制单
□	2022/1/3	2022	1	付	4	XJCQ00000002	1002	银行存款	人民币	¥1,300.00	¥1,300.00		管理员
□						XJCQ00000002	1001	库存现金	人民币	¥1,300.00		¥1,300.00	

图 8-7　凭证生成

二、银行转账业务处理

银行转账是指企业银行存款在企业内部不同银行账号间进行互转的业务。系统也可以通过购汇类型的银行转账单，处理企业卖出外汇的业务。

（一）企业卖出外汇业务处理（需凭证生成）

1. 业务数据

2022 年 1 月 3 日，华商商贸出纳到银行将 622288883 美元账户中的 50 000.00 美元通过购汇的方式转账到华商商贸人民币账户 622288882 中，转入金额为人民币 319 000.00 元。（当日银行买入汇率为 6.38）

卖出外汇银行转账单数据如表 8-1 所示。

表 8-1　　　　　　　　　　　卖出外汇银行转账单明细信息

业务日期	单据类型	转入账号	转出账号	转入币别	转入金额	转出币别	转出金额	摘要
2022.01.03	购汇	6222 88882	6222 88883	人民币	¥319 000.00	美元	$50 000.00	转出美金

银行转账单凭证模板明细信息如表 8-2 所示。

表 8-2　　　　　　　　　　　银行转账单模板设置明细信息

业务分类	分录类型	借贷方向	科目取值	核算维度	取单据上的字段	优先级
单据头.业务类型 = 标准转账	资金	借	银行存款	银行	银行转账单明细.转入账号.开户银行	1
			其他货币资金	资金种类	—	2
	资金	贷	银行存款	银行	银行转账单明细.转出账号.开户银行	1
			其他货币资金	资金种类	—	2
单据头.业务类型 = 购汇	资金	借	银行存款	银行	银行转账单明细.转入账号.开户银行	1
		贷	银行存款	银行	银行转账单明细.转出账号.开户银行	1

2. 业务解析

银行转账业务主要通过新增银行转账单来完成。卖出美元的会计分录为：

借：银行存款——荆楚银行长江支行（人民币户）　　　　¥319 000.00

财务费用——汇兑损益　　　　　　　　　　　　　¥1 000.00

贷：银行存款——荆楚银行长江支行（美元户）　　　　¥320 000.00（$50 000.00）

需复制新增银行转账单凭证模板，定义"银行存款"科目核算维度来源后，可通过智能会计平台利用调整后自用的银行转账单凭证模板生成凭证。

微课堂

企业卖出外汇业务处理（需凭证生成）

3. 操作步骤

（1）核对当前组织。确保当前组织为华商商贸。

（2）银行转账单录入。执行【财务会计】-【出纳管理】-【日常处理】-【银行转账单】命令，在打开的"银行转账单"页面上，单击工具栏中的【新增】按钮。单据类型选择"购汇"，依照表 8-1 修改业务日期，分别选择录入相关明细信息，如图 8-8 所示。依次单击工具栏中的【保存】-【提交】-【审核】按钮，结束操作。

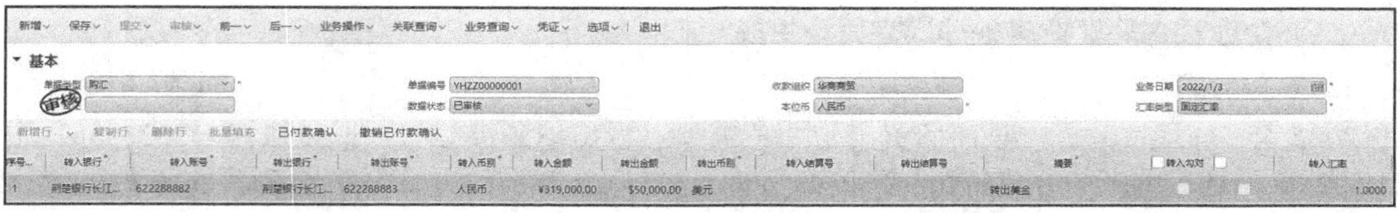

图 8-8　银行转账单

（3）定义银行转账单自用凭证模板。执行【财务会计】-【智能会计平台】-【基础资料】-【凭证模板】命令，在打开的"凭证模板"页面上，选中系统预置的银行转账单（编码 024）模板，选择工具栏中的【新增】按钮中的"复制"选项，新增一个银行转账单凭证模板，适用账簿选择全部组织。单击选中"业务分类"中"（单据头.业务类型=标准转账）"所在行，在下面对应的"模板分录"中分别单击选中"分录类型"为"资金"的所在行，单击打开"科目"对应的"银行存款"借方或贷方栏目，进入科目设置修改页面。单击选中"科目取值"为"银行存款"的所在行，在下面对应的"科目核算维度来源"中单击展开"取单据上的字段"栏目，将核算维度设置为"银行转账单明细.转入账号.开户银行"（对应借方科目）或"银行转账单明细.转出账号.开户银行"（对应贷方科目），单击【确定】按钮。单击新增行，依照表 8-2 录入"其他货币资金"相关信息，单击【确定】按钮。单击选中"业务分类"中"（单据头.业务类型 = 购汇）"所在行，重复以上相关操作。单击工具栏中的【保存】按钮完成凭证模板的修改设置。完成页面如图 8-9 所示。

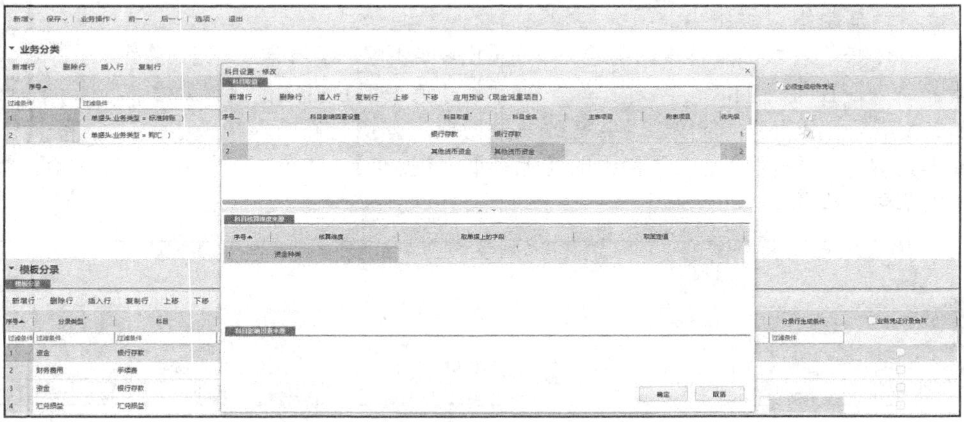

图 8-9　银行转账单自用凭证模板

（4）凭证生成。执行【财务会计】-【智能会计平台】-【账务处理】-【凭证生成】命令，在打开的"凭证生成"页面上，分别勾选"华商商贸账簿"与"银行转账单"选项，单击下方的【凭证生成】按钮，自动进入"凭证生成报告列表"，可以查看凭证成功生成情况。完成页面如图 8-10 所示。

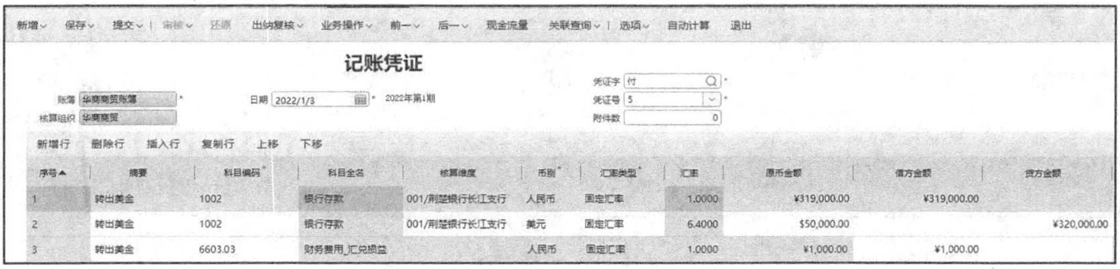

图 8-10　凭证生成

（二）企业买入外汇业务处理（需凭证生成）

1. 业务数据

2022 年 1 月 10 日，华商商贸出于业务需要，派出纳到银行将人民币账户 622288882 中的 321 500.00 元通过购汇的方式转账到华商商贸美元账户 622288883 中，转入金额为 50 000.00 美元。（当日银行卖出汇率为 6.43）

买入外汇银行转账单明细信息如表 8-3 所示。

表 8-3　　　　　　　　　　　　　　买入外汇银行转账单明细信息

业务日期	单据类型	转入账号	转出账号	转入币别	转入金额	转出币别	转出金额	摘要
2022.01.10	购汇	622288883	622288882	美元	$50 000.00	人民币	¥321 500.00	转入美金

2. 业务解析

银行转账业务主要通过新增银行转账单来完成。卖出美元的会计分录为：

借：银行存款——荆楚银行长江支行（美元户）　　　　　¥320 000.00（$50 000.00）

　　财务费用——汇兑损益　　　　　　　　　　　　　　¥1 500.00

　贷：银行存款——荆楚银行长江支行（人民币户）　　　¥321 500.00

可通过银行转账单列表利用调整后自用的银行转账单凭证模板生成凭证。

3. 操作步骤

（1）核对当前组织。确保当前组织为华商商贸。

（2）银行转账单录入。执行【财务会计】-【出纳管理】-【日常处理】-【银行转账单】命令，在打开的"银行转账单"页面上，单击工具栏中的【新增】按钮。单据类型选择"购汇"，依照表 8-3 修改业务日期，分别选择录入相关明细信息，如图 8-11 所示。依次单击工具栏中的【保存】-【提交】-【审核】按钮，完成银行转账单录入操作。

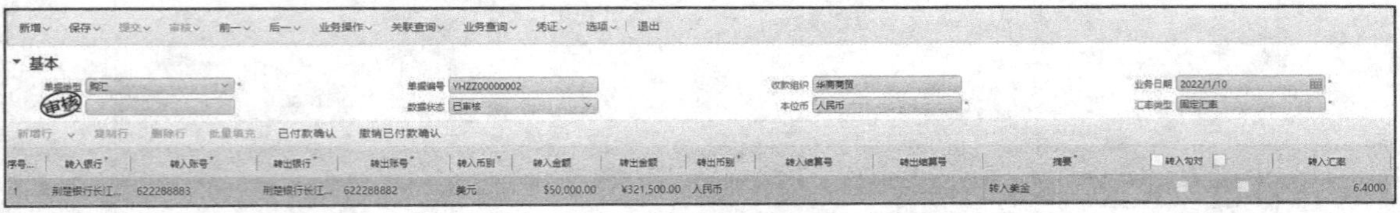

微课堂

企业买入外汇业务处理（需凭证生成）

图 8-11　银行转账单

（3）凭证生成。执行【财务会计】-【出纳管理】-【日常处理】-【银行转账单】命令，在打开的"银行转账单"页面上，勾选转入币别为"美元"的单据，选择工具栏中的【凭证】下拉项中的"生成凭证"选项，在"凭证生成"窗口勾选"华商商贸账簿"选项，单击下方的【凭证生成】按钮，自动进入"凭证生成报告列表"，可以看到凭证成功生成。完成页面如图 8-12 所示。

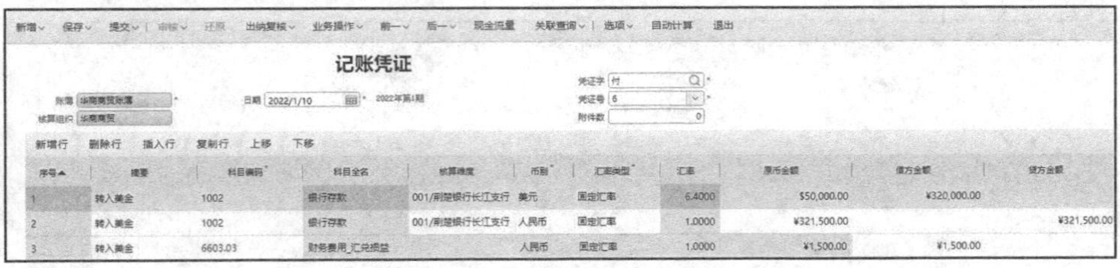

友情提示 8-1

图 8-12　凭证生成

第三节 对外收付款业务处理

出纳的最基本职能是收付职能。企业经营活动少不了货物价款的收付、其他业务款项的收付等，其中，对外收款业务包括销售业务收款和其他业务收款；对外付款业务包括采购业务付款和其他业务付款。本节业务操作主要在华商商贸、华商集团完成。

一、对外收款业务处理

（一）销售业务收款处理（需凭证生成）

销售收款业务包括销售收款和预收款两类业务。销售收款业务已在第五章完成讲解，故此处只进行预收款业务操作讲解。

1. 业务数据

2022 年 1 月 2 日，华商商贸预收到一笔西门电子电汇来的货款 1 000 000.00 元。

销售预收收款单明细信息如表 8-4 所示。

表 8-4   销售预收收款单明细信息

业务日期	往来单位类型	付款单位/往来单位	收款组织/结算组织	结算方式	收款用途	应收金额/实收金额
2022.01.02	客户	西门电子	华商商贸	电汇	预收款	1 000 000.00 元

2. 业务解析

销售预收收款业务主要通过新增收款单来完成。

之前业务已设置自用的"收款单"凭证模板，可在收款单列表页面完成凭证生成操作。

销售预收收款业务的会计分录为：

借：银行存款——荆楚银行长江支行（人民币户）   1 000 000.00

　　贷：预收账款——西门电子   1 000 000.00

3. 操作步骤

（1）核对当前组织。确保当前组织为华商商贸。

（2）销售收款单录入。执行【财务会计】-【出纳管理】-【日常处理】-【收款单】命令，在打开的"收款单"页面上，单击工具栏中的【新增】按钮。依照表 8-4 修改业务日期，分别选择录入相关明细信息，如图 8-13 所示。依次单击工具栏中的【保存】-【提交】-【审核】按钮，完成销售收款单录入操作。

微课堂

销售业务收款处理
（需凭证生成）

图 8-13　销售收款单

（3）凭证生成。执行【财务会计】-【出纳管理】-【日常处理】-【收款单】命令，在打开的"收款单"页面上，勾选该笔业务单据，选择工具栏中的【凭证】下拉项中的"生成凭证"选项，在"凭证生成"窗口勾选"华商商贸账簿"选项，单击下方的【凭证生成】按钮，自动进入"凭证生成报告列表"，可以看到凭证成功生成。完成页面如图8-14所示。

	日期	会计年度	期间	凭证字	凭证号	摘要	科目编码	科目全名	币别	原币金额	借方金额	贷方金额	制单
☐	2022/1/2	2022	1	收	4	SKD00000004	1002	银行存款	人民币	¥1,000,000.00	¥1,000,000.00		管理员
☐						SKD00000004	2203	预收账款	人民币	¥1,000,000.00		¥1,000,000.00	

图 8-14　凭证生成

（二）其他业务收款处理（需凭证生成）

其他收款业务是指除销售收款业务之外的收款业务。其中与资金相关的收款业务将在后面章节讲解操作，此处只进行保证金收款业务操作讲解。

1. 业务数据

2022年1月2日，华商商贸收到南宫电子信汇来合同履约保证金10 000.00元。

保证金收款单明细信息如表8-5所示。

表 8-5　　　　　　　　　　　　　保证金收款单明细信息

业务日期	往来单位类型	付款单位/往来单位	收款组织/结算组织	结算方式	收款用途	应收金额/实收金额
2022.01.02	客户	南宫电子	华商商贸	信汇	代收款项	10 000.00元

2. 业务解析

保证金收款业务主要通过新增收款单来完成。保证金收款视具体情况录入不同的收款用途。如果收到合同违约的保证金赔款，则收款用途为"保证金收入"；如果收到合同履约保证金款项，则实质上是一种暂收款项，收款用途可选系统预置的"代收款项"。

之前业务已设置自用的"收款单"凭证模板，可在收款单列表页面完成凭证生成操作。

保证金收款业务的会计分录为：

借：银行存款——荆楚银行长江支行（人民币户）　　　　10 000.00
　　贷：其他应付款——客户往来（南宫电子）　　　　　　　10 000.00

3. 操作步骤

（1）核对当前组织。确保当前组织为华商商贸。

（2）保证金收款单录入。执行【财务会计】-【出纳管理】-【日常处理】-【收款单】命令，在打开的"收款单"页面上，单击工具栏中的【新增】按钮。单据类型选择"保证金收款单"，依照表8-5修改业务日期，分别选择录入相关明细信息后，依次单击工具栏中的【保存】-【提交】-【审核】按钮，完成保证金收款单录入操作。如图8-15所示。

微课堂

其他业务收款处理
（需凭证生成）

图 8-15　保证金收款单

（3）凭证生成。执行【财务会计】-【出纳管理】-【日常处理】-【收款单】命令，在打开的"收款单"页面上，勾选该笔业务单据，选择工具栏中的【凭证】下拉项中的"生成凭证"选项，在"凭证生成"窗口勾选"华商商贸账簿"选项，单击下方的【凭证生成】按钮，自动进入"凭证生成报告列表"，可以看到凭证成功生成，如图 8-16 所示。

日期	会计年度	期间	凭证字	凭证号	摘要	科目编码	科目名	币别	原币金额	借方金额	贷方金额	制单
2022/1/2	2022	1	收	5	SKD00000005	1002	银行存款	人民币	¥10,000.00	¥10,000.00		管理员
					SKD00000005	2241.01	其他应付款_客户往来	人民币	¥10,000.00		¥10,000.00	

图 8-16　凭证生成

二、对外付款业务处理

（一）采购业务付款处理（需凭证生成）

采购付款业务包括采购付款和预付款两类业务。采购付款业务已在第六章完成讲解，此处只进行预付款业务操作讲解。

1. 业务数据

2022 年 1 月 3 日，华商商贸向月圆材料开出转账支票预付材料采购款 800 000.00 元。

采购预付付款单明细信息如表 8-6 所示。

表 8-6　　　　采购预付付款单明细信息

业务日期	往来单位类型	收款单位/往来单位	付款组织/结算组织	结算方式	付款用途	应付金额/实付金额
2022.01.03	供应商	月圆材料	华商商贸	转账支票	预付款	800 000.00 元

2. 业务解析

采购预付付款业务主要通过新增付款单来完成。

之前业务已设置自用的"付款单"凭证模板，可在付款单列表页面完成凭证生成操作。

采购预付付款业务的会计分录为：

借：预付账款——月圆材料　　　　　　　　　　800 000.00

　　贷：银行存款——荆楚银行长江支行（人民币户）　800 000.00

3. 操作步骤

（1）核对当前组织。确保当前组织为华商商贸。

（2）采购付款单录入。执行【财务会计】-【出纳管理】-【日常处理】-【付款单】命令，在打开的"付款单"页面上，单击工具栏中的【新增】按钮。单据类型选择"采购业务付款单"，依照表 8-6 修改业务日期，分别录入相关明细信息后，依次单击工具栏中的【保存】-【提交】-【审核】按钮，完成采购付款单录入操作。如图 8-17 所示。

微课堂

采购业务付款处理（需凭证生成）

图 8-17　采购付款单

（3）凭证生成。执行【财务会计】-【出纳管理】-【日常处理】-【付款单】命令，在打开的"付款单"页面上，勾选该笔业务单据，选择工具栏中的【凭证】下拉项中的"生成凭证"选项，在"凭证生成"窗口勾选"华商商贸账簿"选项，单击下方的【凭证生成】按钮，自动进入"凭证生成报告列表"，可以看到凭证成功生成，如图8-18所示。

	日期	会计年度	期间	凭证字	凭证号	摘要	科目编码	科目全名	币别	原币金额	借方金额	贷方金额	制单
☐	2022/1/3	2022	1	付	7	FKD00000006	1123	预付账款	人民币	¥800,000.00	¥800,000.00		管理员
☐						FKD00000006	1002	银行存款	人民币	¥800,000.00		¥800,000.00	

图 8-18　凭证生成

（二）其他业务付款处理（需凭证生成）

其他付款业务是指除采购付款业务之外的付款业务。其中与资金、费用相关的付款业务将在后面章节讲解操作，此处只进行工资发放业务操作的讲解。

1. 业务数据

2022 年 1 月 31 日，华商集团财务部开出转账支票委托银行集中发放当月员工工资 136 000.00 元。工资发放单明细信息如表 8-7 所示。

表 8-7　　　　　　　　　　工资发放单明细信息

业务日期	往来单位类型	收款单位/往来单位	付款组织/结算组织	结算方式	付款用途	应付金额/实付金额	我方银行账号
2022.01.31	部门	财务部	华商集团	转账支票	工资发放	136 000.00 元	622288880

2. 业务解析

工资发放业务主要通过新增付款单来完成。华商集团之前已经手工录入工资计提凭证，此处通过自用的"付款单"凭证模板，在付款单列表页面完成凭证生成业务操作。

工资发放业务的会计分录为：

借：应付职工薪酬　　　　　　　　　　　　　　136 000.00
　　贷：银行存款——荆楚银行长江支行（人民币户）　136 000.00

3. 操作步骤

（1）核对当前组织。确保当前组织为华商集团。

（2）打开功能窗口。操作路径：【财务会计】-【出纳管理】-【日常处理】-【付款单】。

（3）工资发放单录入。在打开的"付款单"页面上，单击工具栏中的【新增】按钮，单据类型选择"工资发放付款单"，依照表 8-7 修改业务日期，分别选择录入相关明细信息后，依次单击工具栏中的【保存】-【提交】-【审核】按钮，完成工资发放单录入操作，如图8-19所示。

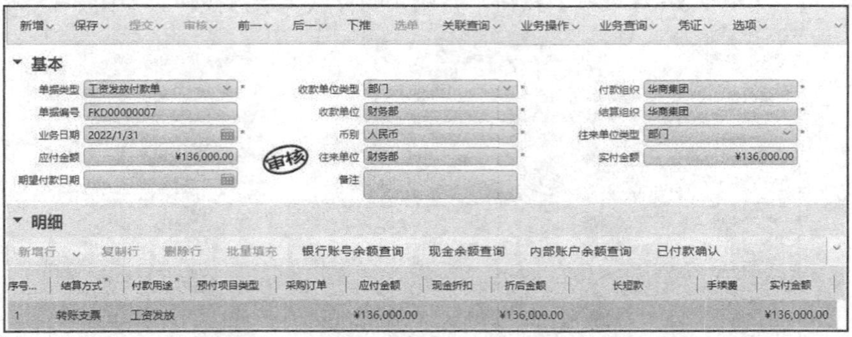

图 8-19　工资发放单

（4）凭证生成。执行【财务会计】-【出纳管理】-【日常处理】-【付款单】命令，在打开的"付款单"页面上，勾选该笔业务单据，选择工具栏中的【凭证】下拉项中的"生成凭证"选项，在"凭证生成"窗口勾选"华商集团账簿"选项，单击下方的【凭证生成】按钮，自动进入"凭证生成报告列表"，可以看到凭证成功生成，如图 8-20 所示。

	日期	会计年度	期间	凭证字	凭证号	摘要	科目编码	科目全名	币别	原币金额	借方金额	贷方金额	制单
	2022/1/31	2022	1	付	3	FKD00000007	2211	应付职工薪酬	人民币	¥136,000.00	¥136,000.00		管理员
						FKD00000007	1002	银行存款	人民币	¥136,000.00		¥136,000.00	

图 8-20　凭证生成

第四节　票据业务处理

出纳在日常业务处理过程中经常会涉及票据业务，包括应收票据录入、应收票据贴现、应收票据到期收款、应付票据录入、应付票据到期付款等。本节业务操作主要在华商商贸完成。

一、应收票据业务处理

（一）应收票据录入

1. 业务数据

2022 年 1 月 1 日，经协商，华商商贸同意东方电子以银行承兑汇票结算其承担的转销应收款项。应收票据明细信息如表 8-8 所示。

表 8-8　　　　　　　　　　　　应收票据明细信息

项目	明细信息	项目	明细信息
票据类型	银行承兑汇票	票据号	11111112
币别	人民币	收票日	2022 年 1 月 1 日
到期日	2022 年 1 月 31 日	票面金额	190 000.00 元
票面利率	4.80%	出票人	荆楚银行淮河支行
承兑人	荆楚银行汉江支行	承兑日期	2022 年 1 月 31 日
收款组织	华商商贸	结算组织	华商商贸
付款单位类型	客户	付款单位	东方电子

2. 业务解析

华商商贸收到银行承兑汇票后，需要在出纳管理系统中新增应收票据。

3. 操作步骤

（1）核对当前组织。确保当前组织为华商商贸。

（2）应收票据录入。执行【财务会计】-【出纳管理】-【日常处理】-【应收票据】命令，在打开的"应收票据"页面上，单击工具栏中的【新增】按钮。依照表 8-8 分别录入相关明细信息后，依次单击工具栏中的【保存】-【提交】-【审核】按钮，完成应收票据录入操作的同时，系统会自动生成收款单，如图 8-21 所示。

微课堂

应收票据录入

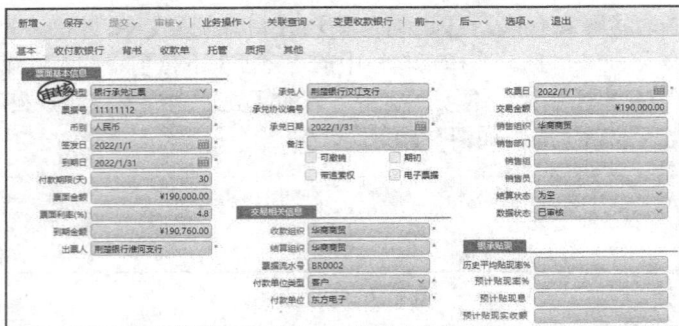

图 8-21　应收票据

（二）应收票据收款结算（需凭证生成）

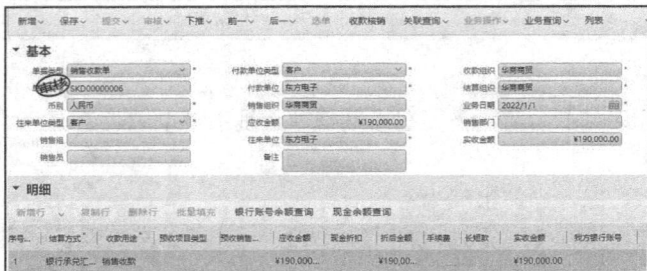

1. 业务数据

2022 年 1 月 1 日，华商商贸以银行承兑汇票结算方式完成东方电子转销应收款项收款。

2. 业务解析

在日常业务处理中，客户可能会通过商业汇票进行付款，因此，企业需要在出纳管理系统中用录入的应收票据进行应收收款。该项业务并没有实际收取款项，只是一种债权形式的转移。此处通过自用的"付款单"凭证模板，在付款单列表页面完成凭证生成业务操作。

应收票据用于货款结算的会计分录为：

借：应收票据——客户（东方电子）　　　　　190 000.00

　　贷：应收账款——客户（东方电子）　　　　　190 000.00

3. 操作步骤

（1）核对当前组织。确保当前组织为华商商贸。

（2）应收票据收款结算处理。执行【财务会计】-【出纳管理】-【日常处理】-【收款单】命令，在打开的"收款单"页面上，勾选上一节应收票据同步生成的收款单，核对各项明细信息无误后，依次单击工具栏中的【保存】-【提交】-【审核】按钮，完成应收收款操作。完成页面如图 8-22 所示。

（3）凭证生成。执行【财务会计】-【出纳管理】-【日常处理】-【收款单】命令，在打开的"收款单"页面上，勾选该笔业务单据，选择工具栏中的【凭证】下拉项中的"生成凭证"选项，在"凭证生成"窗口勾选"华商商贸账簿"选项，单击下方的【凭证生成】按钮，自动进入"凭证生成报告列表"，可以看到凭证成功生成。完成页面如图 8-23 所示。

微课堂

应收票据收款结算
（需凭证生成）

图 8-22　应收票据收款

图 8-23　凭证生成

（4）应收收款手工匹配核销。执行【财务会计】-【应收款管理】-【应收收款】-【应收收款核销】命令，在打开的"应收收款核销"页面上，根据系统向导提示单击【下一步】按钮直至核销完成。完成页面如图8-24所示。

核销序号	核销人	核销日期	单据类型	单据编号	往来单位类型	往来单位	结算币别	结算方式	结算组织	业务日期		本位币	内部渠道	核销方式	应收金额	本次核销金额	收付组织
100007	管理员	2022/7/27	跨销应收单	AR00000008	客户	东方电子	人民币		华商商贸	2022/1/1		人民币	否	匹配核销	¥190,000.00	¥190,000.00	华商商贸
100007	管理员	2022/7/27	销售收款单	SKD00000006	客户	东方电子	人民币	银行承兑汇票	华商商贸	2022/1/1		人民币	否	匹配核销	¥190,000.00	¥190,000.00	华商商贸

图8-24　应收收款核销

（三）应收票据到期收款（需凭证生成）

1. 业务数据

2022年1月31日，华商商贸收到东方电子以电汇方式转来的银行承兑汇票本利和共计190 760.00元。应收票据结算单凭证模板修改具体要求如表8-9所示。

表8-9　　　　　　　　　　　　　　　　资金科目设置

业务分类	科目全名	核算维度	取单据上的字段
到期收款／贴现	银行存款	银行	单据体.收款账号.开户银行

2. 业务解析

应收票据到期收款不需要新增收款单，而直接通过选择【应收票据】界面工具栏中的【结算操作】下拉项中的"到期收款"选项完成。到期收款操作后，系统会自动生成一张应收票据结算单。

系统预置的"应收票据结算单"凭证模板不能满足本业务生成凭证，而需复制新增自用的凭证模板。应收票据到期收款的会计分录为：

借：银行存款——荆楚银行长江支行（人民币户）　　190 760.00

　　贷：应收票据——客户（东方电子）　　　　　　　　190 000.00

　　　　财务费用——其他　　　　　　　　　　　　　　　　760.00

微课堂

应收票据到期收款
（需凭证生成）

3. 操作步骤

（1）核对当前组织。确保当前组织为华商商贸。

（2）应收票据到期收款处理。执行【财务会计】-【出纳管理】-【日常处理】-【应收票据】命令，在打开的"应收票据"页面上，勾选付款单位为"东方电子"的应收票据，依次单击工具栏中的【结算操作】-【到期收款】选项，将收款日期修改为2022/1/31，录入收款银行及其账号，单击【确定】按钮后退出，系统会自动生成一张应收票据结算单。完成页面如图8-25所示。

（3）复制新增应收票据结算单凭证模板。执行【财务会计】-【智能会计平台】-【基础资料】-【凭证模板】命令，在打开的"凭证模板"页面上，选中系统预置的应收票据结算单（编码025）模板，选择工具栏中的【新增】按钮中的"复制"选项，新增一个应收票据结算单凭证模板，适用账簿选择全部组织。然后，分别选中业务分类为"到期收款""贴现"所

图8-25　应收票据到期收款

在行的"模板分录"里面的"银行存款"科目，将其"科目核算维度来源"中的"银行"核算维度的"取单据上的字段"设置为"单据体.收款账号.开户银行"，单击工具栏中的【保存】按钮后完成模板设置。完成页面如图8-26所示。

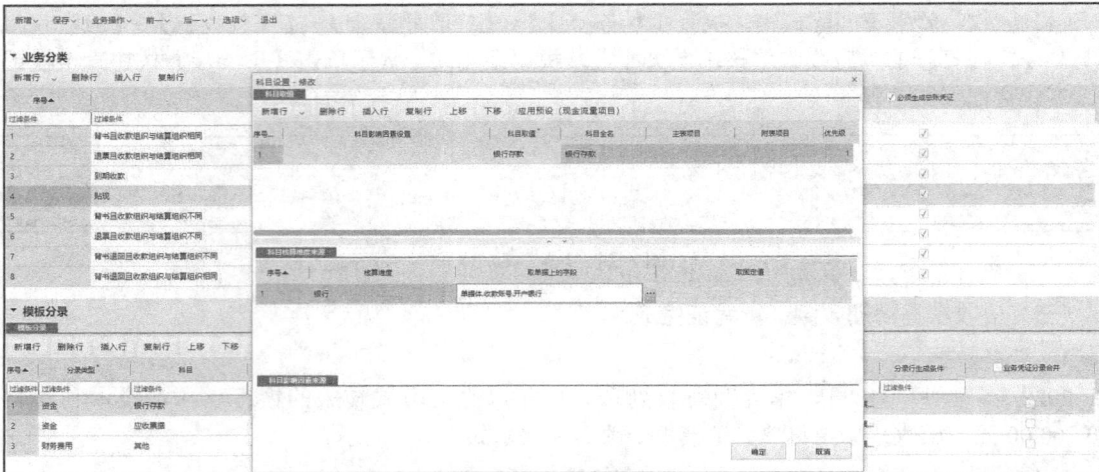

图 8-26　应收票据结算单凭证模板

（4）凭证生成。执行【财务会计】-【出纳管理】-【日常处理】-【应收票据结算单】命令，在打开的"应收票据结算单"页面上，勾选应收票据到期收款业务单据，选择工具栏中的【凭证】下拉项中的"生成凭证"选项，在"凭证生成"窗口勾选"华商商贸账簿"选项，单击下方的【凭证生成】按钮，自动进入"凭证生成报告列表"，可以看到凭证成功生成。完成页面如图 8-27 所示。

	日期	会计年度	期间	凭证字	凭证号	摘要	科目编码	科目全名	币别	原币金额	借方金额	贷方金额	制单
□	2022/1/31	2022	1	收	7	单据号BRJS0001的票据结算单...	1002	银行存款	人民币	¥190,760.00	¥190,760.00		管理员
□						单据号BRJS0001的票据结算单...	1121	应收票据	人民币	¥190,000.00		¥190,000.00	
□						单据号BRJS0001的票据结算单...	6603.06	财务费用_其他	人民币	¥760.00		¥760.00	

图 8-27　凭证生成

（四）应收票据贴现（需生成凭证）

1. 业务数据

2022 年 1 月 5 日，华商商贸决定将持有的西门电子的商业汇票进行贴现。

贴现信息如表 8-10 所示。

表 8-10　　　　　　　　　　　　　　　贴现信息

贴现日期	收款/贴现银行	收款银行账号	贴现率
2022-01-05	荆楚银行长江支行	622288882	4.00%

2. 业务解析

应收票据贴现与到期收款操作类似，直接通过选择【应收票据】界面工具栏中的【结算操作】下拉项中的"贴现"选项，完成贴现操作后，系统会自动生成一张应收票据结算单。

通过自用的"应收票据结算单"凭证模板来生成应收票据贴现凭证。

应收票据贴现的会计分录为：

借：银行存款——荆楚银行长江支行（人民币户）　　375 888.78
　　财务费用——其他　　　　　　　　　　　　　　　 2 311.22
　　贷：应收票据——客户（西门电子）　　　　　　　378 200.00

微课堂

应收票据贴现
（需生成凭证）

3. 操作步骤

（1）核对当前组织。确保当前组织为华商商贸。

（2）应收票据贴现处理。执行【财务会计】-【出纳管理】-【日常处理】-【应收票据】命令，在打开的"应收票据"页面上，勾选付款单位为西门电子的应收票据，依次单击工具栏中的【结算操作】-【贴现】选项，将收款日期修改为 2022/1/5，录入收款银行及其账号，如图 8-28 所示。单击【确定】按钮后退出，系统会自动生成一张应收票据结算单。

图 8-28　应收票据贴现

（3）凭证生成。执行【财务会计】-【出纳管理】-【日常处理】-【应收票据结算单】命令，在打开的"应收票据结算单"页面上，勾选应收票据贴现业务单据，选择工具栏中的【凭证】下拉项中的"生成凭证"选项，在"凭证生成"窗口勾选"华商商贸账簿"选项，单击下方的【凭证生成】按钮，自动进入"凭证生成报告列表"，可以看到凭证成功生成。完成页面如图 8-29 所示。

日期	会计年度	期间	凭证字	凭证号	摘要	科目编码	科目全名	币别	原币金额	借方金额	贷方金额	制单
2022/1/5	2022	1	收	8	单据号BRJS0002的票据结算单…	1002	银行存款	人民币	¥375,888.78	¥375,888.78		管理员
					单据号BRJS0002的票据结算单…	1121	应收票据	人民币	¥378,200.00		¥378,200.00	
					单据号BRJS0002的票据结算单…	6603.06	财务费用_其他	人民币	¥2,311.22	¥2,311.22		

图 8-29　凭证生成

友情提示 8-2

二、应付票据业务处理

（一）业务数据

2022 年 1 月发生了以下业务。

（1）2022 年 1 月 1 日，华商商贸采购部向月圆材料采购 4 000 件触控笔，不含税单价 75.00 元，开出一张期限为 30 天的商业承兑汇票结算货款。具体数据分别如表 8-11、表 8-12 所示。

表 8-11　　　　　　　　　　　采购入库单与应付单明细信息

业务日期	到期日	供应商	物料名称	不含税单价/元	数量/件	税率
2022.01.01	2022.01.31	月圆材料	触控笔	75.00	4 000	13%

表 8-12　　　　　　　　　　　应付票据明细明细信息

项目	明细信息	项目	明细信息
票据类型	商业承兑汇票	票据号	11111113
币别	人民币	签发日期	2022 年 1 月 1 日
到期日	2022 年 1 月 31 日	票面金额	339 000.00 元
票面利率	0	出票人	华商商贸
承兑人	荆楚银行长江支行	承兑日期	2022 年 1 月 31 日
付款组织	华商商贸	结算组织	华商商贸
收款单位类型	供应商	收款单位	月圆材料

（2）2022 年 1 月 31 日，商业承兑汇票到期，华商商贸开出转账支票兑付。

（二）业务解析

本业务操作内容主要包括采购入库单录入、应付单录入、应付票据结算货款、应付付款核销、应付开票核销、应付票据到期付款等。

系统预置的"应付票据结算单"凭证模板不能满足本业务生成凭证，而需复制新增自用的凭证模板，修改方法与"应收票据结算单"的类似。其他核算单据凭证可调用凭证模板生成。

（1）采购入库的会计分录为：

借：库存商品——触控笔   30 000.00

    贷：应付账款——暂估应付款   30 000.00

（2）采购业务应付的会计分录为：

借：应付账款——暂估应付款   30 000.00

    应交税费——应交增值税（进项税额）   3 900.00

    贷：应付账款——明细应付款（明天材料）   33 900.00

（3）应付票据用于货款结算的会计分录为：

借：应付账款——供应商（月圆材料）   33 900.00

    贷：应付票据——供应商（月圆材料）   33 900.00

（4）应收付据到期付款的会计分录为：

借：应付票据——供应商（月圆材料）   33 900.00

    贷：银行存款——荆楚银行长江支行（人民币户）   33 900.00

微课堂

应付票据业务处理

（三）操作步骤

（1）核对当前组织。确保当前组织为华商商贸。

（2）采购入库单录入。执行【供应链】-【库存管理】-【采购出入库】-【采购入库单列表】命令，在打开的"采购入库单列表"页面上，单击工具栏中的【新增】按钮。参照表 8-11 录入业务数据，仓库选择"华商商贸成品仓"，如图 8-30 所示。依次单击工具栏中的【保存】-【提交】-【审核】按钮，完成录入操作。

图 8-30 采购入库单

（3）应付单录入。执行【财务会计】-【应付款管理】-【采购应付】-【应付单列表】命令，在打开的"应付单列表"页面上，可见系统自动创建的应付单，双击打开，参照表 8-11 录入业务数据，注意此处需将不含税单价换算为含税单价 84.75 元进行录入，如图 8-31 所示。依次单击工具栏中的【保存】-【提交】-【审核】按钮，完成应付单录入操作。

（4）生成采购发票。执行【财务会计】-【应付款管理】-【采购应付】-【应付单列表】命令，在打开的"应付单列表"页面上，勾选该笔业务标准应付单。单击【下推】按钮，选择"生成增值税专用发票"选项，进入发票录入页面，修改业务日期和发票日期。依次单击工具栏中的【保存】-【提交】-【审核】按钮，完成操作。通过【财务会计】-【应付款管理】-【应付开票】-【应付开票核销记录】操作路径查询应付开票核销记录，可见系统已经将两张单据自动关联核销。完成页面如图 8-32 所示。

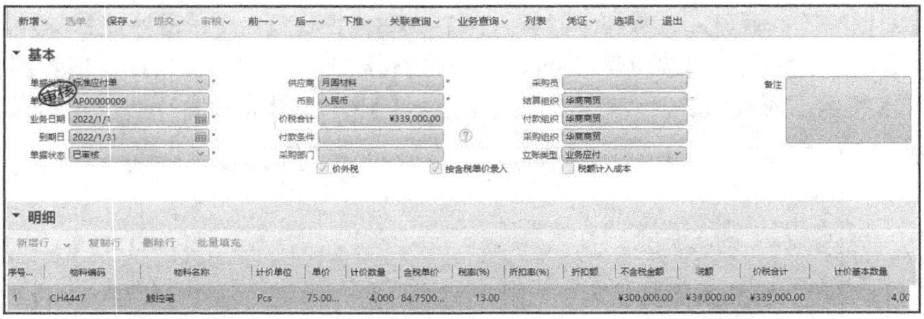

图 8-31　应付单

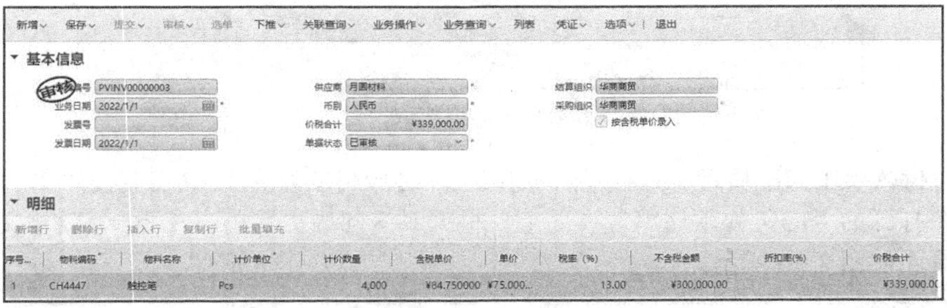

图 8-32　采购发票

（5）采购入库核算。执行【成本管理】-【存货核算】-【存货核算】-【采购入库核算】命令，在打开的"采购入库核算"页面上，录入核算体系，单击【下一步】按钮，直至核算完成。单击【核算列表查询】按钮，可以查询到入库单单价已经被系统自动计算录入，单击工具栏中的【退出】按钮关闭页面。采购入库核算完成页面如图 8-33 所示。

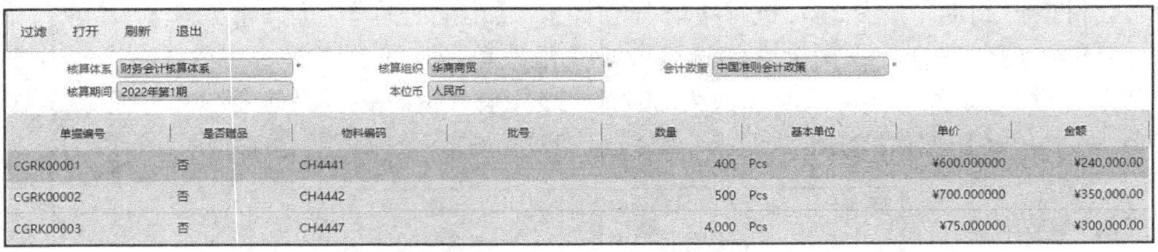

图 8-33　采购入库核算

（6）应付票据录入。执行【财务会计】-【出纳管理】-【日常处理】-【应付票据】命令，在打开的"应付票据"页面上，单击工具栏中的【新增】按钮，依照表 8-12 分别录入相关明细信息后，依次单击工具栏中的【保存】-【提交】-【审核】按钮，完成应付票据录入操作的同时，系统会自动生成付款单。完成页面如图 8-34 所示。

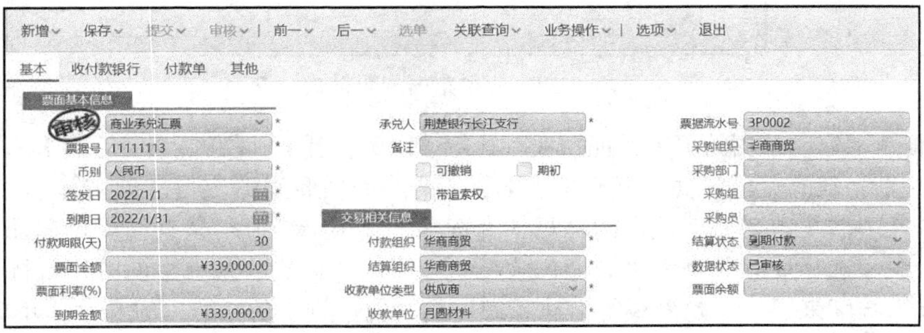

图 8-34　应付票据

（7）应付票据结算货款处理。执行【财务会计】-【出纳管理】-【日常处理】-【付款单】命令，在打开的"付款单"页面上，勾选应付票据同步生成的付款单，修改业务日期，核对各项明细信息无误后，如图8-35所示。依次单击工具栏中的【保存】-【提交】-【审核】按钮，完成应付付款操作。

图8-35　应付票据结算

（8）应付付款手工匹配核销。执行【财务会计】-【应付款管理】-【应付付款】-【应付付款核销】命令，在打开的"应付付款核销"页面上，根据系统向导提示单击【下一步】按钮，直至核销完成。完成页面如图8-36所示。

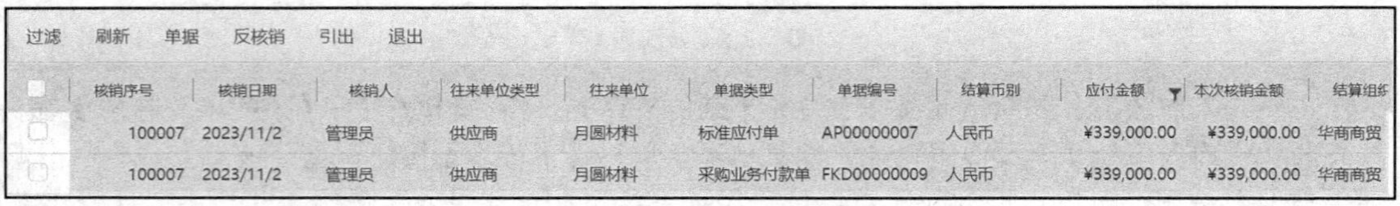

图8-36　应付付款核销

（9）应付票据到期付款处理。执行【财务会计】-【出纳管理】-【日常处理】-【应付票据】命令，在打开的"应付票据"页面上，勾选商业承兑汇票单据，选择工具栏中的【业务操作】下拉项中的"到期付款"选项，付款日期修改为2022/1/31，录入付款银行及银行（一般存款）账号，如图8-37所示，单击【确定】按钮后退出，系统会自动生成一张应付票据结算单。

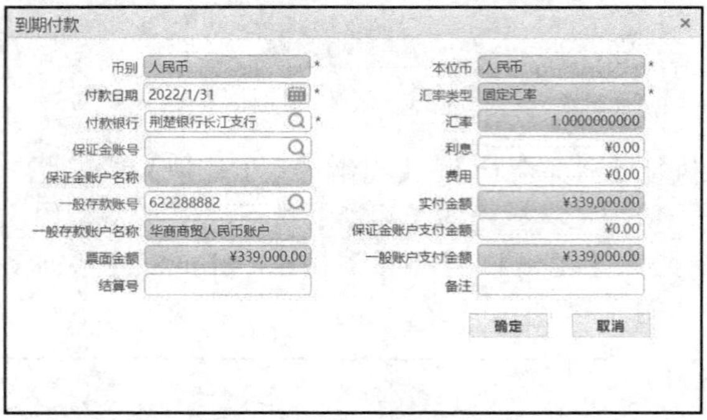

图8-37　应付票据到期付款

（10）复制新增应付票据结算单凭证模板。执行【财务会计】-【智能会计平台】-【基础资料】-【凭证模板】命令，在打开的"凭证模板"页面上，选中系统预置的应付票据结算单（编码026）模板，选择工具栏中的【新增】按钮中的"复制"选项，新增一个应付票据结算单凭证模板，适用账簿选择全部组织。选择业务分类为"到期付款"所在行的"模板分录"里面的"银行存款"科目，将其"科目核算维度来源"中的"银行"核算维度的"取单据上的字段"设置为"单据体.付款银行账号.开户银行"，单击工具栏中的【保存】按钮完成模板设置。完成页面如图8-38所示。

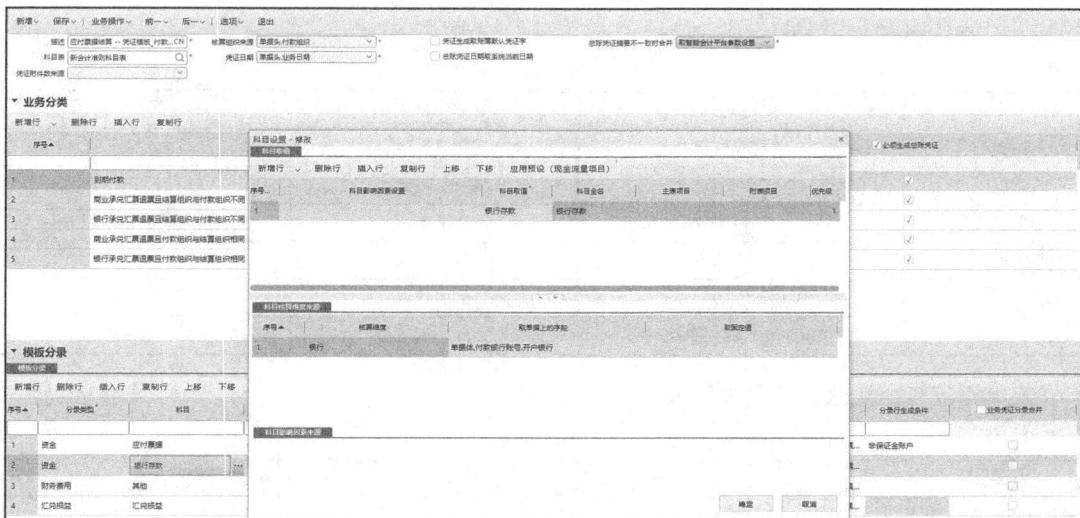

图 8-38 应付票据结算单凭证模板

（11）全部单据凭证生成。执行【财务会计】-【智能会计平台】-【账务处理】-【凭证生成情况查询】命令，在打开的"凭证生成情况查询过滤条件"页面上，单击【确定】按钮，在"凭证生成情况查询"窗口分别勾选"应付单""采购入库单""付款单""应付票据结算单"选项，单击工具栏中的【凭证生成】按钮，自动进入"凭证生成报告列表"，可以看到凭证成功生成情况。完成页面如图 8-39 所示。

日期	会计年度	期间	凭证字	凭证号	摘要	科目编码	科目全名	币别	原币金额	借方金额	贷方金额
2022/1/1	2022	1	付	8	FKD00000009	2202.02	应付账款_明细应付款	人民币	¥339,000.00	¥339,000.00	
					FKD00000009	2201	应付票据	人民币	¥339,000.00		¥339,000.00
2022/1/1	2022	1	记	16	单据号CGRK00003的普通采购…	1405	库存商品	人民币	¥300,000.00	¥300,000.00	
					单据号CGRK00003的普通采购…	2202.01	应付账款_暂估应付款	人民币	¥300,000.00		¥300,000.00
2022/1/…	2022	1	记	17	单据号BPJS0001的票据结算单-…	2201	应付票据	人民币	¥339,000.00	¥339,000.00	
					单据号BPJS0001的票据结算单-…	1002	银行存款	人民币	¥339,000.00		¥339,000.00
2022/1/1	2022	1	记	18	单据AP00000007的应付单	2202.01	应付账款_暂估应付款	人民币	¥300,000.00	¥300,000.00	
					单据AP00000007的应付单	2221.01.01	应交税费_应交增值税_进项税额	人民币	¥39,000.00	¥39,000.00	
					单据AP00000007的应付单	2202.02	应付账款_明细应付款	人民币	¥339,000.00		¥339,000.00

图 8-39 凭证生成

第五节 统收统支模式下出纳业务处理

为了满足公司对资金的控制和对各个事业部或者分公司独立考核的需求，公司一般使用统收统支模式进行管理。在该模式下，业务操作主要包括收付组织收款业务处理及凭证生成、收付组织付款业务处理及凭证生成等。本节业务主要在电商分部、华商商贸完成。

一、统收统支模式下收款业务处理

（一）业务数据

2022 年 1 月 1 日，电商分部举办开业大酬宾活动，客户通过淘宝、京东、拼多多等电商平台参与预存 500.00 元可抵 1 000.00 元活动。当天通过第三方支付平台共收到款项 2 000 000.00 元。销售收款单明细信息如表 8-13 所示。

表 8-13　　　　　　　　　　　　　销售收款单明细信息

项目	明细信息	项目	明细信息
单据类型	销售收款单	业务日期	2022-01-01
收款组织	华商商贸	付款组织/结算组织	电商分部
往来单位类型	客户	往来单位	电商平台消费者
收款用途	预收款	结算方式	支付宝/微信
支付宝收款	1 100 000.00 元	微信收款	900 000.00 元
我方银行账号	ZFB666666/WX9999999	内部账号	NB02

收款单凭证模板修改具体要求如表 8-14 所示。

表 8-14　　　　　　　　　　　　　资金科目设置

业务分类	科目取值	核算维度	科目影响因素设置
结算组织与收款组织不同且非资金单据	其他货币资金	—	结算方式 等于 '微信' Or 结算方式 等于 '支付宝'

（二）业务解析

在本案例中，华商商贸对电商分部进行统收统支，电商分部属于结算组织，而华商商贸为收付组织。由于出纳管理的应用组织为收付组织，只有收付组织才可以进行出纳管理业务的操作，而其他组织只能通过业务委托关系，定义某个收付组织代本组织进行收付业务的操作。故电商分部不存在出纳业务，其出纳业务由华商商贸负责处理。

本业务由华商商贸录入收款单，同时在华商商贸和电商分部生成凭证。

华商商贸（收付组织）收取款项的会计分录：

借：其他货币资金　　　　　　　　　　　2 000 000.00
　　贷：其他应付款——统支款　　　　　　　　　　2 000 000.00

电商分部（结算组织）收款结算的会计分录：

借：其他应收款——统收款　　　　　　　2 000 000.00
　　贷：预收账款　　　　　　　　　　　　　　　2 000 000.00

微课堂

统收统支模式下收款业务处理

（三）操作步骤

（1）核对当前组织。确保当前组织为华商商贸。

（2）销售收款单录入。执行【财务会计】-【出纳管理】-【日常处理】-【收款单】命令，在打开的"收款单"页面上，单击工具栏中的【新增】按钮，参照表 8-13 录入业务数据，如图 8-40 所示。依次单击工具栏中的【保存】-【提交】-【审核】按钮，完成销售收款单录入操作。

图 8-40　销售收款单

（3）修订收款单凭证模板。执行【财务会计】-【智能会计平台】-【基础资料】-【凭证模板】命令，在打开的"凭证模板"页面上，选中之前业务设置的自用收款单凭证模板，双击打开。将凭证模板中"结算组织与收款组织不同且非资金单据"业务分类项中补充定义其他货币资金科目的科目因素影响设置后，单击工具栏中的【保存】按钮后完成模板设置。完成页面如图 8-41 所示。

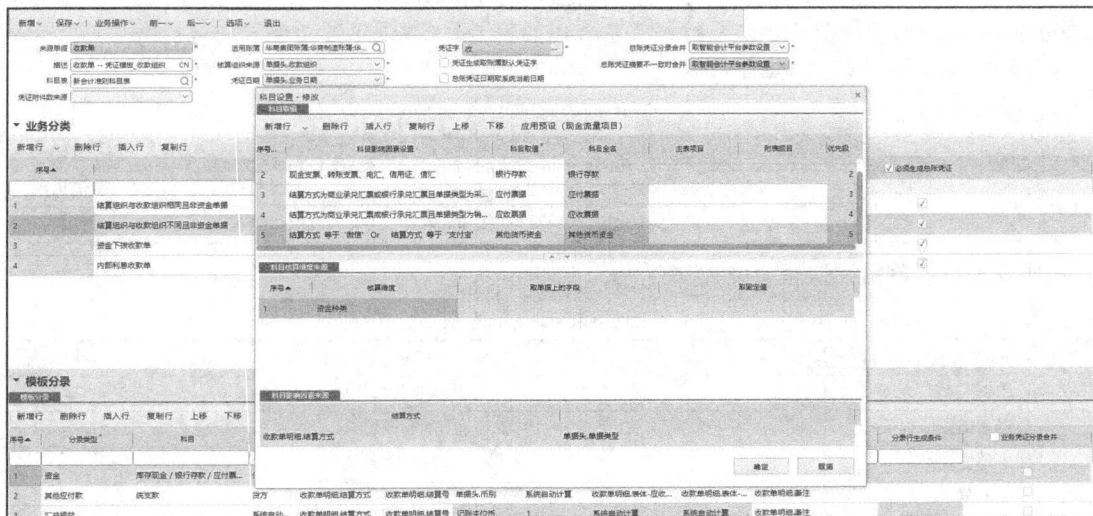

图 8-41　收款单凭证模板

另外，还需要复制新增描述为"收款单——凭证模板_结算组织"的"收款单"凭证模板。执行【财务会计】-【智能会计平台】-【基础资料】-【凭证模板】命令，在打开的"凭证模板"页面上，勾选"收款单"凭证模板（编码 076），选择工具栏中的【新增】下拉项中的"复制"选项，将"适用账簿"修改为适用所有公司的账簿，如图 8-42 所示，单击工具栏中的【保存】按钮。

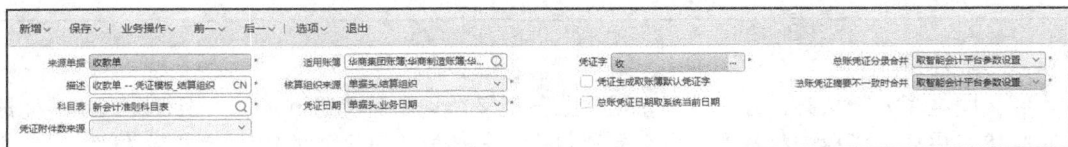

图 8-42　收款单凭证模板

（4）收付组织和结算组织分别生成凭证。执行【财务会计】-【出纳管理】-【日常处理】-【收款单】命令，在打开的"收款单"页面上，勾选业务单据，选择工具栏中的【凭证】下拉项中的"生成凭证"选项，在"凭证生成"窗口勾选"华商商贸账簿""电商分部账簿"（如无，则单击【新增行】按钮添加）选项，单击下方的【凭证生成】按钮，自动进入"凭证生成报告列表"。完成页面如图 8-43 所示。

图 8-43　生成凭证

二、统收统支模式下付款业务处理

（一）业务数据

2022 年 1 月 3 日，电商分部为保证开业酬宾活动成功，将活动预收款按比例提现 20%共计 400 000.00 元，作为活动保证金电汇给相关各大电商平台。（提现手续费率 0.1%）

银行转账单明细信息如表 8-15 所示。

表 8-15 银行转账单明细信息

业务日期	单据类型	转入账号	转出账号	转入金额/元	摘要
2022-01-03	标准转账	622288882	WX9999999	180 000.00	微信提现
		622288882	ZFB666666	220 000.00	支付宝提现

其他业务付款单明细信息如表 8-16 所示。

表 8-16 其他业务付款单明细信息

项目	明细信息		
单据类型	其他业务付款单		
付款组织	华商商贸		
往来单位类型	其他往来单位		
业务日期	2022-01-03		
结算组织	电商分部		
收款单位/往来单位	电商平台		
结算方式	微信	支付宝	电汇
付款用途	银行手续费	银行手续费	其他支出
应付/实付金额/元	180.00	220.00	400 000.00
我方银行账号	WX9999999	ZFB666666	622288882
内部账号	NB02	NB02	NB02

（二）业务解析

华商集团电商分部从第三方支付平台提现业务直接由华商商贸通过录入"银行转账单"完成。银行转账单自用凭证模板中将贷方"资金"科目中"其他货币资金"的优先级调为"1"，只需由华商商贸生成凭证即可。

华商商贸的会计分录为：

借：银行存款——荆楚银行长江支行 400 000.00
　　贷：其他货币资金 400 000.00

电商分部发生的提现手续费和支付保证金业务通过华商商贸录入"其他业务付款单"完成。华商商贸和电商分部都需要通过自用付款单凭证模板来生成凭证。

华商商贸（收付组织）的会计分录为：

借：其他应收款——统收款 400 400.00
　　贷：银行存款——荆楚银行长江支行 400 000.00
　　　　其他货币资金 400.00

电商分部（结算组织）的会计分录为：

借：其他应付款——其他单位往来 400 000.00
　　财务费用——手续费 400.00
　　贷：其他应收款——统支款 400 400.00

（三）操作步骤

（1）核对当前组织。确保当前组织为华商商贸。

（2）银行转账单录入。执行【财务会计】-【出纳管理】-【日常处理】-【银行转账单】命令，在打开的"银行转账单"页面上，单击工具栏中的【新增】按钮。参照表 8-15 录入业务数据，如图 8-44 所示。依次单击工具栏中的【保存】-【提交】-【审核】按钮，完成银行转账单录入操作。

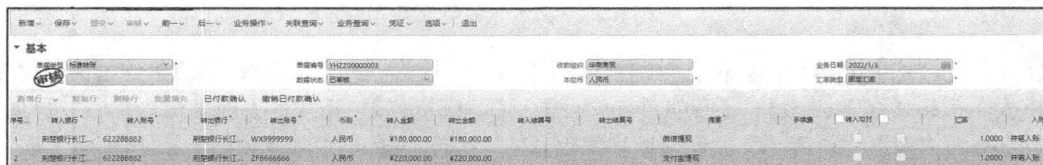

图 8-44　银行转账单

（3）修订银行转账单凭证模板。执行【财务会计】-【智能会计平台】-【基础资料】-【凭证模板】命令，在打开的"凭证模板"页面上，选中之前业务设置的自用银行转账单凭证模板，双击打开。将凭证模板中"单据头.业务类型=标准转账"业务分类项中模板分录中贷方资金科目中"其他货币资金"的优先级调整为"1"，同时将借方"资金"科目中"银行存款"的优先级调整为"1"（若优先级已是"1"，则不用调整），单击工具栏中的【保存】按钮，完成页面如图 8-45 所示。

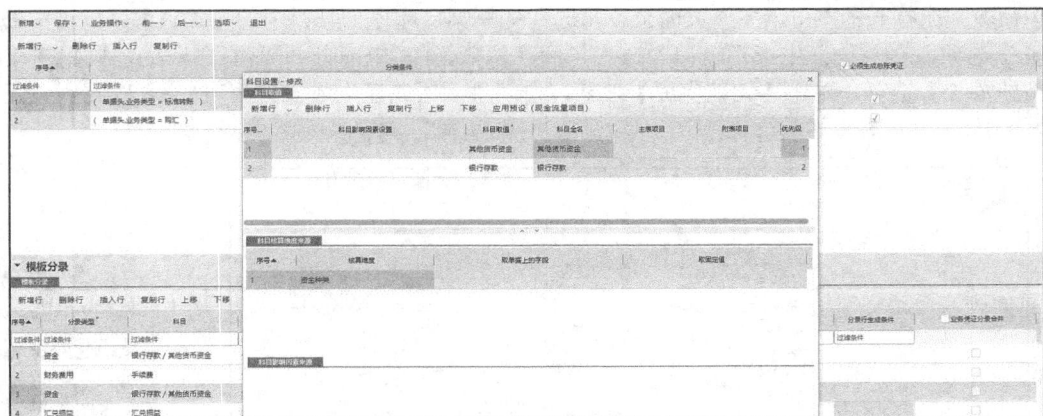

图 8-45　银行转账单凭证模板

（4）生成银行转账单凭证。执行【财务会计】-【出纳管理】-【日常处理】-【银行转账单】命令，在打开的"银行转账单"页面上，勾选该笔业务单据，选择工具栏中的【凭证】下拉项中的"生成凭证"选项，在"凭证生成"窗口勾选"华商商贸账簿"选项，单击下方的【凭证生成】按钮，自动进入"凭证生成报告列表"，可以看到凭证成功生成。完成页面如图 8-46 所示。

图 8-46　生成凭证

（5）其他业务付款单录入。执行【财务会计】-【出纳管理】-【日常处理】-【付款单】命令，在打开的"付款单"页面上，单击工具栏中的【新增】按钮，参照表 8-16 录入业务数据，如图 8-47 所示。依次单击工具栏中的【保存】-【提交】-【审核】按钮，完成其他业务付款单录入操作。

图 8-47 其他业务付款单

（6）复制新增付款单凭证模板。复制新增描述为"付款单——凭证模板_结算组织"的"付款单"凭证模板。执行【财务会计】-【智能会计平台】-【基础资料】-【凭证模板】命令，在打开的"凭证模板"页面，勾选"付款单"凭证模板（编码074），选择工具栏中的【新增】按钮中的"复制"选项，将"适用账簿"修改为适用所有公司的账簿，如图8-48所示，单击工具栏中的【保存】按钮。

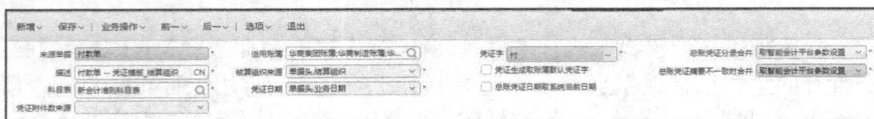

图 8-48 付款单凭证模板

（7）收付组织和业务组织分别生成凭证。执行【财务会计】-【出纳管理】-【日常处理】-【付款单】命令，在打开的"付款单"页面上，勾选业务单据，选择工具栏中的【凭证】下拉项中的"生成凭证"选项，在"凭证生成"窗口勾选"华商商贸账簿""电商分部账簿"（若无，则单击【新增行】按钮添加）选项，单击【凭证生成】按钮，自动进入"凭证生成报告列表"，可以看到凭证成功生成。完成页面如图8-49所示。

友情提示 8-3

图 8-49 生成凭证

第六节　现金盘点业务处理

出纳在日常业务处理过程中，需要定期或不定期进行现金盘点。若盘点金额与账面金额之间存在差异，则需要及时发现问题，并进行相应处理；若未发现问题，则需录入相应的单据以更新账面余额。本节业务主要在华商集团操作完成。

一、业务数据

（1）2022年1月22日，华商集团对库存现金进行抽查盘点。

库存现金清查信息如表8-17所示。

表 8-17　　　　　　　　　　　　　　库存现金清查信息

面值	数量
100	31
50	
20	
……	

（2）2022 年 1 月 24 日，经华商集团管理层批准，财务部将该笔现金盘点溢余记作"营业外收入"。

二、业务解析

出纳管理系统没有现金盘盈单和盘亏单，可以在收付款用途中新增"现金溢余""现金短缺"项目后，通过录入"收款单"或"付款单"进行现金盘点发生溢余或者短缺时的处理。

现金盘点溢余时的会计分录为：（模板生成）

借：库存现金　　　　　　　　　　　　　　100.00

　　贷：待处理财产损溢　　　　　　　　　　　100.00

现金溢余处理的会计分录为：（手工录入）

借：待处理财产损溢　　　　　　　　　　　100.00

　　贷：营业外收入　　　　　　　　　　　　　100.00

三、操作步骤

（1）核对当前组织。确保当前组织为华商集团。

（2）现金盘点表录入。执行【财务会计】-【出纳管理】-【现金盘点】-【现金盘点表】命令，在打开的"现金盘点表"页面上，单击工具栏中的【新增】按钮。出纳员为"李出纳"，监盘员为"钱主管"，参照表 8-17 录入业务数据，如图 8-50 所示。依次单击工具栏中的【保存】-【提交】-【审核】按钮，完成操作。

图 8-50　现金盘点表

（3）定义收付款用途。执行【财务会计】-【出纳管理】-【基础资料】-【收付款用途】命令，在打开的"收付款用途"页面上，单击工具栏中的【新增】按钮。录入名称和收付款类型，依次单击工具栏中的【保存】-【提交】-【审核】按钮，分别完成"现金溢余"和"现金短缺"收付款用途设置操作。完成页面如图 8-51 所示。

微课堂

现金盘点业务处理

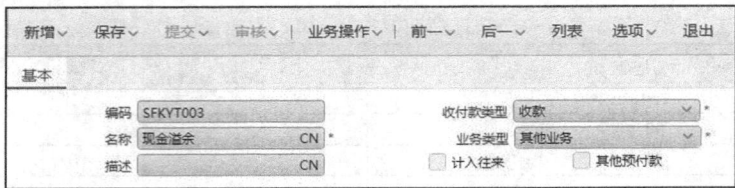

图 8-51　定义收付款用途

（4）收款单录入。执行【财务会计】-【出纳管理】-【日常处理】-【收款单】命令，在打开的"收款单"页面上，单击工具栏中的【新增】按钮，单据类型选择"其他业务收款单"，付款单位类型和往来单位类型选择"部门"，付款单位和往来单位选择"财务部"，结算方式选择"现金"，收款用途选择"现金溢余"，应收金额录入 100，如图 8-52 所示。依次单击工具栏中的【保存】-【提交】-【审核】按钮，完成收款单录入操作。

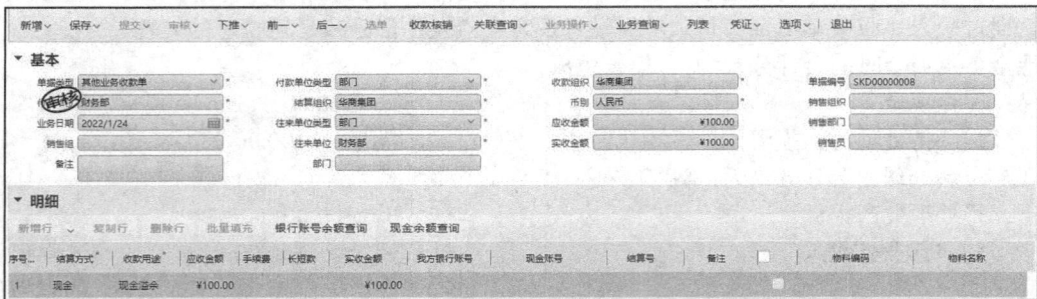

图 8-52　收款单

（5）修订自用收款单凭证模板。执行【财务会计】-【智能会计平台】-【基础资料】-【凭证模板】命令，在打开的"凭证模板"页面上，选中自用收款单凭证模板（描述为"收款单——凭证模板_收款组织"），在业务分类为"结算组织与收款组织相同且非资金单据"下的模板分录选中除"汇兑损益"之外的任意一行，单击【复制行】按钮，将分录类型和科目均选择为"待处理财产损溢"，借贷方向为"贷方"，分录行生成条件设置为："收款单明细-收款用途等于现金溢余"，其他字段保持不变。单击工具栏中的【保存】按钮，完成模板设置。完成页面如图 8-53 所示。

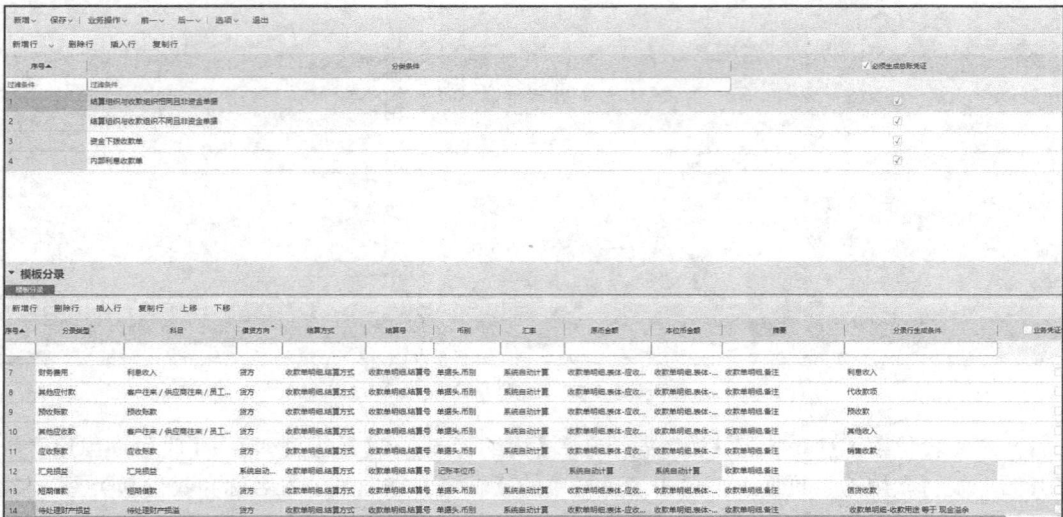

图 8-53　收款单凭证模板

（6）现金盘点溢余凭证生成。执行【财务会计】-【出纳管理】-【日常处理】-【收款单】命令，在打开的"收款单"页面，勾选其他业务收款单，选择工具栏中的【凭证】下拉项中的"生成凭证"选项，在"凭证生成"窗口勾选"华商集团账簿"选项，单击下方的【凭证生成】按钮，自动进入"凭证生成报告列表"，可以看到凭证成功生成。完成页面如图 8-54 所示。

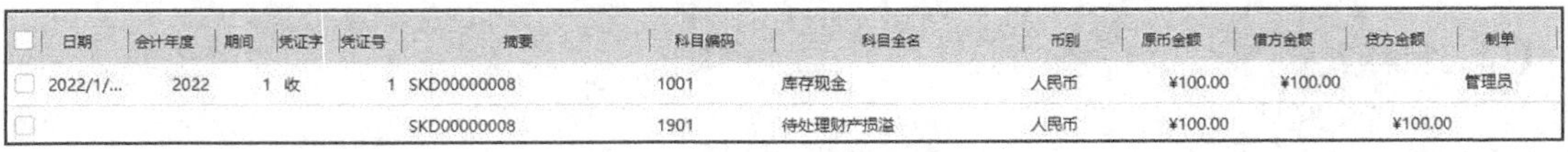

	日期	会计年度	期间	凭证字	凭证号	摘要	科目编码	科目全名	币别	原币金额	借方金额	贷方金额	制单
☐	2022/1/...	2022	1	收	1	SKD00000008	1001	库存现金	人民币	¥100.00	¥100.00		管理员
☐						SKD00000008	1901	待处理财产损溢	人民币	¥100.00		¥100.00	

图 8-54　生成凭证

（7）现金溢余处理凭证生成。执行【财务会计】-【总账】-【凭证管理】-【凭证录入】命令，在打开的"凭证录入"页面上，手工录入凭证。完成页面如图 8-55 所示。

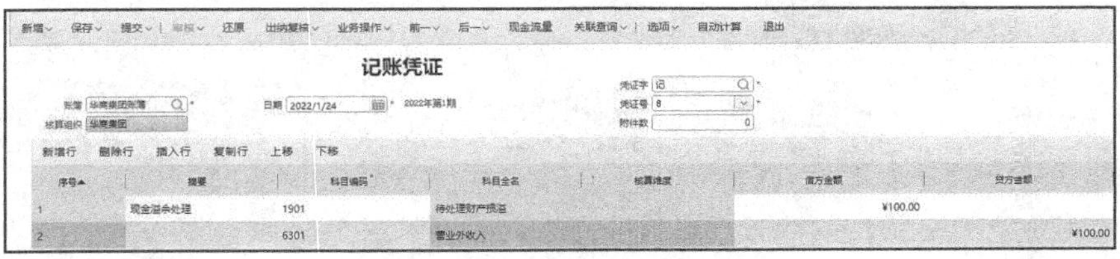

图 8-55　生成凭证

友情提示 8-4

完成本章业务后，备份数据中心，备份文件命名为"华商集团-姓名-出纳管理"，保存到 U 盘或网盘。

第九章 | 资金管理

【学习目标】
- 信贷业务处理
- 资金划拨业务处理

在开始本章学习之前，需要引入"华商集团-姓名-出纳管理"备份数据中心，以保持数据的连续性。

第一节 | 概述

一、总体介绍

资金管理系统可以帮助企业建立资金集中管理和集中监控的平台，实现账户集中管控和实时监控，并实现收支两条线的资金管理模式。通过资金收支两条线管理，不仅能加强对下属公司资金的监控，盘活存量资金，提高资金使用效率，还能降低资金运作成本和风险，保证资金安全。

二、功能结构

（一）主要功能

资金管理主要功能包括：（1）账户管理；（2）资金内部账户初始化；（3）收款与上划；（4）下拨与付款；（5）内部活期计息；（6）票据管理；（7）银行信贷。

（二）业务流程

资金管理业务流程如图 9-1 所示。

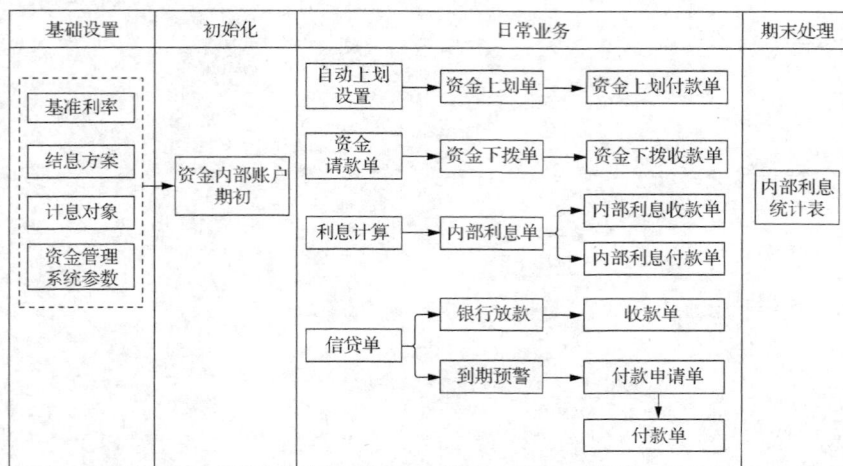

图 9-1　资金管理业务流程

三、基本概念

（一）收支两条线

金蝶云资金管理系统支持结算中心收支两条线资金管理模式，明确划分成员单位收入资金和支出资金的流动，严禁坐支，并实行有效集中管理，减少现金持有成本，加速资金周转。

成员单位银行账户管理需要区分收入账户和支出账户，收入账户的资金按时上划到资金组织母账户，而资金组织根据资金计划或者成员单位请款把资金下拨到成员单位的支出账户，由成员单位对外进行付款结算。

（二）资金请款单

成员单位根据资金计划或自身资金需求，向资金组织发起资金请款，资金组织审批通过的资金请款单可作为资金组织的资金下拨单的源单。

（三）资金下拨单与资金下拨收款单

资金组织根据资金预算或审批通过的成员单位资金请款单，发起资金下拨，资金组织母账户资金下拨到各成员单位账户。资金下拨单审核时，会同时产生成员单位的收款单。

（四）资金上划单与资金上划付款单

资金组织发起进行资金上划，各成员单位账户资金上划到资金组织母账户。资金上划单审核时，会同时产生成员单位的付款单。

（五）信贷单

信贷单管理和维护的是收付组织和银行间的信贷合同。通过信贷单发放计划下推收款单，处理信贷放款到账业务。通过信贷单还款计划下推付款单，处理信贷到期还本或付息业务。

（六）利息计算

由资金组织发起进行内部活期计息，对各成员单位内部账户资金进行收益和成本核算及考核。利息计算采用向导的方式，只需要用户录入利息计算的对象以及计算的日期范围，系统即可自动完成存款利息和透支利息的计算。内部活期计息采用积数计息法，其与银行活期存款的计息方法一致。利息计算的结果将由系统自动产生内部利息单。

（七）内部利息单与借款利息单

金蝶云资金管理系统既支持内部活期计息，生成内部利息单，明细核算资金的收益和资金占用成本；也支持信贷资金计息，生成借款利息单，明细核算信贷资金成本。

第二节 | 基础资料设置

一、业务数据

（一）基准利率

（1）新增的基准利率分组如表 9-1 所示。

表9-1 　　　　　　　　　　　　　　　　新增基准利率分组

编码	名称	利率表示	折算天数
001	活期利率表	年	360

（2）"活期"基准利率组下新增的基准利率如表9-2所示。

表9-2 　　　　　　　　　　　　　　　　基准利率

启用日期	利率表	币别	利率
2021-01-01	活期利率表	人民币	2%

（二）计息对象

新增的计息对象明细信息如表9-3所示。

表9-3 　　　　　　　　　　　　　　　　计息对象明细信息

项目	明细信息	项目	明细信息
启用日期	2022-01-01	结息方案	月结
上次结息日	2021-12-31	计息对象来源	内部账户
创建组织	华商商贸	计息对象	NB01
使用组织	华商商贸	币别	人民币
名称	华商商贸内部计息	利率表	活期利率表
利率适用类型	浮动利率	计息标准	标准

（三）信贷期初

华商商贸期初存在一笔短期贷款，贷款详细信息如表9-4所示。

表9-4 　　　　　　　　　　　　　　　　期初短期贷款明细信息

项目	明细信息	项目	明细信息
业务日期	2021-12-31	币别	人民币
银行	荆楚银行长江支行	借款金额	1 000 000.00 元
银行账号	622288882	起始日期	2021-12-31
担保方式	信用	到期日期	2022-01-31
借款组织	华商商贸	贷款利率	4.80%

二、业务解析

华商商贸对资金管理系统中的基准利率和计息对象进行维护，并录入信贷期初。

三、操作步骤

微课堂

基础资料设置

（一）定义基准利率

（1）核对当前组织。确保当前组织为华商商贸。

（2）新增"活期利率表"分组。执行【财务会计】-【资金管理】-【基础资料】-【基准利率】命令，在打开的"基准利率"页面上，单击【新增分组】按钮，根据表9-1录入业务数据，如图9-2所示，单击工具栏中的【保存】按钮。

（3）定义基准利率。选择新增的"活期"分组，单击工具栏中的【新增】按钮，在弹出的【基准利率-新增】页签中输入表 9-2 中基准利率的信息，如图 9-3 所示。依次单击工具栏中的【保存】－【提交】－【审核】按钮，完成基准利率设置操作。

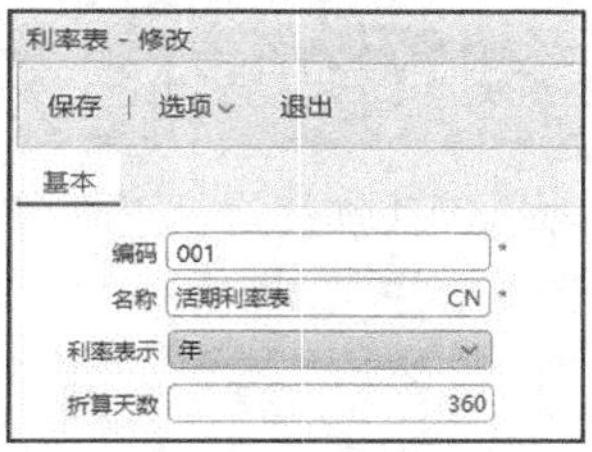

图 9-2　新增"活期利率表"分组

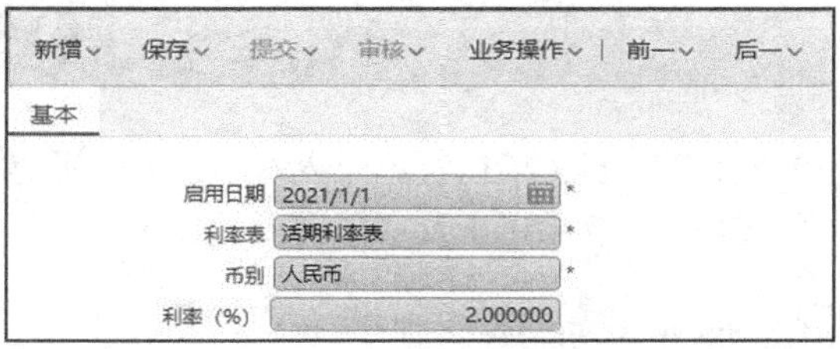

图 9-3　定义基准利率

（二）新增计息对象

（1）核对当前组织。确保当前组织为华商商贸。

（2）新增计息对象。执行【财务会计】－【资金管理】－【基础资料】－【计息对象】命令，在打开的"计息对象"页面上，单击工具栏中的【新增】按钮，在【计息对象-新增】页签中根据表 9-3 录入业务数据，如图 9-4 所示。依次单击工具栏中的【保存】－【提交】－【审核】按钮，完成业务操作。

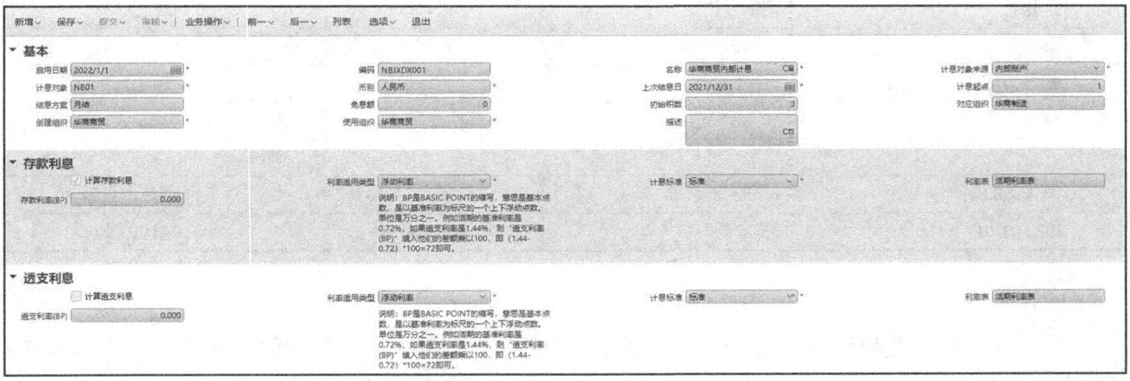

图 9-4　新增计息对象

（三）录入信贷期初

（1）核对当前组织。确保当前组织为华商商贸。

（2）录入期初短期贷款。执行【财务会计】－【资金管理】－【日常处理】－【信贷单】命令，在打开的"信贷单"页面上，单击工具栏中的【新增】按钮，在【信贷单-修改】页签中根据表 9-4 录入业务数据，如图 9-5 所示。依次单击工具栏中的【保存】－【提交】－【审核】按钮，并选择工具栏中的【业务操作】按钮中的"修改利率"选项，录入贷款利率，完成录入信贷期初业务操作。

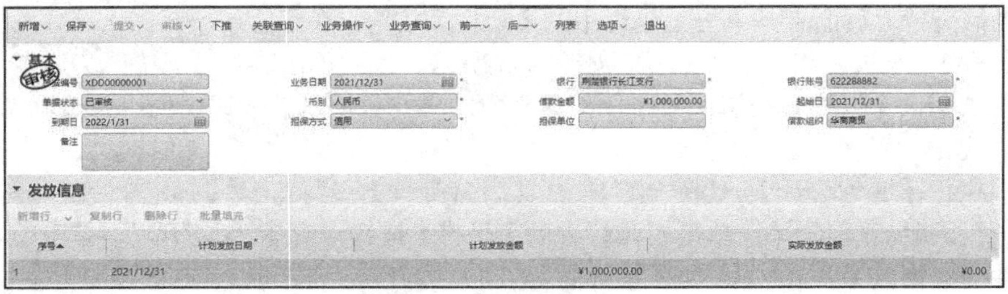

友情提示 9-1

图 9-5　期初短期贷款

第三节 信贷业务处理

企业信贷业务主要包括信贷单录入、贷款资金收款单录入、借款利息单录入、还本付息付款单录入等业务。本节业务操作主要在华商商贸完成。

一、取得借款业务处理

（一）业务数据

2022年1月1日，华商商贸取得长期贷款10 000 000.00元，贷款详细明细信息如表9-5所示，年利率为8.80%，每半年支付一次利息。

表9-5 长期贷款明细

项目	明细信息	项目	明细信息
业务日期	2022-01-01	币别	人民币
银行	荆楚银行长江支行	银行账号	622288882
起始日期	2022-01-01	到期日期	2025-01-01
担保方式	保证	担保单位	华商集团
借款组织	华商商贸		
发放		还款	
计划发放日期	计划发放金额	计划还款日期	计划还本金额
2022-01-01	10 000 000.00 元	2025-01-01	10 000 000.00 元

（二）业务解析

信贷单记录借款组织与银行间的信贷合同的关键信息，相当于信贷合同，不会导致系统资金的实际流转。资金发放到账时，借款组织通过信贷单下推其他业务收款单完成业务。

通过自用收款单凭证模板生成凭证后，需手工将凭证中的"短期借款"修改为"长期借款"。

收到贷款的会计分录为：

借：银行存款——荆楚银行长江支行　　　　　10 000 000.00

　　贷：长期借款　　　　　　　　　　　　　　　10 000 000.00

（三）操作步骤

（1）核对当前组织。确保当前组织为华商商贸。

（2）信贷单录入。执行【财务会计】-【资金管理】-【日常处理】-【信贷单】命令，在打开的"信贷单"页面上，单击工具栏中的【新增】按钮，在【信贷单-新增】页签中根据表9-5录入相关业务数据，如图9-6所示。依次单击工具栏中的【保存】-【提交】-【审核】按钮，并选择工具栏中的【业务操作】按钮中的"修改利率"选项，录入贷款利率，完成业务操作。

（3）收款单录入。执行【财务会计】-【资金管理】-【日常处理】-【信贷单】命令，在打开的"信贷单"页面上，选中长期借款信贷单，单击工具栏中的【下推】按钮，选择"收款单"，单击【确定】按钮后进入【收款单-修改】页签，修改业务日期为"2022/1/1"，结算方式选择"电汇"，如图9-7所示。依次单击工具栏中的【保存】-【提交】-【审核】按钮，完成业务操作。

微课堂

取得借款业务处理

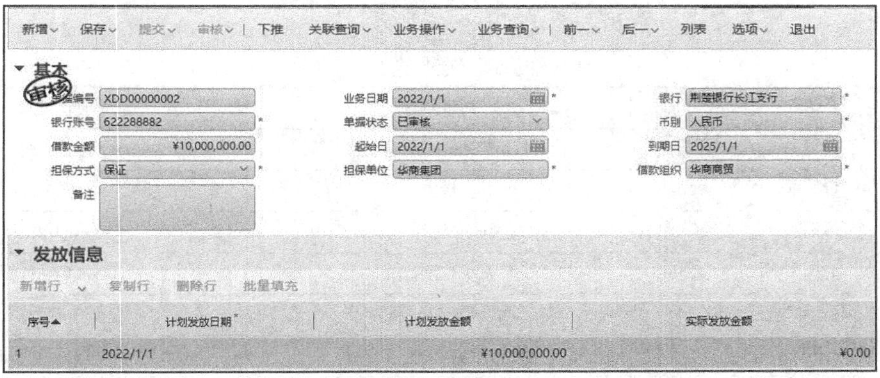

图 9-6　信贷单

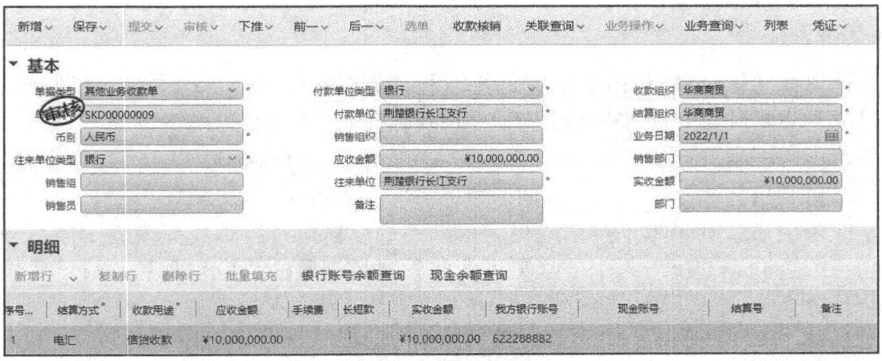

图 9-7　收款单

（4）收款单生成凭证。执行【财务会计】-【出纳管理】-【日常处理】-【收款单】命令，在打开的"收款单"页面上，勾选该笔业务单据，选择工具栏中的【凭证】下拉项中的"生成凭证"选项，在"凭证生成"窗口勾选"华商商贸账簿"选项，单击下方的【凭证生成】按钮，进入"凭证生成报告列表"，勾选生成的凭证，单击工具栏中的【查看总账凭证】按钮，在凭证列表页签中双击凭证进入【凭证-修改】页签，在科目编码一列中将"短期借款"修改成"长期借款"，单击工具栏中的【保存】按钮。完成页面如图 9-8 所示。

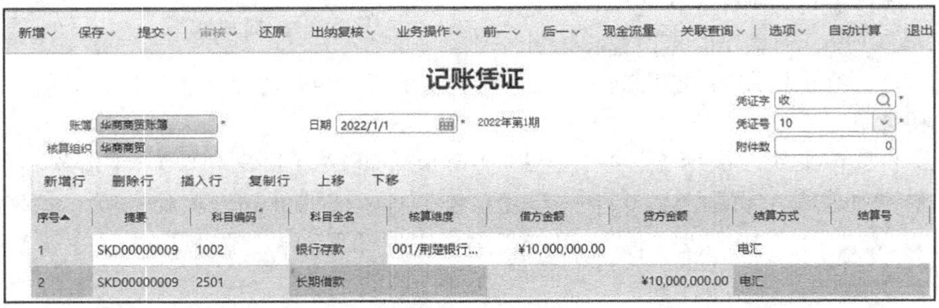

图 9-8　生成凭证

二、借款利息业务处理

（一）业务数据

2022 年 1 月 31 日，华商商贸对期初短期借款预提利息并支付处理。

"借款利息单"凭证模板设置相关要求如表 9-6 所示。

表 9-6   "借款利息单"凭证模板分录明细

分录类型	财务费用	应付利息
科目	财务费用——利息支出	应付利息
借贷方向	借方	贷方
币别	单据头.币别	单据头.币别
汇率	系统自动计算	系统自动计算
原币金额	单据头.应计利息	单据头.应计利息
本位币金额	单据头.应计利息本位币	单据头.应计利息本位币
摘要	固定摘要：预提利息	组合摘要：单据头.单据编号

（二）业务解析

预提利息计算在【信贷单-修改】页签进行，利息计算完成后会自动生成一张外部借款利息单。需通过新增借款利息单凭证模板来生成凭证。预提利息的会计分录为：

借：财务费用——利息支出   4 000.00
      贷：应付利息   4 000.00

支付利息业务由借款利息单下推生成付款单来完成。自用付款单凭证模板中需将分录行生成条件为"银行罚息或者利息支出"栏中的"财务费用"科目调整成"应付利息"科目后再生成凭证。支付利息的会计分录为：

借：应付利息   4 000.00
      贷：银行存款——荆楚银行长江支行   4 000.00

（三）操作步骤

（1）核对当前组织。确保当前组织为华商商贸。

（2）预提利息。执行【财务会计】-【资金管理】-【日常处理】-【信贷单】命令，在打开的"信贷单"页面上，选中并打开期初信贷单，单击工具栏【业务操作】按钮中"预提利息"选项，在"预提利息"页签设置起始日

图 9-9   预提利息

借款利息业务处理

期为"2022/1/1"，终止日期为"2022/1/31"，如图 9-9 所示。单击【确定】按钮，系统将自动生成一张外部借款利息单。

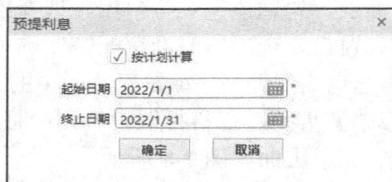

（3）借款利息单录入。执行【财务会计】-【资金管理】-【日常处理】-【借款利息单】命令，在打开的"借款利息单"页面上，选中并打开系统自动生成的外部借款利息单，将业务日期修改为"2022/1/31"，如图 9-10 所示。依次单击工具栏中的【保存】-【提交】-【审核】按钮，完成业务操作。

（4）新增自用借款利息单凭证模板。执行【财务会计】-【智能会计平台】-【基础资料】-【凭证模板】命令，在打开的"凭证模板"页面上，单击工具栏中的【新增】按钮。科目表选择"新会计准则科目表"，来源单据选择"借款利息单"，描述输入"预提利息"，核算组织来源选择"单据头.借款组织"，凭证字选择"记"，凭证日期选择"单据头.业务日期"，在模板分录中录入表 9-6 所示相关信息。单击工具栏中的【保存】按钮完成模板设置。完成页面如图 9-11 所示。

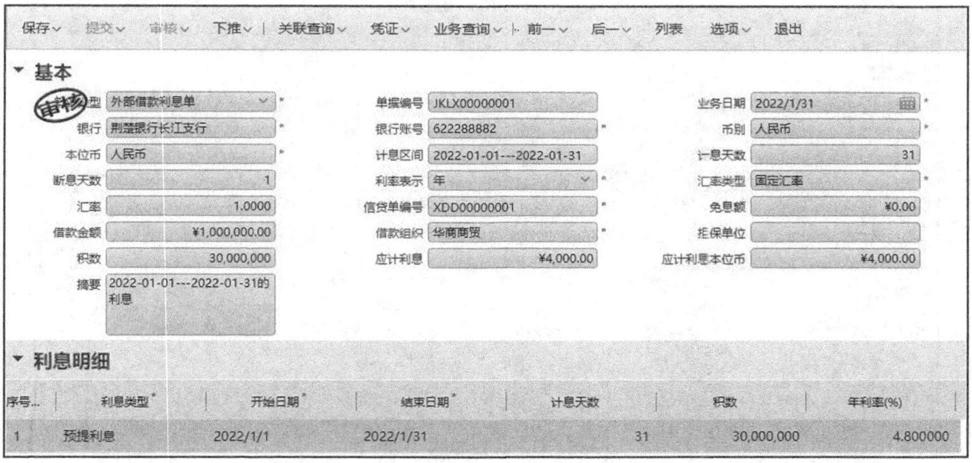

图 9-10 借款利息单

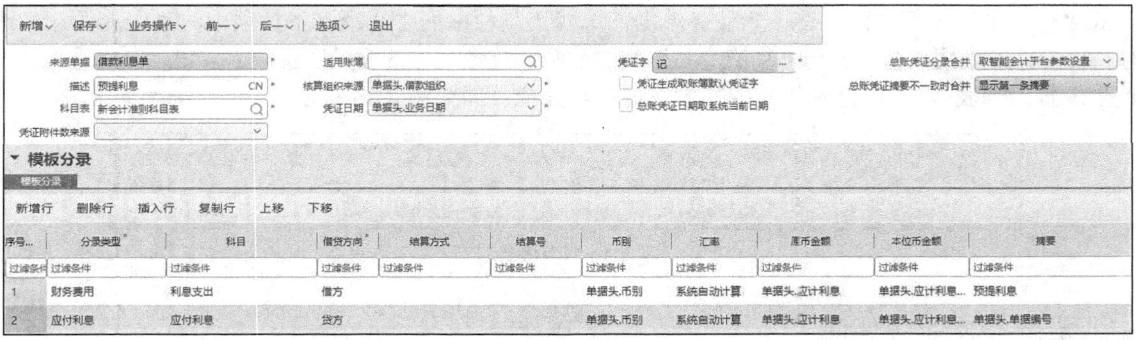

图 9-11 自用借款利息单凭证模板

（5）借款利息单凭证生成。执行【财务会计】-【资金管理】-【日常处理】-【借款利息单】命令，在打开的"借款利息单"页面上，勾选该笔业务单据，选择工具栏中的【凭证】下拉项中的"生成凭证"选项，在"凭证生成"窗口勾选"华商商贸账簿"选项，单击下方的【凭证生成】按钮，自动进入"凭证生成报告列表"，可以查看凭证成功生成情况。完成页面如图 9-12 所示。

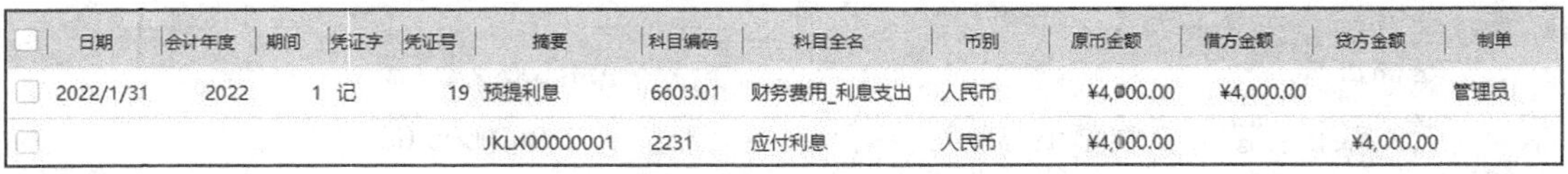

图 9-12 借款利息单

（6）利息付款单录入。执行【财务会计】-【资金管理】-【日常处理】-【借款利息单】命令，在打开的"借款利息单"页面上，勾选该单据，单击工具栏中的【下推】下拉项中的"生成付款单"选项，设置业务日期为"2022/1/31"，结算方式为"电汇"，如图 9-13 所示。依次单击工具栏中的【保存】-【提交】-【审核】按钮，完成业务操作。

（7）调整自用付款单凭证模板（描述为"付款单-凭证模板_付款组织"）。执行【财务会计】-【智能会计平台】-【基础资料】-【凭证模板】命令，在打开的"凭证模板"页面上，选中并打开自用付款单凭证模板，将业务分类条件为"结算组织与付款组织相同且非资金单据"的模板分录行生成条件为"银行罚息或者利息支出"栏中的"财务费用"科目调整成"应付利息"科目，单击工具栏中的【保存】按钮。

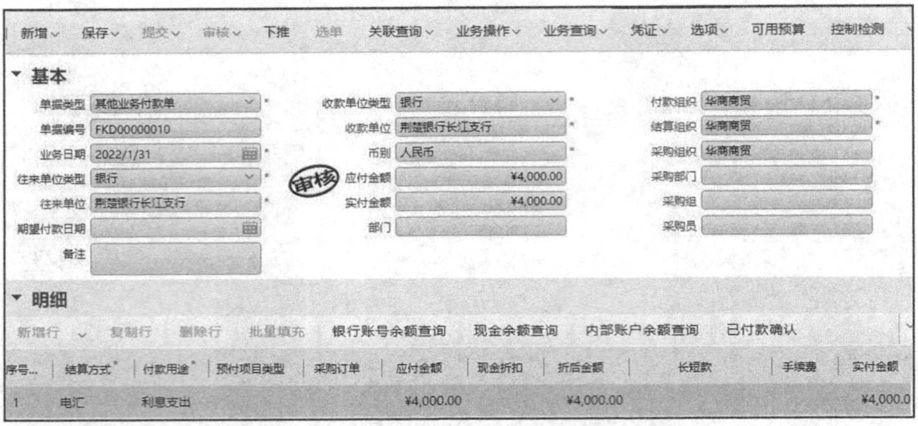

图 9-13　利息付款单

（8）付款单凭证生成。执行【财务会计】-【出纳管理】-【日常处理】-【付款单】命令，在打开的"付款单"页面上，勾选该笔业务单据，选择工具栏中的【凭证】下拉项中的"生成凭证"选项，在"凭证生成"窗口勾选"华商商贸账簿"选项，单击下方的【凭证生成】按钮，自动进入"凭证生成报告列表"，可以查看凭证成功生成情况。完成页面如图 9-14 所示。

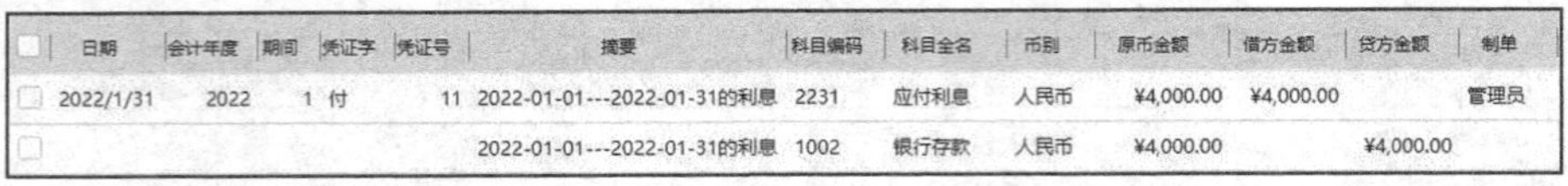

图 9-14　生成凭证

三、借款偿还业务处理

（一）业务数据

2022 年 1 月 31 日，华商商贸偿还短期借款本金 1 000 000.00 元。

（二）业务解析

贷款偿还业务由贷款单下推生成付款单来完成。可以直接通过自用付款单凭证模板生成凭证。偿还贷款业务的会计分录为：

借：长期借款　　　　　　　　　　　　　　　　1 000 000.00
　　贷：银行存款——荆楚银行长江支行　　　　　　　　1 000 000.00

（三）操作步骤

（1）核对当前组织。确保当前组织为华商商贸。

（2）付款单录入。执行【财务会计】-【资金管理】-【日常处理】-【信贷单】命令，在打开的"信贷单"页面上，勾选到期的短期信贷单，单击工具栏中的【下推】按钮进入"选择单据"页签，选中"付款单"选项，单击【确定】按钮。进入"付款单-修改"页签，修改业务日期为"2022/1/31"，结算方式选择"电汇"，如图 9-15 所示。依次单击工具栏中的【保存】-【提交】-【审核】按钮，完成业务操作。

（3）付款单凭证生成。执行【财务会计】-【出纳管理】-【日常处理】-【付款单】命令，在打开的"付款单"页面上，勾选该笔业务单据，选择工具栏中的【凭证】下拉项中的"生成凭证"选项，在"凭证生成"窗口勾选"华商商贸账簿"选项，单击下方的【凭证生成】按钮，自动进入"凭证生成报告列表"，可以查看凭证成功生成情况。完成页面如图 9-16 所示。

微课堂

借款偿还业务处理

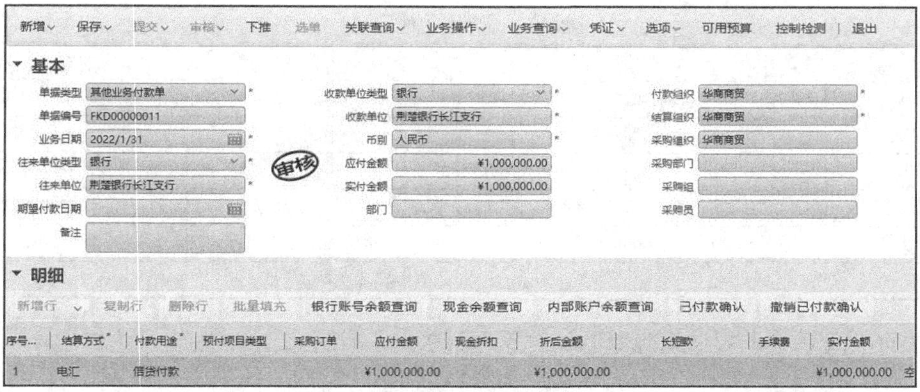

图 9-15　付款单

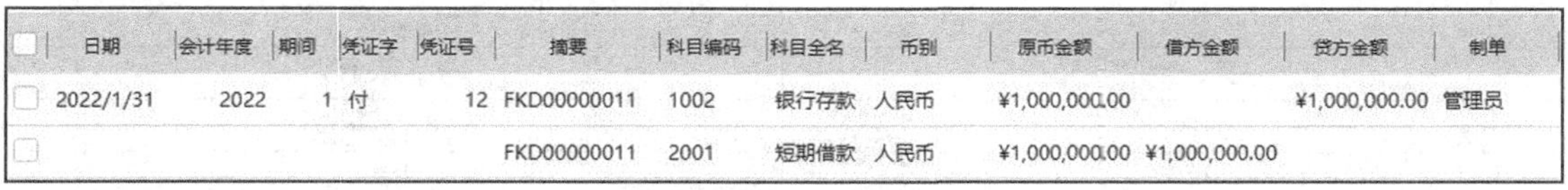

日期	会计年度	期间	凭证字	凭证号	摘要	科目编码	科目全名	币别	原币金额	借方金额	贷方金额	制单
2022/1/31	2022	1	付	12	FKD00000011	1002	银行存款	人民币	¥1,000,000.00		¥1,000,000.00	管理员
					FKD00000011	2001	短期借款	人民币	¥1,000,000.00	¥1,000,000.00		

图 9-16　生成凭证

第四节　资金划拨业务处理

收付两条线资金管理模式下的资金划拨业务主要包括资金上划、资金下拨、内部计息业务等。资金上划业务具体有：资金组织资金上划单录入（需凭证生成）、成员单位资金上划付款单录入（需凭证生成）、自动上划设置等；资金下拨业务具体有：成员单位资金请款单录入、资金组织资金下拨单录入（需凭证生成）、成员单位资金下拨收款单录入（需凭证生成）等。内部计息业务具体有：内部利息计算、资金组织内部利息单录入（需凭证生成）、成员单位内部利息收款单或付款单录入（需凭证生成）等。本节业务操作主要在华商商贸（资金组织）与华商制造（成员单位）完成。

一、资金上划业务处理

（一）业务数据

2022 年 1 月 1 日，华商集团决定由华商商贸作为资金集中管理方，对华商制造实行收付两条线资金管理制度，要求华商制造每日除了可以保留 5 000.00 元的库存现金限额外，其他资金都必须上划至华商商贸，并规定每月 20 日为内部利息计息日。

2022 年 1 月 1 日，华商制造向华商商贸上划全部银行存款账户资金 5 132 000.00 元后，进行自动上划设置。

华商制造银行转账单明细信息如表 9-7 所示。

表 9-7　银行转账单明细信息

业务日期	单据类型	转入账号	转出账号	转入金额/元	摘要
2022-01-01	标准转账	622288885	622288881	5 132 000.00	内部转账

华商商贸资金上划单明细信息如表 9-8 所示。

表 9-8   资金上划单明细信息

项目	明细信息	项目	明细信息
业务日期	2022-01-01	总金额	5 132 000.00 元
资金组织	华商商贸	币别	人民币
结算方式	电汇	单位	华商制造
银行	荆楚银行长江支行	单位账号	622288885
母账号	622288882	单位内部账户	NB01
备注	资金上划		

华商商贸资金自动上划设置明细信息如表 9-9 所示。

表 9-9   自动上划设置明细信息

项目	明细信息
方案名称	华商制造上划设置
资金组织	华商商贸
母账号	622288882
币别	人民币
结算方式	电汇
上划周期	每天
提交方式	暂存单据
上划执行人	管理员
划拨时间	22:00:00
下次执行时间	2022-01-02 22:00:00
单位	华商制造
单位账号	622288885
单位内部账号	NB01
备注	资金自动上划

华商制造资金上划付款单明细信息如表 9-10 所示。

表 9-10   资金上划付款单明细信息

业务日期	往来单位收款单位	付款组织	结算方式	我方银行账号	应付金额实付金额	内部账号
2022-01-01	华商商贸	华商制造	电汇	622288885	5 132 000.00 元	NB01

（二）业务解析

资金上划单的主业务组织为资金组织，由资金组织发起上划各成员单位的资金头寸。资金上划单审核时，系统会自动逐行产生对应成员单位的付款单（对应的单据类型：资金上划），以供成员单位通过单据查询资金上划数据，并更新成员单位银行账户以及内部账户余额，登记成员单位银行账户以及内部账户的银行存款日记账。

由于资金上划只能通过成员单位收入账户实现，故华商制造需先录入一张银行转账单（不需生成凭证），将收付款账户中的款项划转到收入账户后，再将资金上划给华商商贸。复制新增一张自用的资金上划单凭证模板，定义银行存款核算维度后，即可由该模板生成凭证。资金组织华商商贸资金上划的会计分录为：

借：银行存款——荆楚银行长江支行   5 132 000.00
　　贷：其他应付款——统支款   5 132 000.00

成员单位华商制造会自动生成一张资金上划付款单，可以由自用付款单凭证模板生成凭证。成员组织华商制造上划付款的会计分录为：

借：其他应收款——统收款　　　　　　　　　　　　　　5 132 000.00

　　贷：银行存款——荆楚银行长江支行　　　　　　　　　　　5 132 000.00

（三）操作步骤

（1）核对当前组织。确保当前组织为华商制造。

（2）银行转账单录入。执行【财务会计】-【出纳管理】-【日常处理】-【银行转账单】命令，在打开的"银行转账单"页面上，单击工具栏中的【新增】按钮。参照表 9-7 录入业务数据，如图 9-17 所示。依次单击工具栏中的【保存】-【提交】-【审核】按钮，完成银行转账单录入操作。

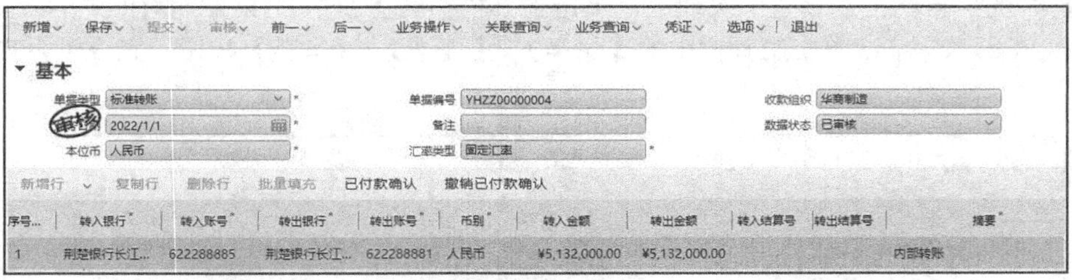

微课堂

资金上划业务处理

图 9-17　银行转账单

（3）切换当前组织为华商商贸。

（4）资金上划单录入。执行【财务会计】-【资金管理】-【日常处理】-【资金上划单】命令，在打开的"资金上划单"页面上，单击工具栏中的【新增】按钮。参照表 9-8 录入业务数据，如图 9-18 所示。依次单击工具栏中的【保存】-【提交】-【审核】按钮，完成资金上划单录入操作。

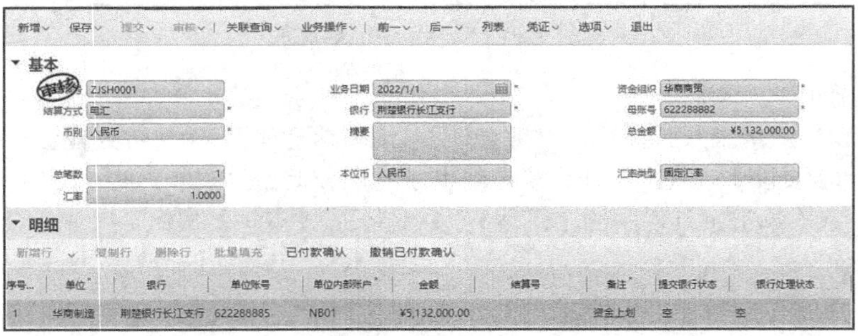

图 9-18　资金上划单

（5）复制新增"资金上划单"凭证模板。执行【财务会计】-【智能会计平台】-【基础资料】-【凭证模板】命令，在打开的"凭证模板"页面上，勾选"资金上划单"凭证模板（编码 071），选择工具栏中的【新增】按钮中的"复制"选项，适用账簿选择全部组织。单击选中"分录类型"为"资金"的行，单击打开"科目"对应的"银行存款"栏目，进入科目设置修改页面。单击选中"科目取值"为"银行存款"所在行，在下面对应的"科目核算维度来源"中单击展开"取单据上的字段"栏目，将核算维度设置为"单据头.母账号.开户银行"。单击工具栏中的【保存】按钮。

（6）资金上划单凭证生成。执行【财务会计】-【资金管理】-【日常处理】-【资金上划单】命令，在打开的"资金上划单"页面上，勾选该笔业务单据，选择工具栏中的【凭证】下拉项中的"生成凭证"选项，在"凭证生成"窗口勾选"华商商贸账簿"选项，单击下方的【凭证生成】按钮，自动进入"凭证生成报告列表"，可以查看凭证成功生成情况。完成页面如图 9-19 所示。

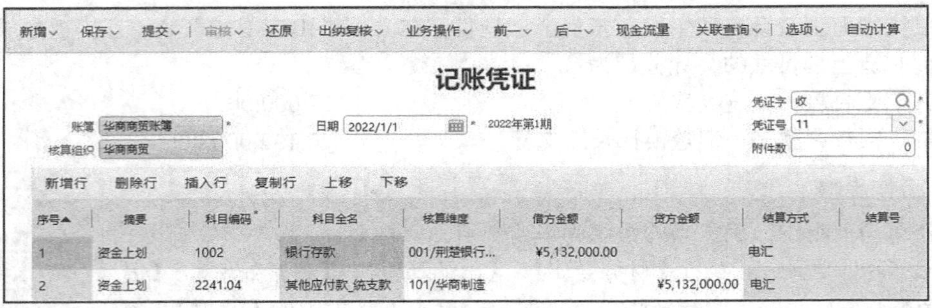

图 9-19　生成凭证

（7）资金自动上划设置。执行【财务会计】-【资金管理】-【日常处理】-【自动上划设置】命令，在打开的"自动上划设置"页面上，单击工具栏中的【新增】按钮。参照表 9-9 录入业务数据，如图 9-20 所示。依次单击工具栏中的【保存】-【提交】-【审核】按钮，完成资金自动上划设置操作。

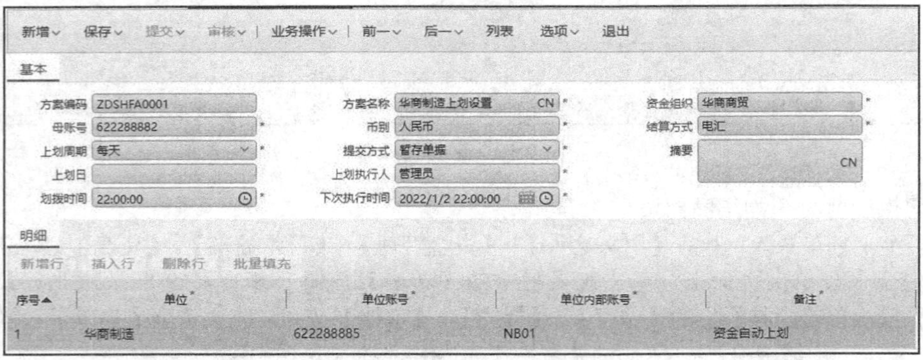

图 9-20　资金自动上划设置

（8）切换当前组织为华商制造。

（9）资金上划付款单录入。执行【财务会计】-【出纳管理】-【日常处理】-【付款单】命令，在打开的"付款单"页面上，双击打开系统自动生成的资金上划付款单，参照表 9-10 录入业务数据，如图 9-21 所示。依次单击工具栏中的【保存】-【提交】-【审核】按钮，完成资金上划付款单录入操作。

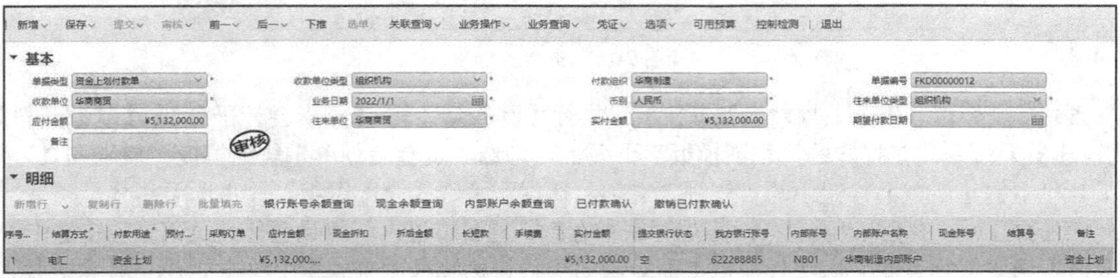

图 9-21　资金上划付款单

（10）资金上划付款单凭证生成。执行【财务会计】-【出纳管理】-【日常处理】-【付款单】命令，在打开的"付款单"页面上，勾选资金上划付款单单据，选择工具栏中的【凭证】下拉项中的"生成凭证"选项，在"凭证生成"窗口勾选"华商制造账簿"选项，单击下方的【凭证生成】按钮，自动进入"凭证生成报告列表"，可以查看凭证成功生成情况。完成页面如图 9-22 所示。

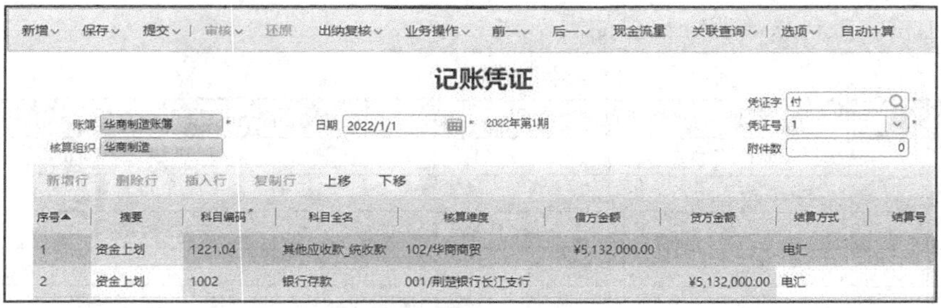

图 9-22　生成凭证

二、资金下拨业务处理

（一）业务数据

2022 年 1 月 15 日，华商制造计提分配本月职工薪酬。华商制造向华商商贸申请下拨资金完成薪酬发放。华商制造职工薪酬情况如表 9-11 所示。

表 9-11　　　　　　　　　　　职工薪酬信息表

职工所属部门	薪酬总额/元	费用承担部门	计入会计科目
行政部	40 000.00	行政部	管理费用——人工费（行政部）
财务部	30 000.00	财务部	管理费用——人工费（财务部）
采购部	32 000.00	采购部	管理费用——人工费（采购部）
生产部/一车间（管理人员）	10 000.00	生产部	制造费用——车间
生产部/一车间（电池生产）	100 000.00	生产部/一车间	生产成本——直接人工（电池）
生产部/二车间（管理人员）	20 000.00	生产部	制造费用——二车间
生产部/二车间（平板Ⅰ生产）	400 000.00	生产部/二车间	生产成本——直接人工（平板Ⅰ）
生产部/二车间（平板Ⅱ生产）	450 000.00	生产部/二车间	生产成本——直接人工（平板Ⅱ）
市场部	34 000.00	市场部	销售费用
合计	1 116 000.00	——	——

成员单位华商制造资金请款单明细信息如表 9-12 所示。

表 9-12　　　　　　　　　　资金请款单明细信息

项目	明细信息	项目	明细信息
申请日期	2022-01-16	资金组织	华商商贸
收款组织	华商制造	收款账号	622288886
收款银行	荆楚银行长江支行	申请金额	1 116 000.00 元
用途	工资发放		

资金组织华商商贸资金下拨单明细信息如表 9-13 所示。

表 9-13　　　　　　　　　　资金下拨单明细信息

项目	明细信息	项目	明细信息
业务日期	2022-01-16	明细.单位	华商制造
资金组织	华商商贸	结算方式	电汇
银行	荆楚银行长江支行	明细.单位账号	622228886
单据头.母账号	622288882	金额	1 116 000.00 元
单位内部账号	NB01		

成员单位华商制造工资发放付款单明细信息如表 9-14 所示。

表 9-14 工资发放付款单明细信息

项目	明细信息	项目	明细信息
单据类型	工资发放付款单	业务日期	2022-01-16
付款组织	华商制造	结算组织	华商制造
收款单位类型	部门	往来单位类型	部门
收款单位	财务部	往来单位	财务部
结算方式	电汇	付款用途	工资发放
应付/实付金额	1 116 000.00 元	我方银行账号	622288886

（二）业务解析

华商制造首先计提职工薪酬。为了发放薪酬，华商制造需向华商商贸开出资金请款单，申请下拨资金。华商商贸通过资金下拨单将资金拨付给华商制造用于发放工资。

本业务成员单位华商制造需要处理的业务有：手工录入计提薪酬凭证、录入资金请款单、录入资金下拨收款单（需凭证生成）、录入工资发放付款单（需凭证生成）。

本业务资金组织华商商贸需要处理的业务有：录入资金下拨单（需凭证生成）。复制新增一张自用的资金下拨单凭证模板，定义银行存款核算维度后，即可由该模板生成凭证。

（1）成员单位华商制造计提薪酬的会计分录：

借：管理费用——人工费（行政部） 40 000.00
    管理费用——人工费（财务部） 30 000.00
    管理费用——人工费（采购部） 32 000.00
    制造费用（一车间） 10 000.00
    制造费用（二车间） 20 000.00
    生产成本——直接人工（一车间/电池） 100 000.00
        ——直接人工（二车间/平板Ⅰ） 400 000.00
        ——直接人工（二车间/平板Ⅱ） 450 000.00
    销售费用（市场部） 34 000.00
    贷：应付职工薪酬 1 116 000.00

（2）资金组织华商商贸资金下拨的会计分录：

借：其他应收款——统收款 1 116 000.00
    贷：银行存款——荆楚银行长江支行 1 116 000.00

（3）成员单位华商制造收到下拨资金的会计分录：

借：银行存款——荆楚银行长江支行 1 116 000.00
    贷：其他应收款——统收款 1 116 000.00

（4）成员单位华商制造工资发放的会计分录：

借：应付职工薪酬 1 116 000.00
    贷：银行存款——荆楚银行长江支行 1 116 000.00

（三）操作步骤

（1）核对当前组织。确保当前组织为华商制造。

（2）手工录入计提薪酬凭证。执行【财务会计】-【总账】-【凭证处理】-【凭证录入】命令，在打开的"凭证录入"页面上，将日期修改为"2022/1/16"，依据计提薪酬的会计分录录入凭证数据，如图 9-23 所示，单击工具栏中的【保存】按钮。

微课堂

资金下拨业务处理

图 9-23　录入计提薪酬凭证

（3）资金请款单录入。执行【财务会计】-【资金管理】-【日常处理】-【资金请款单】命令，在打开的"资金请款单"页面上，单击工具栏中的【新增】按钮。参照表 9-12 录入业务数据，如图 9-24 所示。依次单击工具栏中的【保存】-【提交】-【审核】按钮，完成资金请款单录入操作。

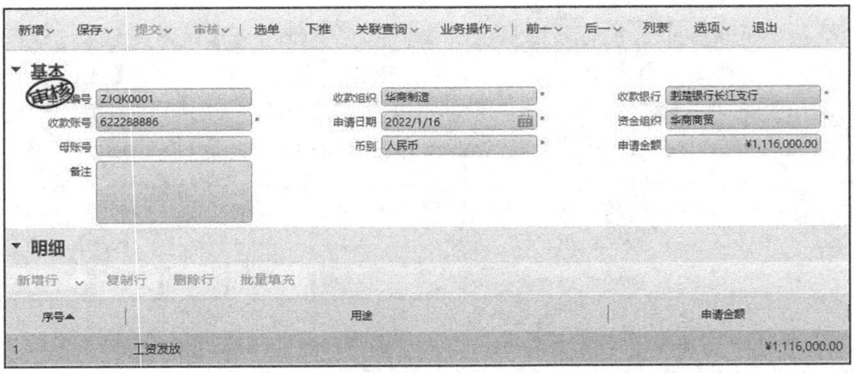

图 9-24　资金请款单

（4）切换当前组织为华商商贸。

（5）资金下拨单录入。执行【财务会计】-【资金管理】-【日常处理】-【资金下拨单】命令，在打开的"资金下拨单"页面上，单击工具栏中的【新增】按钮，在资金下拨单新增页面单击工具栏中的【选单】按钮，选取华商制造录入的资金请款单后，参照表 9-13 录入业务数据，如图 9-25 所示。依次单击工具栏中的【保存】-【提交】-【审核】按钮，完成资金下拨单录入操作。

（6）复制新增"资金下拨单"凭证模板。执行【财务会计】-【智能会计平台】-【基础资料】-【凭证模板】命令，在打开的"凭证模板"页面上，勾选"资金下拨单"凭证模板（编码 072），选择工具栏上【新增】按钮中的"复制"选项，适用账簿选择全部组织。单击选中"分录类型"为"资金"的所在行，单击打开"科目"对应的"银行存款"栏目，进入科目设置修改页面。单击选中"科目取值"为"银行存款"的所在行，在下面对应"科目核算维度来源"中单击展开"取单据上的字段"栏目，将核算维度设置为"单据头.母账号.开户银行"，并将分录类型为"其他应收款"和"资金"的两行模板分录中的"本位币金额"修改为"明细.金额"，单击工具栏中的【保存】按钮。完成页面如图 9-26 所示。

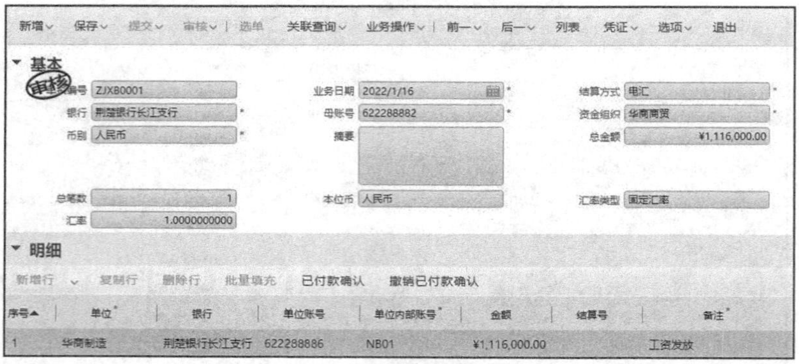

图 9-25　资金下拨单

模板分录

新增行　删除行　插入行　复制行　上移　下移

序号	分录类型	科目	借贷方向	结算方式	结算号	币别	汇率	原币金额	本位币金额	摘要
1	其他应收款	统收款	借方	明细.结算方式	明细.结算号	单据头.币别	系统自动计算	明细.金额	明细.金额	明细.备注
2	资金	银行存款	贷方	明细.结算方式	明细.结算号	单据头.币别	系统自动计算	明细.金额	明细.金额	明细.备注
3	汇兑损益	汇兑损益	系统自动...	明细.结算方式	明细.结算号	记账本位币	1	系统自动计算	系统自动计算	明细.备注

图 9-26　资金下拨单凭证模板

（7）资金下拨单凭证生成。执行【财务会计】-【资金管理】-【日常处理】-【资金下拨单】命令，在打开的“资金下拨单”页面上，勾选该笔业务单据，选择工具栏中的【凭证】下拉项中的“生成凭证”选项，在“凭证生成”窗口勾选“华商商贸账簿”选项，单击下方的【凭证生成】按钮，自动进入“凭证生成报告列表”，可以查看凭证成功生成情况。完成页面如图 9-27 所示。

日期	会计年度	期间	凭证字	凭证号	摘要	科目编码	科目全名	币别	原币金额	借方金额	贷方金额	制单
2022/1/...	2022	1	付	13	工资发放	1221.04	其他应收款_统收款	人民币	¥1,116,000.00	¥1,116,000.00		管理员
					工资发放	1002	银行存款	人民币	¥1,116,000.00		¥1,116,000.00	

图 9-27　生成凭证

（8）切换当前组织为华商制造。

（9）资金下拨收款单录入。执行【财务会计】-【出纳管理】-【日常处理】-【收款单】命令，在打开的“收款单”页面上，可见系统自动生成的已审核资金下拨收款单，可双击打开核对明细信息。完成页面如图 9-28 所示。

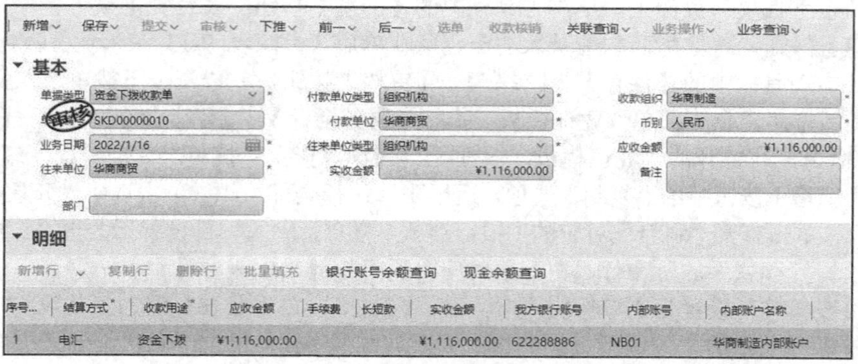

图 9-28　资金下拨收款单

（10）资金下拨收款单凭证生成。执行【财务会计】-【出纳管理】-【日常处理】-【收款单】命令，在打开的"收款单"页面上，勾选资金下拨收款单单据，选择工具栏中的【凭证】下拉项中的"生成凭证"选项，在"凭证生成"窗口勾选"华商制造账簿"选项，单击下方的【凭证生成】按钮，自动进入"凭证生成报告列表"，可以查看凭证成功生成情况。完成页面如图9-29所示。

图9-29　生成凭证

（11）工资发放付款单录入。执行【财务会计】-【出纳管理】-【日常处理】-【付款单】命令，在打开的"付款单"页面上，单击工具栏中的【新增】按钮。参照表9-14录入业务数据，如图9-30所示。依次单击工具栏中的【保存】-【提交】-【审核】按钮，完成二资发放付款单录入操作。

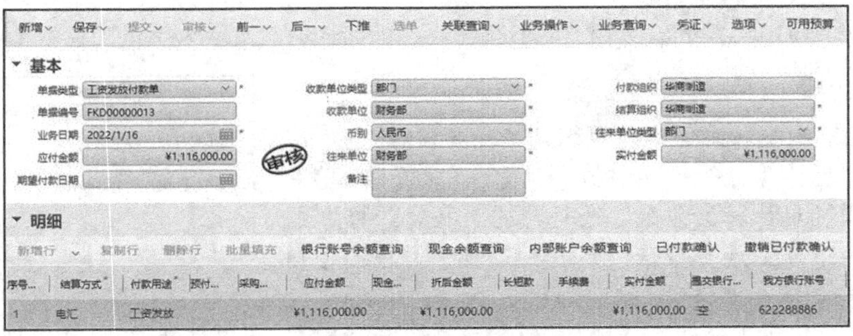

图9-30　工资发放付款单

（12）工资发放付款单凭证生成。执行【财务会计】-【出纳管理】-【日常处理】-【付款单】命令，在打开的"付款单"页面上，勾选工资发放付款单单据，选择工具栏中的【凭证】下拉项中的"生成凭证"选项，在"凭证生成"窗口勾选"华商制造账簿"选项，单击下方的【凭证生成】按钮，自动进入"凭证生成报告列表"，可以查看凭证成功生成情况。完成页面如图9-31所示。

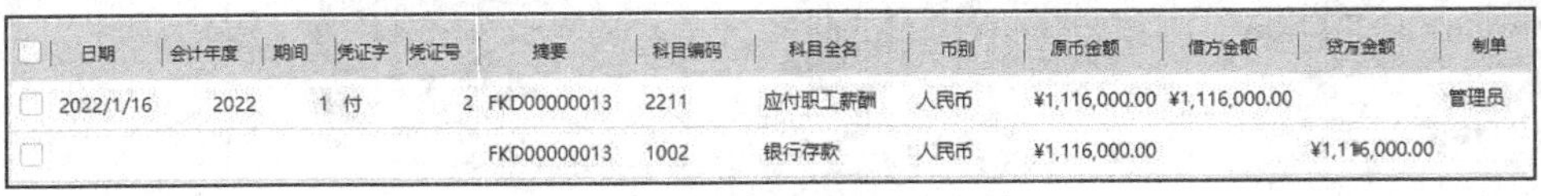

图9-31　生成凭证

友情提示9-3

三、内部计息业务处理

内部计息业务处理主要包括内部利息计算、内部利息单录入（需凭证生成）、内部利息收款单录入（需凭证生成）等。

（一）业务数据

2022年1月20日，华商商贸进行内部利息计算，并查看内部利息统计表。华商商贸内部利息计算明细如表9-15所示。

表 9-15　　　　　　　　　　　　　　　利息计算明细

项目名称	项目信息
计息对象	华商商贸内部计息
起始日期	2022-01-01
终止日期	2022-01-20

（二）业务解析

资金组织华商商贸定期对华商商贸的内部账户进行计息管理，利息计算采用向导方式，只需要用户录入利息计算对象以及计算的日期范围，系统即可自动完成存款利息和透支利息的计算，并同时自动生成一张内部利息单。华商商贸完成内部利息单审核后，系统会自动在成员单位华商制造生成一张内部利息收款单。

采用系统预置的相关凭证模板可自动生成内部利息单凭证和内部利息收款单凭证。

资金组织华商商贸内部利息单的会计分录：

借：财务费用——利息支出　　　　　　　　　5 392.22

　　贷：其他应收款——统收款　　　　　　　　　　　5 392.22

成员单位华商制造内部利息收款单的会计分录：

借：其他应收款——统收款　　　　　　　　　5 392.22

　　贷：财务费用——利息支出　　　　　　　　　　　5 392.22

微课堂

内部计息业务处理

（三）操作步骤

（1）核对当前组织。确保当前组织为华商商贸。

（2）进行利息计算。执行【财务会计】-【资金管理】-【日常处理】-【利息计算】命令，在打开的"利息计算"页面上，参照表 9-15 录入业务数据，如图 9-32 所示。单击【确定】按钮，结束操作。

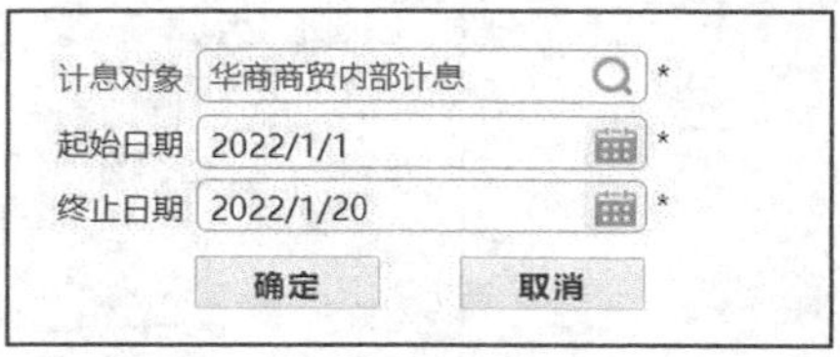

图 9-32　利息计算

（3）内部利息单录入。执行【财务会计】-【资金管理】-【日常处理】-【内部利息单】命令，在打开的"内部利息单"页面上，双击打开系统自动生成的内部利息单，将业务日期修改为"2022/1/20"，如图 9-33 所示。依次单击工具栏中的【保存】-【提交】-【审核】按钮，完成内部利息单录入操作。

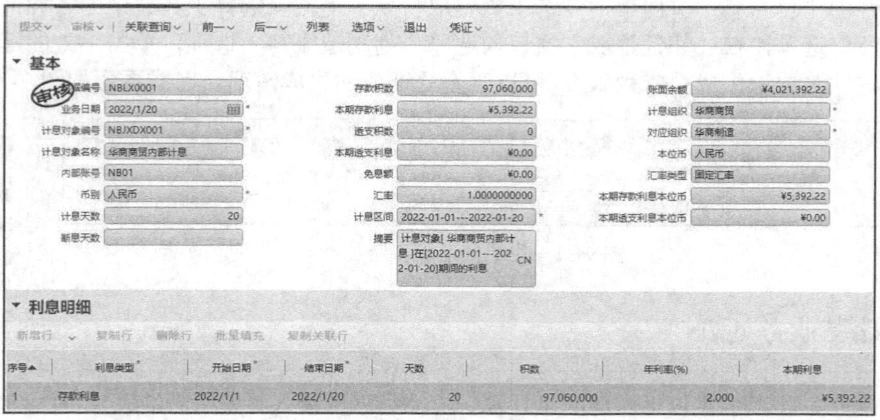

图 9-33　内部利息单

（4）内部利息单凭证生成。执行【财务会计】-【资金管理】-【日常处理】-【内部利息单】命令，在打开的"内部利息单"页面上，勾选内部利息单单据，选择工具栏中的【凭证】下拉项中的"生成凭证"选项，在"凭证生成"窗口勾选"华商商贸账簿"选项，单击下方的【凭证生成】按钮，自动进入"凭证生成报告列表"，可以查看凭证成功生成情况。完成页面如图9-34所示。

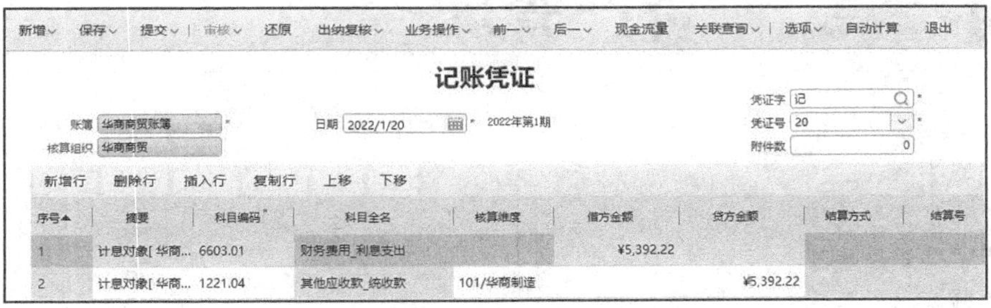

图9-34　生成凭证

（5）切换当前组织为华商制造。

（6）内部利息收款单录入。执行【财务会计】-【出纳管理】-【习常处理】-【收款单】命令，在打开的"收款单"页面上，可见系统自动生成已审核内部利息收款单，双击打开核对信息，完成页面如图9-35所示。

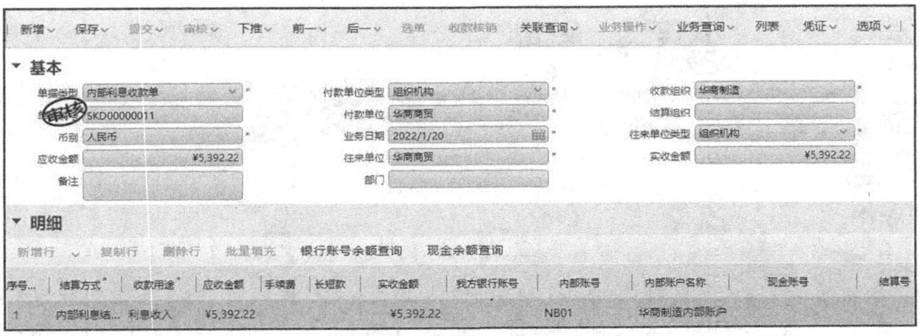

图9-35　内部利息收款单

（7）内部利息收款单凭证生成。执行【财务会计】-【出纳管理】-【日常处理】-【收款单】命令，在打开的"收款单"页面上，勾选内部利息收款单单据，选择工具栏中的【凭证】下拉项中的"生成凭证"选项，在"凭证生成"窗口勾选"华商制造账簿"选项，单击下方的【凭证生成】按钮，自动进入"凭证生成报告列表"，可以查看凭证成功生成情况。完成页面如图9-36所示。

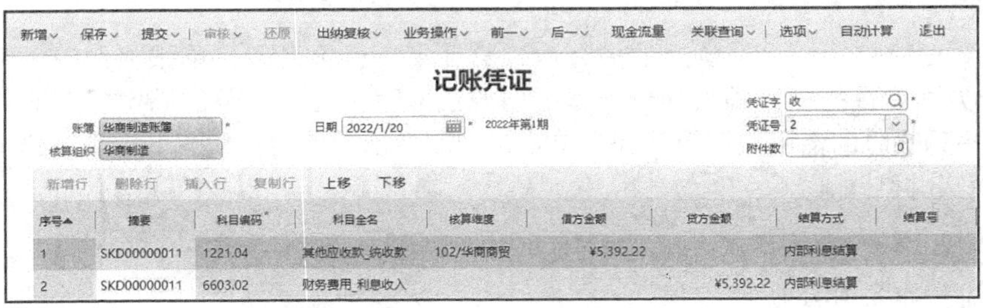

友情提示9-4

图9-36　生成凭证

完成本章业务后，备份数据中心，备份文件命名为"华商集团-姓名-资金管理"，保存到U盘或网盘。

第十章 | 资产管理

【学习目标】
- 资产购置业务处理
- 资产变更业务处理
- 资产调拨业务处理
- 资产盘点业务处理
- 资产折旧业务处理
- 资产处置业务处理

在开始本章学习之前，需要引入"华商集团–姓名–资金管理"备份数据中心，以保持数据的连续性。

第一节 | 概述

一、总体介绍

固定资产系统以资产卡片管理为中心，对资产购置进入企业到资产处置退出企业的整个生命周期进行管理，能对资产实物进行全程跟踪，能记录、计量资产的价值变化，能记录资产的使用情况和折旧费用分配情况，实现资产管理工作的信息化、规范化与标准化管理，全面提升企业资产管理工作的工作效率与管理水平，使资产的管理变得轻松、准确、快捷和全面。

二、功能结构

（一）主要功能

固定资产管理的主要功能包括：（1）资产的多会计政策计量、计价；（2）单张卡片的多资产管理；（3）灵活的资产类别设置；（4）强大的资产多折旧方法应用；（5）完整的固定资产业务处理，包括多组织间的交易和临时的借用归还等；（6）单个资产的多部门使用；（7）多个来源建卡；（8）多角度的报表查询与分析功能。

（二）业务流程

固定资产管理业务流程如图 10-1 所示。

三、基本概念

（一）多会计政策管理

固定资产系统支持多会计政策核算，同一张卡片支持多价值管理。

会计政策是系统化企业财务管理的方针政策，依据国家（地区）会计准则建立。资产管理相关的会计政策有各资产类别的资产折旧方法、资产折旧年限、折旧政策，等等。

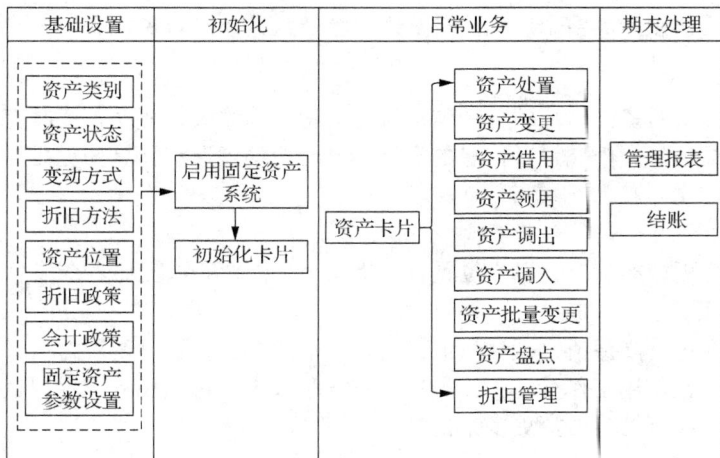

图 10-1　固定资产管理业务流程

从资产卡片维度看，同一张卡片支持多会计政策，不同政策下的财务信息不同，但实物信息共享。

从会计政策维度看，在同一个会计政策下，各资产类别采用的折旧方法、折旧政策、折旧年限原则上是相同的，但具体到每个卡片时允许修改。一个会计政策下管理的各资产卡片价值类似于一个独立于总账的虚拟资产账。

（二）多资产管理

支持一张卡片管理多个实物资产，每个实物资产通过资产编码来区分，使用分配和附属设备信息可直接针对资产编码来进行管理。

（三）多使用部门

一个实物资产供多个部门使用，有多个费用承担部门。实物资产按比例分配给不同的使用部门、使用人，实现折旧费用在多个使用部门、使用人之间进行分摊。

（四）多折旧方法

计提折旧功能是货主组织分会计政策期间进行折旧。系统支持平均年限法、工作量法、年数总和法和双倍余额法 4 种折旧方法，企业根据管理需要和相关规定，每月月底对卡片计提折旧，即将资产的价值在预计使用年限内分摊到成本中。

系统预置多种折旧方法，用户可以选择适合企业管理需要的折旧方法。在折旧要素（资产原值、累计折旧、累计减值准备、预计残值）不发生变化的情况下，折旧采用静态折旧公式计算；在折旧要素发生变化的情况下，折旧采用动态折旧公式计算。

（五）多来源建卡

卡片录入是资产管理的基础工作，通过资产卡片录入进行资产入账管理。初始化卡片录入系统启用前的历史资产，资产卡片录入会计期间的新增资产。卡片上要填写资产名称、类别、数量、单位等基本信息，财务信息、失物信息、使用分配信息、发票信息、附属设备和会计政策信息等资料。后续资产的实物管理和价值管理均以卡片为基础。

根据来源提供 7 种建卡途径：手工建卡、采购收货建卡（收料单）、库存领用建卡（其他出库单）、盘盈建卡（盘盈单）、调拨建卡（资产调入单）、拆分建卡（资产卡片）、合并建卡（资产卡片）。

（六）资产申领

资产申领是全员参与的工作，从员工资产的申请到资产管理部门对资产的调配，再到采购部门的采购，最后到员工的领用，整个过程比较复杂，涉及人员部门众多。

（七）资产变更

资产管理系统提供对资产卡片的各种信息进行有记录的修改、变动。资产变更包括实物信息、财务信息、使用分配信息、附属设备信息的变更，同时自动读取和计算变更后的凭证资料信息，显示发生变更的最新数据。

1. 实物信息变更

实物信息支持变更资产状态、资产位置、规格型号。支持一次变更多个信息。

2. 财务信息变更

财务信息支持变更资产原值、累计折旧、累计减值准备、预计残值、折旧方法及预计使用期间数、预计工作总量、已使用工作量、工作量单位、未税成本、进项税额、费用金额、费用税额。选中变更内容进行变更，支持同时变更多个信息。

3. 使用分配信息变更

使用分配信息的变更支持变更使用部门、使用人、分配比例。变更后的每个实物资产的使用分配比例相加必须为100%。

4. 附属设备信息变更

附属设备信息的变更支持修改和删除原有附属设备信息，也支持新增的附属设备信息。

（八）资产调拨

资产调拨可以是资产从一个资产组织调出，调入另一个资产组织，也可以是资产从一个货主组织调出，调入另一个货主组织，主要是满足集团内组织间资产调拨，减少资产的重复采购。前者，货主组织未发生变动，只需更新资产卡片的资产组织；后者，调入资产组织确认调入单后，调出资产组织需对资产进行处置，调入资产组织需要对资产实行建卡管理。

（九）资产盘点

资产对于整个企业而言，一般价值较高，因此定期或者不定期的盘点就是企业日常的重要工作。资产盘点主要是通过盘点方案，筛选要盘点的资产的范围和时间点。资产盘点后会对资产的盘盈和盘亏进行处理。这是企业进行账实相符的重要工作之一。

第二节 | 资产初始确认业务处理

固定资产取得方式包括购入、接受投资、接受捐赠、调入、融资租入、在建工程转入、盘盈等。资产管理系统重点设计了购入方式的业务流程，包括资产申请单录入、采购申请单录入、资产应付单录入（需凭证生成）、资产卡片录入（需凭证生成）等。本节内容主要在华商制造来完成相关业务操作。

一、购入固定资产业务处理

（一）资产申请单录入

1. 业务数据

2022年1月1日，华商制造出于加强信息化建设的需要，决定采购10台笔记本电脑用于办公，由行政部负责实施，计划2022年1月10日投入使用。资产申请单明细信息如表10-1所示。

表 10-1 资产申请单明细信息

申请日期	拟使用日期	到货日期	资产名称	资产说明	申请数量
2022-01-01	2022-01-10	2022-01-10	笔记本电脑	办公	10

2. 操作步骤

（1）核对当前组织。确保当前组织为华商制造。

（2）录入资产申请单。执行【资产管理】-【固定资产】-【资产请购】-【资产申请单】命令，在打开的"资产申请单"页面上，单击工具栏中的【新增】按钮。参考表 10-1 录入业务数据，如图 10-2 所示。依次单击工具栏中的【保存】-【提交】-【审核】按钮，完成录入操作。

微课堂

资产申请单录入

图 10-2 资产申请单

（二）资产采购申请单录入

1. 业务场景

2022 年 1 月 2 日，华商制造行政部申请采购该批笔记本电脑，形成一笔资产采购申请单。

2. 操作步骤

（1）核对当前组织。确保当前组织为华商制造。

（2）录入资产采购申请单。执行【资产管理】-【固定资产】-【资产请购】-【资产申请单】命令，在打开的"资产申请单"页面上，勾选"资产申请单"单据，单击工具栏中的【下推】按钮，在"选择单据"页签中勾选"采购申请单"，单击【确定】按钮。修改申请日期为"2022/1/2"，单击展开页签右边的蓝色菜单，勾选"货源安排"，将建议采购日期修改为"2022/1/10"，到货日期修改为"2022/1/10"，如图 10-3 所示。依次单击工具栏中的【保存】-【提交】-【审核】按钮，完成采购申请单录入操作。

微课堂

资产采购申请单录入

图 10-3 资产采购申请单

（3）查询资产采购申请单。执行【资产管理】-【固定资产】-【资产请购】-【采购申请单】命令，在打开的"采购申请单"页面上，单击【列表】按钮，可以查看资产采购申请单明细信息。

（三）资产采购订单录入

1. 业务数据

2022 年 1 月 2 日，华商制造采购部与月圆材料签订采购订单。双方约定不含税单价 5 000.00 元，增值税税率 13%，2022 年 1 月 10 日交货。

2. 操作步骤

（1）核对当前组织。确保当前组织为华商制造。

（2）录入资产采购订单。执行【资产管理】-【固定资产】-【资产请购】-【采购申请单】命令，单击【列表】按钮，在打开的"采购申请单"页面上，勾选"资产采购申请单"单据，选择工具栏中的【下推】下拉项中的"采购订单"选项，采购日期修改为"2022/1/2"，供应商选择"月圆材料"，如图 10-4 所示。依次单击工具栏中的【保存】-【提交】-【审核】按钮，完成采购订单录入操作。

微课堂

资产采购订单录入

图 10-4　资产采购订单

（3）查询资产采购订单。执行【供应链】-【采购管理】-【订单处理】-【采购订单列表】命令，在打开的"采购订单列表"页面上，可以查看资产采购订单明细信息。

（四）资产接收单录入

1. 业务数据

2022 年 1 月 10 日，华商制造采购部收到月圆材料发来的笔记本电脑，形成一笔资产接收单。

2. 操作步骤

（1）核对当前组织。确保当前组织为华商制造。

（2）录入资产接收单。执行【供应链】-【采购管理】-【订单处理】-【采购订单列表】命令，在打开的"采购订单列表"页面上，勾选"资产采购订单"单据，选择工具栏中的【下推】下拉项中的"收料通知单"选项，收料日期与预计到货日期均修改为"2022/1/10"，如图 10-5 所示。依次单击工具栏中的【保存】-【提交】-【审核】按钮，完成资产接收单录入操作。

微课堂

资产接收单录入

图 10-5　资产接收单

（3）查询资产接收单。执行【供应链】-【采购管理】-【收料处理】-【收料通知单列表】命令，在打开的"收料通知单列表"页面上，可以查看资产接收单明细信息。

（五）应付单录入（需凭证生成）与应付开票核销

1. 业务数据

2022年1月10日，华商制造采购部收到月圆材料开来的增值税专用发票，双方约定付款条件为30天后付款。应付单明细信息如表10-2所示。

表10-2 应付单明细信息

业务日期	付款条件	不含税金额/元
2022-01-10	30天后付款	50 000.00

2. 业务解析

资产采购业务应付会计分录为：

借：应付账款——暂估应付款   50 000.00
  应交税费——应交增值税（进项税额） 6 500.00
 贷：应付账款——明细应付款（月圆材料） 56 500.00

3. 操作步骤

（1）核对当前组织。确保当前组织为华商制造。

（2）录入应付单。执行【供应链】-【采购管理】-【收料处理】-【收料通知单列表】命令，在打开的"收料通知单列表"页面上，勾选"收料通知单"单据，选择工具栏中的【下推】下拉项中的"应付单"选项，参照表10-2录入业务数据，如图10-6所示。依次单击工具栏中的【保存】-【提交】-【审核】按钮，完成操作。

> **微课堂**
>
> 应付单录入（需凭证生成）与应付开票核销

图10-6 应付单

（3）生成采购发票。选择工具栏中的【下推】下拉项中的"生成增值税专用发票"选项，进入发票录入页面，业务日期与发票日期均修改为"2022/1/10"，如图10-7所示。依次单击工具栏中的【保存】-【提交】-【审核】按钮，完成生成采购发票操作。通过查询应付开票核销记录，可见系统已经自动进行匹配核销。

（4）凭证生成。执行【财务会计】-【应付款管理】-【采购应付】-【应付单列表】命令，在打开的"应付单列表"页面上，勾选"标准应付单"，选择工具栏中的【凭证】下拉项中的"生成凭证"选项，在"凭证生成"窗口勾选"华商制造账簿"选项，单击下方的【凭证生成】按钮，自动进入"凭证生成报告列表"，可以看到凭证成功生成。完成页面如图10-8所示。

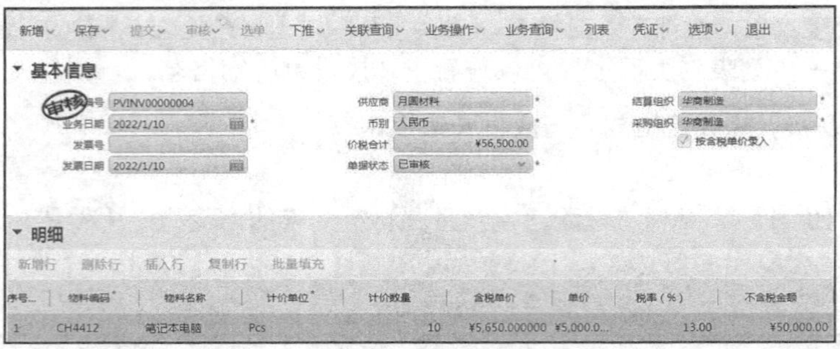

图 10-7　采购发票

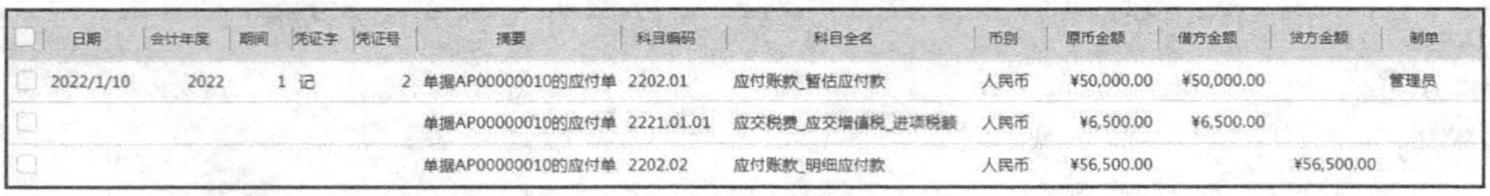

图 10-8　凭证生成

（六）资产卡片录入（需凭证生成）

1. 业务数据

2022 年 1 月 10 日，华商制造财务部负责将购入的笔记本电脑录入资产卡片，行政部负责将笔记本电脑分配给相关部门使用。使用分配信息如表 10-3 所示。

表 10-3　　　　　　　　　　　　　　笔记本电脑使用分配明细

使用部门	分配比例/%	费用项目
行政部	40	折旧费用
财务部	20	折旧费用
采购部	20	折旧费用
市场部	20	折旧费用

2. 业务解析

本业务需要采用新增资产卡片方式，通过"选单"与"资产接收单"关联。

资产卡片生成的会计分录为：

借：固定资产——办公设备　　　　　　　　　　　　　　　50 000.00

贷：应付账款——暂估应付款　　　　　　　　　　　　　　　50 000.00

3. 操作步骤

（1）核对当前组织。确保当前组织为华商制造。

（2）录入资产卡片。执行【资产管理】-【固定资产】-【日常管理】-【资产卡片】命令，在打开的"资产卡片"页面上，单击工具栏中的【新增】按钮。选择资产类别为"办公设备"，单击工具栏中的【选单】按钮，在弹出的窗口中选择"收料通知单"，单击【确定】按钮，在弹出的窗口中勾选资产接收单单据，单击【返回数据】按钮，资产名称录入"笔记本电脑"；将开始使用日期修改为"2022-01-10"；未税成本录入 50 000.00；资产位置选择"华商制造指定场所"，依据表 10-3 录入使用分配明细信息，如图 10-9 所示。依次单击工具栏中的【保存】-【提交】-【审核】按钮，完成操作。

（3）资产卡片凭证生成。执行【资产管理】-【固定资产】-【日常管理】-【资产卡片】命令，在打开的"资产卡片"页面上，勾选名称为"笔记本电脑"的资产卡片，选择工具栏中的【凭证】下拉项中的"生成凭证"选项，在"凭证生成"窗口勾选"华商制造账簿"选项，单击下方的【凭证生成】按钮，自动进入"凭证生成报告列表"，可以看到凭证成功生成。完成页面如图 10-10 所示。

微课堂

资产卡片录入（需凭证生成）

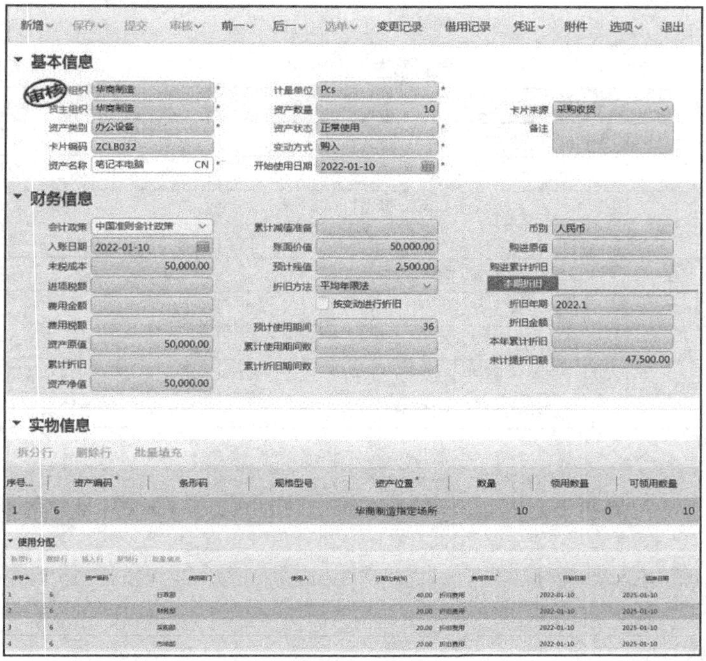

图 10-9　资产卡片

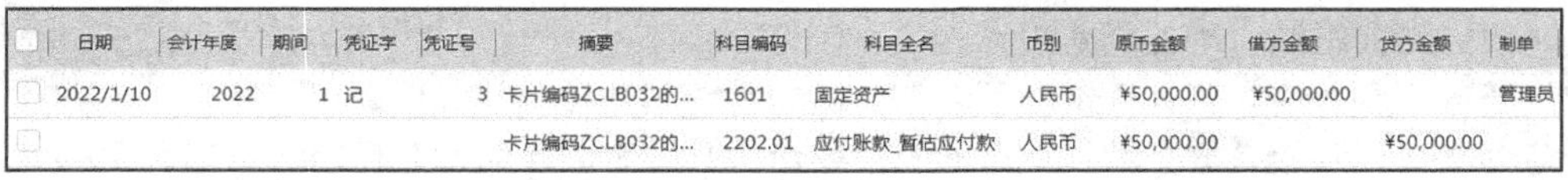

日期	会计年度	期间	凭证字	凭证号	摘要	科目编码	科目全名	币别	原币金额	借方金额	贷方金额	制单
2022/1/10	2022	1	记	3	卡片编码ZCLB032的...	1601	固定资产	人民币	¥50,000.00	¥50,000.00		管理员
					卡片编码ZCLB032的...	2202.01	应付账款_暂估应付款	人民币	¥50,000.00		¥50,000.00	

图 10-10　生成凭证

二、非购入方式取得固定资产业务处理

（一）接受捐赠固定资产业务处理

1. 业务数据

2022 年 1 月 12 日，华商制造接受捐赠笔记本电脑 2 台，市场公允价值为 5 000.00 元/台，当天即分配给生产部门办公使用。接受捐赠固定资产卡片明细如表 10-4 所示。

表 10-4　资产卡片明细

项目	卡片明细	项目	卡片明细
资产组织	华商制造	开始使用日期	2022-01-12
货主组织	华商制造	入账日期	2022-01-12
资产类别	办公设备	资产数量	2
资产名称	笔记本电脑	变动方式	接受捐赠
资产位置	华商制造指定场所	未税成本	10 000.00 元
使用部门	生产部	费用项目	折旧费用

将业务分类“单据头-卡片来源 等于 手工建卡 OR 单据头-卡片来源 等于 采购收货 OR 单据头-卡片来源 等于 调拨建卡”调整为“单据头-初始化 等于 FALSE AND 单据头-卡片来源 等于 手工建卡 AND 单据头-变动方式 不等于 接受捐赠 OR 单据头-卡片来源 等于 采购收货 OR 单据头-卡片来源 等于 调拨建卡”后，新增业务分类“单据头-初始化 等于 FALSE AND 单据头-卡片来源 等于 手工建卡 AND 单据头-变动方式 等于 接受捐赠”并设置其模板

分录，如表 10-5 所示。

表 10-5 凭证模板分录明细

项目	分录明细	
分录类型	资产	营业外收入
科目	固定资产	营业外收入
核算维度	单据头.资产类别	—
借贷方向	借方	贷方
币别	记账本位币	记账本位币
汇率	1	1
原币金额	系统自动计算	系统自动计算
本位币金额	财务信息.资产原值	财务信息.资产原值
摘要	固定摘要：接受捐赠固定资产	组合摘要：单据头.卡片编码

2. 业务解析

本业务通过手工录入资产卡片完成，通过复制新增并修订资产卡片凭证模板来生成接受捐赠固定资产的凭证。

接受捐赠固定资产会计分录为：

借：固定资产——办公设备　　　　　　　　　　　　　　10 000.00

　　贷：营业外收入　　　　　　　　　　　　　　　　　10 000.00

3. 操作步骤

（1）核对当前组织。确保当前组织为华商制造。

（2）录入资产卡片。执行【资产管理】-【固定资产】-【日常管理】-【资产卡片】命令，在打开的"资产卡片"页面上，单击工具栏中的【新增】按钮。依据表 10-4 录入资产卡片中的基本信息、财务信息、实物信息、使用分配明细信息等，如图 10-11 所示。依次单击工具栏中的【保存】-【提交】-【审核】按钮，结束操作。

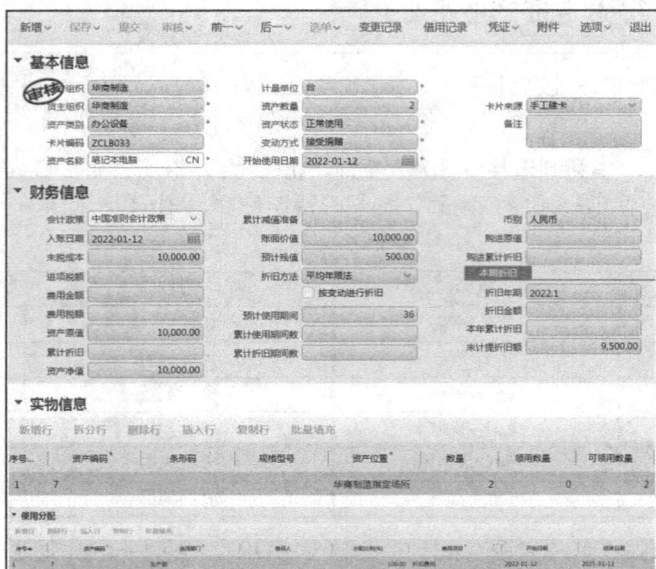

图 10-11　资产卡片

（3）复制新增"资产卡片"凭证模板。执行【财务会计】-【智能会计平台】-【基础资料】-【凭证模板】命令，在打开的"凭证模板"页面上，勾选"资产卡片"凭证模板（编码 032），单击工具栏中的【新增】下拉项中的"复制"选项，适用账簿选择全部组织。单击【新增行】按钮，先在凭证模板中所有业务分类项中补充定义"单据头-卡片来源 等于 手工建卡 AND 单据头-变动方式 等于 接受捐赠"内容，参照表 10-5 设置模板分录明细内容。再将业务分类"单据头-卡片来源 等于 手工建卡 OR 单据头-卡片来源 等于 采购收货 OR 单据头-卡片来源 等于 调拨建卡"调整定义为"单据头-卡片来源 等于 手工建卡 AND 单据头-变动方式 不等于 接受捐赠 OR 单据头-卡片来源 等于 采购收货 OR 单据头-卡片来源 等于 调拨建卡"。单击工具栏中的【保存】按钮后完成模板设置（注意：若单击工具栏中的【保存】按钮时报错，则将报错的模板分录行的科目重新录入一次即可）。完成页面如图 10-12 所示。

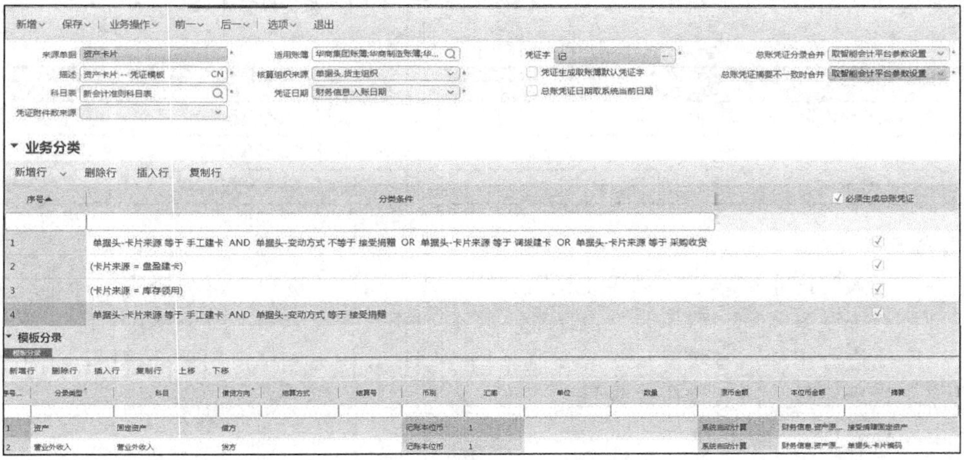

图 10-12 "资产卡片"凭证模板

（4）资产卡片凭证生成。执行【资产管理】-【固定资产】-【日常管理】-【资产卡片】命令，在打开的"资产卡片"页面上，勾选手工建卡且名称为"笔记本电脑"的资产卡片，选择工具栏中的【凭证】下拉项中的"生成凭证"选项，在"凭证生成"窗口勾选"华商制造账簿"选项，单击下方的【凭证生成】按钮，自动进入"凭证生成报告列表"，可以看到凭证成功生成。完成页面如图 10-13 所示。

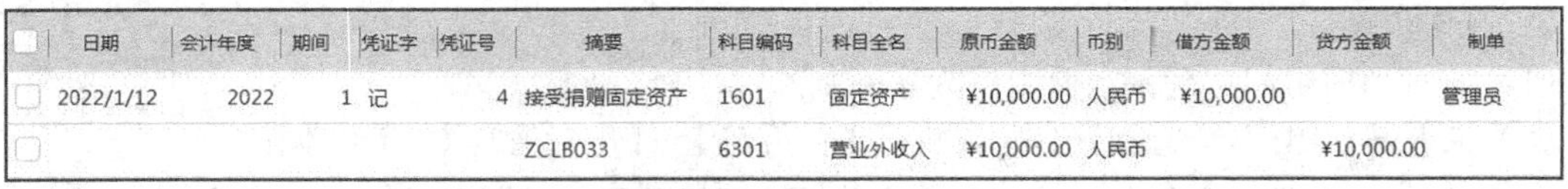

	日期	会计年度	期间	凭证字	凭证号	摘要	科目编码	科目全名	原币金额	币别	借方金额	贷方金额	制单
	2022/1/12	2022	1	记	4	接受捐赠固定资产	1601	固定资产	¥10,000.00	人民币	¥10,000.00		管理员
							ZCLB033	6301	营业外收入	¥10,000.00	人民币		¥10,000.00	

图 10-13 凭证生成

（二）存货重分类为固定资产业务处理

1. 业务数据

2022 年 1 月 15 日，出于生产管理的需要，各分配一台平板Ⅰ和平板Ⅱ供一车间和二车间办公使用。其他出库单明细信息如表 10-6 所示。

表 10-6 其他出库单明细信息

单据类型	领料部门	日期	发货仓库	物料名称	实发数量
资产出库	生产部	2022-01-15	华商制造成品仓	平板Ⅰ	2
				平板Ⅱ	2

存货转为固定资产卡片明细信息如表 10-7 所示。

表 10-7 资产卡片明细信息

项目	明细信息	项目	明细信息
资产/货主组织	华商制造	开始使用日期	2022-01-15
资产类别	办公设备	入账日期	2022-01-15
资产名称	平板 I/平板 II	资产数量	2/2
资产位置	华商制造指定场所	变动方式	在建工程转入
未税成本/元	3 060.00/3 360.00	使用部门	一车间/二车间
分配比例/%	50.00/50.00	费用项目	折旧费用

复制新增其他出库单凭证模板，需在全部业务分类条件下修改具体信息如表 10-8 所示。

表 10-8 原材料/库存商品科目设置

修改项目	字段赋值
科目核算维度来源	"明细信息.物料编码"
单位	"明细信息.单位"
数量	"明细信息.实发数量"

2. 业务解析

本业务在录入资产出库单后，需手工录入资产卡片，通过"选单"与"资产出库单"关联。由于不同类别资产无法录入同一张卡片，故本业务需分别录入平板 I 卡片和平板 II 卡片。

资产出库单进行出库成本核算后，再复制新增并修订其他出库单自用凭证模板，采用智能会计平台或者成本管理系统生成资产出库凭证。

资产出库的会计分录为：

借：在建工程 6 420.00
贷：库存商品——平板 I 3 060.00
库存商品——平板 II 3 360.00

通过自用资产卡片凭证模板，在资产卡片列表页面生成凭证。

资产卡片入账的会计分录为：

借：固定资产——办公设备 6 420.00
贷：在建工程 6 420.00

3. 操作步骤

（1）核对当前组织。确保当前组织为华商制造。

（2）录入其他出库单（资产出库）。执行【供应链】-【库存管理】-【杂收杂发】-【其他出库单列表】命令，在打开的"其他出库单列表"页面上，单击工具栏中的【新增】按钮，依据表 10-6 录入资产出库单相关明细信息，如图 10-14 所示。依次单击工具栏中的【保存】-【提交】-【审核】按钮，完成操作。

微课堂

存货重分类为固定资产业务处理

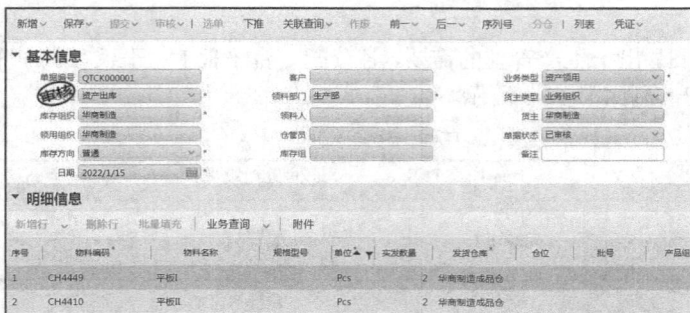

图 10-14 其他出库单

（3）向导式出库成本核算。执行【成本管理】-【存货核算】-【存货核算】-【出库成本核算】命令，在打开的"出库成本核算"页面上，勾选"进行合法性检查"选项，连续单击【下一步】按钮，直至成本核算完成。单击【核算单据查询】按钮，可见资产出库单中"单价"栏目已被自动计算赋值。完成页面如图 10-15 所示。

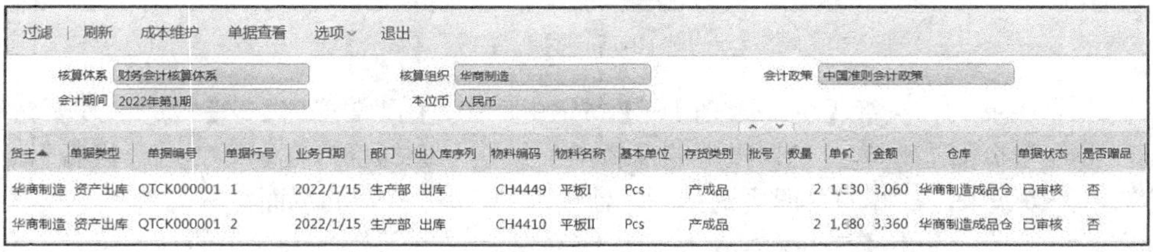

图 10-15　核算单据查询

（4）复制新增其他出库单凭证模板。执行【财务会计】-【智能会计平台】-【基础资料】-【凭证模板】命令，在打开的"凭证模板"页面上，选中系统预置的其他出库单（编码 012）模板，单击工具栏中的【新增】按钮中的"复制"选项，新增一个其他出库单凭证模板，适用账簿选择全部组织。先后单击选中所有"业务分类"条件行，单击打开"科目"对应的"原材料""库存商品"栏目，进入科目设置修改页面。先后单击选中"科目取值"为"原材料""库存商品"的所在行，在下面对应的"科目核算维度来源"中单击展开"取单据上的字段"栏目，将核算维度设置为"明细信息.物料编码"，单击【确定】按钮退出。再在模板分录下的"物料估价"所在行，参照表 10-8 完成单位、数量的取值。单击工具栏中的【保存】按钮完成凭证模板修改设置。完成页面如图 10-16 所示。

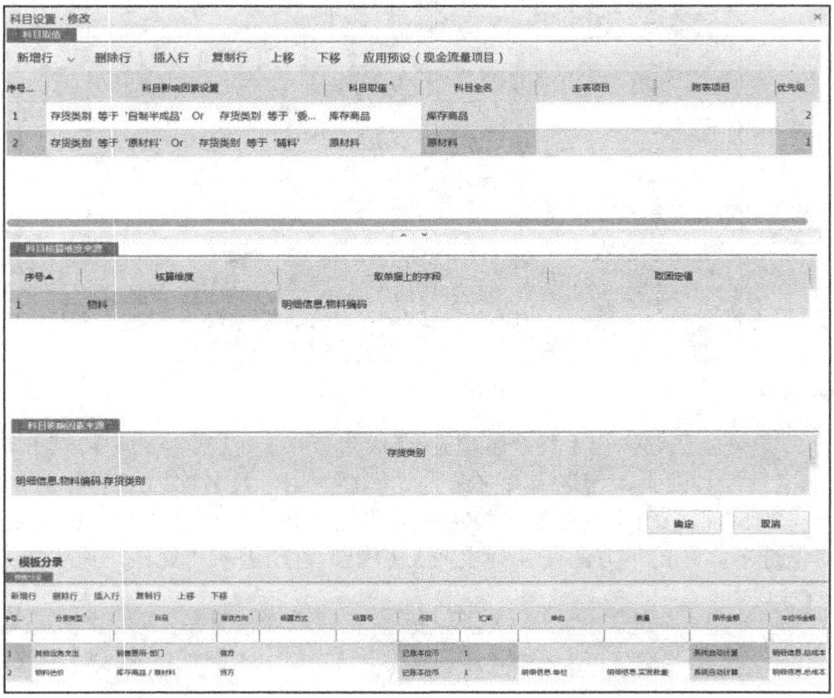

图 10-16　其他出库单凭证模板

（5）资产出库凭证生成。执行【财务会计】-【智能会计平台】-【账务处理】-【凭证生成】命令，在打开的"凭证生成"页面上，分别勾选"华商制造账簿"与"其他出库单"选项，单击下方的【凭证生成】按钮，自动进入"凭证生成报告列表"。完成页面如图 10-17 所示。

	日期	会计年度	期间	凭证字	凭证号	摘要	科目编码	科目全名	币别	原币金额	借方金额	贷方金额	制单
☐	2022/1/15	2022	1	记	5	单据号QTCK000001的其他出库单,部门100841	1604	在建工程	人民币	¥3,060.00	¥3,060.00		管理员
☐						单据号QTCK000001的其他出库单,部门100841	1604	在建工程	人民币	¥3,360.00	¥3,360.00		
☐						单据号QTCK000001的其他出库单,部门100841	1405	库存商品	人民币	¥3,060.00		¥3,060.00	
☐						单据号QTCK000001的其他出库单,部门100841	1405	库存商品	人民币	¥3,360.00		¥3,360.00	

图 10-17　凭证生成

（6）资产卡片录入。执行【资产管理】-【固定资产】-【日常管理】-【资产卡片】命令，在打开的"资产卡片"页面上，单击工具栏中的【新增】按钮，选择资产类别为"办公设备"，单击工具栏中的【选单】按钮，在打开的页面中选择"其他出库单"，在打开的页面中只勾选"平板Ⅰ"的单据，单击【确定】按钮后，单击【返回数据】按钮，依据表 10-7 录入资产卡片中的基本信息、财务信息、实物信息、使用分配明细信息等，如图 10-18 所示。依次单击工具栏中的【保存】-【提交】-【审核】按钮，完成平板Ⅰ资产卡片录入操作。重复以上操作，完成平板Ⅱ资产卡片录入操作。

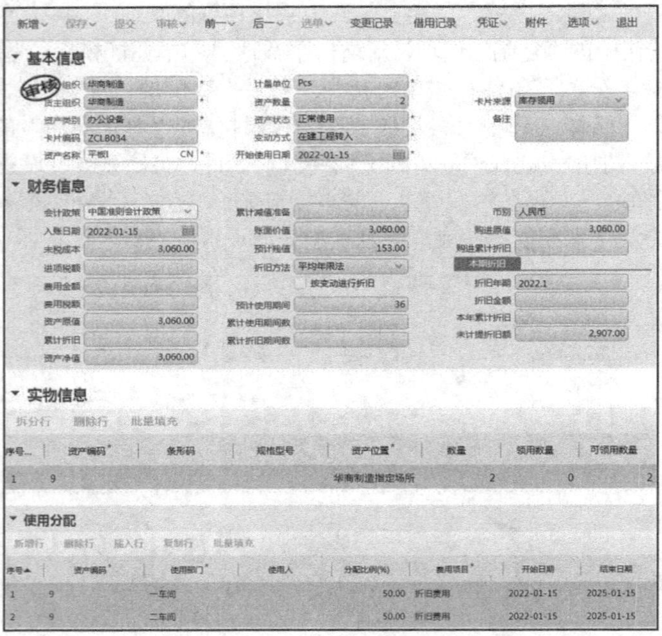

图 10-18　资产卡片

（7）资产卡片凭证生成。执行【资产管理】-【固定资产】-【日常管理】-【资产卡片】命令，在打开的"资产卡片"页面上，勾选卡片来源为"库存领用"且名称为"平板Ⅰ""平板Ⅱ"的两张资产卡片，选择工具栏中的【凭证】下拉项中的"生成凭证"选项，在"凭证生成"窗口勾选"华商制造账簿"选项，单击下方的【凭证生成】按钮，自动进入"凭证生成报告列表"。完成页面如图 10-19 所示。

	日期	会计年度	期间	凭证字	凭证号	摘要	科目编码	科目全名	币别	原币金额	借方金额	贷方金额	制单
☐	2022/1/15	2022	1	记	6	卡片编码ZCLB034的卡片	1601	固定资产	人民币	¥3,060.00	¥3,060.00		管理员
☐						卡片编码ZCLB034的卡片	1604	在建工程	人民币	¥3,060.00		¥3,060.00	
☐						卡片编码ZCLB035的卡片	1601	固定资产	人民币	¥3,360.00	¥3,360.00		
☐						卡片编码ZCLB035的卡片	1604	在建工程	人民币	¥3,360.00		¥3,360.00	

图 10-19　凭证生成

（三）固定资产盘盈业务处理

1. 业务数据

2022 年 1 月 20 日至 2022 年 1 月 21 日，华商制造各部门进行资产盘点，市场部经过初盘和复盘，确认盘盈两台笔记本电脑。

2022 年 1 月 30 日，经查明，盘盈的笔记本电脑系以前年度发生某项大额合同交易时对方提供的赠品未入账所致。盘点方案明细信息如表 10-9 所示。

表 10-9　　　　　　　　　　　　盘点方案明细信息

盘点方案名称	资产组织	货主组织
华商制造盘点	华商制造	华商制造

资产盘点表及盘盈盘亏单明细信息如表 10-10 所示。

表 10-10　　　　　　　　　　　资产盘点表及盘盈盘亏单明细信息

资产名称	账存数量	初盘数量 复盘数量	差异	账存使用部门	初盘日期	复盘日期
笔记本电脑	2	4	2	市场部	2022-01-20（√）	2022-01-21（√）
其他账存使用部门账存数量、初盘数量、复盘数量均一致						

2. 业务解析

本业务涵盖定义盘点方案，录入资产盘点表，下推生成盘盈盘亏单，录入资产卡片（需生成凭证）等。

通过自用资产卡片凭证模板，在资产卡片列表页面生成凭证。

盘盈资产卡片入账的会计分录为：

借：固定资产——办公设备　　　　　　　　　　10 000.00

　　贷：以前年度损益调整　　　　　　　　　　　　10 000.00

资产盘盈利得经批准转入"利润分配——未分配利润"，手工录入（或定义自动转账方案生成）会计分录为：

借：以前年度损益调整　　　　　　　　　　　　10 000.00

　　贷：利润分配——未分配利润　　　　　　　　　10 000 00

微课堂

固定资产盘盈业务处理

3. 操作步骤

（1）核对当前组织。确保当前组织为华商制造。

（2）定义盘点方案。执行【资产管理】-【固定资产】-【资产盘点】-【盘点方案】命令，在打开的"盘点方案"页面上，单击工具栏中的【新增】按钮。依据表 10-9 录入盘点方案相关明细信息，如图 10-20 所示。依次单击工具栏中的【保存】-【提交】-【审核】按钮，完成盘点方案设置操作。

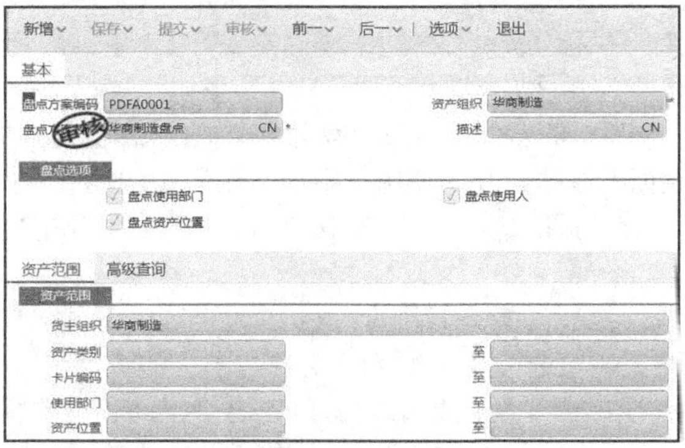

图 10-20　盘点方案

（3）创建资产盘点表。执行【资产管理】-【固定资产】-【资产盘点】-【盘点方案】命令，在打开的"盘点方案"页面上，勾选盘点方案，单击工具栏中的【生成盘点表】按钮，系统自动创建一张资产盘点表。

（4）录入资产盘点表。执行【资产管理】-【固定资产】-【资产盘点】-【资产盘点表】命令，在打开的"资产盘点表"页面上，单击打开系统自动创建的资产盘点表，依据表 10-10 录入相关明细信息等，如图 10-21 所示。依次单击工具栏中的【保存】-【提交】-【审核】按钮，完成资产盘点表录入操作。

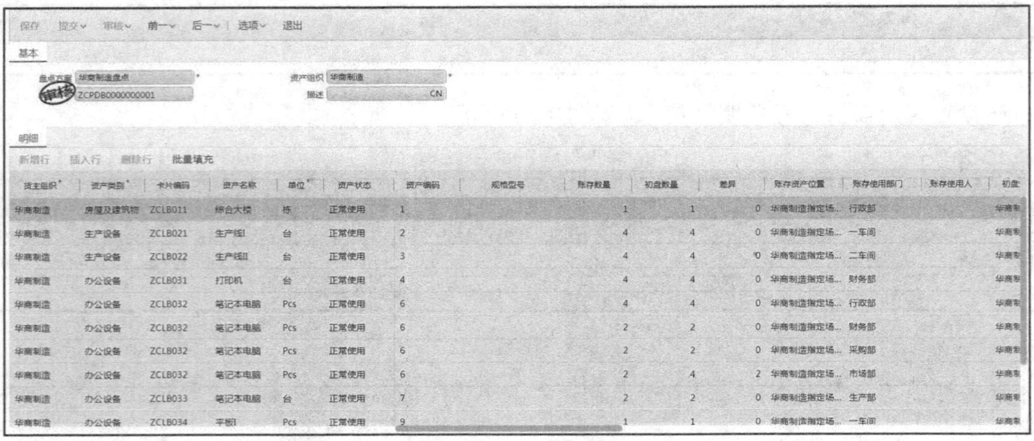

图 10-21　资产盘点表

（5）录入盘盈单。执行【资产管理】-【固定资产】-【资产盘点】-【盘盈盘亏单】命令，在打开的"盘盈盘亏单"页面上，单击打开系统自动生成的盘盈单，依据表 10-10 核对相关明细信息无误，如图 10-22 所示。依次单击工具栏中的【保存】-【提交】-【审核】按钮，完成盘盈单录入操作。

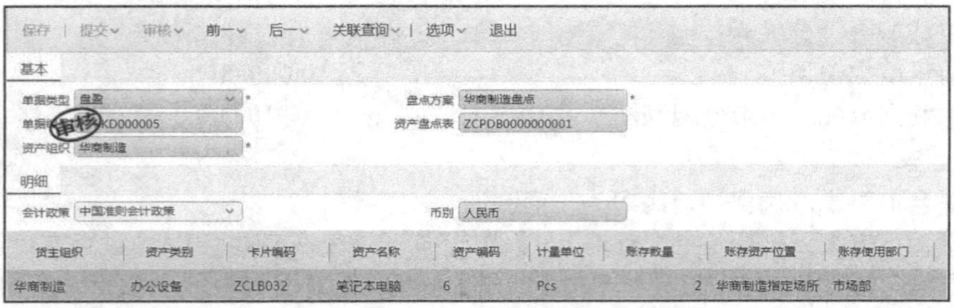

图 10-22　盘盈单

（6）盘盈资产卡片录入。执行【资产管理】-【固定资产】-【日常管理】-【资产卡片】命令，在打开的"资产卡片"页面上，单击工具栏上的【新增】按钮，选择资产类别为"办公设备"，单击工具栏中的【选单】按钮，在弹出的窗口中选择"盘盈单"，在弹出的窗口中勾选相关单据，单击【确定】按钮，再单击【返回数据】按钮，开始使用日期和入账日期均设置为"2022-01-21"，未税成本填入 10 000.00 元，费用项目选择"折旧费用"，如图 10-23 所示。依次单击工具栏中的【保存】-【提交】-【审核】按钮，结束操作。

（7）资产卡片凭证生成。执行【资产管理】-【固定资产】-【日常管理】-【资产卡片】命令，在打开的"资产卡片"页面上，勾选卡片来源为"盘盈建卡"的资产卡片，选择工具栏中的【凭证】下拉项中的"生成凭证"选项，在"凭证生成"窗口勾选"华商制造账簿"选项，单击下方的【凭证生成】按钮，自动进入"凭证生成报告列表"，可以看到凭证成功生成。完成页面如图 10-24 所示。

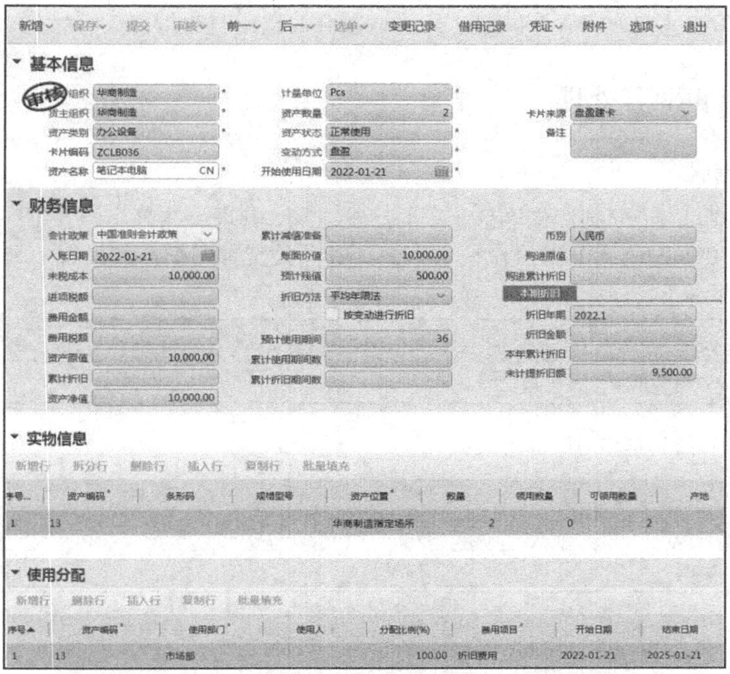

图 10-23 盘盈资产卡片

	日期	会计年度	期间	凭证字	凭证号	摘要	科目编码	科目全名	币别	原币金额	借方金额	贷方金额	制单
	2022/1/21	2022	1	记	7	卡片编码ZCLB036的卡片	1601	固定资产	人民币	¥10,000.00	¥10,000.00		管理员
						卡片编码ZCLB036的卡片	6901	以前年度损益调整	人民币	¥10,000.00		¥10,000.00	

图 10-24 凭证生成

（8）手工录入结转资产盘盈利得的凭证。执行【财务会计】-【总账】-【凭证管理】-【凭证录入】命令，在打开的凭证录入-新增页面上修改日期为"2022/1/30"，选择凭证字为"记"，依次填写摘要、借贷方科目、核算维度和金额，如图 10-25 所示。单击工具栏中的【保存】按钮，结束操作。

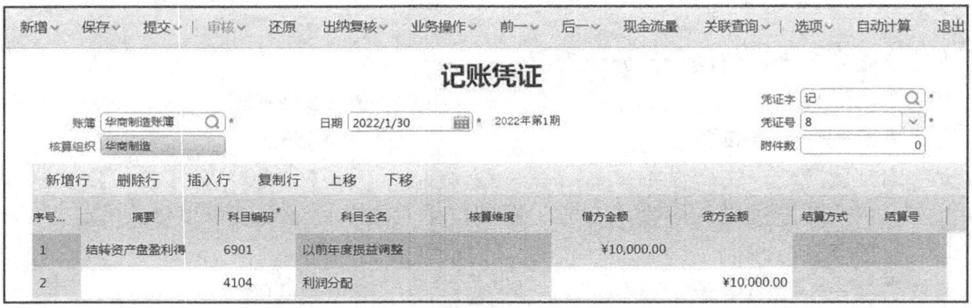

图 10-25 结转资产盘盈利得凭证

第三节 资产终止确认业务处理

固定资产减少方式包括出售、报废、调出、盘亏等。本节内容主要在华商制造、华商商贸完成

相关业务操作。（在本节业务内容开始前，先确认没有计提本月折旧，如已计提，则先撤销处理）

一、固定资产出售业务处理

（一）业务数据

2022 年 1 月 30 日，华商制造生产部一车间产能过剩，管理层决议将一套生产线 I 出售给西门电子，不含税售价 230 000.00 元，增值税税率 13%。资产处置单明细信息如表 10-11 所示。

表 10-11　　　　　　　　　　资产处置单明细信息

处置方式	业务日期	资产名称	资产处置数量	实物数量
出售	2022-01-30	生产线 I	1	4

资产应收单明细信息如表 10-12 所示。

表 10-12　　　　　　　　　　资产应收单明细信息

业务日期	到期日	客户	资产名称	计价数量	含税单价/元	税率
2022-01-30	2022-02-10	西门电子	生产线 I	1	259 900.00	13%

结转固定资产清理净损益自动转账方案明细信息如表 10-13 所示。

表 10-13　　　　　　　结转固定资产清理净损益自动转账方案明细信息

名称/摘要	科目名称	转账方式	包含未过账凭证	其他项目
结转固定资产清理净损益	资产处置损益	转入	√	默认
	固定资产清理	按比例转出余额	√	默认

（二）业务解析

本业务内容主要包括资产处置单录入（需凭证生成）、资产应收单录入（需凭证生成）、定义结转固定资产清理净损益自动转账方案、执行自动转账方案（即生成凭证）等。

资产处置单实质上是将待处置固定资产净值转入固定资产清理。资产处置时，系统会自动对当前处置对象计提本月折旧额并计入处置累计折旧中。通过系统预置的资产处置单凭证模板生成凭证。

结转待处置固定资产净值的会计分录为：

借：固定资产清理　　　　　　　　　　258 541.67
　　累计折旧——生产设备　　　　　　241 458.33
　　贷：固定资产——生产设备　　　　　　　500 000.00

固定资产出售业务通过录入应收单完成。通过自用应收单凭证模板可以生成凭证。

资产应收业务会计分录为：

借：应收账款——西门电子　　　　　　259 900.00
　　贷：固定资产清理　　　　　　　　　　230 000.00
　　　　应交税费——应交增值税（销项税额）　29 900.00

结转固定资产清理净损益的凭证可以通过手工录入完成，也可以通过定义并执行自动转账方案来生成。本业务采用自动转账方式完成。

结转固定资产清理净损益的会计分录为：

借：资产处置损益　　　　　　　　　　28 541.67
　　贷：固定资产清理　　　　　　　　　　28 541.67

（三）操作步骤

（1）核对当前组织。确保当前组织为华商制造。

（2）资产处置单录入。执行【资产管理】-【固定资产】-【日常管理】-【资产处置】命令，在打开的"资产处置"页面上，单击工具栏中的【新增】按钮，依据表 10-11 录入资产处置相关明细信息，如图 10-26 所示。依次单击工具栏中的【保存】-【提交】-【审核】按钮，完成资产处置单录入操作。

微课堂

固定资产出售业务处理

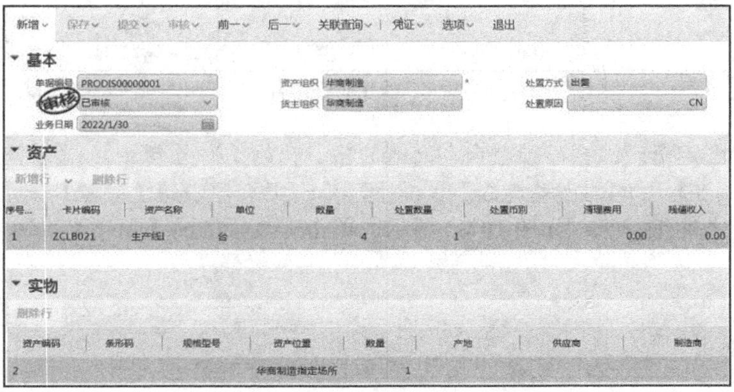

图 10-26　资产处置单

（3）资产处置单凭证生成。执行【资产管理】-【固定资产】-【日常管理】-【资产处置】命令，在打开的"资产处置"页面上，勾选相应单据，选择工具栏中的【凭证】下拉项中的"生成凭证"选项，在"凭证生成"窗口勾选"华商制造账簿"选项，单击下方的【凭证生成】按钮，自动进入"凭证生成报告列表"，可以看到凭证成功生成。完成页面如图 10-27 所示。

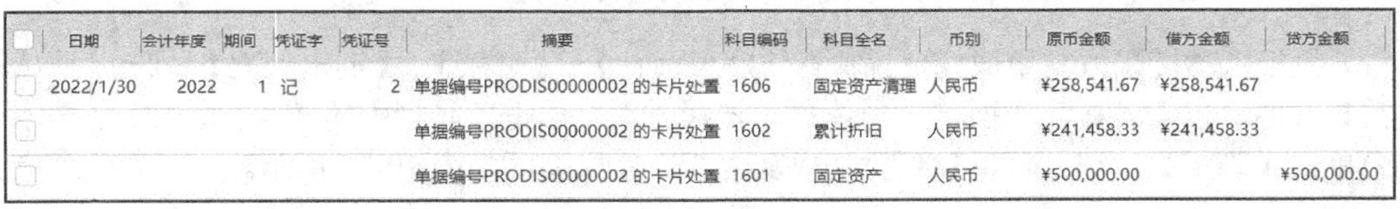

	日期	会计年度	期间	凭证字	凭证号	摘要	科目编码	科目全名	币别	原币金额	借方金额	贷方金额
	2022/1/30	2022	1	记	2	单据编号PRODIS00000002 的卡片处置	1606	固定资产清理	人民币	¥258,541.67	¥258,541.67	
						单据编号PRODIS00000002 的卡片处置	1602	累计折旧	人民币	¥241,458.33	¥241,458.33	
						单据编号PRODIS00000002 的卡片处置	1601	固定资产	人民币	¥500,000.00		¥500,000.00

图 10-27　凭证生成

（4）资产应收单录入。执行【财务会计】-【应收款管理】-【销售应收】-【应收单】命令，在打开的"应收单-新增"页面上，选择单据类型为"资产应收单"。依据表 10-12 录入资产应收单相关明细信息，如图 10-28 所示。依次单击工具栏中的【保存】-【提交】-【审核】按钮，完成应收单录入操作。

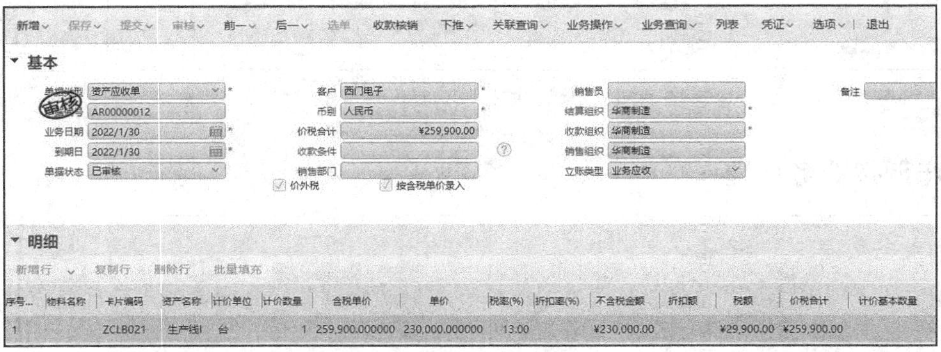

图 10-28　资产应收单

（5）应收单凭证生成。执行【财务会计】-【应收款管理】-【销售应收】-【应收单列表】命令，在打开的"应收单列表"页面上，勾选资产应收单，选择工具栏中的【凭证】下拉项中的"生成凭证"选项，在"凭证生成"窗口勾选"华商制造账簿"选项，单击下方的【凭证生成】按钮，自动进入"凭证生成报告列表"，可以看到凭证成功生成。完成页面如图 10-29 所示。

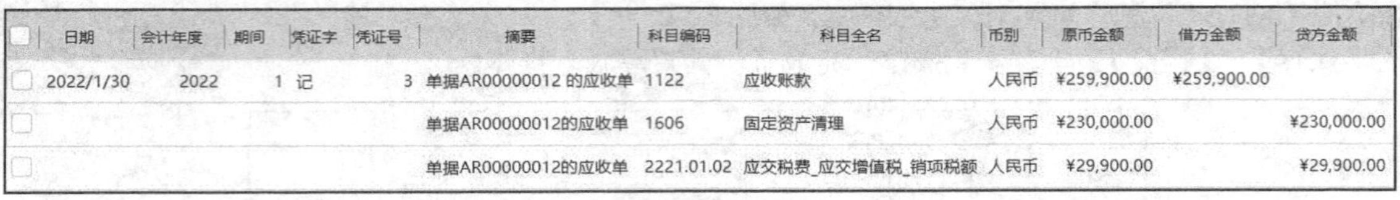

	日期	会计年度	期间	凭证字	凭证号	摘要	科目编码	科目全名	币别	原币金额	借方金额	贷方金额
	2022/1/30	2022	1	记	3	单据AR00000012 的应收单	1122	应收账款	人民币	¥259,900.00	¥259,900.00	
						单据AR00000012的应收单	1606	固定资产清理	人民币	¥230,000.00		¥230,000.00
						单据AR00000012的应收单	2221.01.02	应交税费_应交增值税_销项税额	人民币	¥29,900.00		¥29,900.00

图 10-29　凭证生成

（6）定义结转固定资产清理净损益自动转账方案。执行【财务会计】-【总账】-【期末处理】-【自动转账】命令，在打开的"自动转账"页面上，单击工具栏中的【新增】按钮，依据表 10-13 录入自动转账方案相关明细信息，如图 10-30 所示。单击工具栏中的【保存】按钮，完成操作。

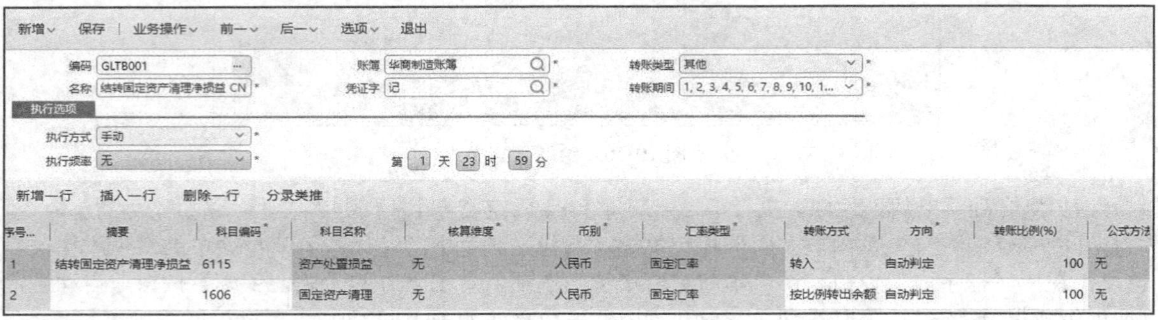

图 10-30　定义自动转账方案

（7）执行自动转账方案生成凭证。执行【财务会计】-【总账】-【期末处理】-【自动转账】命令，在打开的"自动转账"页面上，勾选自动转账方案。单击工具栏中的【执行】按钮，在弹出的页签中单击【确定】按钮，可以看到凭证成功生成。完成页面如图 10-31 所示。

图 10-31　凭证生成

友情提示 10-1

二、资产调拨业务处理

（一）业务数据

2022 年 1 月 30 日，出于业务发展需要，经华商集团协调，华商制造将市场部盘盈的两台笔记本电脑按账面成本价调拨给华商商贸市场部用于办公。

2022 年 1 月 31 日，华商商贸向华商制造开出 10 000.00 元转账支票。

华商制造资产调出单明细信息如表 10-14 所示。

表 10-14　　　　　　　　　　　资产调出单明细信息

调出日期	调出组织	调入组织	资产名称	调出原值/元
2022-01-30	华商制造	华商商贸	笔记本电脑	10 000.00

设置组织间结算关系，具体要求如表 10-15 所示。

表 10-15　　　　　　　　　　　组织间结算关系明细信息

会计核算体系	供货方、默认应收组织	接收方、默认应付组织
财务会计核算体系	华商制造	华商商贸

（二）业务解析

本业务属于综合业务，涉及 2 个组织机构，将要综合运用到之前学过的内容，包括组织间交易与结算业务、应收应付业务、固定资产初始与终止确认业务、出纳与资金业务等。

（1）华商制造需要操作的业务内容有：资产调出单录入、定义组织间结算关系、创建结算清单（也可以由华商商贸操作）、应收结算清单_资产录入、资产处置单录入及凭证生成、应收单录入及凭证生成、结转固定资产清理净损益凭证录入、收款单录入及凭证生成、资金上划付款单录入及凭证生成等。

华商制造通过自用的资产处置单凭证模板生成凭证。资产调出转入清理的会计分录为：

借：固定资产清理　　　　　　　　　　　　　　　　10 000.00
　　贷：固定资产　　　　　　　　　　　　　　　　　　　　10 000.00

华商制造通过自用的应收单凭证模板生成凭证。资产应收的会计分录为：

借：应收账款——华商商贸　　　　　　　　　　　　10 000.00
　　贷：固定资产清理　　　　　　　　　　　　　　　　　　10 0C0.00

华商制造通过自用的收款单凭证模板生成凭证。资产调出收款的会计分录为：

借：银行存款——荆楚银行长江支行　　　　　　　　10 000.00
　　贷：应收账款——华商商贸　　　　　　　　　　　　　　10 000.00

华商制造通过自用的付款单凭证模板生成凭证。资金上划付款的会计分录为：

借：其他应收款——统收款　　　　　　　　　　　　10 000.00
　　贷：银行存款——荆楚银行长江支行　　　　　　　　　　10 000.00

（2）华商商贸需要操作的业务内容有：资产调入单录入、创建结算清单（也可以由华商制造操作）、应付结算清单_资产录入、资产卡片录入及凭证生成、应付单录入及凭证生成、资金上划收款单录入及凭证生成等。

华商商贸通过自用的资产卡片凭证模板生成凭证。资产调入的会计分录为：

借：固定资产　　　　　　　　　　　　　　　　　　10 000.00
　　贷：应付账款——暂估应付款　　　　　　　　　　　　　10 000.00

华商商贸通过自用的应付单凭证模板生成凭证。资产应付的会计分录为：

借：应付账款——暂估应付款　　　　　　　　　　　10 000.00
　　贷：应付账款——明细应付款　　　　　　　　　　　　　10 00C.00

华商商贸通过自用的付款单凭证模板生成凭证，资产调入付款的会计分录为：

借：应付账款——明细应付款　　　　　　　　　　　10 000.00
　　贷：银行存款　　　　　　　　　　　　　　　　　　　　10 000.00

华商商贸通过自用的资金上划单凭证模板生成收款凭证。华商商贸收到华商制造上划款的会计分录为：

借：银行存款——荆楚银行长江支行　　　　　　　　　　10 000.00

贷：其他应付款——统支款　　　　　　　　　　　　　　　10 000.00

微课堂

资产调拨业务处理

（三）操作步骤（注意组织切换）

（1）核对当前组织。确保当前组织为华商制造。

（2）资产调出单录入。执行【资产管理】-【固定资产】-【日常管理】-【资产调出】命令，在打开的"资产调出"页面上，单击工具栏中的【新增】按钮。按表 10-14 录入资产调出相关明细信息，如图 10-32 所示。依次单击工具栏中的【保存】-【提交】-【审核】按钮，完成资产调出单录入操作。

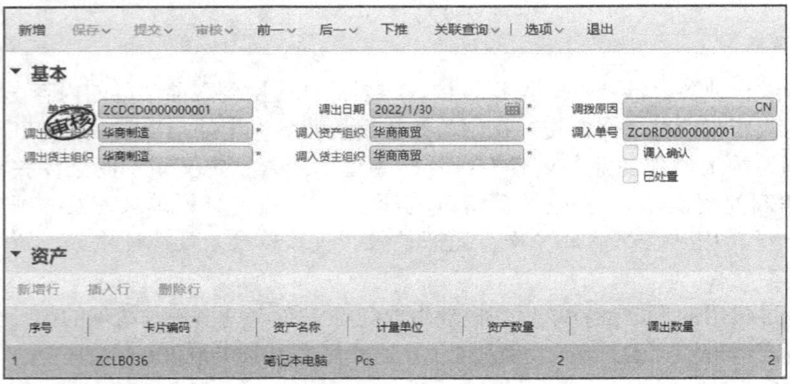

图 10-32　资产调出单

（3）设置组织间结算关系。执行【供应链】-【组织间结算】-【组织间结算关系】-【组织间结算关系列表】命令，在打开的"组织间结算关系列表"页面上，单击工具栏中的【新增】按钮，按表 10-15 录入相关信息，如图 10-33 所示。依次单击工具栏中的【保存】-【提交】-【审核】按钮，完成业务操作。

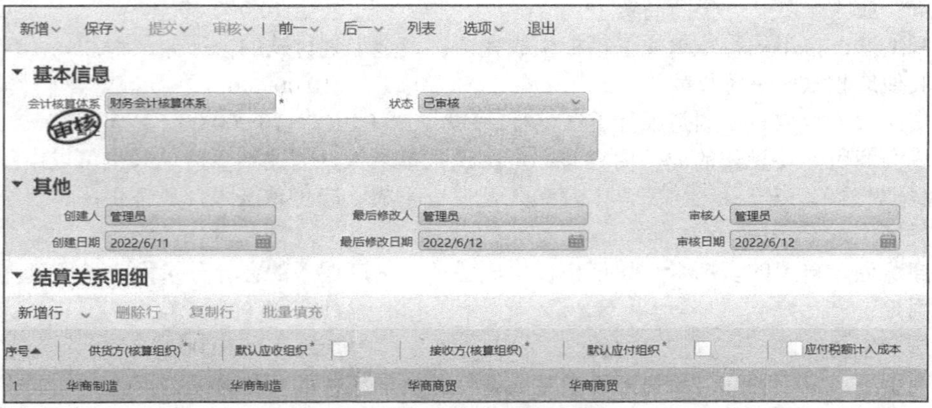

图 10-33　组织间结算关系

（4）切换当前组织为华商商贸。

（5）资产调入单录入。执行【资产管理】-【固定资产】-【日常管理】-【资产调入】命令，在打开的"资产调入"页面上，勾选系统自动生成的调入单，核对信息，如图 10-34 所示。依次单击工具栏中的【保存】-【提交】-【审核】按钮，完成资产调入单录入操作。

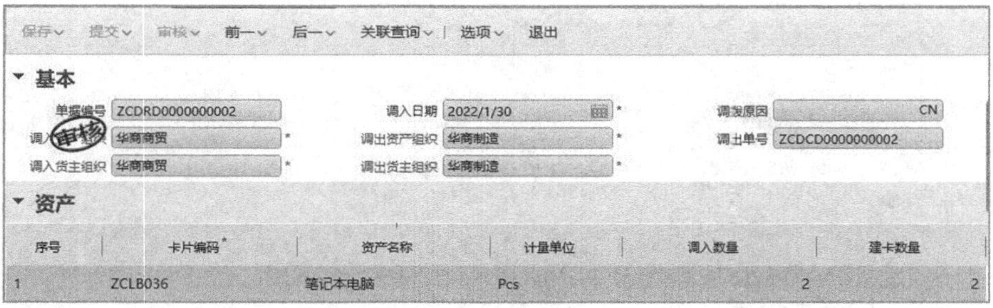

图 10-34　资产调入单

（6）创建结算清单。执行【供应链】-【组织间结算】-【结算清单】-【创建结算清单】命令，在打开的"创建结算清单"页面上，通过向导式操作，设置起始日期为 2022-01-01—2022-01-31，结算目标勾选"创建应收结算清单_资产""创建应付结算清单_资产"，单击【下一步】按钮直至完成，可见页面显示"创建结算清单成功"。

（7）切换当前组织为华商制造。

（8）资产处置单录入。执行【资产管理】-【固定资产】-【日常管理】-【资产调出】命令，在打开的"资产调出"页面上，勾选资产调出单据，选择工具栏中的【下推】下拉项中的"资产处置单"选项，修改业务日期为"2022/1/30"，如图 10-35 所示。依次单击工具栏中的【保存】-【提交】-【审核】按钮，完成资产处置单录入操作。

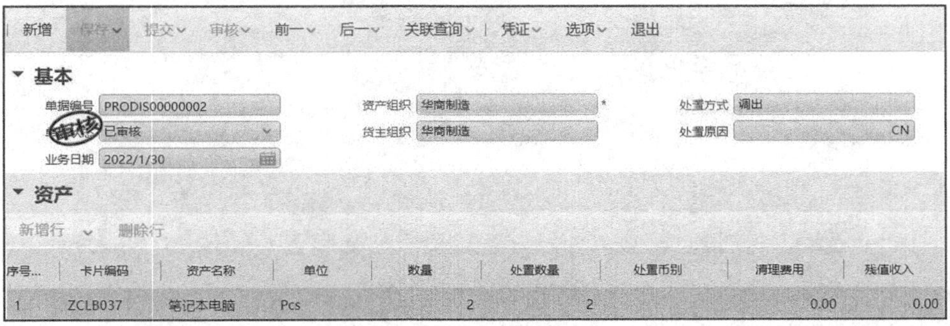

图 10-35　资产处置单

（9）资产处置单凭证生成。执行【资产管理】-【固定资产】-【日常管理】-【资产处置】命令，在打开的"资产处置"页面上，勾选资产处置单据，选择工具栏中的【凭证】下拉项中的"生成凭证"选项，在"凭证生成"窗口勾选"华商制造账簿"选项，单击下方的【凭证生成】按钮，自动进入"凭证生成报告列表"，可以看到凭证成功生成。完成页面如图 10-36 所示。

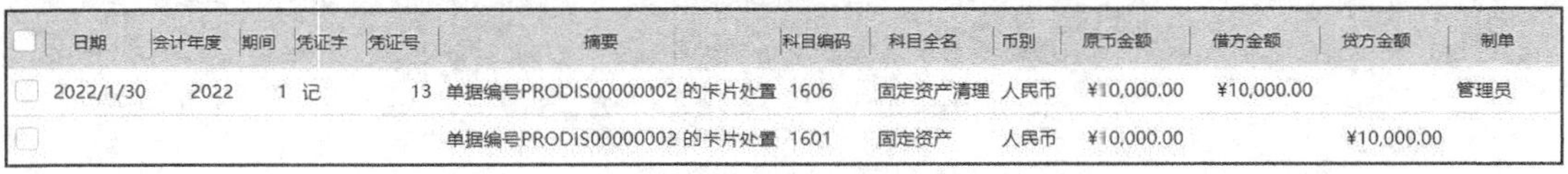

图 10-36　凭证生成

（10）应收结算清单_资产录入。执行【供应链】-【组织间结算】-【结算清单】-【应收结算清单_资产】命令，在打开的"应收结算清单_资产"页面上，勾选并双击打开系统自动生成的单据，核对无误，如图 10-37 所示。依次单击工具栏中的【保存】-【提交】-【审核】按钮，完成业务操作。

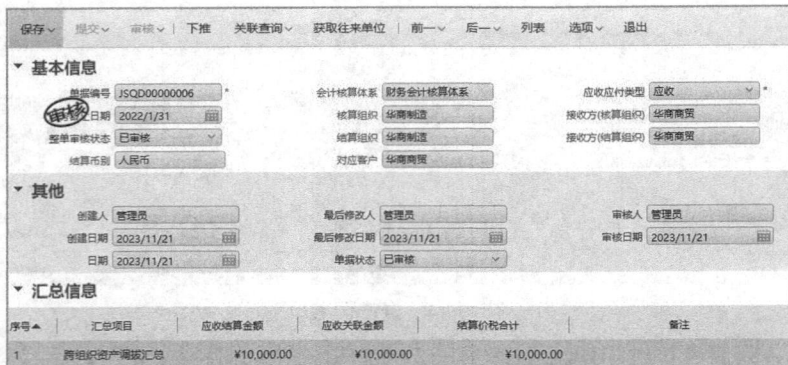

图 10-37　应收结算清单_资产

（11）资产应收单录入。执行【供应链】-【组织间结算】-【结算清单】-【应收结算清单 资产】命令，在打开的"应收结算清单_资产"页面上，勾选应收结算清单_资产单据，选择工具栏中的【下推】下拉项中的"应收单"选项，修改业务日期和到期日为"2022/1/31"，如图 10-38 所示。依次单击工具栏中的【保存】-【提交】-【审核】按钮，完成资产应收单录入操作。

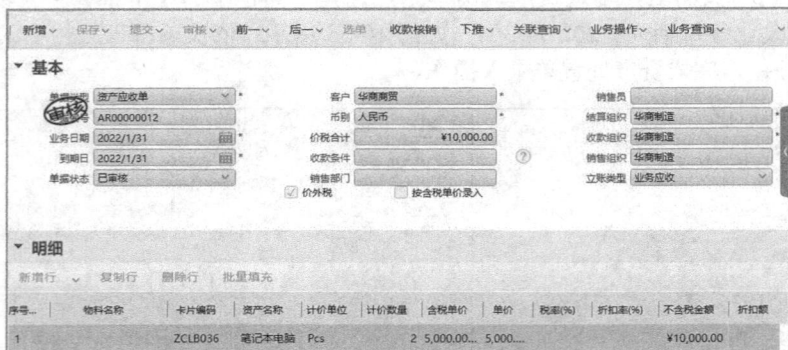

图 10-38　资产应收单

（12）资产应收单凭证生成。执行【财务会计】-【应收款管理】-【销售应收】-【应收单列表】命令，在打开的"应收单列表"页面上，勾选客户为"华商商贸"的资产应收单。选择工具栏中的【凭证】下拉项中的"生成凭证"选项，在"凭证生成"窗口勾选"华商制造账簿"选项，单击下方的【凭证生成】按钮，自动进入"凭证生成报告列表"，可以看到凭证成功生成。完成页面如图 10-39 所示。

	日期	会计年度	期间	凭证字	凭证号	摘要	科目编码	科目全名	币别	原币金额	借方金额	贷方金额	制单
☐	2022/1/31	2022	1 记		15	单据AR00000012 的应收单	1122	应收账款	人民币	¥10,000.00	¥10,000.00		管理员
☐						单据AR00000012的应收单	1606	固定资产清理	人民币	¥10,000.00		¥10,000.00	

图 10-39　凭证生成

（13）切换当前组织为华商商贸。

（14）资产卡片录入。执行【资产管理】-【固定资产】-【日常管理】-【资产调入】命令，在打开的"资产调入"页面上，勾选资产调入单据。选择工具栏中的【下推】下拉项中的"资产卡片"选项，修改入账日期为"2022-01-31"，变动方式选择"调入"，资产位置选择"华商商贸指定场所"，使用部门选择"市场部"，费用项目选择"折旧费用"，如图 10-40 所示。依次单击工具栏中的【保存】-【提交】-【审核】按钮，完成资产卡片录入操作。

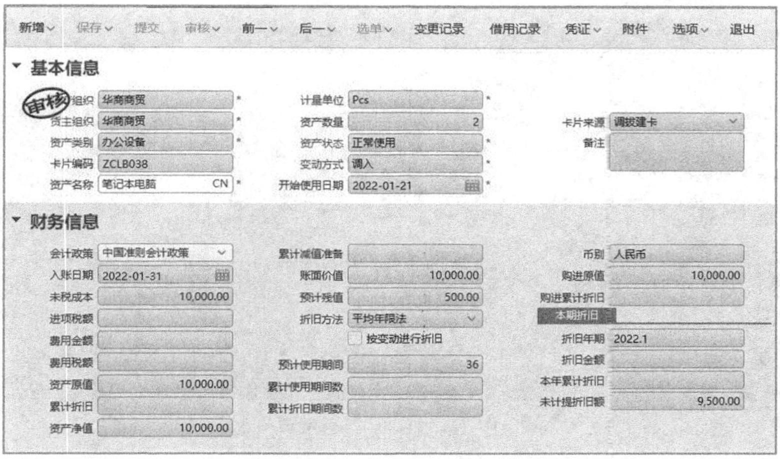

图 10-40　资产卡片

（15）资产卡片凭证生成。执行【资产管理】–【固定资产】–【日常管理】–【资产卡片】命令，在打开的"资产卡片"页面上，勾选卡片来源为"调拨建卡"的资产卡片，选择工具栏中的【凭证】下拉项中的"生成凭证"选项，在"凭证生成"窗口勾选"华商商贸账簿"选项，单击下方的【凭证生成】按钮，自动进入"凭证生成报告列表"，可以看到凭证成功生成。完成页面如图 10-41 所示。

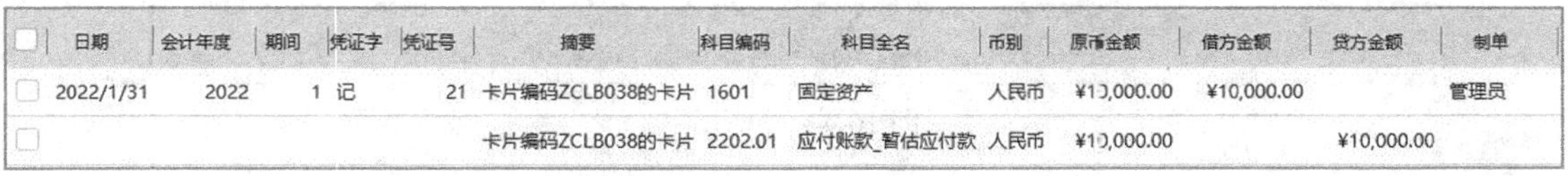

图 10-41　凭证生成

（16）应付结算清单_资产录入。执行【供应链】–【组织间结算】–【结算清单】–【应付结算清单_资产】命令，在打开的"应付结算清单_资产"页面上，勾选并双击打开系统自动生成的单据，核对无误，如图 10-42 所示。依次单击工具栏中的【保存】–【提交】–【审核】按钮，完成业务操作。

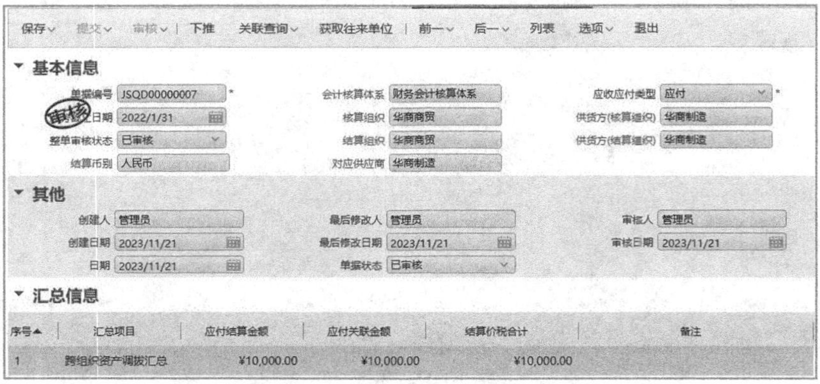

图 10-42　应付结算清单_资产

（17）资产应付单录入。接步骤（16），在【应付结算清单_资产–修改】页签选择工具栏中的【下推】下拉项中的"应付单"选项，修改业务日期和到期日为"2022/1/31"，付款组织选择"华商商贸"，如图 10-43 所示。依次单击工具栏中的【保存】–【提交】–【审核】按钮，完成资产应付单录入操作。

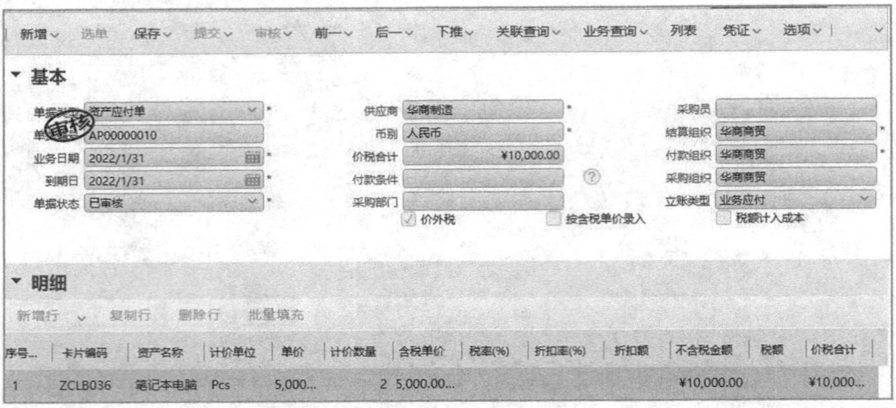

图 10-43　资产应付单

（18）资产应付单凭证生成。执行【财务会计】-【应付款管理】-【采购应付】-【应付单列表】命令，在打开的"应付单列表"页面上，勾选供应商为"华商制造"的资产应付单。选择工具栏中的【凭证】下拉项中的"生成凭证"选项，在"凭证生成"窗口勾选"华商商贸账簿"选项，单击下方的【凭证生成】按钮，自动进入"凭证生成报告列表"，可以看到凭证成功生成。完成页面如图 10-44 所示。

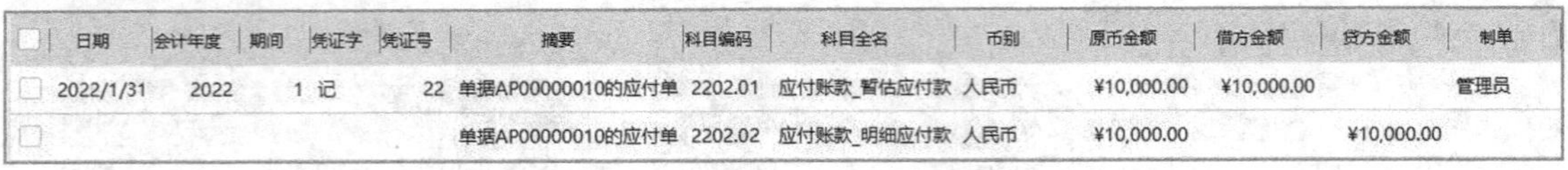

	日期	会计年度	期间	凭证字	凭证号	摘要	科目编码	科目全名	币别	原币金额	借方金额	贷方金额	制单
	2022/1/31	2022	1	记	22	单据AP00000010的应付单	2202.01	应付账款_暂估应付款	人民币	¥10,000.00	¥10,000.00		管理员
						单据AP00000010的应付单	2202.02	应付账款_明细应付款	人民币	¥10,000.00		¥10,000.00	

图 10-44　凭证生成

（19）付款单录入。接步骤（17），在【应付单-修改】页签选择工具栏中的【下推】下拉项中的"付款单"选项，修改业务日期为"2022/1/31"，结算方式选择"转账支票"，我方银行账号选择"622288882"，如图 10-45 所示。依次单击工具栏中的【保存】-【提交】-【审核】按钮，完成付款单录入操作。

图 10-45　付款单

（20）付款单凭证生成。执行【财务会计】-【出纳管理】-【日常处理】-【付款单】命令，在打开的"付款单"页面上，勾选收款单位为"华商制造"的付款单据，选择工具栏中的【凭证】下拉项中的"生成凭证"选项，在"凭证生成"窗口勾选"华商商贸账簿"选项，单击下方的【凭证生成】按钮，自动进入"凭证生成报告列表"，可以看到凭证成功生成。完成页面如图 10-46 所示。

	日期	会计年度	期间	凭证字	凭证号	摘要	科目编码	科目全名	币别	原币金额	借方金额	贷方金额	制单
	2022/1/31	2022	1 付		14 FKD00000017		2202.02	应付账款_明细应付款	人民币	¥10,000.00	¥10,000.00		管理员
					FKD00000017		1002	银行存款	人民币	¥10,000.00		¥10,000.00	

图 10-46　凭证生成

（21）切换当前组织为华商制造。

（22）收款单录入。执行【财务会计】-【应收款管理】-【销售应收】-【应收单列表】命令，在打开的"应收单列表"页面上，勾选客户为"华商商贸"的资产应收单。选择工具栏中的【下推】下拉项中的"生成收款单"选项，修改业务日期为"2022/1/31"，结算方式选择"转账支票"，我方银行账号选择"622288885"，如图 10-47 所示。依次单击工具栏中的【保存】-【提交】-【审核】按钮，完成录入操作。

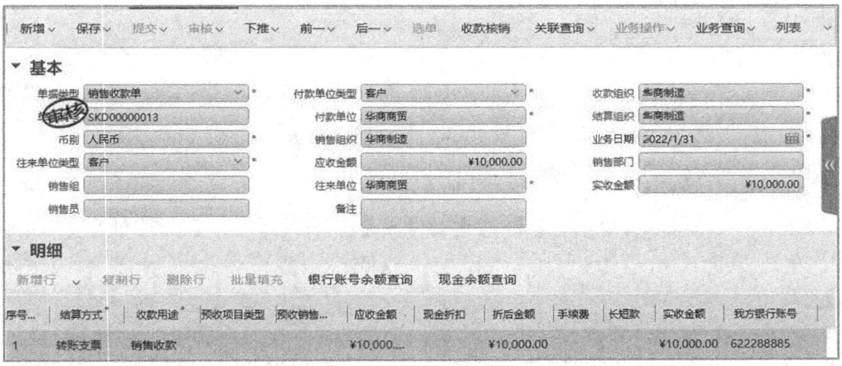

图 10-47　收款单

（23）收款单凭证生成。执行【财务会计】-【出纳管理】-【日常处理】-【收款单】命令，在打开的"收款单"页面上，勾选往来单位为"华商商贸"的单据，选择工具栏中的【凭证】下拉项中的"生成凭证"选项，在"凭证生成"窗口勾选"华商制造账簿"选项，单击下方的【凭证生成】按钮，自动进入"凭证生成报告列表"，可以看到凭证成功生成。完成页面如图 10-48 所示。

	日期	会计年度	期间	凭证字	凭证号	摘要	科目编码	科目全名	币别	原币金额	借方金额	贷方金额	制单
	2022/1/31	2022	1 收		3	SKD00000013	1002	银行存款	人民币	¥10,000.00	¥10,000.00		管理员
						SKD00000013	1122	应收账款	人民币	¥10,000.00		¥10,000.00	

图 10-48　凭证生成

（24）切换当前组织为华商商贸。

（25）资金上划单录入。执行【财务会计】-【资金管理】-【日常处理】-【资金上划单】命令，在打开的"资金上划单"页面上，单击工具栏中的【新增】按钮。修改业务日期为"2022/1/31"，银行选择"荆楚银行长江支行"，母账号选择"622288882"，明细.单位选择"华商制造"，单位账号选择 622288885，单位内部账户选择 NB01，如图 10-49 所示。依次单击工具栏中的【保存】-【提交】-【审核】按钮，结束操作。

（26）资金上划单凭证生成。执行【财务会计】-【资金管理】-【日常处理】-【资金上划单】命令，在打开的"资金上划单"页面上，勾选业务日期为 2022/1/31 的单据，选择工具栏中的【凭证】下拉项中的"生成凭证"选项，在"凭证生成"窗口勾选"华商商贸账簿"选项，单击下方的【凭证生成】按钮，自动进入"凭证生成报告列表"，可以看到凭证成功生成。完成页面如图 10-50 所示。

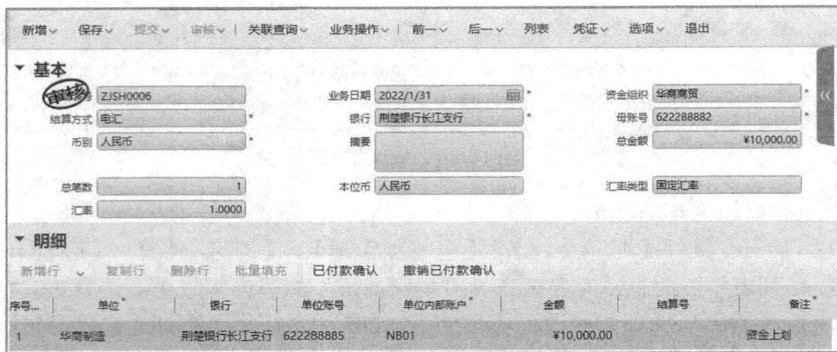

图 10-49　资金上划单

	日期	会计年度	期间	凭证字	凭证号	摘要	科目编码	科目全名	币别	原币金额	借方金额	贷方金额	制单
☐	2022/1/31	2022	1	收	12	资金上划	1002	银行存款	人民币	¥10,000.00	¥10,000.00		管理员
☐						资金上划	2241.04	其他应付款_统支款	人民币	¥10,000.00		¥10,000.00	

图 10-50　凭证生成

（27）切换当前组织为华商制造。

（28）资金上划付款单录入。执行【财务会计】-【出纳管理】-【日常处理】-【付款单】命令，在打开的"付款单"页面上，双击打开系统自动生成的已审核资金上划付款单，如图 10-51 所示，核对无误后退出。

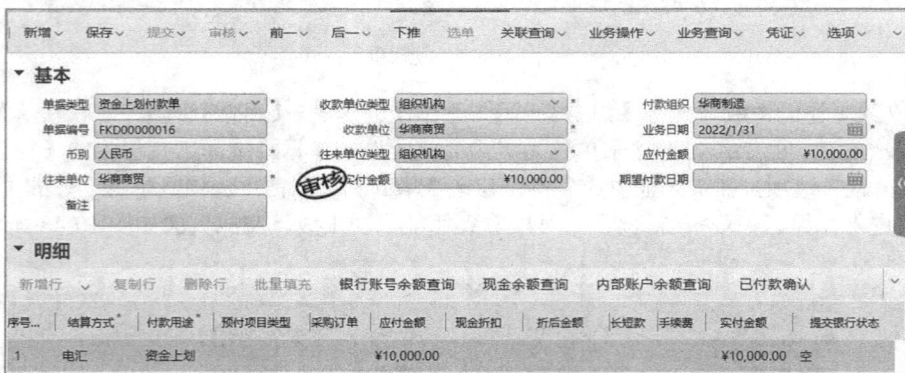

图 10-51　资金上划付款单

（29）资金上划付款单凭证生成。执行【财务会计】-【出纳管理】-【日常处理】-【付款单】命令，在打开的"付款单"页面上，勾选业务日期为2022/1/31的资金上划付款单单据，选择工具栏中的【凭证】下拉项中的"生成凭证"选项，在"凭证生成"窗口勾选"华商制造账簿"选项，单击下方的【凭证生成】按钮，自动进入"凭证生成报告列表"，可以看到凭证成功生成情况。完成页面如图 10-52 所示。

	日期▼	会计年度	期间	凭证字	凭证号	摘要	科目编码	科目全名	币别	原币金额	借方金额	贷方金额	制单
☐	2022/1/31	2022	1	付	3	资金上划	1221.04	其他应收款_统收款	人民币	¥10,000.00	¥10,000.00		管理员
☐						资金上划	1002	银行存款	人民币	¥10,000.00		¥10,000.00	

图 10-52　凭证生成

第四节 | 资产后续确认业务处理

固定资产后续核算主要包括变更、折旧业务等。本节内容主要在华商制造完成相关业务操作。

一、固定资产变更业务处理

（一）业务数据

2022 年 1 月 31 日，华商制造计提生产线 II 的减值准备 100 000.00 元。

资产变更单明细信息如表 10-16 所示。

表 10-16 资产变更单明细信息

资产名称	业务日期	变更原因	财务信息.累计减值准备.累计减值准备（变更后）/元
生产线 II	2022-01-31	计提减值	100 000.00

（二）业务解析

本业务通过录入资产变更单完成。资产变更信息如果涉及原值和累计减值准备，则需通过系统预置的资产变更单凭证模板来生成凭证。

计提减值准备的会计分录为：

借：资产减值损失 100 000.00

贷：固定资产减值准备 100 000.00

（三）操作步骤

（1）核对当前组织。确保当前组织为华商制造。

（2）录入资产变更单。执行【资产管理】-【固定资产】-【日常管理】-【资产变更】命令，在打开的"资产变更"页面上，单击工具栏中的【新增】按钮。按表 10-16 录入资产变更单相关明细信息，如图 10-53 所示。依次单击工具栏中的【保存】-【提交】-【审核】按钮，完成资产变更单录入操作。

图 10-53 资产变更单

（3）资产变更单凭证生成。执行【资产管理】-【固定资产】-【日常管理】-【资产变更】命令，在打开的"资产变更"页面上，勾选资产变更单，选择工具栏中的【凭证】下拉项中的"生成凭证"选项，在"凭证生成"窗口勾选"华商制造账簿"选项，单击下方的【凭证生成】按钮，自动进入"凭证生成报告列表"，可以看到凭证成功生成。完成页面如图 10-54 所示。

	日期	会计年度	期间	凭证字	凭证号		摘要	科目编码	科目全名	币别	原币金额	借方金额	贷方金额	制单
	2022/1/31	2022	1	记		9	单据编号PROMOD00000001...	6701	资产减值损失	人民币	¥100,000.00	¥100,000.00		管理员
							单据编号PROMOD00000001...	1603	固定资产减值准备	人民币	¥100,000.00		¥100,000.00	

图 10-54　凭证生成

友情提示 10-2

二、固定资产折旧业务处理

（一）业务数据

2022 年 1 月 31 日，华商制造计提本月固定资产折旧。

折旧调整单凭证模板中"管理费用／销售费用／制造费用／研发支出"科目设置修改具体要求如表 10-17 所示。

表 10-17　　　　"管理费用／销售费用／制造费用／研发支出"科目设置

调整前科目全名	调整后科目全名
管理费用_人工费（6602.01）	管理费用_办公费（6602.02）

（二）业务解析

资产管理系统具有折旧管理功能。企业须在办理完资产变更业务后计提折旧，系统会自动生成折旧调整单。通过复制新增并修订折旧调整单凭证模板来生成凭证。

计提折旧的会计分录为：

借：管理费用——办公费（行政部）　　　　　41 666.67
　　　　　　——办公费（财务部）　　　　　　 263.89
　　制造费用——一车间（折旧费）　　　　　15 833.33
　　　　　　——二车间（折旧费）　　　　　15 833.33
　　贷：累计折旧——房屋及建筑物　　　　　　41 666.67
　　　　　　——生产设备　　　　　　　　　31 666.66
　　　　　　——办公设备　　　　　　　　　 263.89

由于资产变更有可能影响本期折旧的计算，故计提折旧一般安排在确定不再存在资产变更业务时进行。

微课堂

固定资产折旧业务处理

（三）操作步骤

（1）核对当前组织。确保当前组织为华商制造。

（2）修改折旧政策。执行【资产管理】-【固定资产】-【基础资料】-【折旧政策】命令，在打开的"折旧政策"页面上，反审核系统内置的常用折旧政策，将"变动折旧政策"中的"财务信息和分配信息变动当期即影响折旧"取消勾选，并勾选"折旧要素变动时按静态折旧方法计算"，如图 10-55 所示。依次单击工具栏中的【保存】-【提交】-【审核】按钮，完成折旧政策修改操作。

（3）计提折旧。执行【资产管理】-【固定资产】-【折旧管理】-【计提折旧】命令，在打开的"计提折旧"页面上，勾选"华商制造"，单击【计提折旧】按钮，系统会自动完成折旧的计算与提取。单击【查看明细】按钮，核对折旧计提数额是否无误。

（4）折旧调整单录入。执行【资产管理】-【固定资产】-【折旧管理】-【折旧调整单】命令，在打开的"折旧调整单"页面上，打开系统自动创建的折旧调整单，如图 10-56 所示，确认"生产线 I"的本期折旧额为 15 833.33 元。依次单击工具栏中的【保存】-【提交】-【审核】按钮，结束操作。

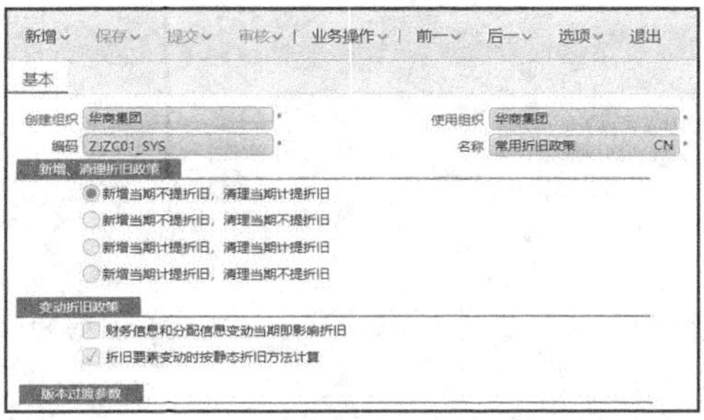

图 10-55　修改折旧政策

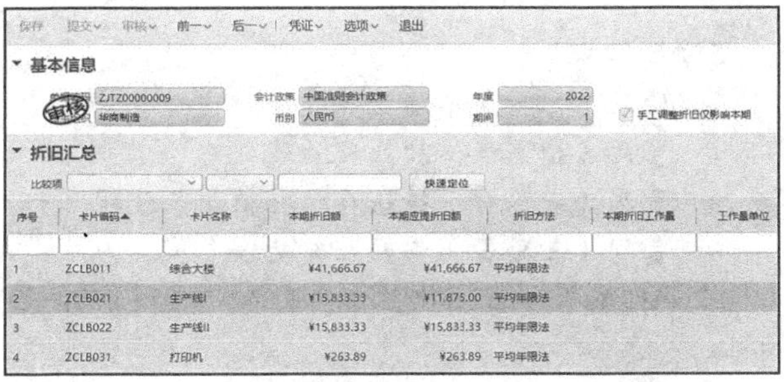

图 10-56　折旧调整单

（5）复制新增折旧调整单凭证模板。执行【财务会计】-【智能会计平台】-【基础资料】-【凭证模板】命令，在打开的"凭证模板"页面上，选中系统预置的折旧调整单（编码 035）模板，单击工具栏中的【新增】按钮中的"复制"选项，新增一个折旧调整单凭证模板，适用账簿选择全部组织。参照表 10-17 完成修改。单击工具栏中的【保存】按钮完成凭证模板修改。

（6）折旧调整单凭证生成。执行【资产管理】-【固定资产】-【折旧管理】-【折旧调整单】命令，在打开的"折旧调整单"页面上，勾选单据，选择工具栏中的【凭证】下拉项中的"生成凭证"选项，在"凭证生成"窗口勾选"华商制造账簿"选项，单击下方的【凭证生成】按钮，自动进入"凭证生成报告列表"，可以查看凭证成功生成。完成页面如图 10-57 所示。

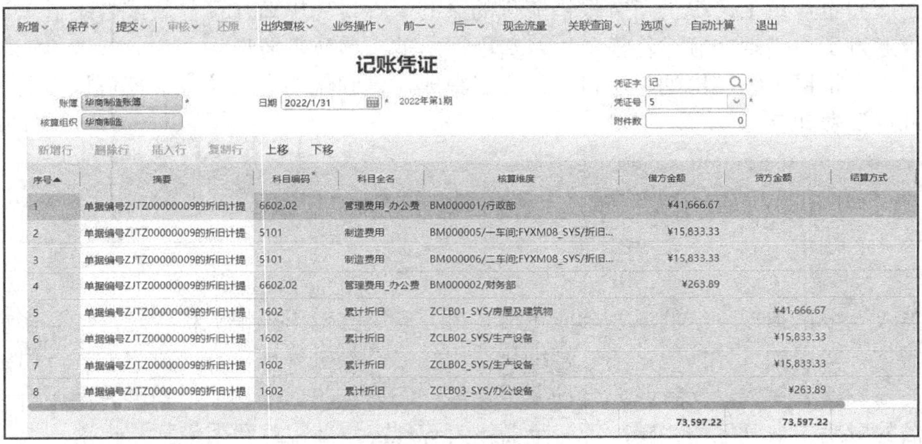

图 10-57　折旧调整单凭证生成

友情提示 10-3

完成本章业务后，备份数据中心，备份文件命名为"华商集团-姓名-资产管理"，保存到 U 盘或网盘。

第十一章 | 费用管理

【学习目标】
- 费用（出差）申请业务处理
- 费用（出差）借款业务处理
- 费用（差旅费）报销及退补款业务处理
- 费用（差旅费）移转业务处理

在开始本章学习之前，需要引入"华商集团-姓名-资产管理"备份数据中心，以保持数据的连续性。

第一节 | 概述

一、总体介绍

费用管理系统是面向企业财务，提供员工报销的后端管理系统，包括初始化、核销管理、报表分析、期末处理、账务处理、参数设置、智能填报管理。

人人报销系统是面向企业员工，提供所有报销流程的系统，支持先申请（可借款或者不借款）后报销，直接报销，通过历史借款余额进行报销以及费用（出差）移转等情形。

费用管理系统、人人报销系统与出纳、应付系统无缝集成，精细化的个人往来管理可以帮助企业合理统筹费用，杜绝浪费和支出。

二、功能结构

（一）主要功能

费用管理系统与人人报销管理系统的主要功能包括：（1）完整的费用报销流程管理；（2）多方位报表分析，分析借款、费用的具体情况；（3）精细化费用往来及收付管理，与应付款管理、出纳系统无缝集成；（4）与发票云集成，支持收票自动填报功能；（5）差旅标准功能，精准控制所有员工的费用；（6）灵活的费用二次分配与移转；（7）全面核销管理，精准跟踪费用借款与报销。

（二）业务流程

费用报销业务流程如图 11-1 所示。

三、与其他系统的关系

费用管理系统、人人报销系统与其他系统的关系如图 11-2 所示。

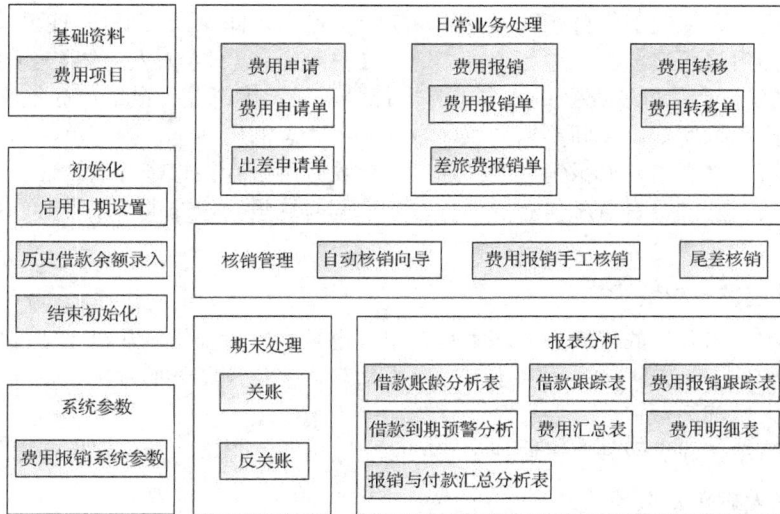

图 11-1　费用报销业务流程

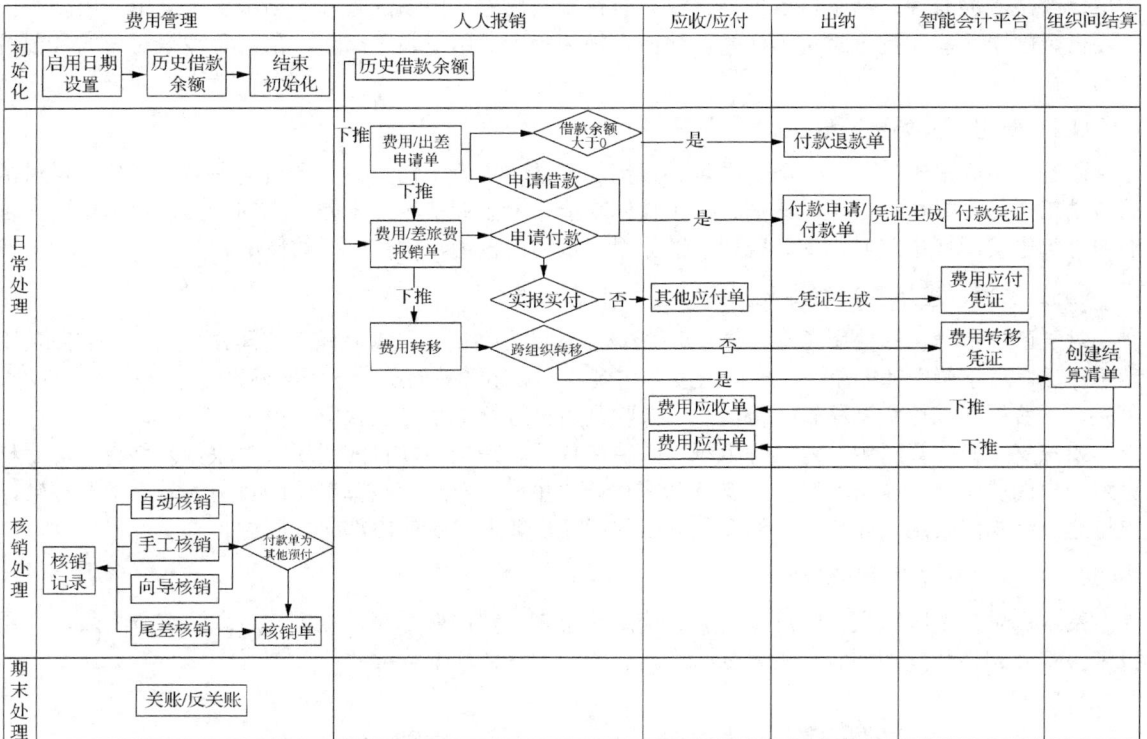

图 11-2　费用管理系统、人人报销系统与其他系统的关系

四、基本概念

（一）人人报销工作台

人人报销工作台是员工报销填单及查看单据状态的入口，可完成从申请到报销及费用查看的全过程。

员工如需使用人人报销工作台，则要完善员工财务信息，即录入员工开户银行、账户名称及银行账号等信息，然后将用户与员工进行关联，通过【财务会计】-【人人报销】-【我的报销工作平台】-【人人报销工作台】操作路径进入。上方图标区域显示申请单、报销单等各单据类型的图标，单击图标即可进行单据新增；中间单据列表区域显示各状态的申请单、报销单、历史借款余额的单据，单击即可查看费用（出差）报销进度；通过下方设置可进行银行账号的管理，员工首次进来显示的银行账号是员工基础资料财务信息的银行账号，同时这里新增的银行账号会同步至员工基础资料财务信息。

（二）费用（出差）申请

企业涉及费用（出差）的核算业务基本从费用（出差）申请开始，从员工或部门费用（出差）的申请到管理部门的审批，再到费用（出差）是否借款，最后到资金的领用或退回，整个过程比较复杂多变，涉及人员部门众多。

系统根据申请主体提供两种申请途径：我的费用（出差）申请、部门费用（出差）申请。

（三）费用（差旅费）报销

系统完整支持先申请后报销、先借款后报销、实报实付、退借款等报销业务；对新系统使用前历史借款余额的管理，用于日后报销平账。对费用（出差）申请的管理，用于费用支出、出差事由以及借款的申请与审批。对费用（差旅费）报销的管理，用于员工个人、部门等往来对象的各项费用的报销。

（四）费用（差旅费）核销

通过申请到报销的下推、历史借款到报销的下推、实报实销，系统会自动完成大部分应付付款的核销工作，向导核销、尾差核销、手工核销功能帮助企业费用（出差）报销人员、报销申请人精准跟踪每笔费用（出差）借款、费用（差旅费）报销的报销、付款、退款情况。

（五）费用（差旅费）移转

对于已报销确认的费用（差旅费），可根据企业实际情况，在以后任意期间移转到其他实际费用承担对象。对于费用（出差）已申请但发票未到，而费用（差旅费）已经实际发生了分配和移转时，可先进行费用（差旅费）移转，待后续发票收到后再进行费用（差旅费）报销。

系统支持跨核算组织、跨业务组织、跨往来单位、跨费用项目的费用（差旅费）移转。对于核算组织内的费用（差旅费）移转，支持转账凭证的生成；对于跨核算组织的费用（差旅费）移转，支持通过组织间费用（差旅费）结算，同步生成转出转入组织的内部应收应付。

（六）多方位费用报表分析

系统提供借款跟踪表、账龄分析表、费用汇总表、费用明细表、报销与付款汇总分析表、费用报销跟踪表、借款到期预警分析表分析借款、费用的具体情况。

第二节　基础资料设置

一、业务数据

将员工王市场与当前用户关联，并录入该员工用于报销的财务信息。
员工王市场财务明细信息如表 11-1 所示。

表 11-1   员工财务明细信息

银行账号	账户名称	开户银行	默认收款信息
6211111111	王市场	荆楚银行长江支行	√

二、业务解析

系统登录的用户信息并不是需要操作的员工信息，二者需要关联。

在全员应用云星空的企业中，每个员工都有一个对应同名的云星空用户账号，在员工入职时创建，在员工离职时禁用。新增员工是人力资源部门完成的，云星空用户是系统管理员（或者具有系统管理权限的用户）创建的，流程上存在滞后性。因此，新增员工后，需要将员工与用户进行关联，并录入员工相关明细信息，以便于员工通过人人报销工作台进行费用报销。

在非全员应用云星空的企业中，将员工与指定用户关联后，员工可以通过指定用户进入人人报销工作台进行费用报销。

三、操作步骤

（1）以系统管理员身份登录客户端。打开客户端，选择数据中心，输入用户"administrator"，密码"888888"，登录系统。

（2）把员工与用户进行关联。执行【系统管理】-【系统管理】-【用户管理】-【查询用户】命令，在打开的"查询用户"页面上，勾选"管理员"用户并双击打开，进入"用户-修改"页签，联系对象类型选择"员工"，联系对象选择"王市场"，如图 11-3 所示。单击工具栏中的【保存】按钮，注销退出系统。

图 11-3　关联员工与用户

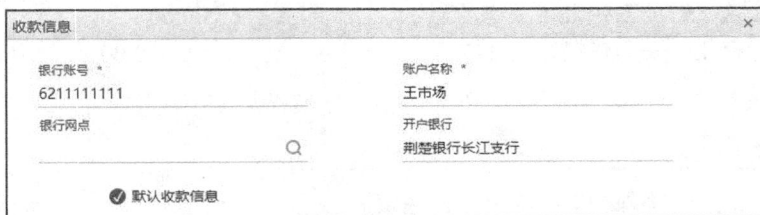

（3）切换操作用户，确保当前组织为华商商贸。

（4）录入员工财务信息。执行【财务会计】-【人人报销】-【我的报销工作平台】-【人人报销工作台】命令，在打开的"人人报销首页"页面上，单击左下角的【设置】-【管理账号】-【新增】按钮，按表 11-1 录入相关信息，如图 11-4 所示。单击工具栏中的【保存】按钮退出。

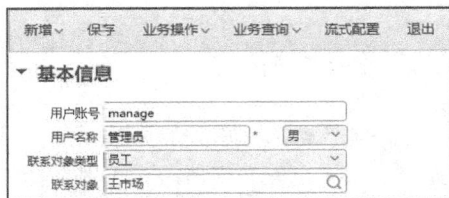

图 11-4　录入员工财务信息

第三节　费用（出差）申请业务处理

费用（出差）申请业务主要由员工进入人人报销工作台进行费用（出差）申请，主要包括费用（出差）申请单录入、费用报销付款单录入（需凭证生成）等业务。本节业务操作主要在华商商贸完成。

一、业务数据

2022 年 1 月 1 日，华商商贸市场部销售经理王市场出差前预借差旅费 6 000.00 元，财务部当即开出现金支票。出差申请单与费用报销付款单明细信息如表 11-2 所示。

表 11-2　　　　　　　　　　　出差申请单与费用报销付款单明细信息

项目	明细信息	项目	明细信息
申请日期	2022-01-01	申请组织	华商商贸
申请人	王市场	申请部门	市场部
费用承担组织	华商商贸	费用承担部门	市场部
事由	项目合作洽谈	币别	人民币
申请借款	✔	结算方式	现金支票
银行账号	6211111111	预计还款日期	2022-01-10
付款组织	华商商贸	往来单位	王市场
费用项目	差旅费	机票	¥4 800.00
出发地-目的地	武汉-广州	住宿费	¥800.00
开始日期	2022-01-01	出差补助	¥400.00
结束日期	2022-01-10	申请金额	¥6 000.00

二、业务解析

员工的费用（出差）申请一般由员工登录人人报销平台录入费用（出差）申请单完成。员工在提交费用（出差）申请时，可以选择先申请借款，待相关业务完成后再进行报销，实际报销金额与预借金额的差额多退少补；如果不申请借款，则在相关业务发生时，由员工先垫付款项，待业务完成进行报销时采用实报实付方式补回员工垫付款项。

在员工申请借款的情况下，须由出差申请单下推生成费用报销付款单，可由自用的付款单凭证模板来生成凭证。

员工预借费用的会计分录为：

借：其他应收款——员工往来（王市场）　　　　　　6 000.00
　　贷：银行存款——荆楚银行长江支行　　　　　　　　6 000.00

微课堂

费用（出差）申请
业务处理

三、操作步骤

（1）核对当前组织。确保当前组织为华商商贸。

（2）出差申请单录入。执行【财务会计】-【人人报销】-【我的报销工作平台】-【人人报销工作台】-【我的出差申请】命令，在打开的"我的出差申请"页面上，录入表 11-2 中相关信息，如图 11-5 所示。依次单击工具栏中的【保存】-【提交】-【审核】按钮，完成业务操作。

（3）费用报销付款单录入。执行【财务会计】-【人人报销】-【费用申请】-【出差申请单列表】命令，在打开的"出差申请单列表"页面上，勾选出差申请单据，单击工具栏中的【下推】按钮，进入"选择单据"页签，选择"付款单"选项，单击【下推】按钮进入"付款单-新增"页签，业务日期设置为"2022/1/1"，如图 11-6 所示。依次单击工具栏中的【保存】-【提交】-【审核】按钮，完成业务操作。

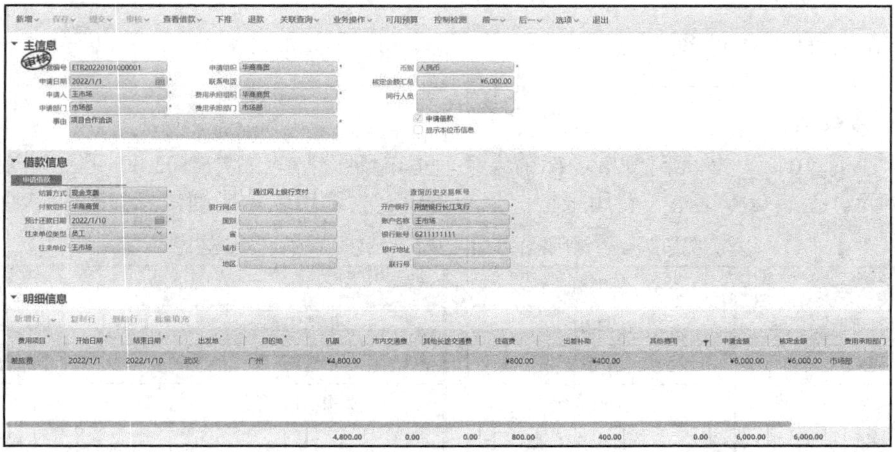

图 11-5　出差申请单

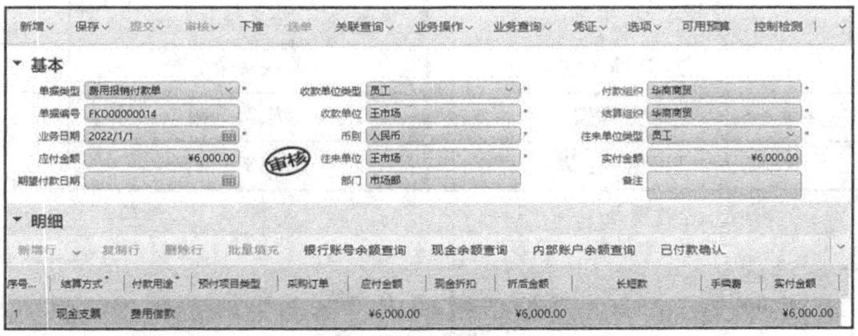

图 11-6　费用报销付款单

（4）费用报销付款单凭证生成。执行【财务会计】-【出纳管理】-【日常处理】-【付款单】命令，在打开的"付款单"页面上，勾选费用报销付款单，选择工具栏中的【凭证】下拉项中的"生成凭证"选项，在"凭证生成"窗口勾选"华商商贸账簿"选项，单击下方的【凭证生成】按钮，自动进入"凭证生成报告列表"，可以看到凭证成功生成情况。完成页面如图 11-7 所示。

友情提示 11-1

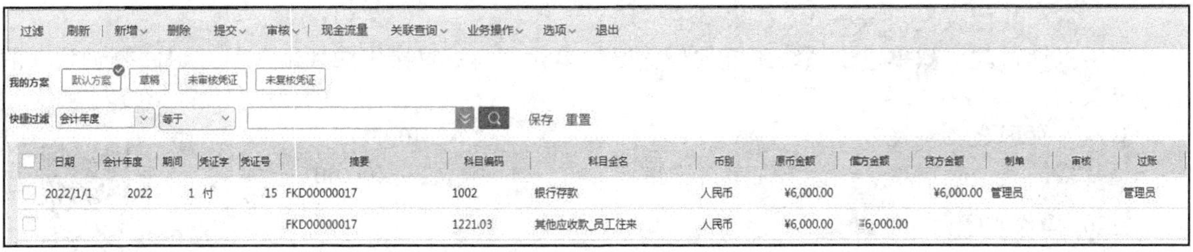

图 11-7　凭证生成

第四节
费用（差旅费）报销业务处理

　　费用（差旅费）报销业务主要包括费用（差旅费）报销单录入、费用报销其他应付单录入（需凭证生成）、费用报销付款单/费用报销付款退款单录入（需凭证生成）等。本节业务操作主要在华商商贸完成。

一、差旅费报销业务处理

（一）业务数据

2022 年 1 月 10 日，华商商贸市场部销售经理王市场报销差旅费 5 600.00 元，并向财务部退回现金 400.00 元。差旅费报销单、费用报销其他应付单、付款退款单明细信息如表 11-3 所示。

表 11-3　　　　　　　差旅费报销单、费用报销其他应付单、付款退款单明细信息

项目	明细信息	项目	明细信息
申请日期	2022-01-10	申请组织	华商商贸
申请人	王市场	申请部门	市场部
费用承担组织	华商商贸	费用承担部门	市场部
事由	项目合作洽谈	币别	人民币
申请退款	✔	结算方式	现金
费用项目	差旅费	发票类型	普通发票
差旅费类型	航空运输（中国）	差旅费金额	¥4 400.00
差旅费类型	住宿费	差旅费金额	¥800.00
差旅费类型	出差补助	差旅费金额	¥400.00

（二）业务解析

差旅费报销业务主要通过员工录入差旅费报销单及自动生成费用报销其他应付单来完成。差旅费报销单（建议使用 2019 新政版）由员工在人人报销平台录入，差旅费报销单完成审核时会自动生成费用报销其他应付单。报销时录入的费用报销其他应付单与出差申请时录入的费用报销付款单会自动关联核销。如果差旅费报销金额与预借金额不一致，则还需要由差旅费报销单下推生成费用报销付款单或者费用报销付款退款单来结清差额。此处差旅费报销金额低于预借金额 400.00 元，费用报销单自动下推生成费用报销付款退款单来收回剩余款项。

费用报销其他应付单可由自用的其他应付单凭证模板直接生成凭证。差旅费报销的会计分录为：

借：销售费用　　　　　　　　　　　　　　5 600.00
　　贷：其他应收款——员工往来（王市场）　　　　　5 600.00

费用报销付款退款单可由系统预置的付款退款单凭证模板直接生成凭证。员工退回剩余款项的会计分录为：

借：库存现金　　　　　　　　　　　　　　400.00
　　贷：其他应收款——员工往来（王市场）　　　　　400.00[①]

（三）操作步骤

（1）核对当前组织。确保当前组织为华商商贸。

（2）差旅费报销单录入。执行【财务会计】-【人人报销】-【费用报销】-

【差旅费报销单（2019 新政）】-【报销（单据类型为出差申请单）】命令，在打开的"差旅费报销单（2019 新政）-新增"页面上，单击菜单栏【选单】按钮进入"选择单据"页签，选择"出差申请单"选项，单击【确定】按钮进入"出差申请单列表"页签，勾选出差申请单，单击菜单栏【返回数据】按钮回到"差旅费报销单（2019 新政）-新增"页面。按表 11-3 录入相关信息，如图 11-8 所示。依次单击工具栏中的【保存】-【提交】-【审核】按钮，完成业务操作。

微课堂

差旅费报销业务处理

---

① 系统凭证模板生成的是红字凭证，结果一致。

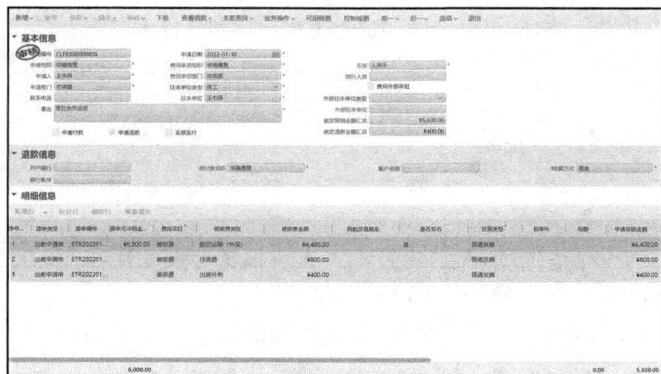

图 11-8　差旅费报销单

（3）费用报销其他应付单录入及凭证生成。执行【财务会计】-【应付款管理】-【其他应付】-【其他应付单列表】命令，在打开的"其他应付单列表"页面上，可见系统自动生成的已审核的费用报销其他应付单，如图 11-9 所示。勾选该单据，选择工具栏中的【凭证】下拉项中的"生成凭证"选项，在"凭证生成"窗口勾选"华商商贸账簿"选项，单击下方的【凭证生成】按钮，自动进入"凭证生成报告列表"，可以查看凭证成功生成情况。

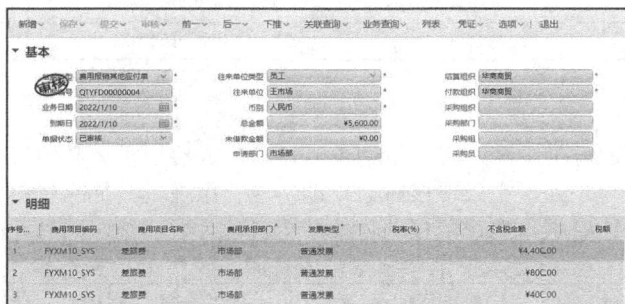

图 11-9　费用报销其他应付单

（4）费用报销付款退款单录入及凭证生成。执行【财务会计】-【出纳管理】-【日常处理】-【付款退款单】命令，在打开的"付款退款单"页面上，可见系统自动生成的未审核的费用报销付款退款单，如图 11-10 所示。勾选该单据[①]，依次单击工具栏中的【保存】-【提交】-【审核】按钮，完成单据录入。再勾选该单据，选择工具栏中的【凭证】下拉项中的"生成凭证"选项，在"凭证生成"窗口勾选"华商商贸账簿"选项，单击下方的【凭证生成】按钮，自动进入"凭证生成报告列表"，可以查看凭证成功生成情况。

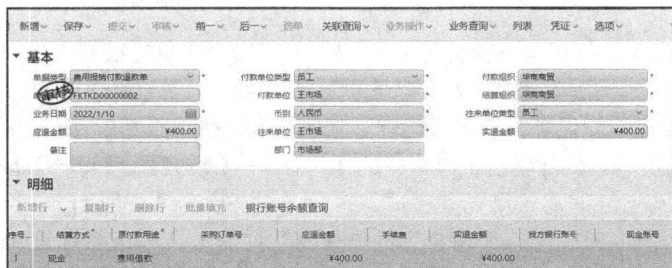

图 11-10　费用报销付款退款单

---

① 为保险起见，可先打开单据查看明细信息，确认无误后再提交审核。

（5）查看费用核销情况。执行【财务会计】-【费用管理】-【核销管理】-【核销记录】命令，在打开的"核销记录"页面上，可见系统已自动完成该项差旅费全部应付付款的核销工作。

二、费用报销业务处理

（一）业务数据

2022年1月11日，华商商贸市场部销售经理王市场报销参展费用5 200.00元（历史借款5 000.00元），财务部以现金200.00元支付给王市场补足其垫付款。

费用报销单、费用报销其他应付单、付款单明细信息如表11-4所示。

表11-4　　　　费用报销单、费用报销其他应付单、付款单明细信息

项目	明细信息	项目	明细信息
申请日期	2022-01-10	申请组织	华商商贸
申请人	王市场	申请部门	市场部
费用承担组织	华商商贸	费用承担部门	市场部
事由	参展费用预支	币别	人民币
申请付款	✔	收款方式	现金
费用项目	市场活动费	发票类型	普通发票
费用金额	¥5 200.00	申请付款金额	¥200.00

（二）业务解析

费用报销业务主要通过员工录入费用报销单及自动生成费用报销其他应付单来完成。费用报销单由员工在人人报销平台录入，完成审核时会自动生成费用报销其他应付单。报销时录入的费用报销其他应付单与出差申请时录入的费用报销付款单会自动关联核销。因为此处费用报销金额高于预借金额200.00元，所以需要由费用报销单下推生成费用报销付款单来结清差额。

费用报销其他应付单可由自用的其他应付单凭证模板直接生成凭证。费用报销的会计分录为：

借：销售费用　　　　　　　　　　　　　　　　　　5 200.00
　　贷：其他应收款——员工往来（王市场）　　　　　　5 200.00

费用报销付款单可由系统预置的付款单凭证模板直接生成凭证。向员工补足垫付款项的会计分录为：

借：其他应收款——员工往来（王市场）　　　　　　200.00
　　贷：库存现金　　　　　　　　　　　　　　　　　200.00

（三）操作步骤

（1）核对当前组织。确保当前组织为华商商贸。

（2）费用报销单录入。执行【财务会计】-【人人报销】-【我的报销工作平台】-【人人报销工作台】-【待报销】-【报销（单据类型为历史借款单）】命令，在打开的"选择单据"页面上，选择"费用报销单"选项，单击【确定】按钮进入"费用报销单-新增"页签。按表11-4录入相关信息，如图11-11所示。依次单击工具栏中的【保存】-【提交】-【审核】按钮，完成业务操作。

（3）费用报销其他应付单录入及凭证生成。执行【财务会计】-【应付款管理】-【其他应付】-【其他应付单列表】命令，在打开的"其他应付单列表"页面上，可见系统自动生成的已审核的费用报销其他应付单。勾选该单据，选择工具栏中的【凭证】下拉项中的"生成凭证"选项，在"凭证生成"窗口勾选"华商商贸账簿"选项，单击下方的【凭证生成】按钮，自动进入"凭证生成报告列表"，可以查看凭证成功生成情况。完成页面如图11-12所示。

微课堂

费用报销业务处理

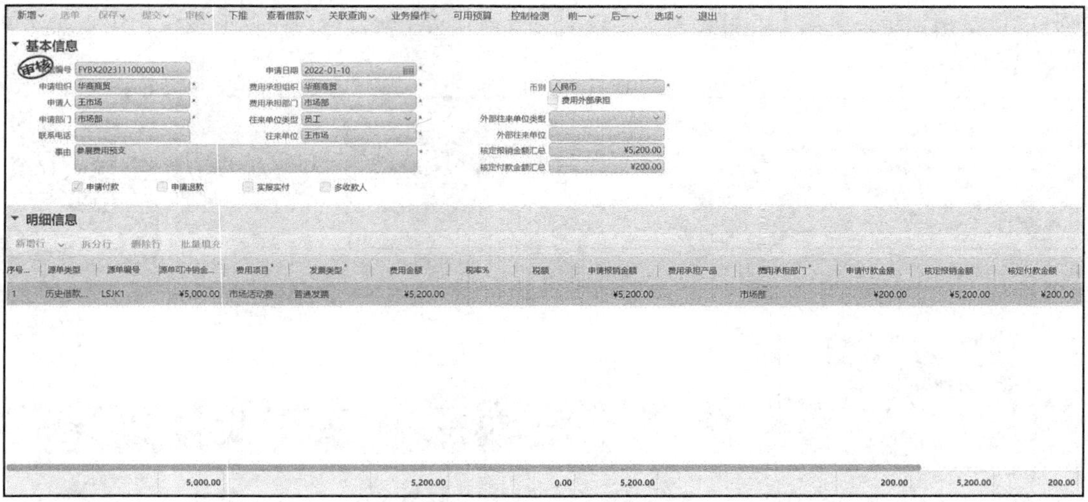

图 11-11　费用报销单

	日期	会计年度	期间	凭证字	凭证号	摘要	科目编码	科目全名	币别	原币金额	借方金额	贷方金额	制单
	2022/1/11	2022	1	记	21	单据QTYFD00000002 的其他应付单	6601	销售费用	人民币	¥5,200.00	¥5,200.00		管理员
						单据QTYFD00000002 的其他应付单	1221.03	其他应收款_员工往来	人民币	¥5,200.00		¥5,200.00	

图 11-12　凭证生成

（4）费用报销付款单录入。执行【财务会计】-【人人报销】-【费用报销】-【费用报销单列表】命令，在打开的“费用报销单列表”页面上，勾选费用报销单单据，单击【下推】按钮进入“付款单-新增”页签，业务日期设置为“2022/1/11”，如图 11-13 所示。依次单击工具栏中的【保存】-【提交】-【审核】按钮，结束操作。

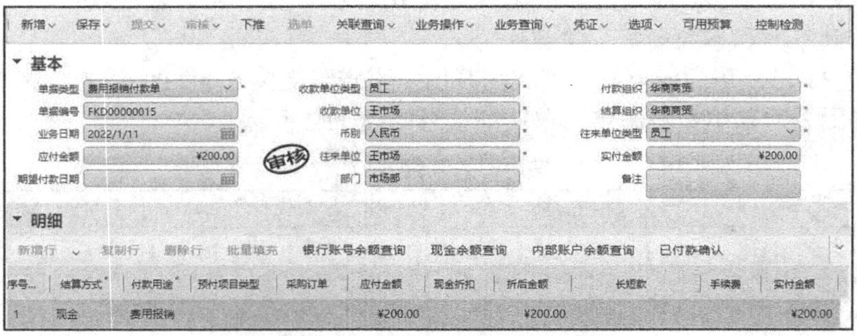

图 11-13　费用报销付款单

（5）费用报销付款单凭证生成。执行【财务会计】-【出纳管理】-【日常处理】-【付款单】命令，在打开的“付款单”页面上，勾选该付款单单据，选择工具栏中的【凭证】下拉项中的“生成凭证”选项，在“凭证生成”窗口勾选“华商商贸账簿”选项，单击下方的【凭证生成】按钮，自动进入“凭证生成报告列表”，可以查看凭证成功生成情况。完成页面如图 11-14 所示。

	日期	会计年度	期间	凭证字	凭证号	摘要	科目编码	科目全名	币别	原币金额	借方金额	贷方金额	制单
	2022/1/11	2022	1	付	15	FKD00000015	1221.03	其他应收款_员工往来	人民币	¥200.00	¥200.00		管理员
						FKD00000015	1001	库存现金	人民币	¥200.00		¥200.00	

图 11-14　凭证生成

（6）查看费用核销情况。执行【财务会计】-【费用管理】-【核销管理】-【核销记录】命令，在打开的"核销记录"页面上，可见系统已自动完成该项费用全部应付付款的核销工作。完成页面如图 11-15 所示。

图 11-15　核销记录

友情提示 11-2

第五节　费用（差旅费）移转业务处理

费用（差旅费）移转业务主要包括费用（差旅费）转移单录入、创建组织间结算关系、创建结算清单并生成应收及应付结算清单、内部应收及应付单录入（需凭证生成）、内部收款及付款单录入（需凭证生成）等。本节业务操作主要在华商集团与华商商贸完成。

一、业务数据

2022 年 1 月 5 日，华商集团行政部委托采购部申请统一采购一批办公用品（其中有一半办公用品代华商商贸采购）。

2022 年 1 月 6 日，采购部完成采购任务，收到供应商开来的普通发票，采购总价含税 10 000.00 元，增值税税率 13%，款项由采购经理周采购先行予以垫付。采购部当即到财务部采取实报实付方式进行了费用报销，财务部向周采购开出现金支票 10 000.00 元补回其垫付款项。同日，采购部将办公用品分发给华商集团和华商商贸行政部使用。

2022 年 1 月 31 日，华商商贸向华商集团开出一张转账支票 5 000.00 元结清款项。

（1）华商集团采购部填报费用申请单明细信息如表 11-5 所示。

表 11-5　　　　　　　　　　　费用申请单明细信息

项目	明细信息	项目	明细信息
申请日期	2022-01-05	申请组织	华商集团
申请部门	采购部	申请人	周采购
费用承担组织	华商集团	费用承担部门	行政部
事由	购买办公用品	币别	人民币
往来单位类型①	员工	往来单位	周采购
费用项目	办公费	申请金额（元）	10 000.00

（2）华商集团费用报销单、费用报销付款单明细信息如表 11-6 所示。

表 11-6　　　　　　　　　　费用报销单、费用报销付款单信息明细

项目	明细信息	项目	明细信息
申请日期	2022-01-06	申请组织	华商集团
申请人	周采购	申请部门	采购部
费用承担组织	华商集团	费用承担部门	行政部

---

① 往来单位类型与往来单位可以通过单击展开右上区域蓝色工具栏，勾选"借款信息"显示出来。

续表

项目	明细信息	项目	明细信息
事由	购买办公用品	币别	人民币
往来单位类型	员工	往来单位	周采购
申请付款	✔	实报实付	✔
付款组织	华商集团	结算方式	现金支票
开户银行	荆楚银行长江支行	账户名称	周采购
银行账号	6222222222	费用项目	办公费
发票类型	普通发票	费用金额（元）	¥10 000.00
我方银行账号	622288880		

（3）调整自用付款单凭证模板时，需在"结算组织与付款组织相同且非资金单据"分类条件下调整费用科目明细信息，如表 11-7 所示。

表 11-7 费用科目调整明细信息[①]

修改项目	字段赋值
科目取值	管理费用-办公费
科目核算维度来源-取单据上的字段	付款单明细.费用承担部门
分录行生成条件	"付款单明细-付款用途"等于"购买发票"或者 "付款单明细-付款用途"等于"实报实付"

（4）华商集团向华商商贸行政部转出费用 5 000.00 元，费用转移单明细信息如表 11-8 所示。

表 11-8 费用转移单明细信息

项目	明细信息	项目	明细信息
转移日期	2022-01-06	转出组织	华商集团
转出部门	行政部	转入组织	华商商贸
转入部门	行政部	转入经手人	赵经理
转入费用项目	办公费	转入往来单位类型	部门
转入往来单位	行政部	转移金额（元）	¥5 000.00

（5）设置组织间结算关系，具体要求如表 11-9 所示。

表 11-9 组织间结算关系明细信息

会计核算体系	供货方、默认应收组织	接收方、默认应付组织
财务会计核算体系	华商集团	华商商贸

（6）创建结算清单，具体要求如表 11-10 所示。

表 11-10 创建结算清单明细信息

项目	明细信息	项目	明细信息
会计核算体系	财务会计核算体系	核算组织	华商集团
起始日期	2022-01-01	截止日期	2022-01-31
创建应收结算清单_费用	✔	创建应付结算清单_费用	✔

---

① 之后业务中，调整自用应收单凭证模板时，需在"单据类型=费用应收单"分类条件下调整费用科目；调整自用应付单凭证模板时，需在"单据类型=费用应付单"分类条件下调整费用科目（模板分录第 3 行）。调整费用科目中"科目取值""科目核算维度来源-取单据上的字段"项目内容时，方法与此处相同。

（7）后续相关业务单据基本由系统自动生成或者相关单据下推生成，单据明细信息与表 11-5 至表 11-10 一致。

二、业务解析

本业务涉及两个组织机构，需要综合运用之前学过的内容，包括组织间交易与结算业务、应收应付业务、费用管理业务、出纳业务等。

（1）华商集团需要操作的业务内容有：费用申请单录入、费用报销单录入、费用报销付款单录入并生成凭证、费用移转单录入、定义组织间结算关系、创建结算清单（也可以由华商商贸操作）、应收结算清单_费用录入、费用应收单录入及凭证生成、收款单录入及凭证生成等。

华商集团通过费用报销单下推生成费用报销付款单，可以通过调整后的自用付款单凭证模板生成凭证。费用实报实付的会计分录为：

借：管理费用——办公费　　　　　　　　　　　　　　10 000.00
　　贷：银行存款　　　　　　　　　　　　　　　　　　　　　10 000.00

华商集团通过应收结算清单_费用单据下推生成费用应收单，可以通过调整后的自用应收单凭证模板生成凭证。应收移转费用款项的会计分录为：

借：应收账款——华商商贸　　　　　　　　　　　　　5 000.00
　　贷：管理费用——办公费　　　　　　　　　　　　　　　　5 000.00

华商集团通过费用应收下推生成收款单，可以通过自用收款单凭证模板生成凭证。移转费用收款的会计分录为：

借：银行存款——荆楚银行长江支行　　　　　　　　　5 000.00
　　贷：应收账款——华商商贸　　　　　　　　　　　　　　　5 000.00

（2）华商商贸需要操作的业务内容有：创建结算清单（若华商集团已经创建，则不需操作）、应付结算清单_费用录入、费用应付单录入及凭证生成、付款单录入及凭证生成等。

华商商贸通过应付结算清单_费用单据下推生成费用应付单，可以通过调整后的自用应付单凭证模板生成凭证。应付移转费用款项的会计分录为：

借：管理费用——办公费　　　　　　　　　　　　　　5 000.00
　　贷：应付账款——华商集团　　　　　　　　　　　　　　　5 000.00

华商商贸通过费用应付单下推生成付款单，可以通过自用付款单凭证模板生成凭证。移转费用付款的会计分录为：

借：应付账款——华商集团　　　　　　　　　　　　　5 000.00
　　贷：银行存款——荆楚银行长江支行　　　　　　　　　　　5 000.00

微课堂

费用（差旅费）转移
业务处理

三、操作步骤（注意组织切换）

（1）核对当前组织。确保当前组织为华商集团。

（2）费用申请单录入。执行【财务会计】-【人人报销】-【部门报销工作台】-【本部门的费用申请】命令，在打开的"本部门的费用申请"页面上，单击工具栏上的【新增】按钮，进入"费用申请单-新增"页面，按表 11-5 录入相关信息，如图 11-16 所示。依次单击工具栏中的【保存】-【提交】-【审核】按钮，完成业务操作。

（3）费用报销单录入。执行【财务会计】-【人人报销】-【费用申请】-【费用申请单列表】命令，在打开的"费用申请单列表"页面上，勾选费用申请单据，单击【下推】按钮进入"选择单据"页签，选择"费用报销单"选项，单击【确定】按钮进入"费用报销单-新增"页签。按表 11-6 录入相关信息，如图 11-17 所示。依次单击工具栏中的【保存】-【提交】-【审核】按钮，完成业务操作。

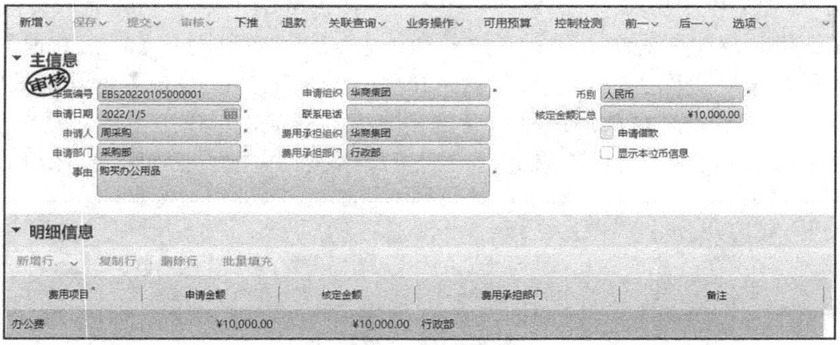

图 11-16　费用申请单

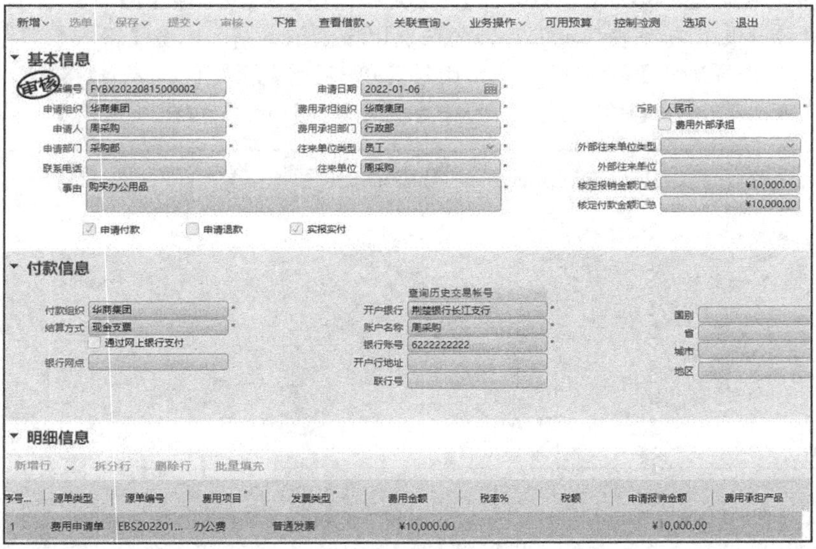

图 11-17　费用报销单

（4）费用报销付款单录入。执行【财务会计】-【人人报销】-【费用报销】-【费用报销单列表】命令，在打开的"费用报销单列表"页面上，勾选费用报销单单据，单击【下推】按钮进入"付款单-新增"页签，按表 11-6 录入相关信息，如图 11-18 所示。依次单击工具栏中的【保存】-【提交】-【审核】按钮，完成业务操作。

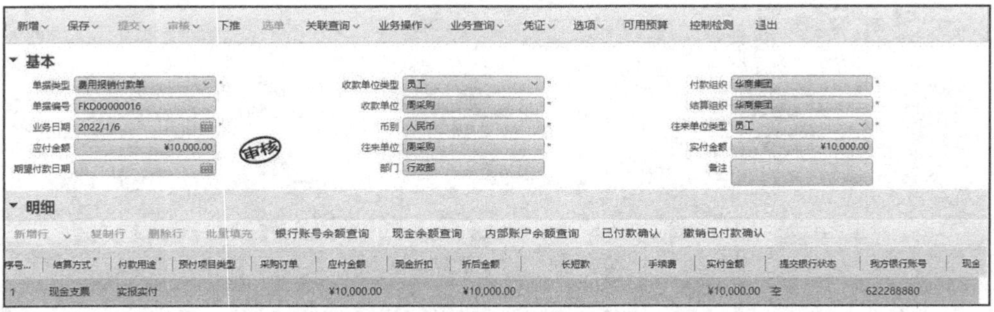

图 11-18　费用报销付款单

（5）自用付款单凭证模板调整。执行【财务会计】-【智能会计平台】-【基础资料】-【凭证模板】命令，在打开的"凭证模板"页面上，选中自用的付款单模板（描述为"付款单_凭证模板_付款组织"），按表 11-7 完成相关明细信息的修改。单击工具栏中的【保存】按钮完成凭证模板修改设置。

（6）费用报销付款单生成凭证。执行【财务会计】-【出纳管理】-【日常处理】-【付款单】命令，在打开的"付款单"页面上，勾选该付款单单据，选择工具栏中的【凭证】下拉项中的"生成凭证"选项，在"凭证生成"窗口勾选"华商集团账簿"选项，单击下方的【凭证生成】按钮，自动进入"凭证生成报告列表"，可以查看凭证成功生成情况。完成页面如图 11-19 所示。

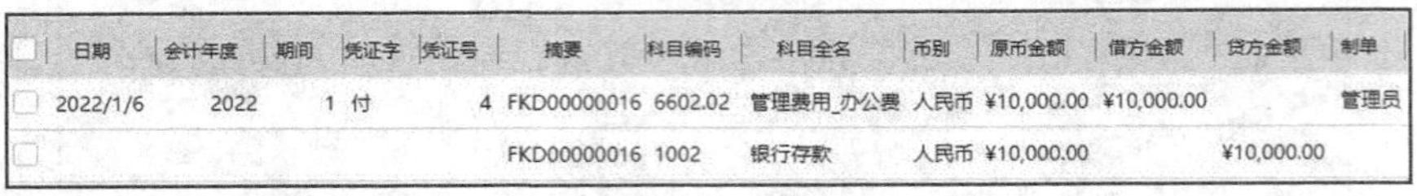

	日期	会计年度	期间	凭证字	凭证号	摘要	科目编码	科目全名	币别	原币金额	借方金额	贷方金额	制单
	2022/1/6	2022	1	付		4	FKD00000016	6602.02	管理费用_办公费	人民币	¥10,000.00	¥10,000.00		管理员
						FKD00000016	1002	银行存款	人民币	¥10,000.00		¥10,000.00	

图 11-19　生成凭证

（7）费用移转单录入。执行【财务会计】-【人人报销】-【费用报销】-【费用报销单列表】命令，在打开的"费用报销单列表"页面上，勾选费用报销单单据，单击【下推】按钮，选择"费用移转单"选项，单击【确定】按钮进入"费用移转单-新增"页签。按表 11-8 录入相关信息，如图 11-20 所示。依次单击工具栏中的【保存】-【提交】-【审核】按钮，完成业务操作。

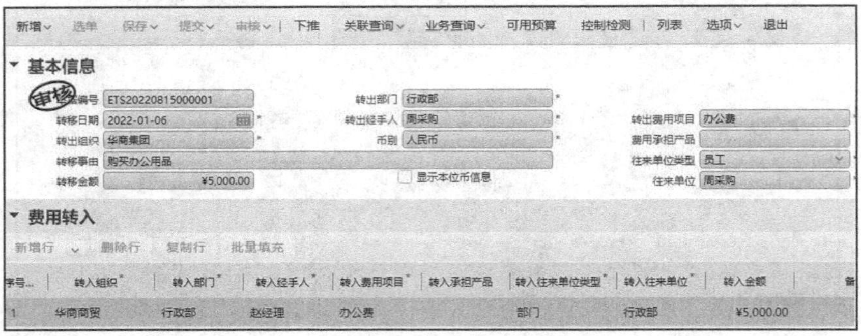

图 11-20　费用移转单

（8）设置组织间结算关系。执行【供应链】-【组织间结算】-【组织间结算关系】-【组织间结算关系列表】命令，在打开的"组织间结算关系列表"页面上，单击工具栏中的【新增】按钮。按表 11-9 录入相关信息，如图 11-21 所示。依次单击工具栏中的【保存】-【提交】-【审核】按钮，完成业务操作。

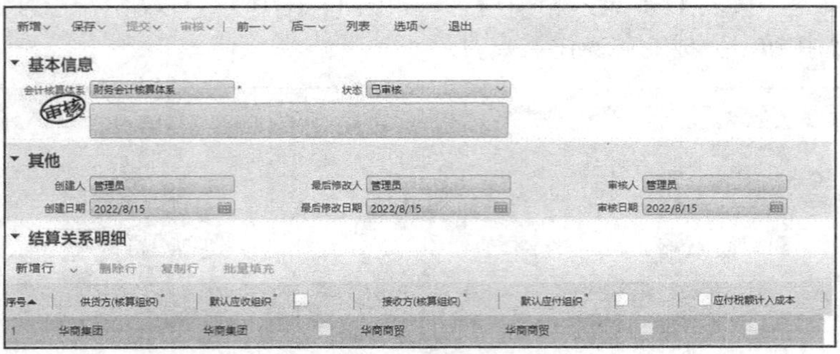

图 11-21　组织间结算关系

（9）创建结算清单。执行【供应链】-【组织间结算】-【结算清单】-【创建结算清单】命令，在打开的"创建结算清单"页面上，通过向导式操作，按表 11-9 录入相关信息，如图 11-22 所示。单击【下一步】按钮直至完成，可见页面显示"创建结算清单成功"。

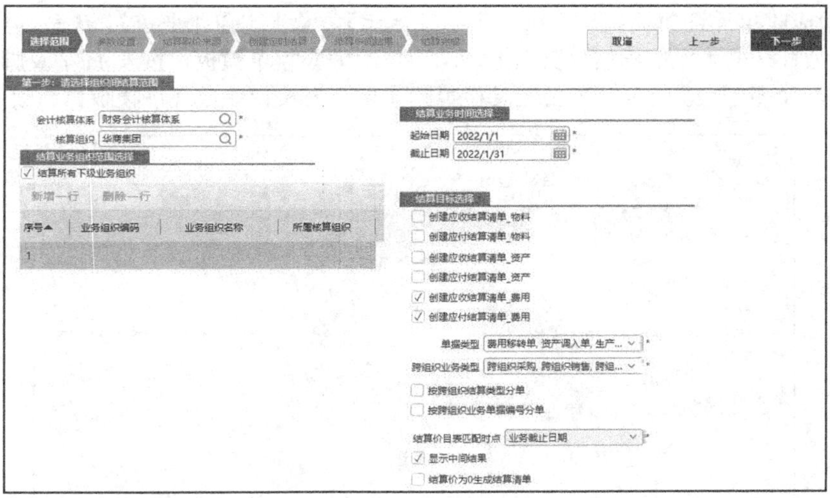

图 11-22　创建结算清单

（10）应收结算清单_费用录入。执行【供应链】-【组织间结算】-【结算清单】-【应收结算清单_费用】命令，在打开的"应收结算清单_费用"页面上，勾选并双击打开系统自动生成的单据，如图11-23 所示。核对无误后，依次单击工具栏中的【保存】-【提交】-【审核】按钮，完成业务操作。

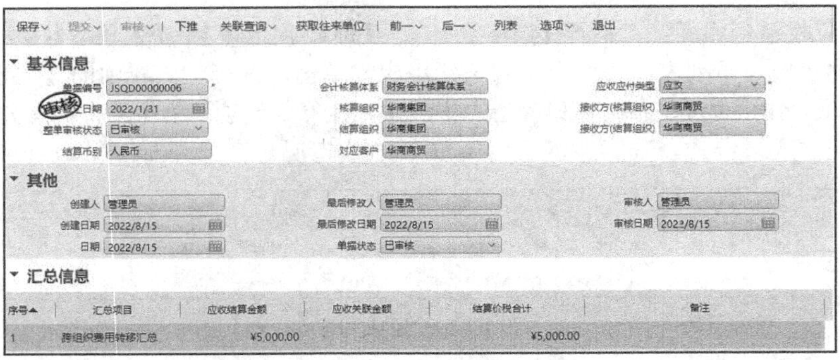

图 11-23　应收结算清单_费用

（11）费用应收单录入。执行【供应链】-【组织间结算】-【结算清单】-【应收结算清单_费用】命令，在打开的"应收结算清单_费用"页面上，勾选应收结算清单_费用单据，选择工具栏中的【下推】下拉项中的"应收单"选项，修改业务日期和到期日为"2022/1/31"，如图 11-24 所示。依次单击工具栏中的【保存】-【提交】-【审核】按钮，完成费用应收单录入操作。

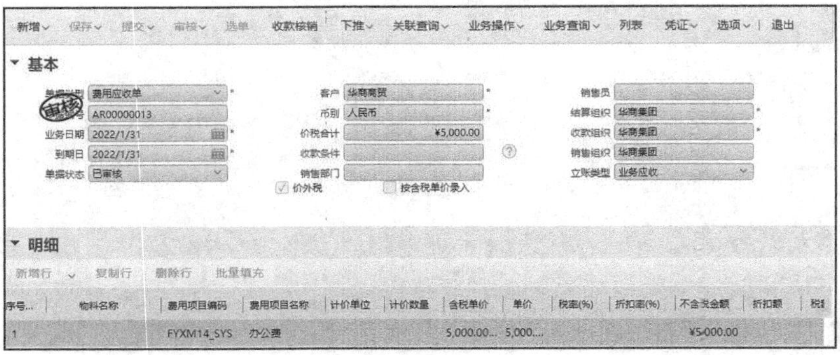

图 11-24　费用应收单

（12）自用应收单凭证模板调整。执行【财务会计】-【智能会计平台】-【基础资料】-【凭证模板】命令，在打开的"凭证模板"页面上，选中自用的应收单模板，按表 11-7 及脚注完成相关明细信息的修改，如图 11-25 所示。单击工具栏中的【保存】按钮完成凭证模板修改设置。

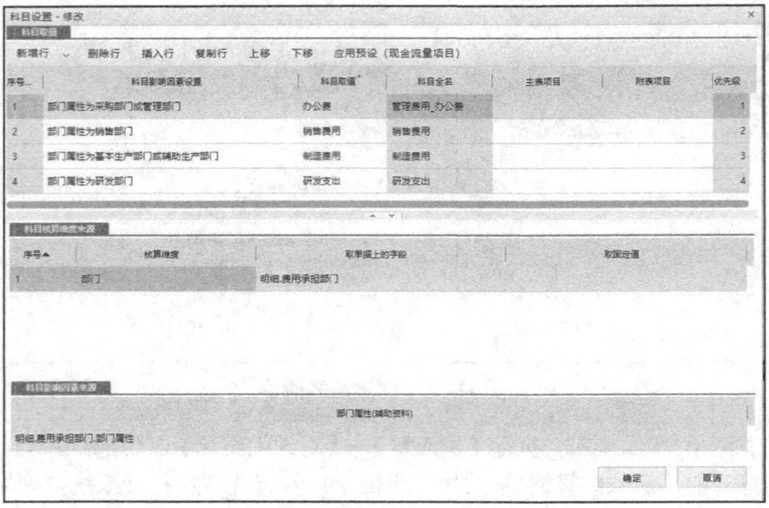

图 11-25　自用应收单凭证模板

（13）费用应收单生成凭证。执行【财务会计】-【应收款管理】-【销售应收】-【应收单列表】命令，在打开的"应收单列表"页面上，勾选费用应收单据，选择工具栏中的【凭证】下拉项中的"生成凭证"选项，在"凭证生成"窗口勾选"华商集团账簿"选项，单击下方的【凭证生成】按钮，自动进入"凭证生成报告列表"，可以查看凭证成功生成情况。完成页面如图 11-26 所示。

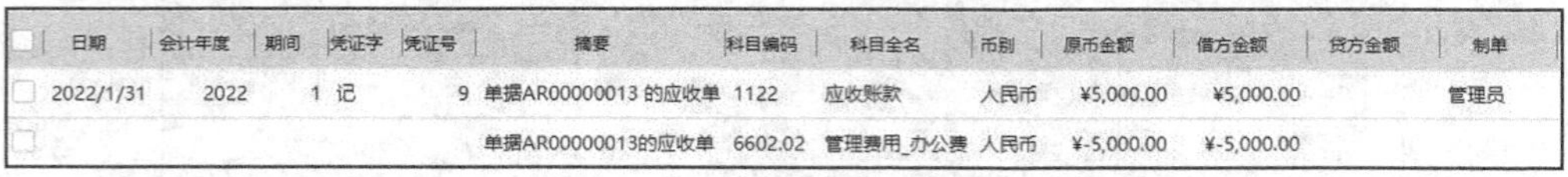

	日期	会计年度	期间	凭证字	凭证号	摘要	科目编码	科目全名	币别	原币金额	借方金额	贷方金额	制单
	2022/1/31	2022	1	记	9	单据AR00000013 的应收单	1122	应收账款	人民币	￥5,000.00	￥5,000.00		管理员
						单据AR00000013 的应收单	6602.02	管理费用_办公费	人民币	￥-5,000.00		￥-5,000.00	

图 11-26　生成凭证

（14）切换当前组织为华商商贸。

（15）应付结算清单_费用录入。执行【供应链】-【组织间结算】-【结算清单】-【应付结算清单_费用】命令，在打开的"应付结算清单_费用"页面上，勾选并双击打开系统自动生成的单据，如图 11-27 所示。核对无误后，依次单击工具栏中的【保存】-【提交】-【审核】按钮，完成业务操作。

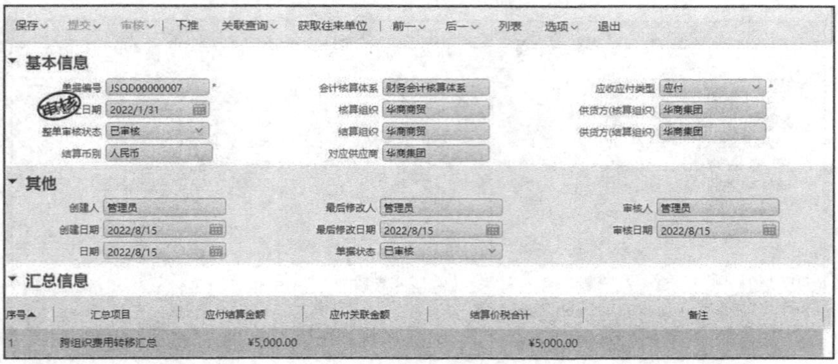

图 11-27　应付结算清单_费用

（16）费用应付单录入。执行【供应链】-【组织间结算】-【结算清单】-【应付结算清单_费用】命令，在打开的"应付结算清单_费用"页面上，勾选应付结算清单_费用单据，选择工具栏中的【下推】下拉项中的"应付单"选项，修改业务日期和到期日为"2022/1/31"，如图 11-28 所示。依次单击工具栏中的【保存】-【提交】-【审核】按钮，完成费用应付单录入操作。

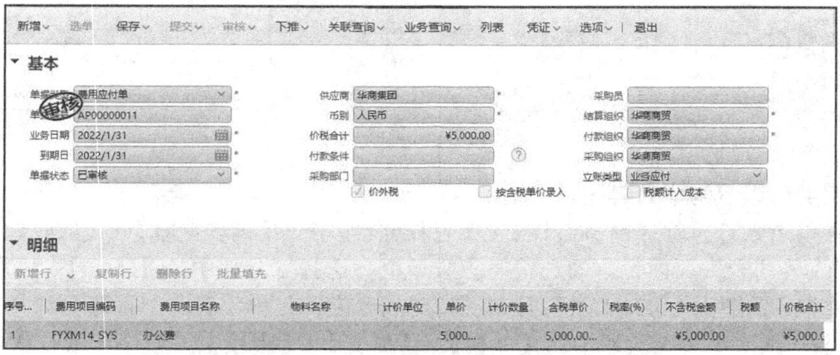

图 11-28 费用应付单

（17）自用应付单凭证模板调整。执行【财务会计】-【智能会计平台】-【基础资料】-【凭证模板】命令，在打开的"凭证模板"页面上，选中自用的应付单模板，按表 11-7 及脚注完成相关明细信息的修改。单击工具栏中的【保存】按钮完成凭证模板修改设置。

（18）费用应付单生成凭证。执行【财务会计】-【应付款管理】-【采购应付】-【应付单列表】命令，在打开的"应付单列表"页面上，勾选费用应付单据，选择工具栏中的【凭证】下拉项中的"生成凭证"选项，在"凭证生成"窗口勾选"华商商贸账簿"选项，单击下方的【凭证生成】按钮，自动进入"凭证生成报告列表"，可以查看凭证成功生成情况。完成页面如图 11-29 所示。

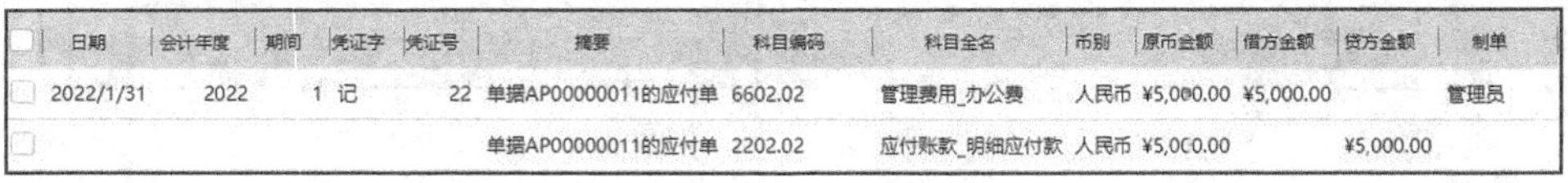

图 11-29 生成凭证

（19）付款单录入。执行【财务会计】-【应付款管理】-【采购应付】-【应付单列表】命令，在打开的"应付单列表"页面上，勾选费用应付单据，选择工具栏中的【下推】按钮中的"付款单"选项，修改业务日期为"2022/1/31"，结算方式选择"转账支票"，我方银行账号选择"622288882"，如图 11-30 所示。依次单击工具栏中的【保存】-【提交】-【审核】按钮，完成付款单录入操作。

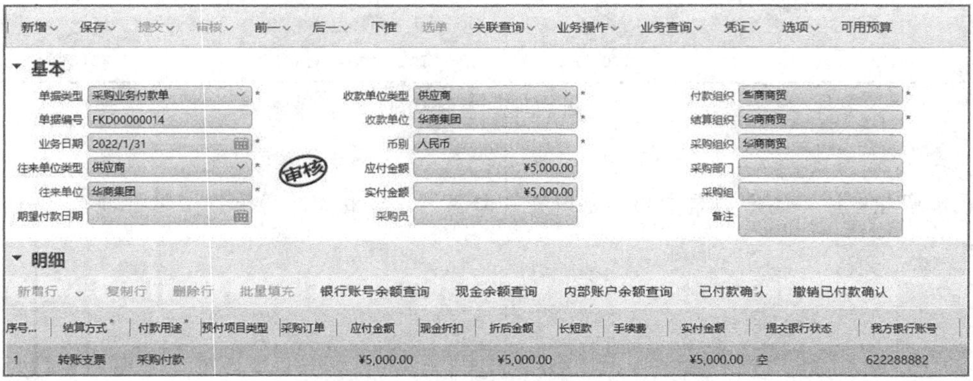

图 11-30 付款单

（20）付款单生成凭证。执行【财务会计】-【出纳管理】-【日常处理】-【付款单】命令，在打开的"付款单"页面上，勾选付款单据，选择工具栏中的【凭证】下拉项中的"生成凭证"选项，在"凭证生成"窗口勾选"华商商贸账簿"选项，单击【凭证生成】按钮，自动进入"凭证生成报告列表"，可以查看凭证成功生成情况。完成页面如图 11-31 所示。

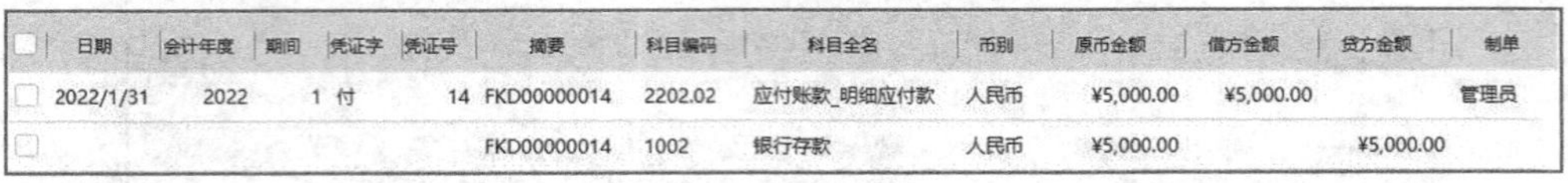

	日期	会计年度	期间	凭证字	凭证号	摘要	科目编码	科目全名	币别	原币金额	借方金额	贷方金额	制单
	2022/1/31	2022	1	付	14	FKD00000014	2202.02	应付账款_明细应付款	人民币	¥5,000.00	¥5,000.00		管理员
						FKD00000014	1002	银行存款	人民币	¥5,000.00		¥5,000.00	

图 11-31　生成凭证

（21）切换当前组织为华商集团。

（22）收款单录入。执行【财务会计】-【应收款管理】-【销售应收】-【应收单列表】命令，在打开的"应收单列表"页面上，勾选费用应收单据，选择工具栏中的【下推】下拉项中的"收款单"选项，修改业务日期为"2022/1/31"，结算方式选择"转账支票"，我方银行账号选择"622288880"，如图 11-32 所示。依次单击工具栏中的【保存】-【提交】-【审核】按钮，完成收款单录入操作。

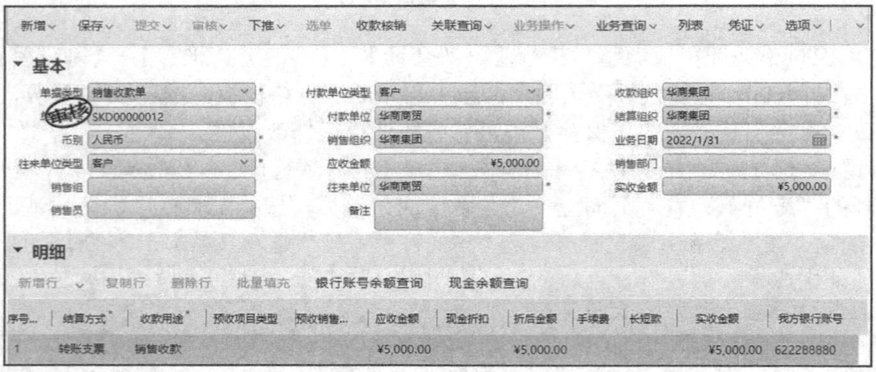

图 11-32　收款单

（23）收款单生成凭证。执行【财务会计】-【出纳管理】-【日常处理】-【收款单】命令，在打开的"收款单"页面上，勾选收款单据，选择工具栏中的【凭证】下拉项中的"生成凭证"选项，在"凭证生成"窗口勾选"华商集团账簿"选项，单击下方的【凭证生成】按钮，自动进入"凭证生成报告列表"，可以查看凭证成功生成情况。完成页面如图 11-33 所示。

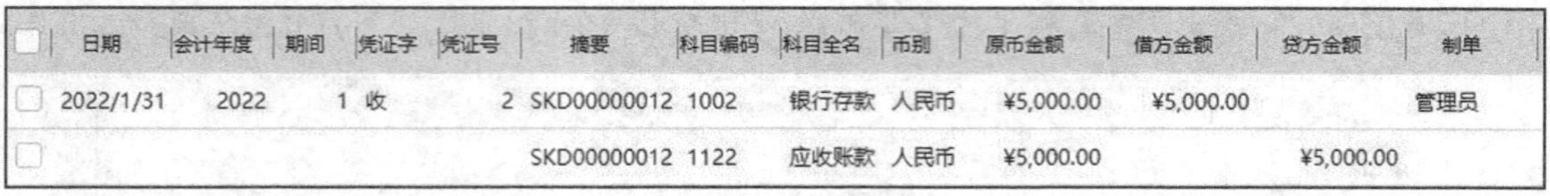

	日期	会计年度	期间	凭证字	凭证号	摘要	科目编码	科目全名	币别	原币金额	借方金额	贷方金额	制单
	2022/1/31	2022	1	收	2	SKD00000012	1002	银行存款	人民币	¥5,000.00	¥5,000.00		管理员
						SKD00000012	1122	应收账款	人民币	¥5,000.00		¥5,000.00	

图 11-33　生成凭证

完成本章业务后，备份数据中心，备份文件命名为"华商集团-姓名-费用管理"，保存到 U 盘或网盘。

存货管理 | 第十二章

【学习目标】

- 基本采购业务处理
- 简单生产业务处理
- 基本销售业务处理
- 入库及出库成本核算

在开始本章学习之前，需要引入"华商集团-姓名-费用管理"备份数据中心，以保持数据的连续性。

第一节 | 概述

一、总体介绍

供应链管理系统面向企业采购、销售、库存管理人员，提供采购管理、销售管理、库存管理、仓库管理、供应链管理、供应链协同等业务管理功能，通过对企业产、供、销环节的信息流、物流、资金流的有效管理及控制，从传统的仓库管理系统、库存管理软件升级到云端服务，全面管理企业供应链业务。

生产制造管理系统面向企业计划、生产、质量等管理人员，提供从产品研发到物料计划、生产计划、生产加工、委外加工等业务的管理与控制，帮助企业有效掌握各项制造活动信息，管理生产进度，提高生产效率，减少车间在制品，降低损耗与成本，提高产品质量与客户满意度。

成本管理-存货核算系统以支持多工厂、多组织、多会计核算制度灵活准确地核算存货成本为目标，通过与供应链、生产制造、应收应付、资产管理、总账等系统的无缝集成，为企业成本管理提供精确的成本分析数据。

二、主要功能

（1）供应链管理系统的主要功能包括：①合同管理；②采购管理；③库存管理；④销售管理；⑤供应商协同云；⑥供应链服务中台；⑦信用管理；⑧物联融合；⑨多组织；⑩移动应用；⑪智能数据经营。

（2）生产制造管理系统的主要功能包括：①全局数据配置，灵活生产建模；②多工厂协同计划；③多组织的生产管理；④工序级生产管控；⑤委外全业务流程数字化；⑥支持企业全过程质量精细管控，精确追溯，持续改善品质。

（3）成本管理-存货核算系统的主要功能包括：①不同的存货核算业务类型；②多工厂多组织成本核算；③存货成本按费用项目分项核算；④按货主、库存组织、仓库三要素划分核算范围；⑤符合会计准则的多种计价方法核算；⑥灵活的个别计价方法核算。

三、基本概念

（一）采购管理

采购是指企业在一定的条件下从供应市场获取产品或服务，以保证企业生产及经营活动正常开展的经营活动。金蝶云采购管理系统是通过采购申请、采购订货、进料检验、仓库收料、采购退货、采购货源管理、订单管理等功能，对采购商流和物流全过程进行有效控制与跟踪，实现完善的企业物资供应管理。采购管理与销售管理、库存管理系统集成，共同构造企业内部供应链。采购管理与计划管理、生产管理系统集成建立产供销一体化，有效平衡供应和需求。采购管理与应付管理、资金管理系统集成，形成采购与应付循环，有力支撑业务财务一体化。采购管理业务流程如图 12-1 所示。

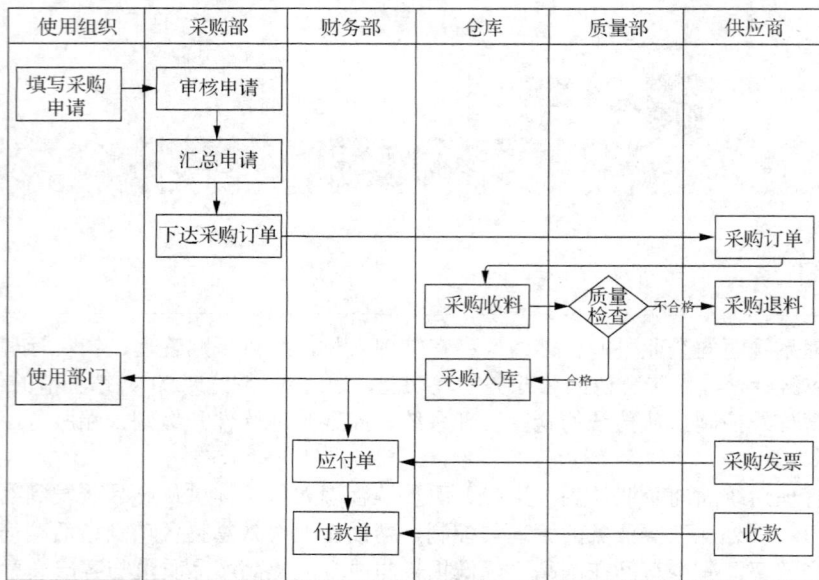

图 12-1　采购管理业务流程

（二）库存管理

库存管理是企业的基础和核心，支撑企业销售、采购、生产业务的有效运作。库存管理在物料日常出入库控制、生产正常进行方面发挥重要作用，将库存控制在合理水平，提供准确的库存信息。为企业快速响应市场变化、满足市场需求、提高企业竞争力提供了有力保证。

库存管理主要业务包括仓库管理、日常物料流转业务、库存控制三大部分，是通过入库、出库、调拨、组装拆卸、库存调整等功能，结合批号保质期管理、库存盘点、即时库存管理等功能综合运用的管理系统，对库存业务的物流和成本管理全过程进行有效控制和跟踪，实现完善的企业仓储信息管理。库存管理业务流程如图 12-2 所示。

（三）销售管理

销售管理是企业所有经营管理的起点，对企业的技术、生产、财务、人事等各项管理都有决定性的作用。销售管理系统是对销售报价、销售订货、仓库发货、销售退货处理、客户管理、价格及折扣管理、订单管理、信用管理等功能综合运用的管理系统，通过对销售全过程进行有效控制和跟踪，实现缩短产品交货期、降低成本、提升企业经济效益的目标。

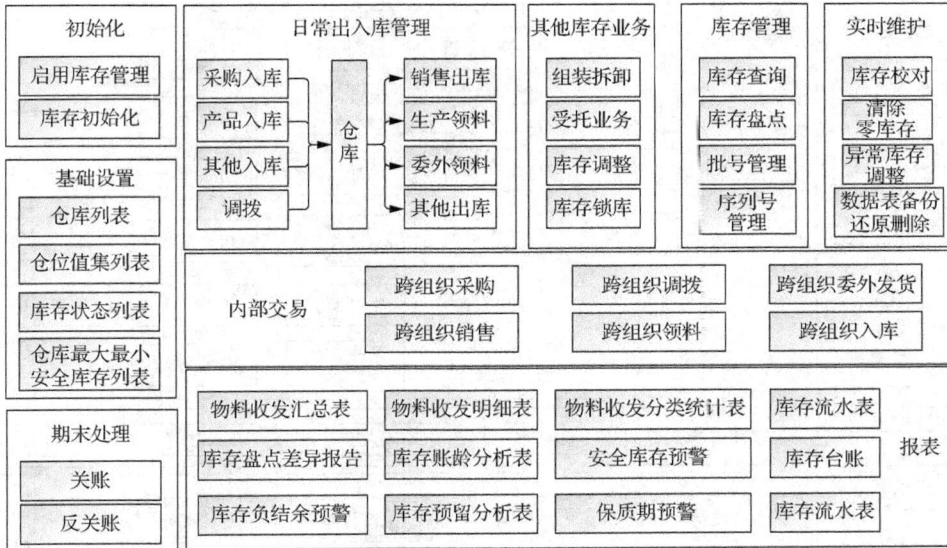

图 12-2　库存管理业务流程

销售管理业务流程如图 12-3 所示。

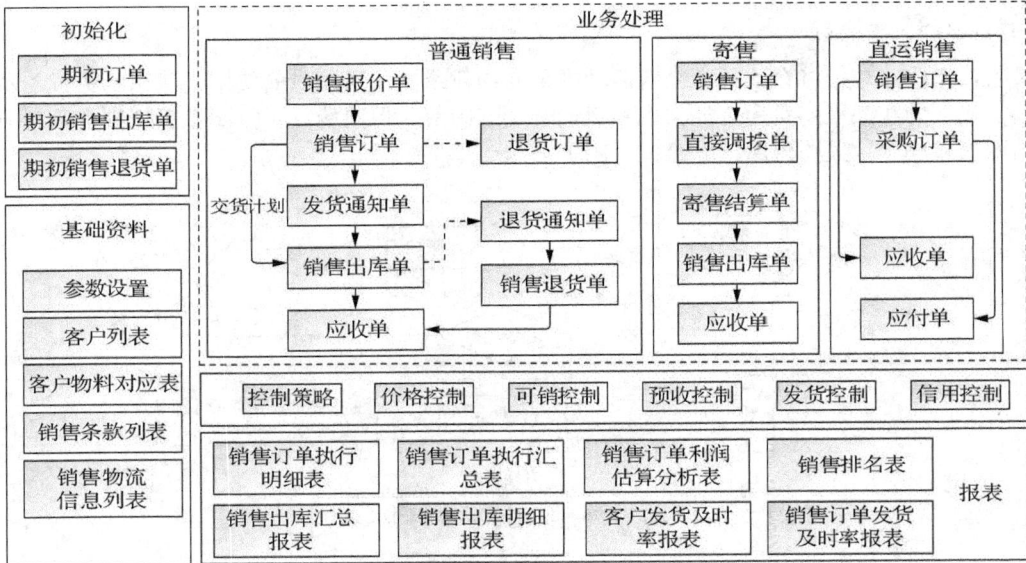

图 12-3　销售管理业务流程

（四）生产管理

在工程数据管理、库存管理等其他各子系统的基础上，采用 ERP 的先进制造管理思想，同时吸收即时编译（Just In Time，JIT）、精益生产（Lean Production，LP）的管理思想，为工业企业提供针对制造有关的生产订单，从生产计划、投料与领料、生产检验与汇报到产品入库、订单结案全过程监督与控制，协助企业有效掌握各项制造活动信息，管理生产进度，提高生产效率，减少车间在制品，降低损耗与成本，提高产品质量与客户满意度。生产管理业务流程如图 12-4 所示。

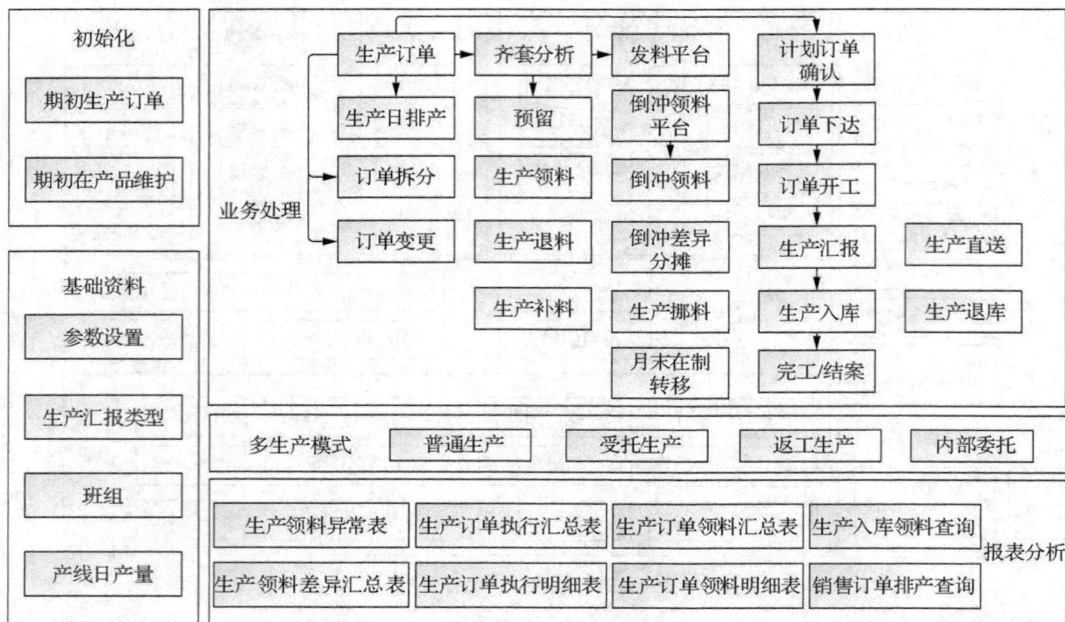

图 12-4　生产管理业务流程

（五）采购入库核算

采购入库核算是指将企业日常经营活动中采购物料或商品所发生的费用，包括购买价款及可归属于存货成本的相关采购费用，如关税、运输费、装卸费、保险费等，按照核算规则计入对应物料或商品的入库成本。采购入库核算流程如图 12-5 所示。

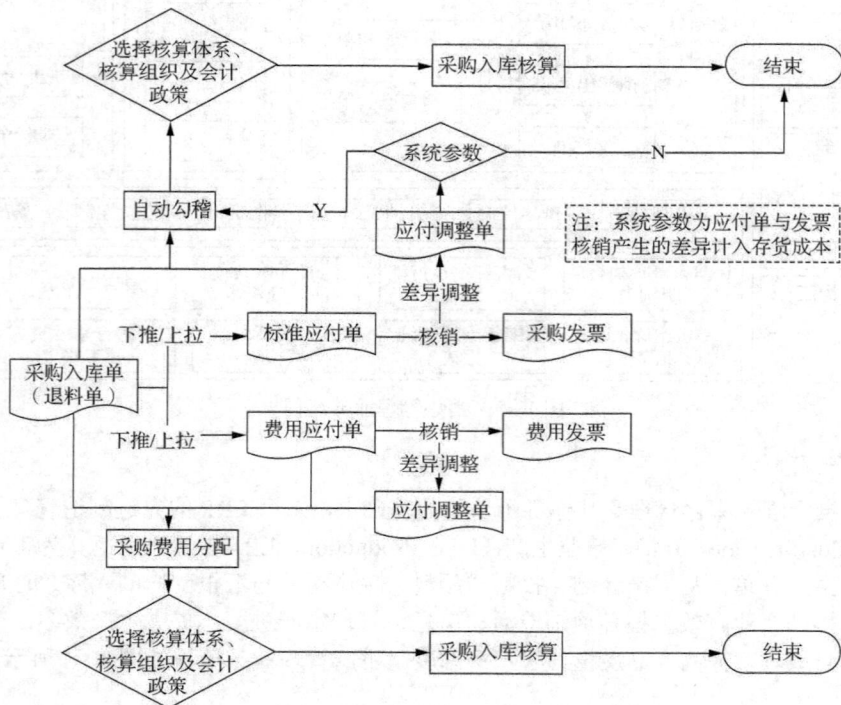

图 12-5　采购入库核算流程

（六）产品成本核算

产品成本核算是指企业产品成本的计量，用于制造企业的费用分配、产品成本核算、核算报表查询及相关资料的维护。该功能一般通过启用产品成本核算系统模块来实现。产品成本核算系统以支持多工厂、多组织、多会计政策灵活准确地核算产品成本为目标，通过与供应链、生产制造、应收应付、资产管理、总账等系统的无缝集成，为企业成本管理提供精确的成本分析数据。

对于简单生产或者出于管理需要，产品成本核算也可以不启用产品成本核算系统模块，而直接通过入库成本维护来实现。入库成本维护是指对采购入库或其他入库的存货进行成本暂估，以及对生产入库的存货进行成本维护（启用产品成本核算模块后，生产入库成本不需维护，统一由成本计算结果自动反写）。

入库成本维护的取价来源支持期初加权平均价、最新入库价、最新出库价、最新采购订单成本、组织间交易结算价、零成本批量维护等，还支持手工维护及系统外批量引入。

（七）出库成本核算

出库成本核算是指根据物料的入库成本及期初余额按照确定的计价方法核算出其出库成本。

出库成本核算支持加权平均法、移动平均法、先进先出法以及个别计价法，核算流程如图 12-6 所示。

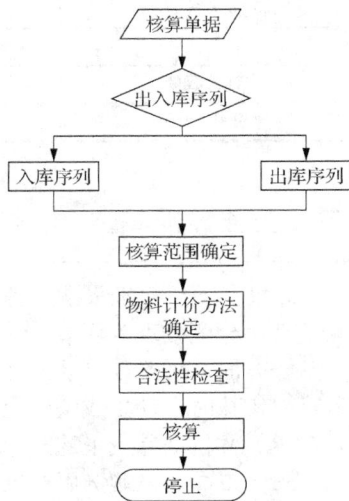

图 12-6　出库成本核算流程

第二节

采购管理业务处理

存货采购业务处理包括采购订单录入、收料通知单录入、费用应付单录入（需凭证生成）、采购入库单录入（需凭证生成）、标准应付单录入（需凭证生成）、采购费用分配、采购入库核算等业务。本节内容主要在华商制造完成相关业务操作。

一、业务数据

2022 年 1 月 1 日，华商制造查询库存，发现部分物料短缺，采购部当即与月圆材料协商后达成供货协议，货物由月圆材料自有物流部门负责运输，运费由华商制造承担（运费分配标准为采购物料买价总额）。

2022 年 1 月 5 日，华商制造收到月圆材料发来全部货物，收到物料采购（税率 13%）和物流费用（税率 9%）增值税专用发票，货物入原料仓，全部款项约定 30 天后支付。

（1）采购订单明细信息如表 12-1 所示。

表 12-1　　　　　　　　　　　　　　　　　　采购订单明细信息

供应商	物料	采购数量（Pcs）	不含税单价（元）	税率	交货日期
月圆 材料	电池	1 000	140.00	13%	2022-01-05
	外壳	1 000	110.00	13%	2022-01-05
	屏幕	1 000	340.00	13%	2022-01-05

（2）费用应付单明细信息如表 12-2 所示。

表 12-2　　　　　　　　　　　　　费用应付单明细信息

项目	明细信息	项目	明细信息
单据类型	费用应付单	供应商	月圆材料
业务日期	2022-01-05	到期日	2022-02-04
付款条件	30 天后付款	费用项目名称	运费
计价数量	1	含税单价（元）	2 180.00
税率（%）	9	价税合计（元）	2 180.00

二、业务解析

本业务属于标准采购业务，涉及采购订单处理、收料通知处理、采购入库处理、采购应付处理、采购费用分配处理等环节。

一方面，采购订单录入并审核后，下推收料通知单；收料通知单审核后下推采购入库单；采购入库单审核时自动生成采购应付单；采购应付单审核后下推采购发票（由于是延期付款，不用下推付款单）并自动完成采购入库核算。

另一方面，采购费用通过费用应付单新增录入并审核后，进行采购费用分配并由系统自动将分配结果写入采购入库单中。采购费用分配的计算过程为：

电池分配费用=1 000×140×2 000÷(1 000×140+1 000×110+1 000×340)＝474.58（元）

外壳分配费用=1 000×110×2 000÷(1 000×140+1 000×110+1 000×340)＝372.88（元）

屏幕分配费用=2 000−474.58−372.88=1 152.54（元）

本业务录入的采购应付单、费用应付单、采购入库单都需要生成凭证，可以通过自用的应付单、采购入库单凭证模板直接实现。

（1）采购应付单对应生成的会计分录为：

借：应付账款——暂估应付款　　　　　　　　　　590 000.00
　　应交税费——应交增值税（进项税额）　　　　76 700.00
　　贷：应付账款——明细应付款（月圆材料）　　　　　666 700.00

（2）费用应付单对应生成的会计分录为：

借：应付账款——暂估应付款　　　　　　　　　　2 000.00
　　应交税费——应交增值税（进项税额）　　　　180.00
　　贷：应付账款——明细应付款（月圆材料）　　　　　2 180.00

（3）采购入库单对应生成的会计分录为：

借：库存商品——电池　　　　　　　　140 474.58
　　原材料——外壳　　　　　　　　　110 372.88
　　　　　　——屏幕　　　　　　　　341 152.54
　　贷：应付账款——暂估应付款　　　　　　592 000.00

微课堂

采购管理业务处理

三、操作步骤

（1）核对当前组织。确保当前组织为华商制造。

（2）采购订单（源单）录入。执行【供应链】-【采购管理】-【订单处理】-【采购订单列表】命令，在打开的"采购订单列表"页面上，单击工具栏中的【新增】按钮，参照表 12-1 录入业务数据，如图 12-7 所示。依次单击工具栏中的【保存】-【提交】-【审核】按钮，完成采购订单录入操作。

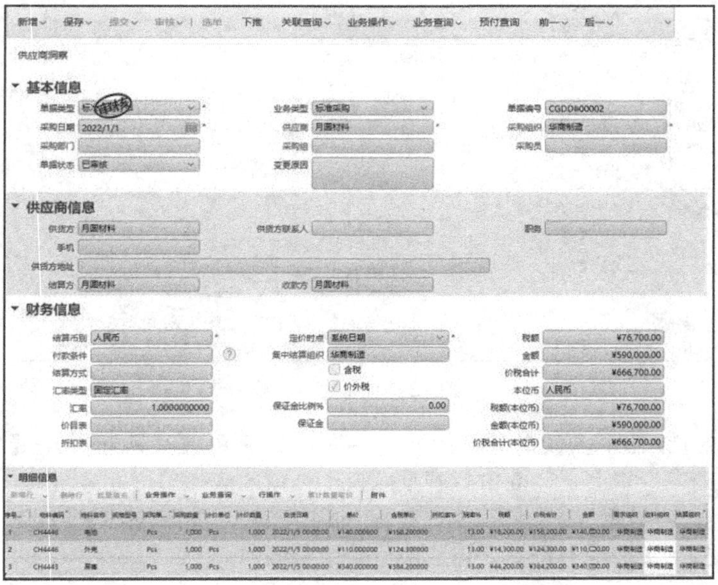

图 12-7　采购订单

（3）收料通知单录入。执行【供应链】-【采购管理】-【订单处理】-【采购订单列表】命令，在打开的"采购订单列表"页面上，勾选上述采购订单，单击【下推】按钮进入"选择单据"页签，选择"收料通知单"选项，单击【确定】按钮进入"收料通知单-新增"页签。收料日期设置为"2022-01-05"，预计到货日期设置为"2022-01-05"[①]，如图 12-8 所示。依次单击工具栏中的【保存】-【提交】-【审核】按钮，完成业务操作。

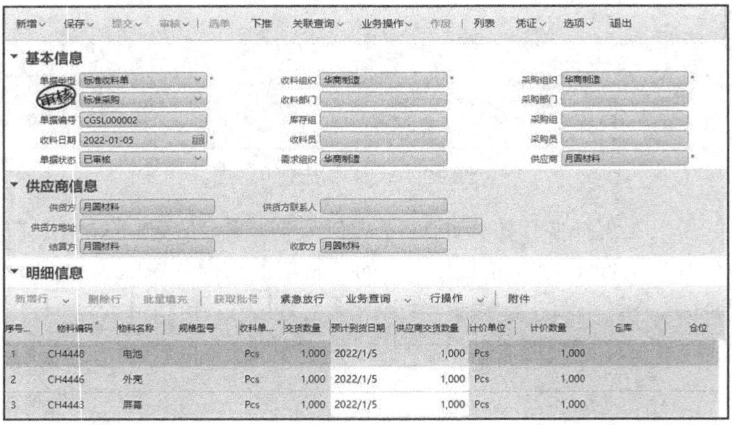

图 12-8　收料通知单

（4）采购入库单录入。执行【供应链】-【采购管理】-【收料处理】-【收料通知单列表】命令，在打开的"收料通知单列表"页面上，勾选上述采购收料通知单，单击【下推】按钮进入"选择单据"页签，选择"采购入库单"选项，单击【确定】按钮进入"采购入库单-新增"页签。入库日期设置为"2022/1/5"，电池选择"华商制造成品仓"仓库，外壳与屏幕选择"华商制造原料仓"仓库，如图 12-9 所示。依次单击工具栏中的【保存】-【提交】-【审核】按钮，完成业务操作。

---

① 收料通知单中的预计到货日期只是辅助记录，在审核后也可以进行修改调整。

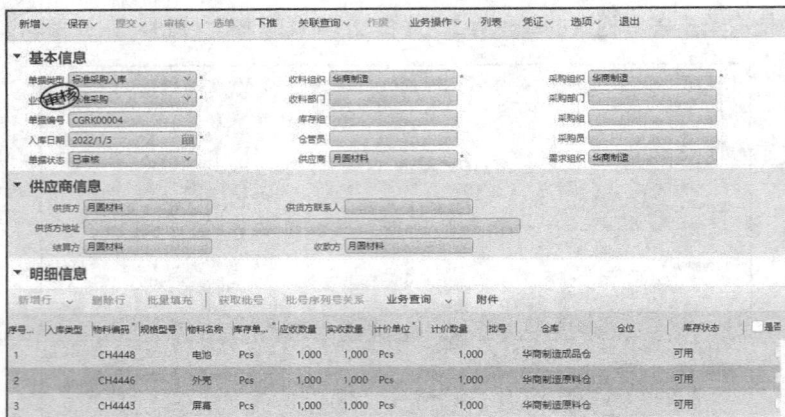

图 12-9　采购入库单

（5）采购应付单录入。执行【财务会计】-【应付款管理】-【采购应付】-【应付单列表】命令，在打开的"应付单列表"页面上，双击打开系统自动创建的应付单，业务日期设置为"2022/1/5"，付款条件选择"30 天后付款"，到期日自动变为"2022/2/4"，如图 12-10 所示。依次单击工具栏中的【保存】-【提交】-【审核】按钮，完成应付单录入操作。

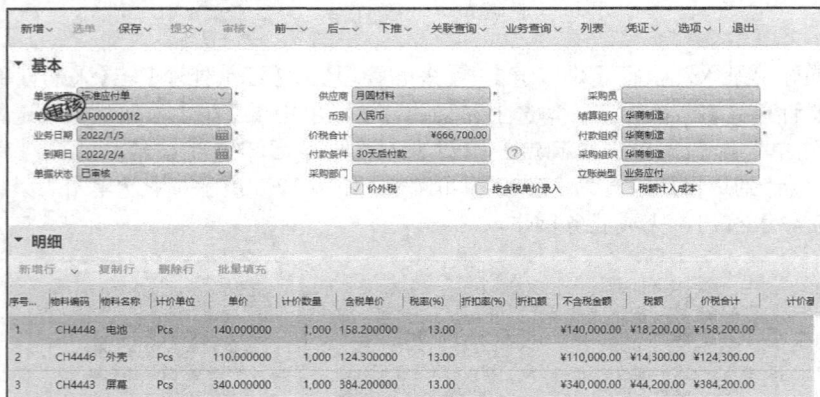

图 12-10　采购应付单

（6）费用应付单录入。执行【财务会计】-【应付款管理】-【采购应付】-【应付单列表】命令，在打开的"应付单列表"页面上，单击工具栏中的【新增】按钮，参照表 12-2 录入业务数据，如图 12-11 所示。依次单击工具栏中的【保存】-【提交】-【审核】按钮，完成应付单录入操作。

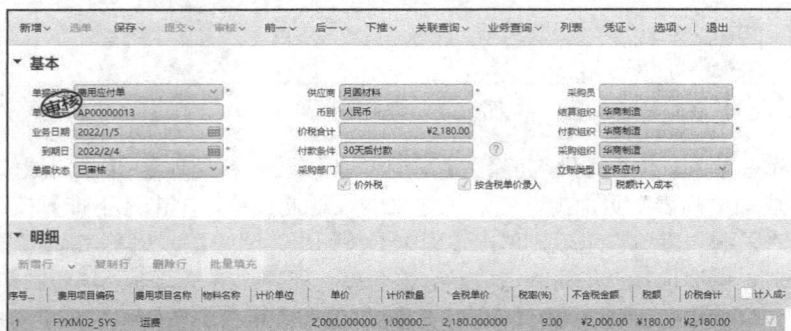

图 12-11　费用应付单

（7）采购费用分配。执行【财务会计】-【成本管理】-【存货核算】-【采购费用分配】命令，在打开的"采购费用分配"页面上，分配标准选择"金额"，单击工具栏中的【应付单】按钮进入"列表过滤"页签，直接单击【确定】按钮过滤出全部费用应付单；再单击工具栏中的【库存单据】按钮进入"列表过滤"页签，单击【全部删除】按钮清空全部过滤条件，单击【确定】按钮过滤出全部采购入库单。勾选费用应付单和对应分配对象的采购入库单，单击工具栏中的【分配】按钮完成业务操作。单击工具栏中的【查看单据】-【勾稽日志】按钮进入"勾稽日志查询"页签，可以查看本次采购费用分配的结果。完成页面如图 12-12 所示。

	位稽序号	单据编号	单据行号	单据类型	物料编码	基本单...	币别	本次勾稽数量	本次勾稽金额	本次勾稽金额本位币	业务日期
	100004	AP00000012	1	标准应付单	CH4448	Pcs	人民币	1,000	¥140,000.00	¥140,000.00	2022/1/5
		AP00000012	2	标准应付单	CH4446	Pcs	人民币	1,000	¥110,000.00	¥110,000.00	2022/1/5
		AP00000012	3	标准应付单	CH4443	Pcs	人民币	1,000	¥340,000.00	¥340,000.00	2022/1/5
		CGRK00004	1	标准采购入库	CH4448	Pcs	人民币	1,000	¥140,000.00	¥140,000.00	2022/1/5
		CGRK00004	2	标准采购入库	CH4446	Pcs	人民币	1,000	¥110,000.00	¥110,000.00	2022/1/5
		CGRK00004	3	标准采购入库	CH4443	Pcs	人民币	1,000	¥340,000.00	¥340,000.00	2022/1/5
	100005	AP00000013	1	费用应付单			人民币		¥2,000.00	¥2,000.00	2022/1/5
		CGRK00004	1	标准采购入库	CH4448	Pcs	人民币		¥474.58	¥474.58	2022/1/5
		CGRK00004	2	标准采购入库	CH4446	Pcs	人民币		¥372.88	¥372.88	2022/1/5
		CGRK00004	3	标准采购入库	CH4443	Pcs	人民币		¥1,152.54	¥1,152.54	2022/1/5

图 12-12　采购费用分配勾稽日志

（8）采购发票、运费发票生成及应付开票核销。执行【财务会计】-【应付款管理】-【采购应付】-【应付单列表】命令，在打开的"应付单列表"页面，勾选上述标准应付单，单击【下推】按钮，选择"生成增值税专用发票"选项，进入发票录入页面，修改业务日期和发票日期为"2022/1/5"，依次单击工具栏中的【保存】-【提交】-【审核】按钮，完成生成采购发票操作。再勾选上述费用应付单，单击【下推】按钮，选择"生成进项费用增值税专用发票"选项，进入发票录入页面，修改业务日期和发票日期为"2022/1/5"。依次单击工具栏中的【保存】-【提交】-【审核】按钮，完成生成运费发票操作。通过【财务会计】-【应付款管理】-【应付开票】-【应付开票核销记录】查询可见，系统已经将两笔应付开票自动匹配核销。完成页面如图 12-13 所示。

	核销序号	核销人	核销日期	单据类型	单据编号	往来单位类型	往来单位	币别	本位币	结算方式	结算组织	业务日期	内部往来	核销方式	物料	基本单位	基本单位数量	金额
	100005	管理员	2022/7/31	标准应付单	AP00000010	供应商	月圆材料	人民币	人民币		华南制造	2022/1/10	☑	否	自动核销	笔记本电脑	Pcs	10	¥56,500.00
	100005	管理员	2022/7/31	采购增值税专用发票	PVINV00000004	供应商	月圆材料	人民币	人民币		华南制造	2022/1/10		否	自动核销	笔记本电脑	Pcs	10	¥56,500.00
	100006	管理员	2022/8/15	标准应付单	AP00000012	供应商	月圆材料	人民币	人民币		华南制造	2022/1/5		否	自动核销	电池	Pcs	1,000	¥158,200.00
	100006	管理员	2022/8/15	采购增值税专用发票	PVINV00000005	供应商	月圆材料	人民币	人民币		华南制造	2022/1/5		否	自动核销	电池	Pcs	1,000	¥158,200.00
	100007	管理员	2022/8/15	标准应付单	AP00000012	供应商	月圆材料	人民币	人民币		华南制造	2022/1/5		否	自动核销	外壳	Pcs	1,000	¥124,300.00
	100007	管理员	2022/8/15	采购增值税专用发票	PVINV00000005	供应商	月圆材料	人民币	人民币		华南制造	2022/1/5		否	自动核销	外壳	Pcs	1,000	¥124,300.00
	100008	管理员	2022/8/15	标准应付单	AP00000012	供应商	月圆材料	人民币	人民币		华南制造	2022/1/5		否	自动核销	屏幕	Pcs	1,000	¥384,200.00
	100008	管理员	2022/8/15	采购增值税专用发票	PVINV00000005	供应商	月圆材料	人民币	人民币		华南制造	2022/1/5		否	自动核销	屏幕	Pcs	1,000	¥384,200.00
	100009	管理员	2022/8/15	费用应付单	AP00000013	供应商	月圆材料	人民币	人民币		华南制造	2022/1/5		否	自动核销				¥2,180.00
	100009	管理员	2022/8/15	进项费用增值税发票	EXVATIN00000001	供应商	月圆材料	人民币	人民币		华南制造	2022/1/5		否	自动核销				¥2,180.00

图 12-13　应付开票核销记录

（9）采购入库单、采购应付单及费用应付单凭证生成。执行【财务会计】-【智能会计平台】-【账务处理】-【凭证生成情况查询】命令，在打开的"凭证生成情况查询过滤条件"页面上，单击【确定】按钮进入"凭证生成情况查询"页签，勾选全部"采购入库单""应付单"，单击工具栏中的【凭证生成】按钮进入"凭证生成"页签，将应付单对应的"总账凭证生成方式"栏目内容选择"一对一"，单击下方的【凭证生成】按钮，自动进入"凭证生成报告列表"。完成页面如图12-14所示。

	日期	会计年度	期间	凭证字	凭证号	摘要	科目编码	科目全名	币别	原币金额	借方金额	贷方金额	制单
	2022/1/5	2022	1	记	12	单据AP00000012的应付单	2202.01	应付账款_暂估应付款	人民币	¥590,000.00	¥590,000.00		管理员
						单据AP00000012的应付单	2221.01.01	应交税费_应交增值税_进项税额	人民币	¥76,700.00	¥76,700.00		
						单据AP00000012的应付单	2202.02	应付账款_明细应付款	人民币	¥666,700.00		¥666,700.00	
	2022/1/5	2022	1	记	13	单据AP00000013的应付单	2202.01	应付账款_暂估应付款	人民币	¥2,000.00	¥2,000.00		管理员
						单据AP00000013的应付单	2221.01.01	应交税费_应交增值税_进项税额	人民币	¥180.00	¥180.00		
						单据AP00000013的应付单	2202.02	应付账款_明细应付款	人民币	¥2,180.00		¥2,180.00	
	2022/1/5	2022	1	记	14	单据号CGRK000048的普通采购入库单	1405	库存商品	人民币	¥140,474.58	¥140,474.58		管理员
						单据号CGRK000048的普通采购入库单	1403	原材料	人民币	¥110,372.88	¥110,372.88		
						单据号CGRK000048的普通采购入库单	1403	原材料	人民币	¥341,152.54	¥341,152.54		
						单据号CGRK000048的普通采购入库单	2202.01	应付账款_暂估应付款	人民币	¥140,474.58		¥140,474.58	
						单据号CGRK000048的普通采购入库单	2202.01	应付账款_暂估应付款	人民币	¥110,372.88		¥110,372.88	
						单据号CGRK000048的普通采购入库单	2202.01	应付账款_暂估应付款	人民币	¥341,152.54		¥341,152.54	

友情提示 12-1

图 12-14　凭证生成

第三节　生产管理业务处理

存货生产业务处理仅演练简单生产模式，具体包括定义物料清单、简单生产领料单录入（需凭证生成）、出库成本核算、简单生产入库单录入（需凭证生成）、制造费用分配及凭证录入、入库成本维护等业务。本节内容主要在华商制造完成相关业务操作。

一、基础数据设置

（一）业务场景

新增物料清单（Bill of Material，BOM）要求由华商集团定义，分配给华商制造，信息如表12-3所示。

表 12-3　　　　　　　　　　物料清单明细

BOM简称	父项物料名称	子项物料名称	分子	分母	生效日期
电池	电池	电芯	1	1	2022-01-01
		保护板	1	1	2022-01-01
平板Ⅰ	平板Ⅰ	电池	1	1	2022-01-01
		机板A	1	1	2022-01-01
		外壳	1	1	2022-01-01
		屏幕	1	1	2022-01-01
平板Ⅱ	平板Ⅱ	电池	1	1	2022-01-01
		机板B	1	1	2022-01-01
		外壳	1	1	2022-01-01
		屏幕	1	1	2022-01-01

（二）业务解析

基础数据为系统应用的前提，一般先设置好基础数据，然后才进行业务应用。生产管理的基础数据包括设置物料清单、班次、班制、工作日历模板等。由于简单生产只记录物料的领用、产品的入库，不记录生产过程，不进行生产订单过程管理，所以除物料清单外，其他基础数据均不需设置。物料清单为分配型数据，华商集团定义后，分配给华商制造使用。

（三）操作步骤

（1）切换当前组织。确保当前组织为华商集团。

（2）定义物料清单。执行【生产制造】-【工程数据】-【物料清单】-【物料清单列表】命令，在打开的"物料清单列表"页面上，单击工具栏中的【新增】按钮，按表 12-3 分别录入相关明细信息，依次单击工具栏中的【保存】-【提交】-【审核】按钮，完成物料清单录入操作；反复增加，直到所有物料清单录入完毕。完成页面如图 12-15 所示。

□	使用组织	BOM版本	BOM简称	BOM分类	父项物料编码	物料名称	规格型号	数据状态	项次	子项物料编码	子项物料名称	子项规格型号	子项单位	供应组织	用量:分子	用量:分母
□	华商集团	CH4410_V1.0	平板Ⅱ	标准BOM	CH4410	平板Ⅱ		已审核	1	CH4442	机板B		Pcs		1	1
□									2	CH4443	屏幕		Pcs		1	1
□									3	CH4446	外壳		Pcs		1	1
□									4	CH4448	电池		Pcs		1	1
□	华商集团	CH4448_V1.0	电池	标准BOM	CH4448	电池		已审核	1	CH4444	电芯		Pcs		1	1
□									2	CH4445	保护板		Pcs		1	1
□	华商集团	CH4449_V1.0	平板Ⅰ	标准BOM	CH4449	平板Ⅰ		已审核	1	CH4448	电池		Pcs		1	1
□									2	CH4441	机板A		Pcs		1	1
□									3	CH4443	屏幕		Pcs		1	1
□									4	CH4446	外壳		Pcs		1	1

图 12-15　物料清单

（3）分配物料清单。在物料清单列表中勾选相应物料清单，单击工具栏中的【业务操作】-【分配】按钮，选择"华商制造"，勾选"分配后自动显示分配明细"和"分配后自动审核"选项，单击【确定】按钮，执行分配，系统会自动分配并审核。

二、简单生产领料业务处理

（一）业务场景

2022 年 1 月 1 日，企业下达给一车间与二车间生产计划如表 12-4 所示。

表 12-4　　　　　　　　　　　　生产计划明细

生产日期	完工日期	车间	产品	数量（Pcs）	生产方式
2022-01-01	2022-01-31	一车间	电池	2 000	简单生产
		二车间	平板Ⅰ	1 300	简单生产
			平板Ⅱ	1 300	简单生产

生产部核对生产用料清单，下达生产任务，领取原材料，领料明细如表 12-5 所示。

表 12-5　　　　　　　　　　　原材料领料明细

领料日期	物料	一车间领料数量（Pcs）	二车间领料数量（Pcs）
2022-01-02	电芯	2 000	
2022-01-02	保护板	2 000	

续表

领料日期	物料	一车间领料数量（Pcs）	二车间领料数量（Pcs）
2022-01-02	机板A	—	1 300
2022-01-02	机板B	—	1 300
2022-01-10	外壳	—	2 600
2022-01-10	屏幕	—	2 600
2022-01-10	电池	—	2 600

两次简单生产领料单（两次）明细信息如表12-6所示。

表12-6 两次简单生产领料单（两次）明细信息

日期	车间	物料名称	数量（Pcs）	仓库	生产对象
2022-01-02	一车间	电芯	2 000	华商制造原料仓	电池
		保护板	2 000	华商制造原料仓	电池
	二车间	机板A	1 300	华商制造原料仓	平板I
		机板B	1 300	华商制造原料仓	平板II
2022-01-10	二车间	电池	1 300	华商制造成品仓	平板I
		外壳	1 300	华商制造原料仓	平板I
		屏幕	1 300	华商制造原料仓	平板I
		电池	1 300	华商制造成品仓	平板II
		外壳	1 300	华商制造原料仓	平板II
		屏幕	1 300	华商制造原料仓	平板II

复制新增简单生产领料单凭证模板分录明细信息如表12-7所示。

表12-7 简单生产领料单凭证模板分录明细信息

分录类型	科目核算维度	单位	数量
生产成本	费用项目：无	—	—
	部门：单据头.生产车间	—	—
	物料：明细.生产对象	—	—
物料估价	明细.物料编码	明细.单位	明细.实发数量

（二）业务解析

本业务需要分两次领料，需要两次录入简单生产领料单。录入生产领料单有两种方法：一是通过单击"生产领料单-新增"页签工具栏中的【选单】按钮，选择"物料清单"的方式由系统自动写入领料明细信息；二是可以直接在"单据体-明细"中通过新增行的方式填入领料明细信息。

经过向导式出库成本核算后，通过复制新增的自用简单生产领料单凭证模板可以直接生成领料凭证。

2022年1月2日一车间生产领料的会计分录为：

借：生产成本——一车间——电池（直接材料）　　160 000.00

　　贷：原材料——电芯　　　　　　　　　　　　　　　120 000.00

　　　　　　——保护板　　　　　　　　　　　　　　　40 000.00

2022年1月2日二车间生产领料的会计分录为：

借：生产成本——二车间——平板I（直接材料）　　806 000.00

　　　　　　——二车间——平板II（直接材料）　　975 000.00

　　贷：原材料——机板A　　　　　　　　　　　　　　806 000.00

　　　　　　——机板B　　　　　　　　　　　　　　　975 000.00

2022 年 1 月 10 日二车间生产领料的会计分录为：

借：生产成本——二车间——平板Ⅰ（直接材料）　　806 000.00

　　　　　　——二车间——平板Ⅱ（直接材料）　　795 737.29

　贷：库存商品——电池（注：平板Ⅰ领用）　　195 000.00

　　原材料——外壳（注：平板Ⅰ领用）　　156 000.00

　　　　——屏幕（注：平板Ⅰ领用）　　455 000.00

　　库存商品——电池（注：平板Ⅱ领用）　　191 380.34

　　原材料——外壳（注：平板Ⅱ领用）　　152 630.51

　　　　——屏幕（注：平板Ⅱ领用）　　451 726.44[①]

微课堂

简单生产领料业务
处理

（三）操作步骤

（1）核对当前组织。确保当前组织为华商制造。

（2）第一次领料一车间简单生产领料单录入。执行【生产制造】-【生产管理】-【简单生产】-【简单生产领料单列表】命令，在打开的"简单生产领料单列表"页面上，单击工具栏中的【新增】按钮。日期设置为"2022/1/2"，生产车间选择一车间，单击工具栏中的【选单】按钮进入"选择单据"页签，选择"物料清单"，单击【确定】按钮进入"物料清单展开"页签，产品编码选择电池的编码，套数填入"2 000"，单击【刷新】按钮，可见物料清单展开明细信息，核对无误后单击【返回数据】按钮，系统自动写入领料信息，如图 12-16 所示。依次单击工具栏中的【保存】-【提交】-【审核】按钮。

图 12-16　第一次领料一车间简单生产领料单

（3）第一次领料二车间简单生产领料单录入。执行【生产制造】-【生产管理】-【简单生产】-【简单生产领料单列表】命令，在打开的"简单生产领料单列表"页面上，单击工具栏中的【新增】按钮。日期设置为"2022/1/2"，生产车间选择"二车间"，单击【新增行】按钮，按表 12-6 录入机板 A、机板 B 领料信息，如图 12-17 所示。依次单击工具栏中的【保存】-【提交】-【审核】按钮，完成业务操作。

（4）第二次领料二车间简单生产领料单录入。执行【生产制造】-【生产管理】-【简单生产】-【简单生产领料单列表】命令，在打开的"简单生产领料单列表"页面上，单击工具栏中的【新增】按钮。日期设置为"2022/1/10"，生产车间选择"二车间"，单击【新增行】按钮，按表 12-6 录入电池、外壳、屏幕领料信息，如图 12-18 所示。依次单击工具栏中的【保存】-【提交】-【审核】按钮，完成业务操作。

---

① 平板Ⅰ和平板Ⅱ领料的品种和数量完全一致，但对应的金额不一致，原因在于先进先出法下领用的两批物料的单价不同。

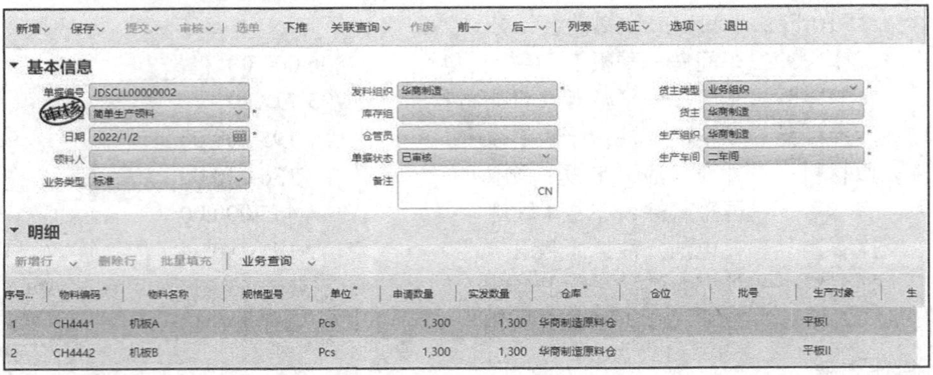

图 12-17　第一次领料二车间简单生产领料单

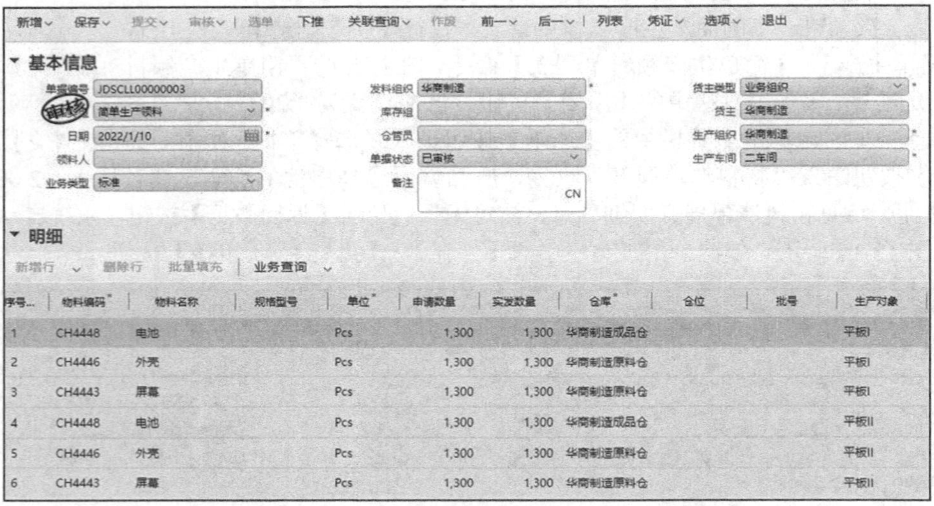

图 12-18　第二次领料二车间简单生产领料单

（5）进行向导式出库成本核算。执行【成本管理】-【存货核算】-【存货核算】-【出库成本核算】命令，在打开的"出库成本核算"页面上，勾选"进行合法性检查"选项，单击【下一步】按钮直至核算完成。单击【核算单据查询】按钮，可见"简单生产领料单"上已经自动完成了"单价"取值。完成页面如图 12-19 所示。

图 12-19　核算单据查询

（6）复制新增"简单生产领料单"凭证模板。执行【财务会计】-【智能会计平台】-【基础资料】-【凭证模板】命令，在打开的"凭证模板"页面上，勾选"简单生产领料单"凭证模板（编码049），单击工具栏中的【新增】按钮中的"复制"选项，适用账簿选择全部组织，参照表 12-7 设置模板分录明细内容，将模板分录中"生产成本"中的"直接材料"科目核算维度中的"部门"设置为"单据头.生产车间"，"物料"设置为"明细.生产对象"；将模板分录中"物料估价"中的"原材料""库存商品"科目核算维度均为"明细信息.物料编码"，并将"单位"取值为"明细信息.单位"，将"数量"取值为"明细信息.实发数量"，单击工具栏中的【保存】按钮，完成凭证模板设置。完成页面如图 12-20 所示。

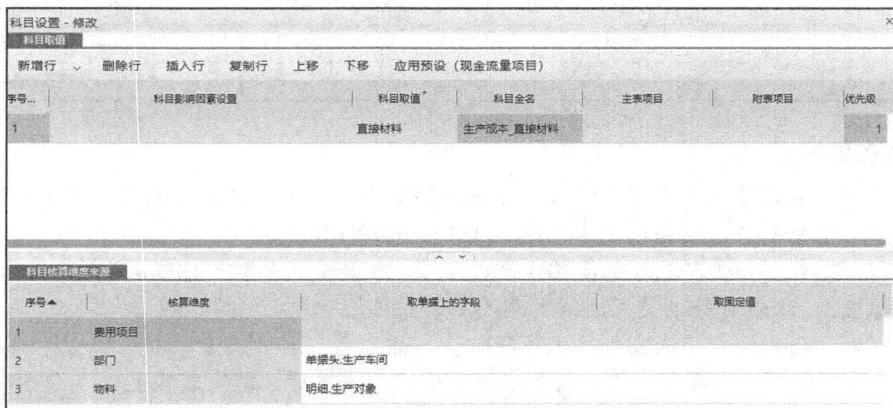

图 12-20 "简单生产领料单"凭证模板

（7）简单生产领料单生成凭证。执行【成本管理】-【存货核算】-【账务处理】-【凭证生成情况查询】命令，在打开的"凭证生成情况查询过滤条件"页面上，单击【确定】按钮进入"凭证生成情况查询"页签，勾选全部"简单生产领料单"，单击工具栏中的【生成凭证】按钮进入"凭证生成"页签，将领料单对应的"总账凭证生成方式"栏目内容选择"一对一"，单击下方的【凭证生成】按钮，自动进入"凭证生成报告列表"，可以看到 3 张凭证成功生成。完成页面如图 12-21 所示。

图 12-21 生成凭证

三、简单生产入库业务处理

（一）业务数据

2022 年 1 月 31 日，一车间和二车间生成产品全部检验合格完工入库。

简单生产入库单明细信息如表 12-8 所示。

表 12-8　　　　　　　　　　简单生产入库单明细信息

日期	生产车间	产品	应收/实收数量（Pcs）	仓库
2022-01-31	一车间	电池	2 000	华商制造成品仓
	二车间	平板Ⅰ	1 300	华商制造成品仓
		平板Ⅱ	1 300	华商制造成品仓

（二）业务解析

简单生产入库单是处理生产订单的入库业务类型的库存单据，是确认生产车间和仓库货物出入库的书面证明，也是财务人员据以记账、核算成本的重要原始凭证。

本业务需直接录入一张产品汇总简单生产入库单。为便于厘清各完工产品各成本项目构成情况，可将电池、平板Ⅰ、平板Ⅱ分别录入简单生产入库单。

由于直接人工与制造费用需要到月末才能确认，需在月末通过入库成本维护最终确定完工产品的生产成本。故简单生产入库单只能到月末经过入库成本维护后才能生成凭证。

（三）操作步骤

（1）核对当前组织。确保当前组织为华商制造。

（2）简单生产入库单录入。执行【生产制造】-【生产管理】-【简单生产】-【简单生产入库单列表】命令，在打开的"简单生产入库单列表"页面上，单击工具栏中的【新增】按钮，进入简单生产入库单新增页面，按表 12-8 录入相关信息，如图 12-22 所示。依次单击工具栏中的【保存】-【提交】-【审核】按钮。

图 12-22　简单生产入库单

四、制造费用分配业务处理

（一）业务数据

2022 年 1 月 31 日，华商制造财务部将各车间日常归集的制造费用按完工产品的数量进行分配。

经查询"核算维度明细账（制造费用——一车间、制造费用——二车间）[①]"可知，日常发生的制造费用归集明细信息如表 12-9 所示。

表 12-9 制造费用明细信息

生产车间	间接人工/元	折旧费/元	制造费用合计/元
一车间	10 000.00	15 833.33	25 833.33
二车间	20 000.00	15 833.33	35 833.33

制造费用自动转账方案明细信息如表 12-10 所示。

表 12-10 制造费用自动转账方案明细信息

名称/摘要	科目编码	核算维度	转账方式	包含未过账凭证	转账比例/%
一车间制造费用分配	5001.03	物料：电池 部门：一车间	转入	√	100
	5101	部门：一车间 费用项目：无	按比例转出借方余额	√	100
二车间制造费用分配	5001.03	物料：平板Ⅰ 部门：二车间	转入	√	50
	5001.03	物料：平板Ⅱ 部门：二车间	转入	√	50
	5101	部门：二车间[②] 费用项目：无	按比例转出借方余额	√	100

（二）业务解析

由于没有启用产品成本核算系统模块，制造费用分配需要手工计算并录入凭证，也可以设置自动转账方案生成凭证。本业务主要介绍自动转账方案的操作。

由于一车间只生产电池一种产品，故一车间制造费用全部计入电池的生产成本。一车间制造费用分配的会计分录为：

借：生产成本——一车间——电池（制造费用） 25 833.33
　　贷：制造费用——一车间（工资） 10 000.00
　　　　　　　　——一车间（折旧费） 15 833.33

二车间本月完工的平板Ⅰ和平板Ⅱ数量相同，故各承担一半的制造费用。二车间制造费用分配的会计分录为：

借：生产成本——二车间——平板Ⅰ（制造费用） 17 916.66
　　　　　　　　——平板Ⅱ（制造费用） 17 916.67
　　贷：制造费用——二车间（工资） 20 000.00
　　　　　　　　——二车间（折旧费） 15 833.33

微课堂

制造费用分配业务处理

（三）操作步骤

（1）核对当前组织。确保当前组织为华商制造。

（2）定义结转一车间和二车间制造费用分配自动转账方案。执行【财务会

---

① 核算维度明细账查询的具体操作方法：执行【财务会计】-【总账】-【账簿】-【核算维度明细账】，科目编码选择 5101（制造费用），勾选"包括未过账凭证"，单击【确定】按钮，即可进入制造费用科目核算维度查询页面。单击工具栏中的【跳转】按钮，可在制造费用不同核算维度之间切换。

② 此处业务在进行部门核算维度明细项目设置时，起始项目和结束项目均选择二车间。

计】-【总账】-【期末处理】-【自动转账】命令，在打开的"自动转账"页面上，单击工具栏中的【新增】按钮。按表 12-10 分别录入一车间和二车间制造费用分配自动转账方案相关明细信息。单击工具栏中的【保存】按钮，完成两个车间制造费用分配自动转账方案设置操作。一车间制造费用分配自动转账方案完成页面如图 12-23 所示。

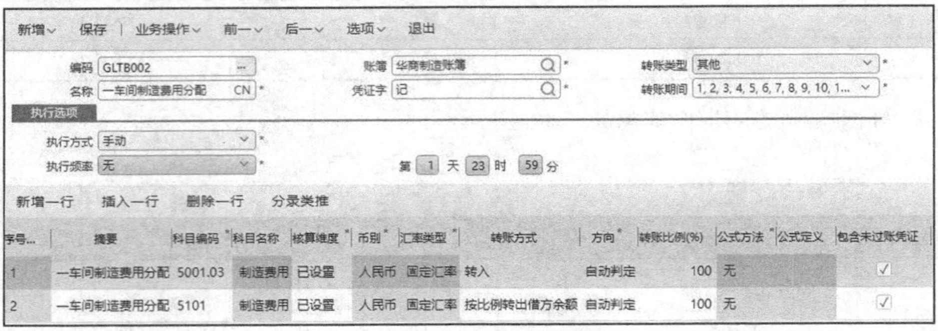

图 12-23　一车间制造费用分配自动转账方案

（3）执行自动转账方案生成凭证。执行【财务会计】-【总账】-【期末处理】-【自动转账】命令，在打开的"自动转账"页面上，分别勾选自动转账方案。单击工具栏中的【执行】按钮，在弹出的页签上单击【确定】按钮，可以看到两项自动转账方案凭证成功生成。完成页面如图 12-24 所示。

	日期	会计年度	期间	凭证字	凭证号	摘要	科目编码	科目全名	币别	原币金额	借方金额	贷方金额
	2022/1/31	2022	1	记	21	一车间制造费用分配	5001.03	生产成本_制造费用	人民币	¥25,833.33	¥25,833.33	
						一车间制造费用分配	5101	制造费用	人民币	¥10,000.00		¥10,000.00
						一车间制造费用分配	5101	制造费用	人民币	¥15,833.33		¥15,833.33
	2022/1/31	2022	1	记	22	二车间制造费用分配	5001.03	生产成本_制造费用	人民币	¥17,916.66	¥17,916.66	
						二车间制造费用分配	5001.03	生产成本_制造费用	人民币	¥17,916.67	¥17,916.67	
						二车间制造费用分配	5101	制造费用	人民币	¥20,000.00		¥20,000.00
						二车间制造费用分配	5101	制造费用	人民币	¥15,833.33		¥15,833.33

图 12-24　生成凭证

五、入库成本维护

（一）业务数据

2022 年 1 月 31 日，华商制造财务部将各车间日常归集的制造费用按完工产品的数量进行分配。通过分别查询"核算维度明细账（生产成本——直接材料、直接人工、制造费用）"可知，本月应结转的尚未录入简单生产入库单的成本项目明细信息如表 12-11 所示。

表 12-11　　　　　　　　　　　　　尚未录入成本项目明细信息

成本计算对象	直接材料/元	直接人工/元	制造费用/元	生产费用合计/元
电池	160 000.00	100 000.00	25 833.33	285 833.33
平板Ⅰ	1 612 000.00	400 000.00	17 916.66	2 029 916.66
平板Ⅱ	1 770 737.29	450 000.00	17 916.67	2 238 653.96

复制新增简单生产入库单凭证模板分录明细信息如表 12-12 所示。

表 12-12	简单生产入库单凭证模板分录明细信息		
分录类型	科目核算维度	单位	数量
物料估价	明细.物料编码	明细.单位	明细.实收数量
生产成本	费用项目：无	-	-
	部门：明细.生产车间	-	-
	物料：明细.物料编码	-	-

（二）业务解析

本业务假定当月投产产品当月全部完工，即月末无在产品，故本月归集的生产费用即为本月完工产品成本。简单生产入库单进行入库成本维护时，只需录入合计金额，系统便会自动反写入单价。

经过入库成本维护后，通过复制新增的自用简单生产入库单凭证模板可以直接生成领料凭证。2022 年 1 月 31 日，华商制造产品入库的会计分录为：

借：库存商品——电池　　　　　　　　　　　　　285 833.33
　　　　——平板Ⅰ　　　　　　　　　　　　2 029 916.66
　　　　——平板Ⅱ　　　　　　　　　　　　2 238 653.96
　　贷：生产成本——一车间——电池（直接材料）　160 000.00
　　　　　　　——一车间——电池（直接人工）　100 000.00
　　　　　　　——一车间——电池（制造费用）　　25 833.33
　　　　　　　——二车间——平板Ⅰ（直接材料）1 612 000.00
　　　　　　　——二车间——平板Ⅰ（直接人工）　400 000.00
　　　　　　　——二车间——平板Ⅰ（制造费用）　17 916.66
　　　　　　　——二车间——平板Ⅱ（直接材料）1 770 737.29
　　　　　　　——二车间——平板Ⅱ（直接人工）　450 000.00
　　　　　　　——二车间——平板Ⅱ（制造费用）　17 916.67

由于简单生产入库单成本维护的只是各产品总成本，故设置模板生成凭证时暂时全部从生产成本科目贷方"直接材料"项目中全部转出，需手工修改凭证内容，以全面反映产品成本各项目明细金额，与上述会计分录保持一致。[①]

（三）操作步骤

（1）核对当前组织。确保当前组织为华商制造。

（2）进行入库成本维护。执行【成本管理】-【存货核算】-【存货核算】-【入库成本维护】命令，在打开的"入库成本维护过滤条件"页面上，将单据名称选择为"简单生产入库单"，单击【确定】按钮进入"入库成本维护"页签，按表 12-11 在金额栏录入各产品生产费用合计数，系统自动反算出单价，如图 12-25 所示。单击工具栏中的【保存】按钮，完成操作。

微课堂

入库成本维护

图 12-25　入库成本维护

[①] 也可以手工新增录入一张从"直接材料"结转到"直接人工""制造费用"的凭证。

（3）复制新增"简单生产入库单"凭证模板。执行【财务会计】-【智能会计平台】-【基础资料】-【凭证模板】命令，在打开的"凭证模板"页面上，勾选"简单生产入库单"凭证模板（编码048），单击工具栏中的【新增】按钮中的"复制"选项，适用账簿选择全部组织，参照表 12-12 设置模板分录明细内容，将模板分录中"生产成本"中的"直接材料"科目核算维度中的"部门"设置为"明细.生产车间"，"物料"设置为"明细.物料编码"，将"费用项目"内容清除；将模板分录中"物料估价"中的"原材料""库存商品"科目核算维度分别设置为"明细信息.物料编码"，并将"单位"取值为"明细.单位"，将"数量"取值为"明细信息.实收数量"，单击工具栏中的【保存】按钮，完成凭证模板设置。

（4）简单生产入库单生成凭证。执行【成本管理】-【存货核算】-【账务处理】-【凭证生成情况查询】命令，在打开的"凭证生成情况查询过滤条件"页面上，单击【确定】按钮进入"凭证生成情况查询"页签，勾选"简单生产入库单"，单击工具栏中的【生成凭证】按钮进入"凭证生成"页签，单击下方的【凭证生成】按钮，自动进入"凭证生成报告列表"，可以看到凭证成功生成。勾选凭证，单击工具栏中的【查看总账凭证】按钮进入"总账凭证-联查"页签，可见生成的凭证中会计分录贷方金额全部集中在"直接材料"项目中。完成页面如图 12-26 所示。

图 12-26　生成凭证

（5）修改总账凭证。接操作步骤（4），双击记账凭证任一栏目进入"凭证-修改"页签，参照业务解析中的会计分录进行修改，如图 12-27 所示。单击工具栏中的【保存】按钮，完成操作。

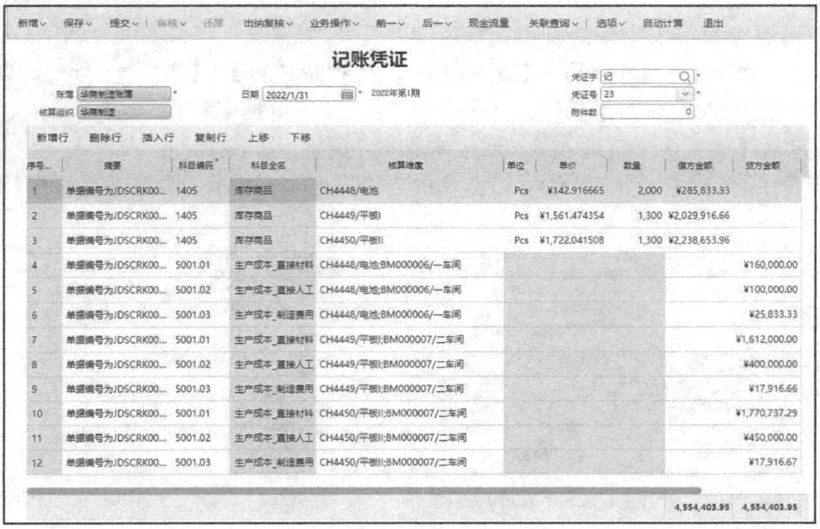

图 12-27　修改总账凭证

友情提示 12-3

第四节 | 销售管理业务处理

存货销售业务处理包括销售订单录入、发货通知单录入、费用应付单录入（需凭证生成）、销售出库单录入（需凭证生成）、标准应收单录入（需凭证生成）、出库成本核算等业务。本节内容主要在华商制造完成相关业务操作。

一、业务数据

2022 年 1 月 28 日，华商制造销售部与南宫电子协商后达成销货协议，由南宫电子自有物流部门直接上门提货，运费由华商制造承担一部分。

2022 年 1 月 31 日，南宫电子物流车队上门提货，财务部当即开出销售增值税专用发票（税率 13%），同时收到对方开来的运费普通发票（税率 9%），全部款项约定 30 天后结算。

（1）销售订单明细信息如表 12-13 所示。

表 12-13　　　　　　　　　　　销售订单明细信息

客户	物料	销售数量（Pcs）	含税单价（元）	税率	要货日期
南宫电子	平板 I	2 000	4 022.80	13%	2022-01-31
	平板 II	1 200	4 361.80	13%	2022-01-31

（2）费用应付单明细信息如表 12-14 所示。

表 12-14　　　　　　　　　　费用应付单明细信息

项目	明细信息	项目	明细信息
单据类型	费用应付单	供应商	南宫电子
业务日期	2022-01-31	到期日	2022-03-02
付款条件	30 天后付款	费用项目名称	运费
计价数量	1	税率（%）	9
价外税	FALSE	计入成本	FALSE
费用承担部门	市场部	含税单价（元）	5 000.00

（3）自用应付单凭证模板调整。将业务分类"单据类型=费用应付单"调整为"单据类型=费用应付单 AND 单据头-价外税等于 TRUE"后，保持模板分录不变；新增业务分类"单据类型=费用应付单 AND 单据头-价外税等于 FALSE"并设置模板分录，如表 12-15 所示。

表 12-15　　　　　　　　　　凭证模板分录明细

分录类型	费用	应付账款
科目	销售费用	应付账款——明细应付款
科目核算维度来源	部门：明细.费用承担部门 费用项目：无	供应商：单据头.供应商
借贷方向	借方	贷方
币别	单据头.币别	单据头.币别
汇率	系统自动计算	系统自动计算
原币金额	明细.价税合计	明细.价税合计
本位币金额	明细.价税合计本位币	明细.价税合计本位币
摘要	固定摘要：承担销售运费	组合摘要：单据头.单据编号

二、业务解析

本业务属于标准销售业务，涉及销售订单处理、发货通知处理、销售出库处理、销售应收处理、费用应付处理等环节。

销售订单录入并审核后，下推发货通知单；发货通知单审核后下推销售出库单；销售出库单审核时自动生成销售应收单；销售应收单审核后下推销售发票（由于是延期结算，所以不用下推收款单），完成上述一系列操作后进行出库成本核算。

本业务录入的销售应收单、费用应付单、销售出库单都需要生成凭证，可以通过自用的应收单凭证模板、应付单凭证模板（需修改）、销售出库单凭证模板来实现。

销售应收单对应生成的会计分录为：

借：应收账款——南宫电子　　　　　　　　　13 279 760.00
　　贷：主营业务收入　　　　　　　　　　　　11 752 000.00
　　　　应交税费——应交增值税（销项税额）　1 527 760.00

费用应付单对应生成的会计分录为：

借：销售费用　　　　　　　　　　　　　　　5 000.00
　　贷：应付账款——明细应付款（南宫电子）　5 000.00

销售出库单对应生成的会计分录为：

借：主营业务成本——平板Ⅰ　　　　　　　　3 081 780.25
　　　　　　　　　——平板Ⅱ　　　　　　　2 016 000.00
　　贷：库存商品——平板Ⅰ　　　　　　　　3 081 780.25
　　　　　　　　——平板Ⅱ　　　　　　　　2 016 000.00

微课堂

销售管理业务处理

三、操作步骤

（1）核对当前组织。确保当前组织为华商制造。

（2）销售订单（源单）录入。执行【供应链】-【销售管理】-【订单处理】-【销售订单列表】命令，在打开的"销售订单列表"页面上，单击工具栏中的【新增】按钮。按表12-13 录入业务数据，如图 12-28 所示。依次单击工具栏中的【保存】-【提交】-【审核】按钮，完成销售订单录入操作。

图 12-28　销售订单

（3）发货通知单录入。执行【供应链】-【销售管理】-【订单处理】-【销售订单列表】命令，在打开的"销售订单列表"页面上，勾选上述销售订单，单击【下推】按钮进入"选择单据"页签，选择"发货通知单"选项，单击【确定】按钮进入"发货通知单-新增"页签。交货方式选择"自提"，日期设置为"2022/1/31"，要货日期设置为"2022/1/31"，如图 12-29 所示。依次单击工具栏中的【保存】-【提交】-【审核】按钮，完成业务操作。

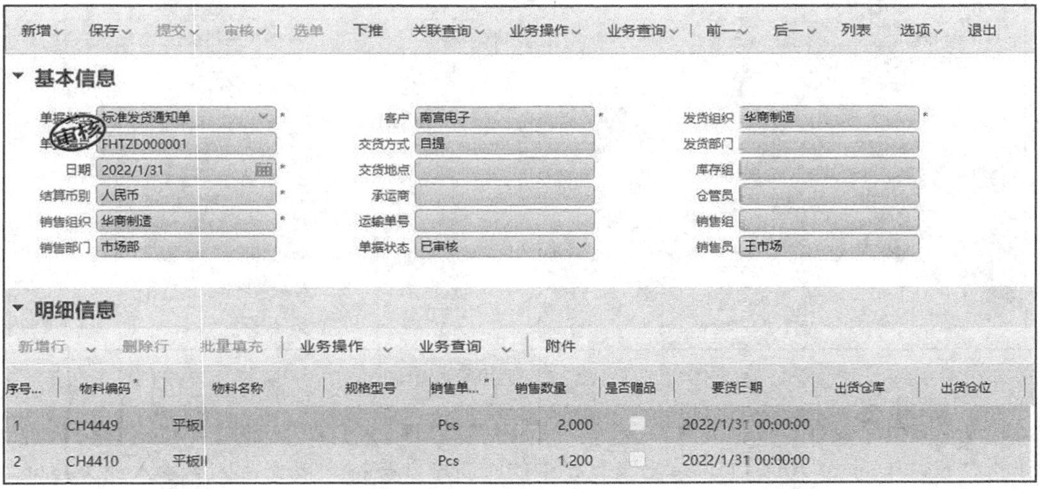

图 12-29　发货通知单

（4）销售出库单录入。执行【供应链】-【销售管理】-【出货处理】-【发货通知单列表】命令，在打开的"发货通知单列表"页面上，勾选上述发货通知单，单击【下推】按钮进入"选择单据"页签，选择"销售出库单"选项，单击【确定】按钮进入"销售出库单-新增"页签。日期设置为"2022/1/31"，仓库全部选择"华商制造成品仓"，如图 12-30 所示。依次单击工具栏中的【保存】-【提交】-【审核】按钮，完成业务操作。

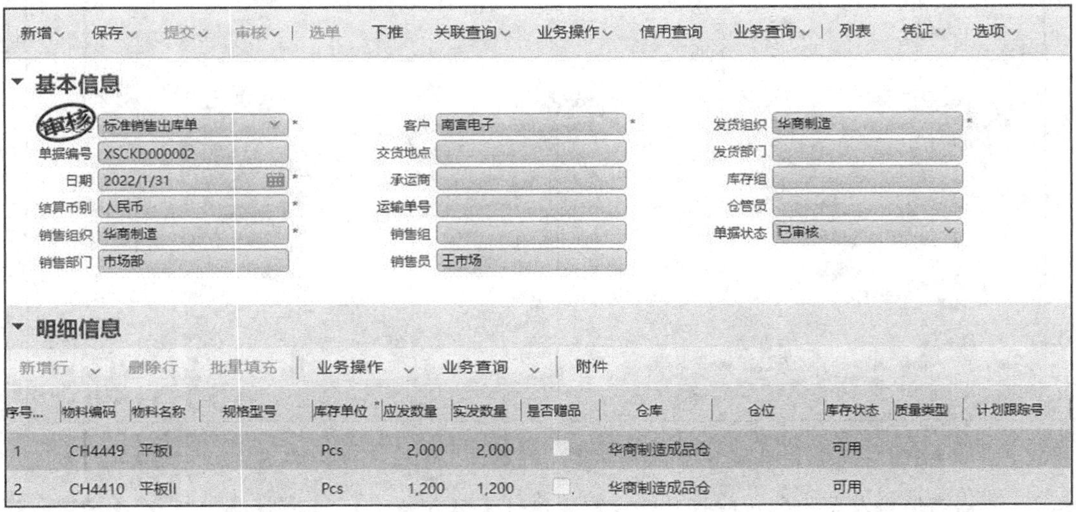

图 12-30　销售出库单

（5）销售应收单录入。执行【财务会计】-【应收款管理】-【销售应收】-【应收单列表】命令，在打开的"应收单列表"页面上，可见系统自动创建的应收单。勾选后双击打开，业务日期设置为"2022/1/31"，收款条件选择"30 天后收款"，到期日自动变为"2022/3/2"，如图 12-31 所示。依次单击工具栏中的【保存】-【提交】-【审核】按钮，完成销售应收单录入操作。

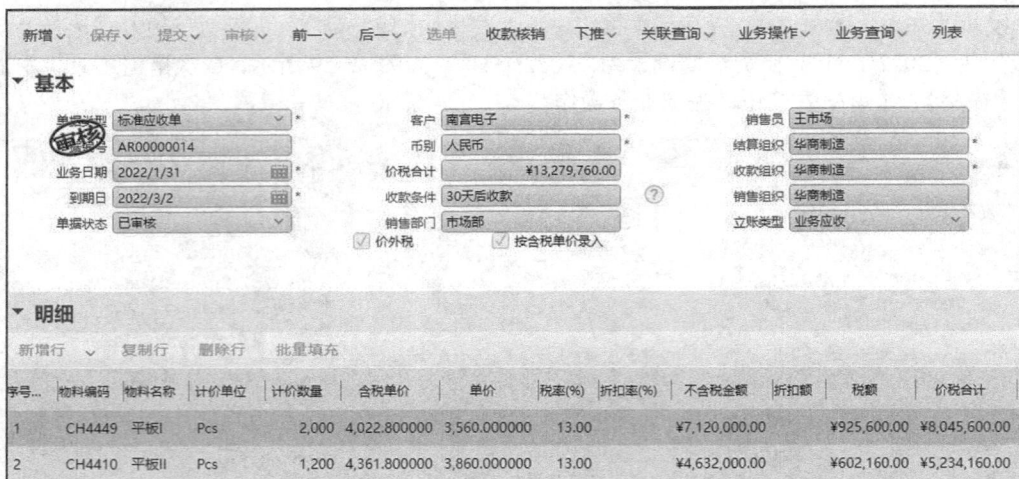

图 12-31　销售应收单

（6）费用应付单录入。执行【财务会计】-【应付款管理】-【采购应付】-【应付单列表】命令，在打开的"应付单列表"页面上，单击工具栏中的【新增】按钮，按表 12-14 录入业务数据。录入供应商时，在"供应商列表"页签，单击工具栏中的【新增】按钮进入"供应商-新增"页签，创建组织和使用组织均选择"华商集团"，填写供应商名称为"南宫电子"，单击工具栏中的【保存】-【提交】-【审核】按钮后，再单击【业务操作】-【分配】按钮进入"待选择分配组织"页签，勾选"华商制造"以及"分配后自动审核"选项，单击【确定】按钮，完成南宫电子供应商设置。核对所有信息录入无误后，依次单击工具栏中的【保存】-【提交】-【审核】按钮。完成页面如图 12-32 所示。

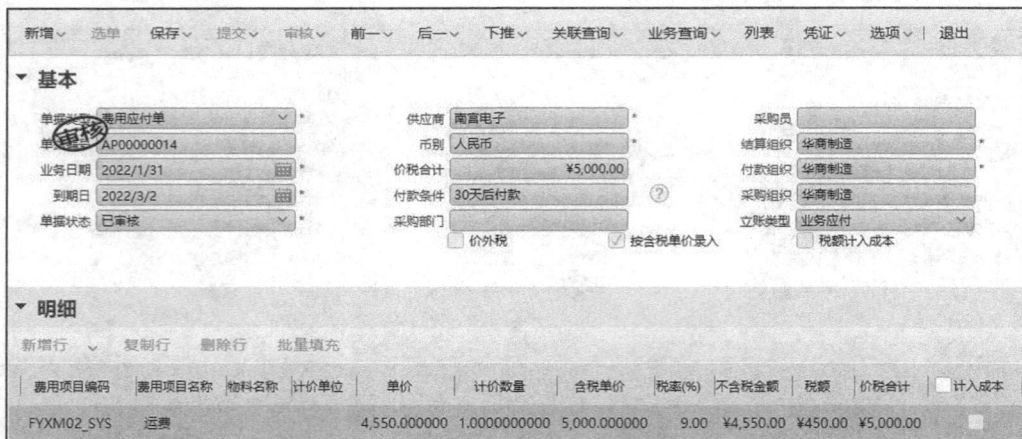

图 12-32　费用应付单

（7）销售增值税发票生成及应收开票核销。执行【财务会计】-【应收款管理】-【销售应收】-【应收单列表】命令，在打开的"应收单列表"页面上，勾选上述标准应收单，单击【下推】按钮，选择"生成增值税专用发票"选项，进入发票录入页面，修改业务日期和发票日期为"2022/1/31"，如图 12-33 所示。依次单击工具栏中的【保存】-【提交】-【审核】按钮，完成生成销售发票操作。通过【财务会计】-【应收款管理】-【应收开票】-【应收开票核销记录】操作路径查询可见，系统已经将该笔应收开票自动匹配核销。

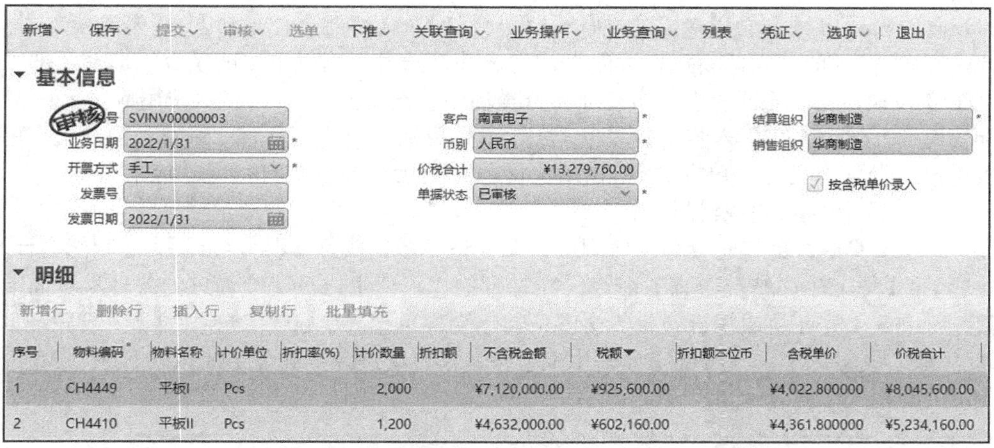

图 12-33　销售增值税发票

（8）运费普通发票生成及应付开票核销。执行【财务会计】-【应付款管理】-【采购应付】-【应付单列表】命令，在打开的"应付单列表"页面上，勾选上述费用应付单，单击【下推】按钮，选择"生成进项费用普通发票"选项，进入发票录入页面，修改业务日期和发票日期为"2022/1/31"，如图 12-34 所示。依次单击工具栏中的【保存】-【提交】-【审核】按钮，完成生成运费发票操作。通过【财务会计】-【应付款管理】-【应付开票】-【应付开票核销记录】操作路径查询可见，系统已经将该笔应付开票自动匹配核销。

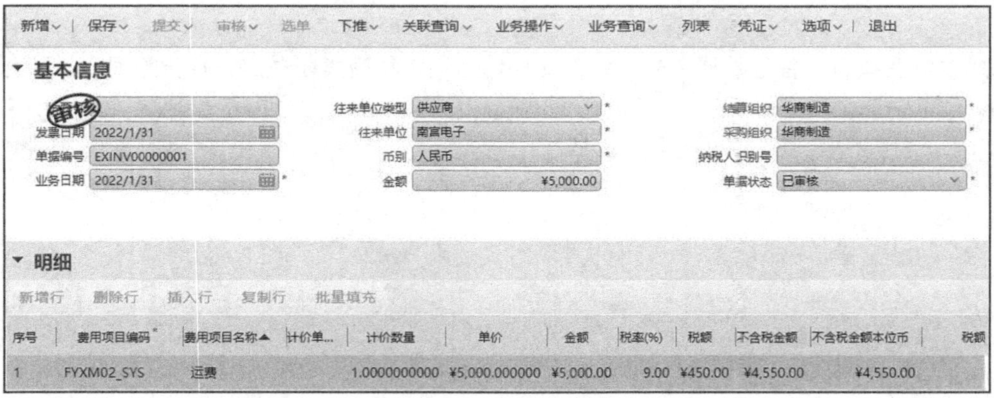

图 12-34　运费普通发票

（9）进行向导式出库成本核算。执行【成本管理】-【存货核算】-【存货核算】-【出库成本核算】命令，在打开的"出库成本核算"页面上，勾选"进行合法性检查"选项，单击【下一步】按钮直至核算完成。单击【核算单据查询】按钮，可见"销售出库单"上已经自动完成了"单价"取值。完成页面如图 12-35 所示。

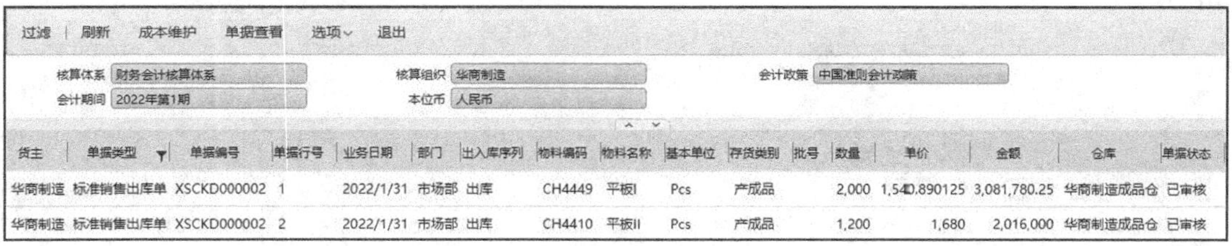

图 12-35　核算单据查询

（10）修改自用应付单凭证模板。执行【财务会计】-【智能会计平台】-【基础资料】-【凭证模板】命令，在打开的"凭证模板"页面上，勾选并打开自用应付单凭证模板，选择全部组织。单击【新增行】按钮，先在凭证模板中所有业务分类项中补充定义"单据类型=费用应付单　AND　单据头-价外税　等于 FALSE"内容，参照表 12-15 设置模板分录明细内容。再将业务分类"单据类型=费用应付单"调整定义为"单据类型=费用应付单　AND　单据头-价外税　等于 TRUE"。单击工具栏中的【保存】按钮后完成模板设置。

（11）销售出库单、销售应收单及费用应付单凭证生成。执行【财务会计】-【智能会计平台】-【账务处理】-【凭证生成情况查询】命令，在打开的"凭证生成情况查询过滤条件"页面上，单击【确定】按钮进入"凭证生成情况查询"页签，勾选全部单据，单击工具栏中的【生成凭证】按钮进入"凭证生成"页签，单击下方的【凭证生成】按钮，自动进入"凭证生成报告列表"。完成页面如图 12-36 所示。

日期	会计年度	期间	凭证字	凭证号	摘要	科目编码	科目全名	币别	原币金额	借方金额	贷方金额	制单
2022/1/31	2022	1	记	21	单据号XSCKD000002的销售出库单,客户101505	6401	主营业务成本	人民币	¥3,081,780.25	¥3,081,780.25		管理员
					单据号XSCKD000002的销售出库单,客户101505	6401	主营业务成本	人民币	¥2,016,000.00	¥2,016,000.00		
					单据号XSCKD000002的销售出库单,客户101505	1405	库存商品	人民币	¥3,081,780.25		¥3,081,780.25	
					单据号XSCKD000002的销售出库单,客户101505	1405	库存商品	人民币	¥2,016,000.00		¥2,016,000.00	
2022/1/31	2022	1	记	22	承担销售退费	6601	销售费用	人民币	¥5,000.00	¥5,000.00		管理员
					AP00000014	2202.02	应付账款_明细应付款	人民币	¥5,000.00		¥5,000.00	
2022/1/31	2022	1	记	23	单据AR00000014的应收单	1122	应收账款	人民币	¥13,279,760.00	¥13,279,760.00		管理员
					单据AR00000014的应收单	6001	主营业务收入	人民币	¥11,752,000.00		¥11,752,000.00	
					单据AR00000014的应收单	2221.01.02	应交税费_应交增值税_销项税额	人民币	¥1,527,760.00		¥1,527,760.00	

图 12-36　凭证生成

友情提示 12-4

完成本章业务后，备份数据中心，备份文件命名为"华商集团-姓名-存货管理"，保存到 U 盘或网盘。

报表管理

第十三章

【学习目标】

- 期末业务报表对账处理
- 凭证过账处理
- 期末调汇与损益处理
- 期末关账与结账处理
- 财务报表编制

在开始本章学习之前，需要引入"华商集团-姓名-存货管理"备份数据中心，以保持数据的连续性。

第一节

概述

一、总体介绍

报表系统是财务会计系统的终端系统，通过提供完整的财务报表平台，以满足企业财务及业务报表的编制和管理要求。报表系统通过驱动程序与其他数据源相接，与总账管理系统无缝集成，内置取数公式，保证报表数据的及时与准确；可便捷地从总账中提取各种数据来编制报表。除资产负债表、利润表和现金流量表等常用填报表外，报表系统还可以按照用户的需求制作其他各类管理报表，可编制的报表类型包括固定样式报表和动态罗列报表。报表数据格式化存储，能够快速满足企业各种数据分析的需求。

其他子系统日常处理业务在之前的章节做了较为详尽的介绍，本章的业务处理主要集中在期末结账（或关账）方面。

二、功能结构

其他系统的功能结构不作赘述，此处主要介绍报表系统。

（一）主要功能

报表系统主要是进行财务报表编制的系统。金蝶云星空报表系统主要包括以下功能和应用特点。（1）多组织报表管理。（2）结构化报表数据存储。（3）快速报表批量填充。（4）报表控件及编辑风格更类似 Excel。基于先进的类 Excel 报表控件，具有与 Excel 相似的界面风格和操作习惯，报表绘制过程所见即所得。实现了真正的多表页，企业可根据实际需要将整套报表（一组多个报表）定义和存放在一个报表文件中。（5）与金蝶云财务系统无缝集成，内置取数公式，保证报表数据的及时和准确。

（二）业务流程

报表系统不涉及具体的业务操作，其主要数据来源是各个业务数据和财务数据。报表系统业务流程如图 13-1 所示。

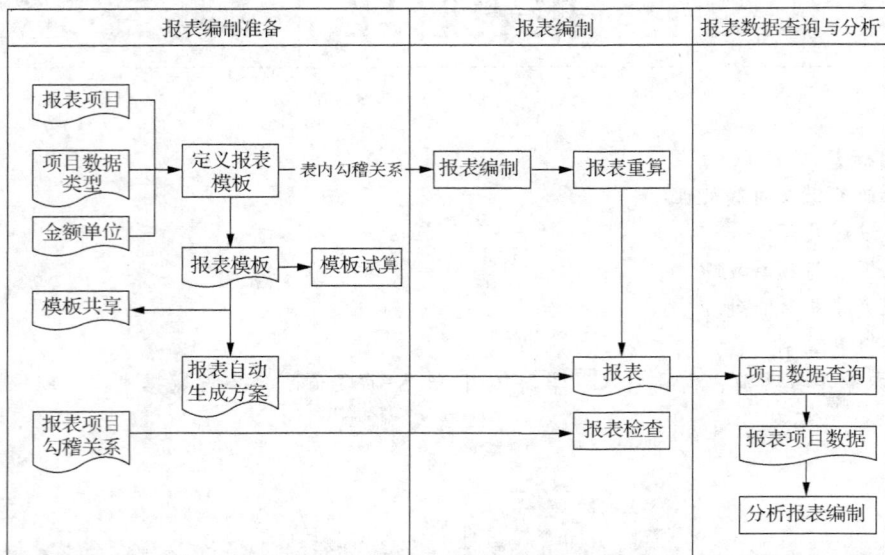

图 13-1　报表系统业务流程

三、基本概念

（一）财务报表平台

基于类 Excel 报表编辑器，用户通过快速报表向导和灵活的取数公式，可以快速、准确地编制企业对外财务报表以及各类财务管理报表。与 Excel 相似的界面风格和操作习惯、所见即所得的报表绘制过程，使学习成本几乎为零；与总账管理系统无缝集成，内置取数公式，可以保证报表数据的及时和准确；报表数据格式化存储，可以快速满足企业各种数据分析需求。

（二）报表模板

企业经常需要编制的报表包括利润表、资产负债表、现金流量表，报表编制的原理基本相同，所以可事先创建好模板，包括设计报表格式，固化取数公式等。编制报表时，只需调用报表模板，输入基本参数即可。系统自带常用的报表模板，用户可根据需要自行修改自带模板项目公式和取数公式，也可共享模板给其他组织。

（三）项目公式

项目公式以 Item 函数方式表达，主要功能是对报表项目进行标识定位。项目公式是数据库用来保存数据及合并报表、传递数据的，不进行取值，其数据值来源自取数公式。

系统预置的报表模板都自带项目公式，如果自定义报表模板或者对系统模板进行项目调整，则需通过手工设置项目公式。

（四）取数公式

取数公式在报表系统中有着重要的作用。报表系统提供的每种取数公式都有不同的功能。要编辑取数公式，可以通过单击工具栏中的【f(x)】按钮或通过执行【插入】-【函数】命令进行操作。

取数函数公式具体包括总账取数函数公式、报表取数函数公式和数字取数函数，如表 13-1 所示。

表 13-1　　　　　　　　　　　　　　　　取数函数公式

分类	数据项	说明
总账取数函数	ACCT	总账科目取数函数，从科目余额表取数
	ACCTCASH	现金流量项目取数函数
	ACCTEXT	按日从凭证取数函数
报表取数函数	ACCTITEM	报表项目取数函数
	RPTDATE	获取报表日期的函数
	RPTPAGE	获取指定表页页名的函数
	RPTINFO	获取报表信息的函数
	REF	跨表页取数函数
	REF_F	跨表取数函数
数字取数函数	SUM	求和取数公式
	MAX	求最大值取数公式
	MIN	求最小值取数公式
	AVERAGE	求平均值取数公式
	COUNT	统计数据取数公式

第二节　期末业务报表对账处理

业务报表对账用于检查总账科目与业务报表数据的一致性。对账方案用于设置总账科目和业务报表之间的对账关系，可以针对存货、暂估应付、应付款、应收款、资金、固定资产等项目定义对账逻辑。

一、业务场景

在期初建立的业务报表对账方案的基础上进行调整与优化，完成期末所有组织业务报表对账工作。华商集团、华商商贸对账方案（月末）具体明细要求如表 13-2 所示。

表 13-2　　　　　　　　　华商集团、华商商贸对账方案（月末）明细信息

对账项目	方向	科目	核算维度	业务报表	往来单位类型	核算维度对应报表字段
资金	借	库存现金		现金日记账		
资金	借	银行存款，其他货币资金	银行	银行存款日记账		银行账号.开户银行
资金	借	应收票据	客户	应收票据余额表	客户	往来单位
资金	贷	应付票据	供应商	应付票据余额明细表	供应商	往来单位
应收款	借	应收账款，预收账款	客户	应收款明细表	客户	往来单位
应付款	贷	预付账款，应付账款——明细应付款	供应商	应付款明细表	供应商	往来单位
存货	借	原材料，库存商品	物料	存货收发存汇总表		物料
资产原值	借	固定资产	资产类别	资产价值变动表		资产卡片.资产类别
累计折旧	贷	累计折旧	资产类别	资产价值变动表		资产卡片.资产类别

华商制造、电商分部对账方案（月末）明细信息如表 13-3 所示。

表 13-3　　　　　　　华商制造、电商分部对账方案（月末）明细信息

对账项目	方向	科目	核算维度	业务报表	往来单位类型	核算维度对应报表字段
资金	借	库存现金		现金日记账		
资金	借	银行存款，其他应收款——统收款，其他应付款——统支款		银行存款日记账		
资金	借	应收票据	客户	应收票据余额表	客户	往来单位
资金	贷	应付票据	供应商	应付票据余额明细表	供应商	往来单位
应收款	借	应收账款，预收账款	客户	应收款明细表	客户	往来单位
应付款	贷	预付账款，应付账款——明细应付款	供应商	应付款明细表	供应商	往来单位
存货	借	原材料，库存商品	物料	存货收发存汇总表		物料
资产原值	借	固定资产	资产类别	资产价值变动表		资产卡片.资产类别
累计折旧	贷	累计折旧	资产类别	资产价值变动表		资产卡片.资产类别

二、业务解析

期末两种对账方案的主要区别集中在非现金资金对账明细项目设置方面。由于华商制造和电商分部属于资金统一管理模式下的成员单位或结算组织，其银行存款主要通过内部账户记录在资金组织账上，在总账科目中则通过其他应收款-统收款或其他应付款-统支款进行记录。

期末对账时如果勾选"必须与总账期末对账凭证"（存在手工录入凭证时可不勾选），则总账科目余额必须与业务系统数据平衡才允许结账。

三、操作步骤

微课堂

期末业务报表对账处理

（1）定义华商集团、华商商贸期末对账方案。执行【财务会计】-【智能会计平台】-【对账管理】-【业务报表对账方案】命令，在打开的"业务报表对账方案"页面上，勾选期初对账方案。单击工具栏中的【新增】下拉项中的"复制"选项，输入对账方案名称"华商集团、华商商贸对账方案（月末）"，选择科目表，适用账簿选择"华商集团""华商商贸"选项，按表 13-2 在对账方案设置中设置对账方案明细参数，如图 13-2 所示。单击工具栏中的【保存】按钮，完成业务操作。

（2）定义华商制造、电商分部期末对账方案。执行【财务会计】-【智能会计平台】-【对账管理】-【业务报表对账方案】命令，在打开的"业务报表对账方案"页面上，勾选"华商集团、华商商贸对账方案（月末）"。单击工具栏中的【新增】下拉项中的"复制"选项，输入对账方案名称"华商制造、电商分部对账方案（月末）"，选择科目表，适用账簿选择"华商制造""电商分部"选项，按表 13-3 在对账方案设置中设置对账方案明细参数，如图 13-3 所示。单击工具栏中的【保存】按钮，完成业务操作。

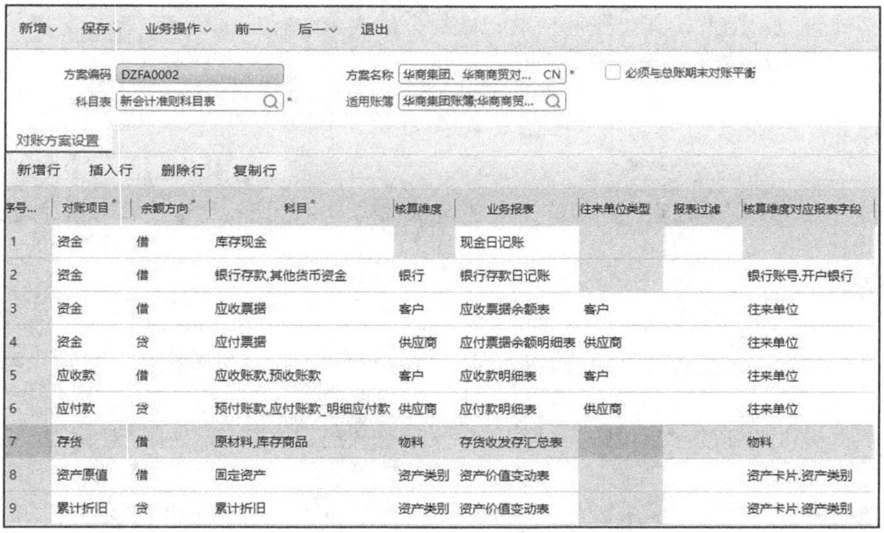

图 13-2　华商集团、华商商贸期末对账方案

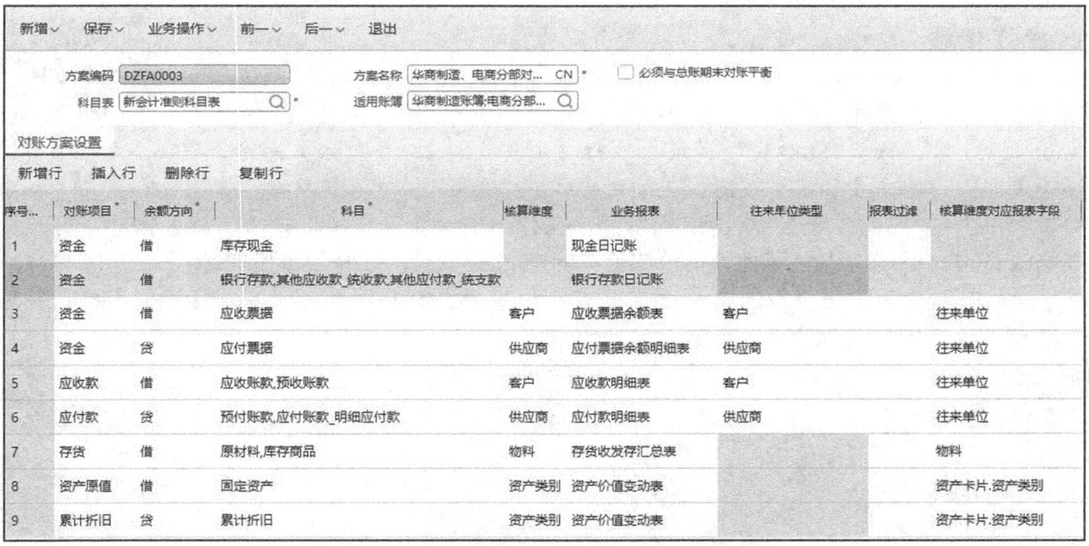

图 13-3　华商制造、电商分部期末对账方案

（3）开始对账。执行【财务会计】-【智能会计平台】-【对账管理】-【业务报表对账】命令，在打开的"业务报表对账"页面上，分别选择对应账簿与相匹配对账方案，币别选择"人民币"，勾选"包含未过账凭证"选项，单击工具栏中的【对账】按钮，出现与总账的对账结果。切换不同组织机构，重复以上操作，直至所有机构业务报表期末对账平衡为止。

友情提示 13-1

第三节 | 凭证过账处理

凭证过账就是系统将已录入的记账凭证根据其会计科目登记到相关的明细账簿中的过程。经过

记账的凭证不能修改，因此，在过账前应对记账凭证的内容进行仔细审核。系统只能检验记账凭证中的数据关系，而无法检查业务逻辑关系。

一、业务场景

2022 年 1 月 31 日，开启反过账功能，对各组织机构本月的所有凭证进行过账处理。

二、业务解析

系统提供多种凭证过账模式，用户可以手工选择个别凭证执行过账操作，也可以执行批量过账操作。

系统默认不提供凭证的"反过账"功能，如果要修改已记账凭证，则需要采取补充凭证或冲销凭证的方式更正。

只有系统管理员才能通过金蝶云星空集成开发平台（BOS 设计器）开启反过账功能，此功能开启仅为练习提供方便，为保持严谨性，在工作中不建议开启此功能。

微课堂

凭证过账处理

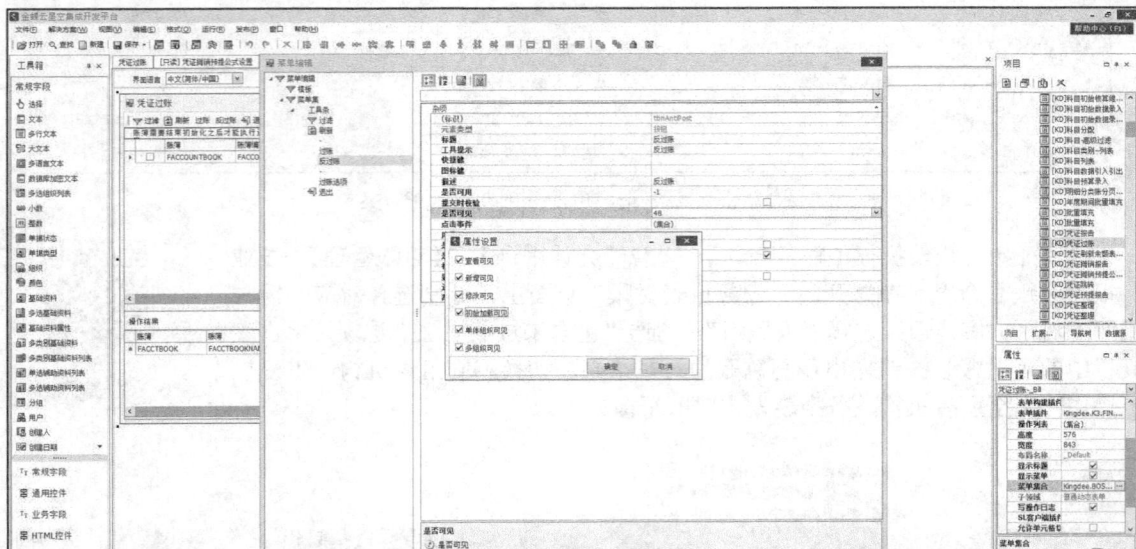

三、操作步骤

（1）开启反过账功能。打开金蝶云星空集成开发平台。以用户名"administrator"、密码"888888"登录。执行【财务会计】-【总账】命令，在打开的页面上，单击【确定】按钮。在项目中找到"总账"-"动态表单"-"普通动态表单"-"凭证过账"。单击鼠标右键，在弹出的快捷菜单中选择【扩展】按钮，打开凭证过账修改窗口。单击右下角属性"菜单集合"对应值的按钮，打开菜单编辑窗口，选中"反过账"选项，单击打开"是否可见"的属性设置页签并全选，如图 13-4 所示。单击【确定】按钮并退出后，单击工具栏中的【保存】按钮，完成业务操作。

图 13-4　开启反过账功能

（2）批量进行凭证过账处理。执行【财务会计】-【总账】-【凭证管理】-【凭证过账】命令，在打开的"凭证过账"页面上，勾选全部账簿，单击工具栏中的【过账】按钮，执行过账操作，可见凭证过账批量完成情况。完成页面如图 13-5 所示。

图 13-5　凭证过账

第四节

期末调汇与损益处理

期末需要对存在外币业务的组织机构进行调汇处理，并对所有组织机构进行损益结转处理。

一、业务场景

2022 年 1 月 31 日，完成华商商贸的期末调汇工作，当天美元汇率 6.50；将本月所有组织机构损益类账户发生额结转入"本年利润"，确定各组织机构利润。

定义汇率体系明细信息如表 13-4 所示。

表 13-4　　　　　　　　　　　　　　汇率体系

汇率类型	原币	目标币	直接汇率	生效日期	失效日期
固定汇率	美元	人民币	6.50	2022-01-31	2022-02-27

二、业务解析

此业务由期末调汇与结转损益组成，两者都可以通过向导式窗口进行操作。

期末调汇功能是对账簿内外币核算的科目在期末自动计算汇兑损益，生成汇兑损益结转凭证及期末汇率调整表，适用于有外币业务的组织机构。不存在外币业务的组织机构不需要进行此项业务处理。

华商商贸期末调汇的会计分录为：

借：银行存款——荆楚银行长江支行　　　　　　　　10 000.00
　　贷：财务费用——汇兑损益　　　　　　　　　　　　　10 000.C0

期末结转损益功能是将账簿内各损益类科目的余额转入"本年利润"科目，并生成一张结转损益记账凭证，以反映企业在一个会计期间内实现的利润或亏损总额。结转损益前，需要在账簿参数中设置"本年利润"科目、"利润分配"科目。

（1）华商集团期末结转损益的会计分录为：

借：投资收益	−207.00	
营业外收入	10 727.65	
贷：本年利润		10 520.65
借：本年利润	193 000.00	
贷：销售费用		34 000.00
管理费用——人工费		102 000.00
——办公费		5 000.00
信用减值损失		52 000.00

（2）华商制造期末结转损益的会计分录为：

借：主营业务收入	11 752 000.00	
资产处置损益	−28 541.67	
营业外收入	10 000.00	
贷：本年利润		11 733 458.33
借：本年利润	5 375 318.59	
贷：主营业务成本——平板Ⅰ		3 081 780.25
——平板Ⅱ		2 016 000.00
销售费用		39 000.00
管理费用——人工费		102 000.00
——办公费		41 930.56
资产减值损失		100 000.00
财务费用——利息收入		−5 392.22

（3）华商商贸期末结转损益的会计分录为：

借：主营业务收入	3 009 405.00	
投资收益	−10 627.65	
贷：本年利润		2 998 777.35
借：本年利润	3 588 148.44	
贷：主营业务成本		3 069 405.00
销售费用		10 300.00
管理费用——办公费		5 000.00
财务费用——利息支出		9 392.22
——汇兑损益		−7 500.00
——其他		1 551.22
营业外支出		500 000.00

（4）电商分部期末结转损益的会计分录为：

借：本年利润	400.00	
贷：财务费用——手续费		400.00

三、操作步骤

（1）定义汇率体系。执行【基础管理】-【基础资料】-【财务会计】-【汇

微课堂

期末调汇与损益处理

率体系】命令，在打开的"汇率体系"页面上，单击工具栏中的【新增】按钮，按表 13-4 录入相关明细信息，如图 13-6 所示。依次单击工具栏中的【保存】-【提交】-【审核】按钮，完成设置操作。

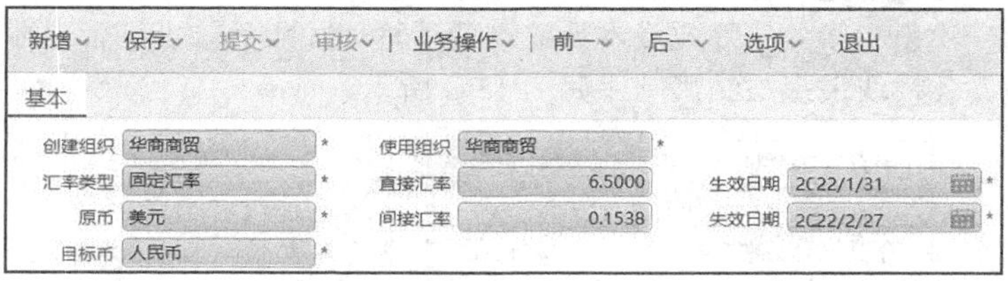

图 13-6　定义汇率体系

（2）确保当前组织为华商商贸，进行期末调汇。执行【财务会计】-【总账】-【期末处理】-【期末调汇】命令，在打开的"期末调汇"页面上，单击工具栏中的【向导式期末调汇】按钮，打开向导。账簿选择"华商商贸账簿"选项，在单击【下一步】按钮过程中，系统会自动调汇检查。如果存在未过账凭证，则单击"全部过账"选项；如果不存在未过账凭证，则自动跳过。系统自动显示设置的汇率。手动选择汇兑损益科目"财务费用-汇兑损益"，确定凭证分类"汇兑损益"，凭证字选择"收"字[①]，其他参数保持默认值。进入最后一步可以看到凭证生成提示，可单击【查询凭证】按钮进行查看。选中"审核并过账期末调汇凭证"选项，单击【执行操作】按钮，自动完成过账操作。完成页面如图 13-7 所示。

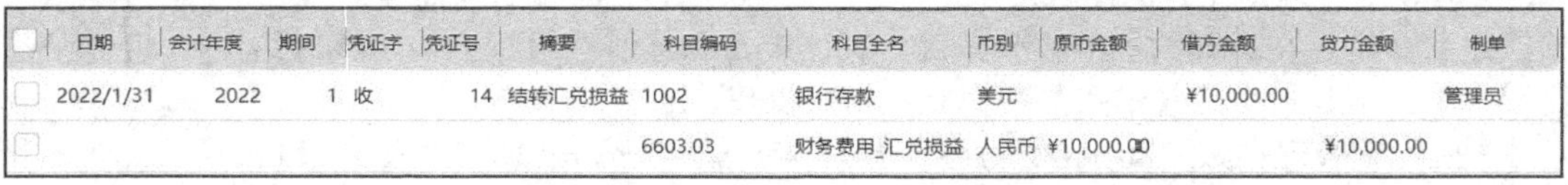

图 13-7　凭证生成

（3）所有组织机构批量结转当月损益。执行【财务会计】-【总账】-【期末处理】-【结转损益】命令，在打开的"结转损益"页面上，单击工具栏中的【向导式结转损益】按钮，打开向导。勾选"显示更多账簿"选项，在"更多账簿"选项中选择所有组织的账簿。凭证生成方式选择"按普通方式结转"选项，其他参数均使用默认值。进入最后一步可以看到系统凭证生成提示，可单击【查询凭证】按钮进行查看。选中"审核并过账结转损益凭证"选项，单击【执行操作】按钮，自动完成过账操作。

友情提示 13-3

第五节　期末关账与结账处理

每个月末，金蝶云星空需要对启用的应收款管理、应付款管理、出纳管理、库存管理、存货核算、固定资产、总账等子系统模块进行关账与结账处理。

一、业务场景

2022 年 1 月 31 日，所有组织机构完成相关模块的关账与结账工作。

---

① 在向导式期末调汇过程中，凭证字需根据具体情况选择"收"或"付"或"记"字。如果调汇涉及外币货币资金账户，则其产生汇兑收益时选择"收"字，产生汇兑损失时选择"付"字，不涉及外币货币资金账户时，选择"记"字。

二、业务解析

所有组织机构需按顺序完成各模块的结账，库存管理关账后，存货核算才能关账；存货关账后结账前，需要进行一次出库成本核算或成本计算；费用管理关账后，出纳管理才能结账。其他模块没有结账先后顺序。各模块关账与结账顺序如图 13-8 所示。

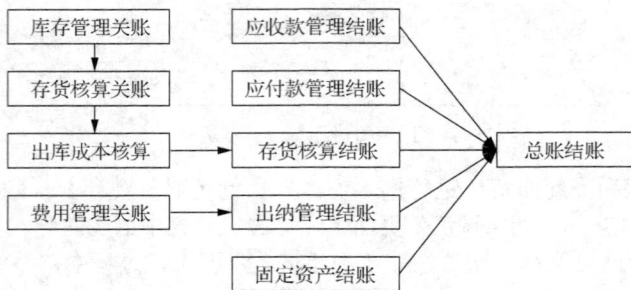

图 13-8　各模块关账与结账顺序

三、操作步骤

微课堂

期末关账与结账处理

（1）应收款管理结账。执行【财务会计】-【应收款管理】-【期末处理】-【应收款结账】命令，在打开的"应收款结账"页面上，勾选所有组织机构，核对结束日期，单击工具栏中的【结账】按钮完成结账操作。

（2）应付款管理结账。执行【财务会计】-【应付款管理】-【期末处理】-【应付款结账】命令，在打开的"应付款结账"页面上，勾选所有组织机构，核对结束日期，单击工具栏中的【结账】按钮完成结账操作。

（3）费用管理关账。执行【财务会计】-【费用管理】-【期末处理】-【关账】命令，在打开的"关账"页面上，勾选所有组织机构，核对结束日期，单击工具栏中的【关账】按钮完成关账操作。

（4）出纳管理结账。执行【财务会计】-【出纳管理】-【期末处理】-【出纳管理结账】命令，在打开的"出纳管理结账"页面上，勾选所有组织机构，核对结束日期，单击工具栏中的【结账】按钮完成结账操作。

（5）库存管理关账。执行【供应链】-【库存管理】-【期末处理】-【关账】命令，在打开的"关账"页面上，勾选所有组织机构，修改关账日期为"2022-01-31"，单击工具栏中的【关账】按钮完成关账操作。

（6）存货核算关账。执行【成本管理】-【存货核算】-【期末处理】-【存货核算期末关账】命令，在打开的"存货核算期末关账"页面上，注意切换核算体系及核算组织，勾选货主，核对关账日期，单击工具栏中的【关账】按钮完成全部组织机构关账操作。

（7）出库成本核算或成本计算。执行【成本管理】-【存货核算】-【出库成本核算】命令，在打开的"出库成本核算"页面上，注意切换核算体系及核算组织，按照向导进行全部组织机构出库成本核算。

（8）存货核算结账。执行【成本管理】-【存货核算】-【期末处理】-【存货核算期末结账】命令，在打开的"存货核算期末结账"页面上，勾选所有组织机构，核对开始日期和结束日期，单击工具栏中的【结账】按钮完成结账操作。

（9）固定资产结账。执行【资产管理】-【固定资产】-【期末处理】-【结账】命令，在打开的"结账"页面上，勾选全部货主组织，单击【结账】按钮，单击下方的【开始】按钮完成结账操作。

（10）总账结账。执行【财务会计】-【总账】-【期末处理】-【总账期末结账】命令，在打开的"总账期末结账"页面上，选择全部账簿，单击工具栏中的【结账】按钮，系统对账簿进行期末结账前的检查，检查通过后，执行结账操作，并显示结账结果。

友情提示 13-4

第六节 财务报表编制

企业在会计期末需要编制利润表、资产负债表、现金流量表等财务报表。金蝶云星空系统进行报表编制的原理基本相同，需要依次创建报表模板、设计报表格式、固化取数公式。在编制报表时，直接调用报表模板，输入基本参数即可。金蝶云星空系统自带常用的资产负债表、利润表、现金流量表、所有者权益变动表等固定样式报表模板，可根据实际需要自行修改系统自带模板的相关内容，也可共享模板给其他组织机构。

一、资产负债表编制

（一）业务场景

2022 年 1 月 31 日，由华商集团制作集团统一样式资产负债表月报模板后共享给所有组织机构使用，各组织机构编制月度资产负债表。

定义资产负债表报表模板明细信息如表 13-5 所示。

表 13-5　　　　　　　　　　资产负债表报表模板明细信息

名称	周期	核算体系	所属组织	创建方式	样式类型
资产负债表	月报	财务会计核算体系	华商集团	标准	固定样式
资产负债表	月报	财务会计核算体系	华商制造	共享	固定样式
资产负债表	月报	财务会计核算体系	华商商贸	共享	固定样式
资产负债表	月报	利润中心核算体系	电商分部	共享	固定样式

（二）业务解析

金蝶云星空编制报表主要通过报表模板生成，各组织机构需要自行创建报表模板，或集团统一创建后共享使用。集团企业制订统一的报表模板，可以保证报表数据的规范性，体现集团对其下属法人和利润中心的各种管理要求。

（1）利用报表模板，华商集团编制 2022 年 1 月资产负债表，主要数据如表 13-6 所示。

表 13-6　　　　　　　　　　华商集团资产负债表主要数据

编制单位：华商集团　　　　　　　　　　2022 年 1 月 31 日　　　　　　　　　　单位：元

资产项目	期末数	年初数	负债及所有者权益项目	期末数	年初数
货币资金	4 701 893.00	5 533 000.00	应交税费	-1 222.65	0.00
交易性金融资产	690 000.00	0.00			
应收账款	135 000.00	187 000.00			

续表

资产项目	期末数	年初数	负债及所有者权益项目	期末数	年初数
存货	9 405.00	0.00	实收资本	51 000 000.00	51 000 000.00
长期股权投资	45 280 000.00	45 280 000.00	未分配利润	-182 479.35	0.00
资产总计	50 816 298.00	51 000 000.00	权益总计	50 816 298.00	51 000 000.00

（2）利用报表模板，华商制造编制 2022 年 1 月资产负债表，主要数据如表 13-7 所示。

表 13-7　　　　　　　　　　　华商制造资产负债表主要数据

编制单位：华商制造　　　　　　　　　　2022 年 1 月 31 日　　　　　　　　　　单位：元

资产项目	期末数	年初数	负债及所有者权益项目	期末数	年初数
货币资金	5 000.00	5 137 000.00	应付账款	1 130 380.00	400 000.00
应收账款	14 542 760.00	1 003 100.00	应交税费	1 474 280.00	0.00
其他应收款	4 031 392.22	0.00			
存货	4 269 366.41	7 769 900.00	实收资本	30 620 000.00	30 620 000.00
固定资产	16 744 281.11	17 110 000.00	未分配利润	6 368 139.74	0.00
资产总计	39 592 799.74	31 020 000.00	权益总计	39 592 799.74	31 020 000.00

（3）利用报表模板，编制华商商贸 2022 年 1 月资产负债表，主要数据如表 13-8 所示。

表 13-8　　　　　　　　　　　华商商贸资产负债表主要数据

编制单位：华商商贸　　　　　　　　　　2022 年 1 月 31 日　　　　　　　　　　单位：元

资产项目	期末数	年初数	负债及所有者权益项目	期末数	年初数
货币资金	29 774 148.78	9 999 300.00	短期借款	0.00	1 000 000.00
应收票据	0.00	378 200.00	预收款项	1 000 000.00	0.00
应收账款	0.00	390 000.00	应交税费	310 622.65	0.00
预付款项	800 000.00	0.00	其他应付款	9 152 000.00	0.00
其他应收款	1 521 007.78	5 000.00	长期借款	10 000 000.00	0.00
存货	8 562 095.00	11 011 500.00	实收资本	20 784 000.00	20 784 000.00
			未分配利润	-589 371.09	0.00
资产总计	40 657 251.56	21 784 000.00	权益总计	40 657 251.56	21 784 000.00

（4）利用报表模板，电商分部编制 2022 年 1 月资产负债表，主要数据如表 13-9 所示。

表 13-9　　　　　　　　　　　电商分部资产负债表主要数据

编制单位：电商分部　　　　　　　　　　2022 年 1 月 31 日　　　　　　　　　　单位：元

资产项目	期末数	年初数	负债及所有者权益项目	期末数	年初数
其他应收款	4 000 000.00	0.00	预收款项	4 000 000.00	0.00
固定资产	10 000.00	0.00	其他应付款	10 400.00	0.00
			未分配利润	-400.00	0.00
资产总计	4 010 000.00		权益总计	4 010 000.00	0.00

（三）操作步骤

（1）核对当前组织。确保当前组织为华商集团。

（2）定义报表模板。执行【财务会计】-【报表】-【报表管理】-【报表模板】命令，在打开的"报表模板"页面上，选中工具栏中的【新增】按钮下的"新增模板"选项，进入"新增报表模板"对话框，按表13-5录入相关明细信息，如图13-9所示。单击【确定】按钮，完成模板创建。

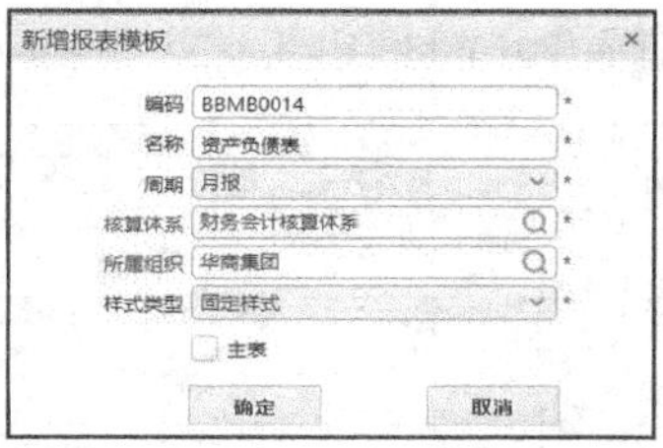

図 13-9　定义报表模板

（3）打开报表模板编辑器。双击刚才新增报表模板所在行，自动打开财务报表系统。首次使用时，需要根据提示安装引导程序（后续使用直接单击【打开】按钮），进入报表模板编辑器。

（4）插入系统自带模板。在左下方的页签处（Sheet1），单击鼠标右键，选择"插入表页"选项，在固定样式中选择"资产负债表"模板，单击【确定】按钮，自动插入资产负债表的报表项目、项目数据类型、项目公式和取数公式。完成页面如图13-10所示。

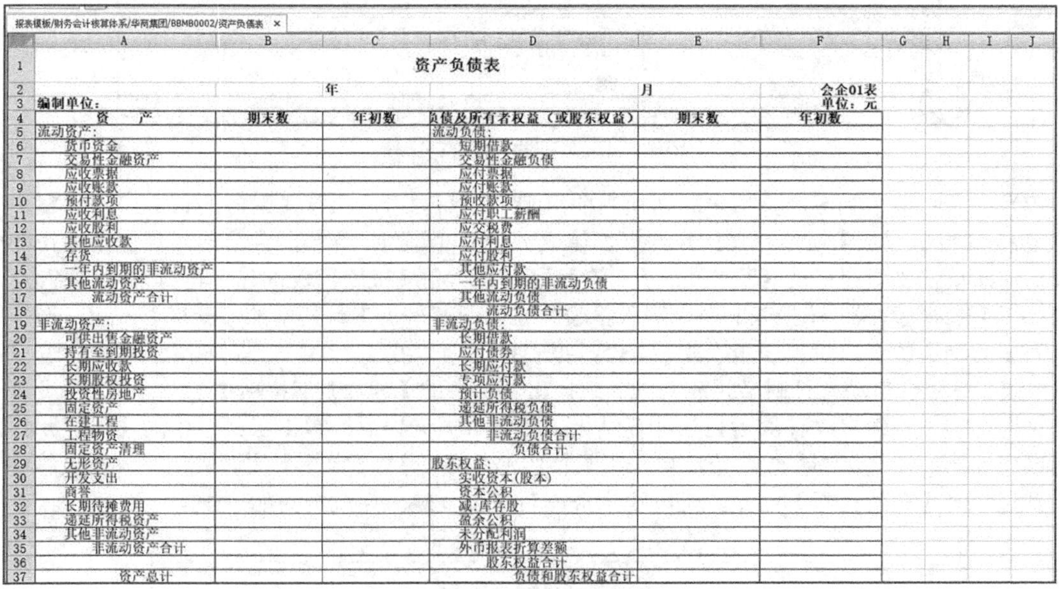

图 13-10　插入系统自带模板

（5）根据实际需要编辑公式。选中需要定义公式的单元格，利用专业知识，编辑取数公式。可以单击【显示取数公式】按钮，显示所有取数公式，对公式逐个进行编辑。公式编辑完成后，单击工具栏中的【保存】按钮。（本业务默认系统预置公式，不需编辑）

（6）创建完成并共享模板。返回报表模板界面，勾选在制报表模板，依次单击工具栏中的【提交】-【审核】按钮成功完成报表模板创建。单击工具栏中的【业务操作】下拉项的"共享"选项，在待共享组织窗口选择核算体系与组织（可切换利润中心体系与组织）即可实现模板共享。

（7）华商集团编制资产负债表。执行【财务会计】-【报表】-【报表管理】-【报表】命令，在打开的"报表"页面上，单击工具栏中的【新增】按钮，选择资产负债表报表模板，修改报表日期为"2022-01-31"，修改年度为"2022年"，期间为"1月"，单击【确定】按钮，系统会自动打开财务报表系统。选择工具栏中的【数据】下拉项中的"重算表页"或"全部重算"选项，系统自动计算后会显示计算结果。核对数据无误后，单击工具栏中的【保存】按钮。

（8）编制完成并在线查看报表。返回报表界面，勾选在制报表，依次单击工具栏中的【提交】-【审核】按钮成功完成报表编制。单击工具栏中的【在线查看】按钮，可以看到刚才编制的资产负债表全貌。完成页面如图 13-11 所示。

图 13-11　华商集团资产负债表

（9）华商制造编制资产负债表。切换当前组织至华商制造，执行【财务会计】-【报表】-【报表管理】-【报表模板】命令，在打开的报表模板页面上，勾选华商集团共享给华商制造的在制报表模板，依次单击工具栏中的【提交】-【审核】按钮成功完成报表模板创建。再执行【财务会计】-【报表】-【报表管理】-【报表】命令进入报表列表界面，单击工具栏中的【新增】按钮，选择所属组织为华商制造的资产负债表报表模板，修改报表日期为"2022-01-31"，修改年度、期间，单击【确定】按钮，系统会自动打开财务报表系统。选择工具栏中的【数据】下拉项中的"重算表页"或"全部重算"选项，系统自动计算后显示计算结果。核对数据无误后，单击工具栏中的【保存】按钮。返回报表界面，勾选在制报表，依次单击工具栏中的【提交】-【审核】按钮成功完成报表编制。单击工具栏中的【在线查看】按钮，可以看到资产负债表全貌。完成页面如图 13-12 所示。

图 13-12　华商制造资产负债表

（10）华商商贸编制资产负债表。切换当前组织至华商商贸，按照"（9）华商制造编制资产负债表"同样的路径和方法，完成华商商贸资产负债表的编制工作。完成页面如图13-13所示。

报表/财务会计核算体系/华商商贸/BBMB0001/资产负债表-2022年1期月报(PRE001,人民币,元) ×

	A	B	C	D	E	F
1			资产负债表			
2		2022	年	1	月	会企01表
3	编制单位：					单位：元
4	资　　产	期末数	年初数	负债及所有者权益（或股东权益	期末数	年初数
5	流动资产：			流动负债：		
6	货币资金	27469048.78	9999300	短期借款	0	1000000
7	交易性金融资产	0	0	交易性金融负债	0	0
8	应收票据	0	378200	应付票据	0	0
9	应收账款	0	390000	应付账款	10000	0
10	预付款项	800000	0	预收款项	1000000	0
11	应收利息	0	0	应付职工薪酬	0	0
12	应收股利	0	0	应交税费	275522.65	0
13	其他应收款	1521007.78	5000	应付利息	0	0
14	存货	8832095	11011500	应付股利	0	0
15	一年内到期的非流动	0	0	其他应付款	7152000	0
16	其他流动资产	0	0	一年内到期的非流动负债	0	0
17	流动资产合计	38622151.56	21784000	其他流动负债	0	0
18				流动负债合计	8437522.65	1000000
19	非流动资产：			非流动负债：		
20	可供出售金融资产	0	0	长期借款	10000000	0
21	持有至到期投资	0	0	应付债券	0	0
22	长期应收款	0	0	长期应付款	0	0
23	长期股权投资	0	0	专项应付款	0	0
24	投资性房地产	0	0	预计负债	0	0
25	固定资产	10000	0	递延所得税负债	0	0
26	在建工程	0	0	其他非流动负债	0	0
27	工程物资	0	0	非流动负债合计	10000000	0
28	固定资产清理	0	0	负债合计	18437522.65	1000000
29	无形资产	0	0	股东权益：		
30	开发支出	0	0	实收资本（股本）	20784000	20784000
31	商誉	0	0	资本公积	0	0
32	长期待摊费用	0	0	减：库存股	0	0
33	递延所得税资产	0	0	盈余公积	0	0
34	其他非流动资产	0	0	未分配利润	-589371.09	0
35	非流动资产合计	10000	0	外币报表折算差额	0	0
36				股东权益合计	20194628.91	20784000
37	资产总计	38632151.56	21784000	负债和股东权益	38632151.56	21784000

图13-13　华商商贸资产负债表

（11）电商分部编制资产负债表。切换当前组织至电商分部，按照"（9）华商制造编制资产负债表"同样的路径和方法，完成电商分部资产负债表的编制工作。完成页面如图13-14所示。

报表/利润中心核算体系/电商分部/BBMB0001/资产负债表-2022年1期月报(PRE001,人民币,元) ×

	A	B	C	D	E	F
1			资产负债表			
2		2022	年	1	月	会企01表
3	编制单位：					单位：元
4	资　　产	期末数	年初数	负债及所有者权益（或股东权益	期末数	年初数
5	流动资产：			流动负债：		
6	货币资金	0	0	短期借款	0	0
7	交易性金融资产	0	0	交易性金融负债	0	0
8	应收票据	0	0	应付票据	0	0
9	应收账款	0	0	应付账款	0	0
10	预付款项	0	0	预收款项	2000000	0
11	应收利息	0	0	应付职工薪酬	0	0
12	应收股利	0	0	应交税费	0	0
13	其他应收款	2000000	0	应付利息	0	0
14	存货	0	0	应付股利	0	0
15	一年内到期的非流动	0	0	其他应付款	10400	0
16	其他流动资产	0	0	一年内到期的非流动负债	0	0
17	流动资产合计	2000000	0	其他流动负债	0	0
18				流动负债合计	2010400	0
19	非流动资产：			非流动负债：		
20	可供出售金融资产	0	0	长期借款	0	0
21	持有至到期投资	0	0	应付债券	0	0
22	长期应收款	0	0	长期应付款	0	0
23	长期股权投资	0	0	专项应付款	0	0
24	投资性房地产	0	0	预计负债	0	0
25	固定资产	10000	0	递延所得税负债	0	0
26	在建工程	0	0	其他非流动负债	0	0
27	工程物资	0	0	非流动负债合计	0	0
28	固定资产清理	0	0	负债合计	2010400	0
29	无形资产	0	0	股东权益：		
30	开发支出	0	0	实收资本（股本）	0	0
31	商誉	0	0	资本公积	0	0
32	长期待摊费用	0	0	减：库存股	0	0
33	递延所得税资产	0	0	盈余公积	0	0
34	其他非流动资产	0	0	未分配利润	-400	0
35	非流动资产合计	10000	0	外币报表折算差额	0	0
36				股东权益合计	-400	0
37	资产总计	2010000	0	负债和股东权益	2010000	0

友情提示13-5

图13-14　电商分部资产负债表

【友情提示】

利润表、现金流量表、所有者权益变动表和合并报表的编制内容书中未展开介绍。对此4项内容感兴趣的读者可扫二维码进入实验操作。

利润表	现金流量表	所有者权益变动表	合并报表

- ◆ 企业数字化管理综合实训：金蝶云星空业财税一体化　978-7-115-58103-7
- ◆ 企业数字化生产运营管理（微课版）　978-7-115-60456-9
- ◆ 企业数字化财务管理（微课版）　978-7-115-62061-3
- ◆ 企业数字化供应链管理（微课版）　即将出版

向教师免费提供
PPT等教学相关资料

人邮教育
www.ryjiaoyu.com

教材服务热线：010-81055256
反馈／投稿／推荐信箱：315@ptpress.com.cn
人民邮电出版社教育服务与资源下载社区：www.ryjiaoyu.com

ISBN 978-7-115-62061-3

9 787115 620613 >

定价：59.80 元